本书受南京农业大学科学研究院课题资助

存在生成哲学丛书

# 生成
## 中国道家哲学体系现代建构

刘国平／著

科学出版社
北京

**图书在版编目（CIP）数据**

生成：中国道家哲学体系现代建构/刘国平著.—北京：科学出版社，2016
（存在生成哲学丛书）
ISBN 978-7-03-049762-8

I.①生… II.①刘… III.①道家–哲学思想–研究 IV.①B223.05

中国版本图书馆CIP资料核字（2016）第209211号

责任编辑：郭勇斌 樊 飞 / 责任校对：李 影
责任印制：李 彤 / 封面设计：黄华斌

科学出版社 出版
北京东黄城根北街 16 号
邮政编码：100717
http://www.sciencep.com

**北京厚诚则铭印刷科技有限公司** 印刷
科学出版社发行 各地新华书店经销

*

2016 年 10 月第 一 版 开本：720×1000 1/16
2022 年 1 月第三次印刷 印张：17 1/2
字数：360 000

**定价：99.00 元**
（如有印装质量问题，我社负责调换）

# 序：生成体系的构成序列

西方哲学的开端并且一直延续至今的传统是构成论。构成观哲学发展的脉络是从古希腊的本体论开始，近代分化出了认识论问题，现代哲学则又从认识论转向了知识方法论。进入现代以来，西方哲学在语言、文本的逻辑分析和意义分析中，就完全放弃了对终极基础追求的传统哲学本体论目标。传统本体论、认识论和方法论统一的哲学体系面临"终结"。现代哲学在语言、文本分析中不断地开辟新话题，似乎给哲学注入了新的生机。然而，现代分析哲学的前景却不容乐观。后现代哲学反绝对主义、基础主义，被抽取掉基础的构成的世界就失去了实在的根基，其结果导致了彻底的相对主义。分析哲学则还因为实在是不能被确定的，必须以语言表述的，否定了存在的实在性，只有语言、文本才是哲学的对象，这样哲学就与科学也彻底决裂。总之，由于传统哲学终极基础追求的模糊性和不确定性，分析哲学符号分析的狭隘性和相对性，哲学与科学的分裂，试图综合人类知识，对一切存在做出解释的哲学体系就此终结。对于哲学体系的终结，西方许多思想家感到迷惑不解，也曾做了各种反思和努力，试图改造、拯救哲学这千年体系。然而，种种努力似乎都没有多大成效，原因在于仍然是在构成观体系内的"反思"，没有能够在一个更为广阔的背景——生成观中分析传统体系，因而终究不能挽回体系的终结。

传统哲学的目标是寻找、确定一个基础，以此对世界的存在做出整体的、连贯的、一致的解释。现代人的知识和智能发展，对哲学这终极本质和解释产生了怀疑，但这并不能说明哲学探索的目标和方法就此终结。当今世界越来越以整体的存在方式展露在人们的面前，在对世界整体的认识中，哲学要比科学的任一学科都更为全面、深刻。构建形而上学体系就算是一种以知识为对象的智力游戏，人类意识的发展也需要这种方式来磨砺智能。正如康德所说："人类精神一劳永逸地放弃形而上学的研究，这是一种因噎废食的办法，这种办法是不能采取的，世界上无论什么时候都要有形而上学；不仅如此，每人，尤其是每个善于思考的人，都要有形而上学"。劳伦斯·卡弘也认为："我的回答甚至能够表明哲学是无法放弃的，因为它是根植于人类的思维经验和探索之中。"

在知识和观念多样化、多元化的当今社会，哲学体系对人类心智的发展，仍然具有不可替代的意义。哲学体系世界的整体性、秩序性、稳定性，不仅是对世界认知的目标，还表达了一种对人类生存和发展有利的世界的心理期求。这种期求最初是以信仰方式表现于原始的宗教和神化中。传统哲学以思辨的方式确定构成世界的唯一的、绝对的、终极的基础来替代宗教和神话的信仰方式，建立了关于自然和人生的信念。科学诞生以后，也曾从宗教和哲学那里把本源问题攫来作为己任，但科学并不能提供衡量价值的心理的、情感的判断标准。在当今科学的强势文化中，哲学与宗教之所以仍然能够保持着汇聚人们的各种观念的核心作用，因为人们需要一种能够为理性所接受，并包容非理性存在地位的共同的信念。

西方传统构成观哲学通过还原论的方法试图确定存在的"本原"、"始基"，再以这种本原要素构成全部的世界存在。这种"构成主义"，已在新的科学事实面前暴露出它的局限性。在哲学构成观体系自我终结的同时，20 世纪下半叶的科学观却在悄然发生改变，这就是从对现有的东西认识到探索这些东西是如何起源、发生的，从静态的构成结构分解到理解结构是如何演变、形成的，从简化线性的存在到复杂的非线性世界的转变，这些转变发生在现代科学的最前沿的一些理论和学科中。现代宇宙学、探索宇宙起源和开端的量子场论，系统理论中的协同学、超循环理论和耗散结构理论，非线性学科中的突变论、分形理论和混沌理论等都是在不同侧面揭示着我们这个宇宙和宇宙中所有存在是如何发生和演化的，以及所有存在的系统演变的方式、轨迹和方向等，即科学已经从对存在的构成认识转变为对存在的生成探索。相对于现代科学的主题，20 世纪的西方哲学落伍了。一种克服构成主义局限性的新宇宙观正在诞生中，这就是当代蓬勃兴起和发展的生成论的科学和哲学思想。当代的前沿科学，比如量子场论、系统理论，以及非线性科学都是具有典型的生成思想的科学理论。因此我们有理由说，当代科学的发展必然将以生成论的世界观为主导思想。

与西方构成观哲学不同，中国传统哲学一开始就把世界的存在作为不断生成的东西来认识。道家的生成思想是中国哲学宇宙观的精髓之所在。道家的生成思想否定了实体论，而主张过程论，这在人类世界观的认识史上不可不说是个重要的文化遗产。道家的元气生成哲学虽然是一个古老的哲学理念，但却包含有超越时代、超越国度的合理因素和永恒价值。冯友兰先生在《中国哲学史》里就详细讲述了道家的生成思想，他写道："道是万物之所由来，既然物从来自在，道就从来自在，道这个指称也就从来自在。他是一切起源的起源，因此他见到了一切的起源。"

现代科学的一些基本理论，都能在道家生成哲学中找到思想渊源。当代学者林德宏提出新科学可以从中国传统的元气生成思想中吸取四个方面的营养，即整体性思想、天人合一思想、演化的思想和模糊性思维。古代元气论对现在重大物理难题的启示作用。道家的生成哲学所蕴含的思想与现代科学的起源问题所体现的科学观有着本质的一致性。现代宇宙大爆炸理论与元气论及阴阳学说的生成思想完全吻合，可以说是道家的元气生成对宇宙起源的中国式说明。早在上世纪，国外学者就指出："稳恒态宇宙模型非常的符合中国古人之道学和当代生物进化论。"

道家哲学人生观把人作为道自然生成的最高层次，人与其他事物的区别在于人有意识（义）。意识是道生成给人类的最高赐予，所以称为"道义"。人类所有行为是受意识观念支配的，观念是生长、提高的过程，从动物的本性起始直到与"道"一致，但并不是每个人都能到达"道"的层次。人会死亡，个体机体会消失，但其向高层次生成的作用将在其后来者延续，精神会永存。人类能够在生成、发生的精神作用中获得永恒。这种认识应是当代高层次的人所追求的最高层次的人生价值观。

道家哲学的"中"、"和"思想在社会观方面要求摈弃人与自然关系的人类中心主义，提倡人与自然平等，不可以对自然无情地掠夺攫取；社会成员的平等自由、国家之间的平等交往，实现资源和文化互补；强调和实生物，同则不继，保持自然生态和文化的多样性。理想社会是"小国寡民"，保持人类自然本性的生活方式，抑制、克服对财富贪欲的膨胀，避免人口的高度集中，等等。这些思想对当代工业社会的文明弊病的反思具有深远的意义。

在西方哲学构成观体系中，东方生成哲学被赋予神秘性的特征，这意味着具有原始性、模糊性的特征，类似于原始宗教观。在现代人的知识和智能中，运用西方后现代哲学最喜用的"祛魅"态度解读道家哲学，我们就会看到：道家哲学在退去神秘性以后，越发会增加神圣性和魅惑力。在道中，宇宙间的目的、价值、理想和可能性都在生成中得到统一解释，人类的自由、创造性和永恒性都在自然中呈现意义。道家的生成哲学体现了两千年前中国哲学的先进性、预见性。李约瑟曾指出："中国人的思想和传统哲学在许多方面都比基督教徒的世界观更和现代科学合拍。"西方学者也曾断言："新的启示可能会，并且一定会来自东方。"当今世界经济、科技高速发展，各种观念相互碰撞，全球政治、经济、文化交流日益密切、频繁。在各种思潮的交汇中，中国当代哲学和科学的研究者要总结、发掘中国道家生成哲学思想，使先哲们的宝贵思想财富得以传承和发展，在建立现代生成论的自然观、人生观和社会观发挥重要的启迪作用，为人类自身及与自然的协调发展做出应有的努力和贡献。

# 目　　录

# 绪论：中国道家哲学概述

按照文化和思想的源头，中国传统文化通常分为儒、释、道三家。虽然这三个学派的主题内容和思想观点有所区别，但其思想核心一致，并在发展中相互渗透。近代西方哲学刚开始进入中国时，人们由于对这门新学科还没有全面的理解，出于一种模糊认识，也就把儒、释、道全部归入了中国哲学的范畴。如果我们把哲学作为一门学科，就有其本身的界定。按照西方对哲学学科的理解，从哲学研究对象、内容和方法的要求，严格地说中国只有道家学说最接近于哲学——或体系性的哲学。

## 一、道家哲学的起源

在人类文明历史的宏观进程中，由于传统的原因，人类文化的进步和意识自我提升并不存在自然中那种突发的、突飞猛进的跳跃方式。哲学作为人类认识世界、与世界万物相互作用的一种方式，是在先前的文化、思想和观念基础上产生的，并且，不同的文化和观念使得哲学从诞生的起始就已经带上了不同民族的文化基因。中国古代的生产方式、社会组织结构、经验知识、宗教神话、文字符号使得中国古代哲学带上了不同于世界上其他古代文明的特征。

### 1. 生产活动与知识

作为人的自我意识的发展，哲学是从人类的活动中产生的，原始人类最基本的活动是维持自身存在的狩猎、采集等生产活动。人们在以自然为对象的生产活动中，又结成了各种各样的社会关系，在社会关系中，人们又增加了除自然以外的关注对象，那就是人本身。人和人之间的交流和互相影响很大程度地推动了人类意识的发展。生产活动并不直接产生哲学，但生产活动的方式、经验知识的积累以及由此结成的社会关系，则规定和影响了哲学这种高级思维活动的内容和方式。

中华民族的生产活动可以追溯到非常久远的年代。从新石器时代开始，中国古代以农业生产为主的社会生产活动就有了一定的规模。在一万多年前，就开始了栽培生产，历史记载有关动物驯化与植物栽培的知识的可追溯到七八千年以前。农业的发展必然会带动气候、天文、历法、水利和园艺等大量其他实践活动和知识的产生。

随着人类活动领域拓宽，实践内容的种类扩大，经验知识的丰富，这个过程必然会反映在人类的意识当中，刺激和推进思维的发展，使其内容更为丰富，结构更趋完善。农耕、水利、工具制造等实践都是一种有目的、有计划的人工控制过程，是人类有目的地通过自己活动取得所需成果，并且，不同的活动方式直接影响了成果的优劣。这就使人类的思维或认识摆脱了原始社会的那种完全任凭自然的恩赐，需要具有更高的自觉性和能动性，从而达到了一个更高的阶段。目的性、计划性方式的发展又加速了主客体的分离，使主体性得以凸显出来，这是自我意识突出、思维进步的关键。

发达、成熟的农业生产促使古代中国人形成了人与自然整体性关系，产生了天人合一观念及思想。农业生产活动与过程与自然条件的关系非常密切，对于自然具有极强的依赖性。早期生产实践活动的扩大和加强了"人类对庄稼和土地的依赖"[1]。在考古发现的石刻岩画古代遗迹中，其中许多都刻有各种植物、动物、星云、人面图形和包含太阳、月亮和北斗的星云图形，这些都记录了人类早期对自然的关注。并且，表明人对自然的依赖还不只限于人类与农作物的关系方面，还包括了人类对土地、天象等自然物的关系。中国幅员辽阔，黄河、长江挈百川之领，其流域覆盖了广阔、肥沃的土地。由于幅员广阔、气候多样，农业生产的各类品种繁多齐全，生物品种资源非常丰富。中国独特的、优越的自然条件，造就了世界任何其他地区所不能比肩的最为先进的农业生产水平。相比之下，无论是埃及，还是巴比伦，其规模都要小得多，只能算是一种沿狭长河谷两岸发展起来的带状文明。至于古代希腊，只能种些橄榄树，还难以算为农业。古代中国各种农业生产实践的发展及成熟，成为思考、产生天人关系的重要原因。由于这种独特的自然条件，成熟的农业实践，以及相对应的成熟的天人观念与理论只可能在中国出现，而不可能出现在世界其他地区。

哲学意识思考的对象、内容是经验知识。经验知识提供了思维的要素，是思维生长最直接的养分。早在采集和狩猎的年代，先民就已经积累了生物包括植物和动物知识，同时也已经形成地理知识。采集与狩猎活动产生了地貌、方位和地形的空间知识。在采集活动向农耕活动的转移中，又建立了有关农业的知识。由于农业生产的需要，物候、天象知识也相继出现，而随着部落的兼并、权力的集中、国家的出现，原始的天象知识又逐渐向成熟的天文或占星知识发展。农业活动与天文知识产生了与时间过程相关的知识。各种工具和生活用品的制作活动很可能会导致有关形体结构的空间知识，特别是天文学又会产生有关数的知识。此外，原始医疗活动也在很早的年代就出现了，并且在春秋时期应当已经达到一定的水平。总之，从旧石器时期到新石器时期，中国的原始知识或科学活动

---

① 李洪甫.江苏连云港将军崖石刻与原始农业.农业考古.1983,（1）：76.

就广泛展开了。至春秋时代，知识或科学活动有了十分充分的发展，一些已经相当成熟。①

这样一些知识活动正是哲学观念、概念以及思想的重要基础或重要源头。如麦克斯·缪勒所指出自然中的："这种秩序或者在众星之恒常不变的运行中展现出来，或者在最小的易忘我花的花瓣中雄蕊与雌蕊之不变的数目中显示出来！又有多少人感到，属于这种和谐、属于这大自然的美妙秩序，在其他一切都无能为力的情况下，至少是可以依赖、可以信任、可以信仰的！对我们来说，这种利法、法则和世界秩序的观念，或许是微不足道的。但对于古代世界的居民来说，几乎没有其他东西可以支撑他们，这种信仰就是一切。"②缪勒在这里涉及了原始科学与原始哲学的关系，即在早期的知识或科学认识中已经包含着世界法则、秩序这样一些重大的哲学观念。由知识活动而产生的思维、观念或精神性的东西积淀在与知识密切相关的经验之中。漫长的知识活动中大量的具体经验知识积累日后成为哲学理论中反复思考的元素。

在对生活与生产中的采集、狩猎和自然现象长期观察的经验联系中，会逐渐产生"类"的观念，从物候、天象的观察中又会生发出"象"的观念。在自然变化的现象中，原始先民有了"阴阳"思维与观念，而"五行"观念的产生则与最初的地理知识、天文知识密切相关。在气象、天象等知识的基础上发展了有关"天"的观念、概念。伴随着天文学或占星术的发展，有了"天道"的概念，在此基础上又产生了"道"的概念，生活和生产中的量化计数活动和占星术的活动产生了"数"的概念。而对于人体和宇宙知识的探索又逐渐生成或归纳出"气"的观念与概念。在对地学、律学以及医学知识的背景和对各种变化过程的思考，"中"、"和"观念就产生出来了。所有这些都是哲学产生的养分，也是中国哲学思考的主要问题。

经验知识是在人类与环境的相互作用过程中，对象的性质在人的感觉中的重复。但经验知识也不完全是对于事物的简单记录或者描述，它还反映了主体与客体的交往关系。经验知识就已经是一定的思维过程，而对越来越多的知识整理、分类和思考会引导智慧的发生和展开。在东西方哲学中，我们都能够看到经验要素对思维与智慧的影响。并且，当人们在经验知识中把某种行为或现象作为某种原因能够导致某种后果、引起了某种现象时，这就不是纯粹经验的，已经加入了观念的成分。例如，当人类充分认识到火对于取暖和水对于解渴的意义时，火、水的功能作用就不只是经验的，而且也是观念的了。事实上，诸如经验中的水、火、气等观念日后普遍成为各民族哲学思考的起源性的开始，这是因为它们在原

---

① 参见袁运开，周瀚光.中国科学思想史（上）.合肥：安徽科学技术出版社，1998.

② 麦克斯·缪勒.宗教的起源与发展.上海：上海人民出版社，1989：178.

始经验中产生并留下深刻的记忆。在对这些记忆的知识思考中，观念就会进一步上升为某种具有普遍意义的思想和观念。在东西方哲学史上，都会有这样一些经验论的，或经验主义的哲学形态，古希腊哲学开始也是试图从水、火、土等经验观念上升到普遍的理论。就是在现代哲学中，这种经验论的情结也没有完全消退。经验主义的形态往往是与知识活动有着十分密切的关系。

当然，能成为哲学所依据的经验并不是那些直接的具体经验，而是那些在历史上长久积淀的，在不同的现象中普遍存在的以间接形式出现的经验，这些经验也可以说是原始观念了，这主要有：

1）农耕活动中的"天人"观念

原始天人关系的意识是在农耕活动中产生出来的。农业生产需考虑土地、时间的观念是十分明显的。原始社会和古代社会的农耕活动依赖于土壤状况、气候条件等因素，而这些因素又不是人类自身所能控制的，且最多也最为复杂。人们基于一个简单而又现实的农业收成目的，就不得不认真考虑这些因素与农耕活动之间的关系。在这些活动中，原始人已经开始接触人与自然也即天人关系的问题，这就是后来的有关天人关系的意识与观念的源头。

2）农耕和医疗活动的"阴阳"观念

阴阳平衡的思想是中国哲学和文化中最具特点、影响最广的，也最为重要的观念之一。阴阳平衡的观念首先在与生存关系最为密切的农业生产活动的知识门类中产生或形成的。农业的天气、季节，风调雨顺是农业获得好收成的必要条件，另外，天文观察中出现的"异象"，地表发生的突变现象，人体的生病等，都被视为不协调、不稳定性质，对这些种种现象的思考产生了阴阳平衡的观念。

3）占星活动中的"道"观念

最早的占星活动出现于原始社会后期。占星术的直接知识源头是从天象观察中得到的，从天象观察的知识还会产生对天体运行规律的把握，再通过一些联想比类，就产生了包括太阳年长度、月亮年长度等早期的天文知识及思想。在此基础上又形成了历法系统，在《左传》、《国语》中就有着大量的包括日食周期、月食周期等占星记录。随着天象观察的不断深入和扩大，有关天象或天体变化与运行的知识越来越丰富，也就会从农业生产活动中分离出来成为独立的有关天文的知识形态，"天道"概念也就产生了。

4）世界本原与宇宙图式思想的知识源头

伴随着各种经验知识的积累和智力的进步，人们开始对广泛的知识进行考察，思维开始透过现象思考和探索一些与知识相关联的问题，这就会涉及关于世界存在更为根本或本质的问题。关于世界的本原问题也就被提了出来，这是早期哲学诞生的萌芽。关于世界的本原，开始自然地是对基本物质元素或世界从何而来的追究。这样，关于"气"及其变化，阴阳及其五行等思想、观念也就诞生了。①

农业生产方式及与其相关的活动使得中国从远古时期在对世界及自身的存在的思考中形成了如下一些观念内容：

（1）世界万物是生成、生长的；

（2）生成、生长是按照一定的规则、节律行进的；

（3）这种规则是"天定"、既定的；

（4）人只有按照这种规则行事才会达到预期的目的。

这些观念后来成为道家哲学，包括全部中国古代哲学产生和文化发展的主线，也规定了思维方式的特征。在后来的文化进一步的发展中，农业社会的生产实践延伸至社会领域，影响了哲学观念与思维方式的形成。农业生产主要是人与自然环境的相互作用，人与自然之间的对立、冲突较为突出，而人与人之间的斗争、战争相对平缓，所以中国上古社会具有较高的道德水准。这与西方从游牧部落起源的手工业、商业文明有所不同，中国古代神话大多反映人与自然的关系，如女娲补天、后羿射日及大禹治水等，而古希腊神话则充满了神与神之间的争斗。

### 2. 神话宗教观念

信仰是哲学诞生的前提和基础。作为一种抽象性的思考、一种高级的思维形式，哲学思维与观念的元素不是一时形成的，必然经历了一个久远的文化缓慢积累的过程。哲学的思辨有其先前的基础，这就是体现在神话、宗教中的信仰。这些思想活动是影响早期思维与观念产生与发展的第二个基本要素，是产生哲学的意识源头，而其基石就是崇拜，或者说崇拜心理与崇拜意识发展出的信仰或信念。作为理论性的哲学体系的产生应具有久远、坚实的思维与观念的基础，这个基础是在原始宗教中的。哲学最初的问题就与信念相关，来自于意识中的信念追求。

崇拜是人类意识从动物心理延续和发展的最初方式之一，后来发展为原始宗教。崇拜是"对所信奉之超自然体加以尊崇和敬拜，是宗教的基本要素之一"②。一切宗教的产生都起源于人类对未知现象的恐惧心理及对自身生存的担忧，从而转化为崇拜。按照不同的崇拜对象，可对不同的宗教进行分类。例如，自然宗教有天地崇拜，部落宗教有图腾崇拜，文明社会的宗教有偶像崇拜、神灵崇拜等。崇拜主要在于对所信奉对象表示感恩和祈求。这种方式也是人类群体形成和支撑的形式。哲学的文化源头与史前期的信仰活动密切相关。早期宗教的两个最为基

① 参见吾淳. 古代中国科学范型. 北京：中华书局，2001：107.

② 宗教大辞典. 上海：上海辞书出版社，1998：128.

本的特征是巫术崇拜和多神信仰，并且，更多带有自然宗教的特征。中国宗教自然也具有这两种特点，如同所有的古老宗教一样，具有极为浓厚的自然崇拜色彩。①

几乎所有的原始部落都有图腾崇拜，在图腾崇拜中产生出祖先崇拜。图腾崇拜与氏族崇拜的种种成分交织在一起，会出现更为成熟或典型的祖先"神"。图腾和祖先崇拜的发展，会产生更为抽象的神灵。神灵的出现使得不同的部落交往在定立婚姻章则、习俗、道德规范等方面有了一种共同的约束依据，这样便于交往。中国古代，在农耕以及畜牧时代，产生了具有整个民族信仰意义的灵物崇拜——"神龙"。

"神"的出现，要求各种祭祀活动，形成了祭"神"场所。在良渚文化前后时期，天神崇拜已成为中国古代村社部落联盟的主要宗教形式，产生了掌握祭天地特权的专业的巫师。祭祀和生产活动的复杂化引起的社会的分工和分层，作为对人间秩序和社会组织结构的反映，对神的崇拜形成了某种类似金字塔结构的有等级和梯度的特征，这些都在不同程度上对形成更为一般的观念产生了影响。所以，这里不仅可以看出与思维和观念相关的抽象层次，也可以看到这样一种层次由低而高的历史发展进程。宗教的种种观念不仅仅是属于或反映崇拜的，哲学思维与观念也蕴涵和潜藏于其中，它们会以不同的概念形式表达出来。一些宗教学家、哲学家进一步对上述人类的"经验"给予"理论"的总结，得出的结论是：哲学最初是被"寄托"于宗教和其他活动中，并由这些活动抚养和带大的。在西方，后来的哲学则也抚养和带大了科学。

巫师们的主要活动就是为了加强人们的信仰，对神的力量及其对人的作用进行解释和说明，并以神话传说一代代流传下去，这成为后来哲学思想产生的最直接的源头。"古代人的智慧是神学诗人们的智慧，神学诗人们无疑就是异教世界的最初的哲人们，又因为一切事物在起源时一定都是粗糙的，因为这一切理由，我们就必须把诗性智慧的起源追溯到一种粗糙的玄学"。哲学思维一开始是包含在宗教中的，虽然粗糙，却是起源，是后来的理性主义哲学的完整形式的基础。"这种哲学是由历史证实的，历史告诉我们的没有什么比起神话和西比尔女巫们更早。因此，要说一件东西很古老，人们就说：'它比西比尔女巫还要古老'。"②所以，最早的智慧或哲学是产生于诗歌、想象、巫术以及宗教天命观念之中的。

哲学与宗教的主题及许多观念都是相通的，只是思考的方式有所侧重，组织、连接概念的方式不同。在中国古代，哲学与宗教之间相互依存的关系尤为密切，宗教所涉及的思想和观念的主题，大多也是而且总是后来哲学赖以产生的主

---

① 参见吾淳.中国社会的宗教传统——巫术与伦理的对立和共存.上海：上海三联书店，2009.
② 维柯.新科学.朱光潜译.北京：人民文学出版社，1987：216、220.

题，并且，还在哲学中不断地延续。这正如缪勒所说："宗教生命之所在有赖于对存在于有限之中并超越有限之无限的情感和观念，如果不是哲学家的话，谁能够确定这种情感和观念的合法地位？如果不是哲学家的话，谁能够明确人类有能力借助感官把握有限，并借助理性把单一而有限的印象组成概念？如果不是哲学家，又有谁能有权论断无限是存在的？尽管这样解释经常不同于一般意义上的感觉和理性。"在此意义上，如果我们把宗教和哲学分开，就会伤害宗教；如果我们"让哲学脱离宗教，也就毁了哲学"①。

道家哲学思维和观念与上古宗教有着密切的关系。宗教不仅提供了哲学信念——意识之流汇聚、聚焦的指向、方式，还提供了汇聚的焦点——各种观念要素。与道家哲学产生直接相关的几个重要的宗教观念有：

1）"天"的观念

"天"在中国古代哲学中是一个非常重要的观念，从周代或许还更早开始，它就可能已经是一个具有抽象性质的概念。当然，它不会是突然之间产生的，而是经历了一个漫长发展过程，它包含了此前宗教信仰之"天"的丰富内涵。显然，"天"或天神崇拜与农业活动密切相关。中国农耕地区在新石器时代已普遍地将影响气候，即农业生产的太阳或以太阳为主的天体和天神作为祈求对象。并且，这种对天体或天神崇拜的连续性，似乎始终贯穿于早期农耕文化之中。从保留下来的许多上古岩画都可以看到较明显的膜拜性质：虔诚肃穆的拜日者站立在大地上，两臂上举，双手合十过顶，朝拜太阳。站在神像之前，给人以一种肃穆、威严之感。这些岩画中的人俨然就是一群天神像，"充分反映了古代牧民的精神世界"②。后世哲学的"天"观念或概念中所包含的包括威严、意志、命令以及惩罚等一些重要的含义内容，都是在早期的宗教信仰中就已经确立的，并且一直在哲学发展中延续下去。

2）"类"观念

在原始宗教的巫术活动中，原始人依据当时有限的知识加以种种比类推演，这就形成了"类"观念。"类"的思维同样也在原始时期的知识活动中产生，作为一种分类方法以及在此基础上所形成的种属概念，原始巫术有关"类"的思维与观念以后的哲学思想产生了影响。

比类观念与方法在战国到汉代的哲学运用已经非常普遍。《墨子·贵义》中记载了子墨子北之齐，过日者。日者曰："帝以今日杀黑龙于北方，而先生之色黑，不可以北。"③子墨子不听，遂北，至淄水不遂，而反焉。但这样一种观念与

① 麦克斯·缪勒.宗教的起源与发展.上海：上海人民出版社，1989.
② 参见盖山林.阴山岩画.北京：文物出版社，1986.
③ 墨子·贵义.李小龙译注.北京：中华书局，2007.

思维的出现也并不是突然的，它有着古老而深厚的巫术思维与观念的根源，这是植根于原始巫术的信仰习惯之中的。这种思维和观念在原始社会及其宗教活动中被普遍使用，并非是中国古代文化之特有。类比思维与观念或信仰习惯乃是所有原始社会及其宗教所普遍具有的。

3）"象数"和"命"观念

中国早期宗教观念也突出地体现在占卜活动中。这种"象数"观念在《易经》那里就已经萌芽了。到战国后期，中国思想界开始迷恋于"象数"问题，从这时开始，"象数"已经成为中国哲学的一个重要研究问题。筮占成为主要的占卜形式是从周代开始的，而周人筮占的成熟形式就是《周易》。因为《周易》筮占已经开始运用符号进行推演了，其基本符号是"━━"和"━ ━"。这两种符号最初是一长两短的竹管或蓍草的一种占卜工具，它们代表了吉与凶两种可能或结果。① 这里，"象数"观念显然已经蕴含于其中了。

原始先民对为何要使用这样一种占卜形式的解释是："那些靠不住的、大部分见不到的效果，那些一般归于运命、归于机遇、归于侥幸的事，初民才想用巫术来控制的"。"也就是他们的经验和他们的理智告诉他们科学所无能为力的一个领域。在这领域内，亦只在这领域内，他们疑心有另一种在那里支配着的力量。"说人事之外尚有天命，并且人事要受天命所制，天命固然难以逆料，但是它好像还深藏了一些意义，是具有有目的的，人似乎通过某种方法也可以窥测它的蛛丝马迹。"在不幸事件发生之前，似乎是有预兆的，事发的推测又似乎含有内在的一贯的逻辑，于是人们觉得他对于运命似乎有相当辩证法可以左右这神秘的力量。"② 哲学中与占卜活动中的"命"的含义十分相近。占卜的目的是用来探知人类未来命运的，在中国哲学称之为"命"。

正如早期知识活动中的知识积累一样，虽然哲学是后来才产生的，但哲学的元素在早期的信仰中已经开始形成，哲学的基本问题只是这些元素以另一种方式——理性思维的显现。在以后哲学中成为更一般和抽象的观念和思想是奠基于原始宗教观的。经验知识则提供了思维的要素，是思维生长最直接的养分。而宗教提供了哲学思维生长的向度，所以，宗教与知识的一些观念成为哲学生命的最初形式。哲学突破了宗教宿命或依附于天帝、天命的非理性传统，开始认识到人自身的意义，对自己，对自己的行为，对自己的群体负责。人试图通过自身思考的理性对经验知识进行思考，以能掌握自己的命运，而不是再将其简单地交给神或天命。这在哲学的诞生——无论是西方和中国都是相似的。对中国而言，信仰连同在其基础上形成的观念也被贴上了独具特色的标签。而这又导致后来道家哲

---

① 高亨. 周易古经今注. 北京：中华书局，1984：139.
② 马林诺夫斯基. 文化论. 北京：中国民间文艺出版社，1987：56、49.

学独特的生成问题，循道的旨趣与走向，以及天人感应的思维方式。

### 3. 语言文字符号

信仰崇拜和经验知识还只是意味思维与观念可以获得朝向哲学发展的机会，要真正成为哲学，还依赖于语言。作为精神活动的哲学的发生，或者说体现为哲学的精神活动的发生还有赖于另一个重要的要素——语言（文字）。人类心智的进步和思维的发展都是依赖文字符号行进的。洪堡特在分析语言与精神活动的关系时指出："对于人类精神力量的发展，语言是必不可缺的；对于世界观的形成，语言也是必不可缺的。""语言与人的最内在的本性密不可分地结合在一起。语言宁可说是从人的本性之中独立自主的生成，而不是由人的本性随意创造出来的，因此，民族的智力特性或许同样可以被视为民族语言的作用结果。事实上，语言和智力特性是从不可企及的心灵深处相互协调地一同产生出来的。"①这就是说，在精神活动的初期，我们甚至都不能把精神活动与语言符号完全分开。智力或精神活动的最初发展完全是与语言融合或黏结在一起的，我们根本看不出它的相对独立的面貌，它完全依附或附着于语言。也就是说，语言与人类的意识发展是完全交织在一起的，它伴随了人类意识的每一个发展阶段和过程。在早期人类文明中，其中不少就是由于语言的原因最终未能从原始知识和信仰活动中发展出更高级的精神和思维活动。

恩斯特·卡西尔规定了"人是符号的动物"，从这样一种角度来看，"神话、艺术、语言和科学都是作为符号而存在的。这并不是说，它们都只是一些凭借暗示或寓意手法来指称某种给定实在的修辞格，而是说，它们每一个都是能创造并设定一个它自己的世界的力量。在这些它自己创造并设定的世界中，精神按照内在规定的辩证法则展现自身；并且，唯有通过这种内在规定的辩证法则，才能有任何实在，才能有任何确定的、组织起来的'存在'"。所以，在每一种心智形式的自身内部都可以找到一种原初的表达方式和趋向，发现一种符号自发的生长规则，并且，这种符号生成方式绝非只是单纯地记录，它从一开始便以实存的固定范畴确定的，而是其自我的不断与其他符号交叉、重组、整合的。"这些特定的符号形式并不是些模仿之物，而是实在的器官；因为，唯有通过它们的媒介作用，实在的事物才得以转变为心灵知性的对象，其本身才能变得可以为我们所见。至于何种实在独立于这些形式，这种独立实在的独立属性又是什么，在这里都是些毫不相干的问题。对于心智来说，只有具备确定形式的东西才是可见的；而每一种存在形式又都以某种独特的'看'的方式，都以某种独特的表述意义和

---

① 威廉·冯·洪堡特.论人类语言结构的差异及其对人类精神发展的影响.北京：商务印书馆，1999：21、25、47.

直观意义的智识方式为其源头活水。"①卡西尔在这里实际指出了不同活动与哲学活动的关系，它们不仅是源头活水，而且与哲学观念水乳交融。在哲学诞生伊始，语言符号与其指称的东西本就被视为一体。

语言是哲学得以实现的重要基础，中国道家哲学与西方哲学都是在语言符号中产生的。这正如洪堡特所认为的，"当我们把某些语言称作原初语言的时候，只不过是因为我们对它们的早期构成情况一无所知。我们单凭贫乏的知识，便把某个时间点称为最古老的语言时期，殊不知，在此之前的千百年间，连续不断的语言的链锁一直在向前延伸"。因此，通过观察语言无限向前延伸的踪迹有助于我们观察和思考孕育于其中的哲学思维与观念的踪迹。乔治·萨顿认为早在古希腊科学之前，已有可观数量的系统知识，这有助于解释所谓古希腊文明的奇迹。"无疑，每一个有头脑的人阅读了《伊利亚特》和《奥德赛》（古希腊文明的开端）都会想要知道这样的杰作是怎样创作出来的。他们不会像晴天霹雳横空而出。和许多其他光荣的起点一样，它不仅是进化的序曲和前奏，而且是另一个进化的终曲和顶峰"②。当我们今天读《老子》一书时，又何尝不是这样一种感受呢？

"从类化意象到抽象概念的过渡，主要是通过音节语言的发展完成的。""在抽象概念之前，原始人很早就用意象和类化意象来思维。""从标识功能来看，这些词汇也就是所谓'原始名词'。""但从原始名词的发展中，后来逐渐分化出了所谓'类'名词。在'类'名词中则慢慢地显示概念的萌芽或端倪。"而类名词"一旦突破了'象'"，"则很自然地就变成了概念。因为类名词这种语言符号，已经为思维摄取一般提供了必要的形式。"③中国哲学开始也是在语言符号中产生的，并且，比西方哲学更注重符号，比西方具有更为丰富、完整的符号系统。从西周到春秋这一时期，在概念大量出现的同时，思想也大量出现了。例如这一时期，围绕阴阳、五行、中、和、天命、天道、天人、天、命、道、气、德、礼等问题都已经有大量的思想涌现。但与西方哲学不同的是，中国道家哲学一直没有有意识地把语言符号与对象区别开来。

如果说，问题是通过概念的形式得到提炼和概括，那么，问题的铺陈和展开就必须也只能诉诸思想。思想的阐述离不开作为思想的主体——思想家。中国从西周开始，这样一种概括和反思活动逐渐地为一批智者、贤者或也即哲人所普遍掌握。这批人已经形成了一个特殊的或具有某种独立性的社会群体，他们普遍使用理性的态度来面对或解决问题，即人的自觉的精神已经最终形成或确立。当

---

① 恩斯特·卡西尔.语言与神话.北京：生活·读书·新知三联书店，1988：36.

② 威廉·冯·洪堡特.论人类语言结构的差异及其对人类精神发展的影响.北京：商务印书馆，1999.

③ 刘文英.漫长的历史源头——原始思维与文化新探.北京：中国社会科学出版社，1996：723、724、725.

然，作为社会或时代的精神与自觉，它在很大程度上是以集体意识作为基础的。其实中国早在西周初年，就出现了第一代思想家和第一批思想成果。其中，周公无疑是一位典型的哲学意义上的思想家，其对德、民、天命等问题所作的极富哲理和智慧的思考，即便是按照苛刻的西方哲学标准也没有什么疑问。所谓周公思想也可能所反映的是一个特定时代的群体的智慧，是这个群体对历史进程以及经验的理性自觉。所以，中国道家哲学的诞生可以上溯到公元前1000年左右，而在先秦时期，道家哲学体系则已经完成了。

西周末年以后，特别是在春秋时期，思想絮语如飞花点翠般纷纷坠下，并在不同的方向上汇聚起来。当然，这一时期，相当多的思想具有片断的特点，例如《易经》中的转化思想，伯阳父、叔兴等人有关阴阳或转化的思想，《洪范》中有关五行的思想，蔡墨有关五行的思想，史墨有关阴阳和五行的思想，晏婴、子产等人有关天道的思想，虢文公、太子晋等人有关气的思想。并且，这一时期的不少思想已经具有了一定的深度，如单穆公、伶州鸠、医和等人有关乐的中和、节度的思想，史伯、晏婴有关差异性的思想，观射父有关天人关系的思想，申叔时有关德教的思想，祝佗有关历史经验的思想等。在这些思想家身上，可以看到思想的更充分的展开。大量这方面的观念、概念与思想资源的形成，例如阴阳、五行、道、法、数、名等。这样就出现了对自然、人、社会及人与自然的关系方面的知识普遍性的思考，道家、墨家、阴阳家以及各种流派的学术因此而诞生。

虽然哲学的产生是日后的事情，但作为哲学产生的元素在早期的宗教和知识活动中就已经逐渐积累起来，中国哲学的一些基本或重大问题此时却已经出现，并成为日后哲学诞生的基石。各种概念、思想以及相关问题的确立都表明哲学这一精神活动的庄严登场。而春秋战国时期社会的战争、动乱、变革，各种各样的人物纷纷登上社会的舞台，各种思想、观念、心态都呈现了出来，这给思想家和政治家们提供了思考和提炼的丰富源泉。并且，在独特的地理环境和生产方式所产生的知识活动也会产生独特的思维方式，这作为后来哲学思想的思维与观念诞生的"基因"，使哲学从一开始就具有自己的特质，这深刻影响了后来道哲学的问题、旨趣和走向。

既然哲学最初是被"寄托"给宗教、科学以及语言等活动，并由这些活动抚养、带大，那么，哲学的发生、发展就一定经历了一个十分漫长的过程。黑格尔在阐述概念的发展时曾说，从一个范畴，推进到另一个范畴，在我们是很容易的，但是在历史的历程中，这却是很困难的。世界精神从一个范畴到另一个范畴，常常需要好几百年。① 而这样一个早期思维或意识的进程现在也可以通过人类个体思维的发生认识论在一定意义上获得复原或再现。皮亚杰研究了儿童认识

---

① 黑格尔.哲学史讲演录（第1卷）.北京：商务印书馆，1983：101.

发生的机制，他从认识的最初形式开始，追踪了认识以后向高水平的发展的各个阶段及其特征，给出了思维是如何发生和发展的过程："我们或者必须说，每一件事情，包括现代科学最新理论的建立在内，都有一个起源的问题，或者必须说这样一些起源是无限地往回延伸的……"① 这样一种复原或再现，使我们有可能通过个体并且是"缩约"的形式，来重新考察人类整体曾经走过的漫长路程。

# 二、道家哲学体系

作为哲学体系，其是从某个核心观念出发，衍生出一系列的概念，再以此来解释、规定全部存在的东西。核心观念是最为抽象、最为普遍的东西，是一种假设。其他的概念是围绕核心以逻辑思辨的方式而生成、展开的，它们既与核心观念相联系，相互之间也发生各种各样的关系，例如黑格尔哲学体系就是从绝对理念展开的概念体系。道家哲学是以道为核心生成的关于存在的概念序列。

## 1. 核心观念

从哲学本体论角度，是建立一个核心，使得各种概念能够围绕核心而展开。作为一种信念，核心观念无论就其意识发生的方式，还是其内容都直接来自于宗教。毫无疑问，道家哲学的核心概念就是"道"，作为哲学核心观念的"道"是老子首先确立的，道家哲学的哲学理论都是围绕着道而展开的。道是"天道"概念的具体表现以及其向其他具体领域和更为抽象层面的迁移与发展，后来延伸出谈说、主张、伦理、治理等含义。"道"概念的形成为老子哲学的产生及后来整个道家哲学提供了厚实的铺垫。

当然，老子"道"概念也是在众多的"道"学主张基础上进行总结、概括、提高而形成的。在春秋战国时期，诸子百家争鸣的学术繁荣局面下，也是各种道学大行其道之时。在"道"的旗帜下，聚集了各种道学学派和理论：如儒家的道论、道家的道论、墨家的道论、兵家的道论、法家的道论和《易传》的道论等。它们既自成一家，又互相争鸣、互相吸收，推进"道"论得到了极大的丰富与发展。总之，这时的道论都已经将天道与人道从原有的联系中分离开来，这就为以后在道家那里得到充分论述的天道自然观念准备好了生成的基础。所以，客观上正是由于各种道学的争鸣，使得更高抽象程度的、更具思维规律的思想成为可能，并成为人类思维进一步上升的必需的过程。而事实也确实如此，我们日后所看到的道学鼻祖——老子由此横空出世，天道、地道及人道汇合的道家哲学展现于人世。

---

① 皮亚杰. 发生认识论原理. 王宪钿译. 北京：商务印书馆，1981：17.

老子在先秦各种道论的基础上，创立了比较系统的道论。在老子的哲学体系中，道是最高的、唯一的范畴。先秦诸道的学说也有将道作为最高的范畴之一，但不是唯一的最高范畴，并且，大多只局限于人类社会的人道或人道的某个层面，而不能把道贯彻于全部的世界存在。在老子看来其他学派中所使用的，如天道、地道、人道、君子之道、用兵之道等道的概念，都是"可道"之道，是呈现了的、具体的道，而不是最高的、本原的、唯一的"常道"之道。所以，《老子》开场就言："道可道，非常道"。

道家并不是先秦影响最大的学派，老子用最高范畴的道，取代了在其他各种学说中天、主宰、命运、意志、人格等不同的道。老子认为天没有意志与仁爱，万物自生自灭。老子把道作为一个核心观念，其他的概念从它生成，标志中国哲学体系的诞生。"道高于天，道先于帝"，这是老子反复说明的一个主题，"道大，天大，地大，人亦大。"老子认为在宇宙四大之中，因为道是起始，所以道当为最大，为大中之大。老子也否定了当时普遍尊认的上帝权威，认为道先于上帝，"吾不知谁之子，象帝之先。"因为老子的道具有最大的包容性，包容了天、上帝等一切存在，还是全部存在生成的法则、规律。所以，老子的道论被称为唯道论，也是他自己创造了"唯道"这个概念："孔德之容，唯道是从。""夫唯道，善贷且成。"[①]道是至上的、唯一性的，道贯穿天地万物，万事万物唯有道能够善始善终。

1）世界的本原（本体），是世界万物生成的起始，产生的基始

与西方哲学认为宇宙万物是由某种元素构成的构成论的宇宙观不同，道家哲学是一种生成论的宇宙观，认为宇宙万物皆由一种无形之质生成。"道"概念或范畴在殷周时期已经形成，春秋战国时期，已经有一些出自天象阴阳之术的哲理在逐渐形成，从天道来思考问题的古道者之学已经初具雏形，但是具体而详细的分析却无从进行。[②]在天道、人道的提出以及关于天道人道相互关系中，道概念开始出现性质的变化，这也规范了哲学道论思想演变发展的基本指向，对道家哲学道范畴的形成具有重要的意义。但"由于受到社会实践的广度、深度和人类思维水平的限制，道基本上仍然处在概念阶段，还没有正式形成哲学范畴"[③]。作为哲学范畴之"道"，开始于老子[④]。老子使道逐步从"一达谓之道"的原义中超越出来，用以概括自然和社会、客体和主体，即天道和人道的运动变化规律及其相互关系。道论哲学是从道家产生和发展的，这种构建世界的范式渗透了中

---

①　老子（二十五章、四章、二十一章、四十一章）.饶尚宽译注.北京：中华书局，2006.

②　葛兆光.中国思想史（第1卷）.七世纪前中国的知识、思想与信仰世界.上海：复旦大学出版社，1998：199.

③　吾淳.前老子时期"道"语词的发展及哲学准备.上海师范大学学报（社会科学版），2006，（5）：25.

④　葛荣晋.中国哲学范畴通论.北京：首都师范大学出版社，2001：155.

国 2500 多年哲学发展的各个学派，不同的学派虽然观点有异，但对我们面对的世界万物的理解和解释，几乎都会采取或默认道及其后来发展的元气论的生成观点。

老子最先提出了存在源于道，唯道所生。中国原始宗教具有万物由一种无形的力量所化生的思想，对于这种无形的存在，在先秦有人认为是天或者是气，而老子则把它归结为道。"道生一，一生二，二生三，三生万物。"这里明确指出了万物唯道所生，同时还提出了道生万物是一个过程、序列。道是比万有更广泛的存在，是最原初的存在。万有是呈现存在、规定存在的普遍方式。并且，人也是道的生成，遵循于道，即人之伦理均隐含于道，源于道。道既是起始，又是全部，一切存在都是道的呈现、分化、展开，道先生万有，再从万有到万物。道还是生成序列的规律、法则，在不同层次中表现为"天之道"、"人之道"、"圣人之道"等。但老子认为这一类的道只是可道之道，它们都不是原道、常道，但源于常道，由常道所生。

老子还规定了存在唯道所成，宇宙万物都是由道所造就的。这就是说任何一种存在，它的特性和本性，都来源于道，都是道所赋予的。无道则无事物的存在，背离道，事物将失去它的本性。"天得一以清，地得一以宁，神得一以灵，谷得一以盈，万物得一以生，侯王得一以为天下贞（正）。天无以清将恐裂，地无以宁将恐废，神无以灵将恐歇，谷无以盈将恐竭，万物无以生将恐灭，侯王无以贞将恐跟。"[①]世上所有的天、地、万物、神灵、君王的统治，世界上一切事物都是因为有道而得以存在并保持了它们的特性。没有了道，宗教神灵不再显灵，君王的社稷无法维持，天地万物不复存在，一切都将走向衰亡、毁灭。老子将道作为天下唯一的，有创生万有之功、成就万物之德。[②]

2）世界存在的决定和主宰

世界万物的起源问题是存在由何所生成，世界的本体的问题则是存在由何所主宰。道既是存在之创生者，也是存在之宗主。"道冲，而用之或不盈。渊兮，似万物之宗。""道常无名。朴虽小，天下莫能臣也。侯王若能守之，万物将自宾。"这里的朴就是指道，意即道质朴无华，无任何自我彰显。但道却能够让万物服从、天下归顺。道以一种非常特别的方式统摄存在，这种统摄是自然的，而不是强制的。"道之尊，德之贵，夫莫之命而常自然。"道对存在的统摄又是自然无为的，道创生的万物在各个层次上由自生的规则制约的，在人类的层次上升到由德去培养和支配万有。"道生之，德畜之，长之育之，亭之毒之，养之覆之。

① 老子（三十九章）．尧尚宽译注．北京：中华书局，2006.
② 参见宫哲兵．唯道论的创立．哲学研究，2004，（7）：25.

生而不有，为而不恃，长而不宰，是谓玄德"①。道对存在的规定是无为的、无欲的，是确保更高层次的生成。道虽创生万物，但并不以此而居功，并不主宰万物。道不自以为主宰而成其为主宰。

3）世界形成、产生和发展的全部历史之路径

作为道路义的"道"，首先当指日常之道。"复自道，何其咎，吉。"② "周道如砥，其直如矢。"③ "二十八年春，晋侯将伐曹，假道于卫。广秋，晋侯会吴子于良，水道不可，吴子辞，乃还。"④ 这些都是作为道路的意义使用的。而在"闻诸道路，不知信否"中，则明确把"道"与"路"连在一起为道路。在道路意义上，又有了些转义，如"有孚在道，以明何咎。""反复其道，七日来复，利有攸往。"⑤ 这里的"道"含有了路途、旅途的意思。又如"缮守备，表火道"，这里的道是顺着原来道路的趋向或走势的含义。作为道路义的"道"还延伸到了其他社会生活领域。如"无偏无陂，遵王之义；无有作好，遵王之道；无有作恶，遵王之路。"⑥ "凡君即位，卿出并聘，践修旧好，要结外援，好事邻国，以卫社稷，忠、信、卑让之道也。"⑦ 这里的道都是指与社会相关的政治的治国理想、策略。而"无偏无党，王道荡荡；无党无偏，王道平平；无反无侧，王道正直。"⑧ 则从"道"即道路延伸出了合理性或正当性的含义，按照合理的路线行进，即按合理的方式采取行动。这里所使用的"王道"概念此后在儒家学说中又常为合理性或正当性的代称。

4）存在生成的规则、规律

"道"观念在春秋时期就已经具备了比较丰富的内涵，"道"、"天道"概念已经具有了法则、秩序、规律的意义。"'道'成了表征中国古人了解的宇宙秩序、伦理秩序、精神秩序及其统一性的概念。……概念的发展使得'道'和'天道'具有了法则、秩序、规律的自然哲学意义，又具有了规范、原则、道义的社会思想的意义。"⑨世界各种文明都具有关于宇宙法则的认识，"在几乎所有伟大的宗教中，都发现了制约所有事件的普遍时间秩序与同样主宰所有事件的外在的正义秩

① 老子（五十一章）.饶尚宽译注.北京：中华书局，2006.
② 周易·小畜.郭彧译注.北京：中华书局，2006.
③ 诗经·小雅 大东.王秀梅校注.北京：中华书局，2006.
④ 左传·僖公二十八、昭公十三.刘利等译注.北京：中华书局，2007.
⑤ 周易·随、复.郭彧译注.北京：中华书局，2006.
⑥ 尚书·洪范.李民，王健译注.上海：上海古籍出版社，2010.
⑦ 左传·定公四年、文公元.刘利等译注.北京：中华书局，2007.
⑧ 尚书·洪范.李民，王健译注.上海：上海古籍出版社，2010.
⑨ 陈来.古代思想文化的世界——春秋时代的宗教、伦理与社、会思想.北京：生活·读书·新知三联书店，2002：70.

序之间的相同关系——天文宇宙与伦理宇宙之间的相同关联。"① 并由此可得出："在自然主义方向发展的人文主义，并没有中国文化的特殊性体现。如果说中国古代文化在这一过程打上了怎样的自己的特殊印记、又有什么表达上的特殊性，那就是根于字源意义而得到法则意义的'道'"②的结论。即古代中国哲学在有关法则问题上的特殊贡献就是提供了"道"这一语词。主要问题并不在于不同文明是否都有普遍秩序或法则的一般认识或看法，而在于这一认识或看法是否能提升为一种比较系统的哲学见解、思想乃至理论。

5）作为存在的归宿、终结

当道创生出宇宙万有、造就了万物之后，道又在万有之中，成为万有的规定，成为万有的本质、成为万有的活力和源泉。老子有时用朴表示道，道散寓于万有器物之中。"为天下谷，常德乃足，复归于朴，朴散则为器。"③寓于万有器物之中的道称为德，万物皆有道，道在万物中。"所谓道，恶乎在？"庄子曰："无所不在。"东郭子曰："期而后可。"庄子曰："在蝼蚁"。曰："何其下邪？"曰："在稊梯"。曰："何其愈下邪？"曰："在瓦甓。"曰："何其愈甚邪？"曰："在屎溺。"东郭子不应。④这段话是说，不论动物、植物、无生命的器物，也不论贵贱，莫不有道寓于其中。

古今许多学者对老子的道提出了解释，作为道家哲学的核心，"道既不是物质，也不是思虑的精神，更不是理性的规律，而是造成这一切的无形无象、至虚至灵的宇宙本根。物质、精神、规律皆是道的派生物"⑤。所以，对道可以从多种不同的角度来理解，作为哲学的范畴，道与西方哲学的始基、本原的概念接近，道是宇宙起始的生生之元；作为宗教观念，道是泛神论的自然性的神，道既化生万物，又不强制控制万物；在人的修行修养方面，道是一种泛生命力的活力和功能作用，是一种平衡、协调的心理和精神高层次状态；在文化方面，道是中华民族精神的最高境界，也是最为深邃的文化底蕴，与西方的人性、理性具有同样的地位和作用，甚至比人性、理性更高的层次。所以，道既是宇宙万物生成的原因、基础，又是万物演进的路径、指向，还是万物意义的呈现、归复。

## 2.核心观念的分化

在认识论，哲学就是从核心概念的不断分化，解释各种存在的方式，包括法

① 卡西尔.神话思维.北京：中国社会科学出版社，1992：129.

② 陈来.古代思想文化的世界——春秋时代的宗教、伦理与社会思想.北京：生活·读书·新知三联书店，2002：70.

③ 老子（二十八章）.饶尚宽译注.北京：中华书局，2006.

④ 庄子·知北游.孙海通译注.北京：中华书局，2006.

⑤ 任法融.道德经释义.西安：三秦出版社.1990：2.

则、规则、联系、原因、次序等。核心观念的建立传承于宗教，而分化则依赖于经验知识。在早期或原始思维中，对于对立与多样现象的关注是主要兴趣所在，因此，二分与差异或类分的意识或观念是最基本的。这样一种兴趣或观念一旦形成，它就不单单为原始思维所有，而是会延续下去，影响后来的思维与观念。道家哲学以道为核心，以此分化了"天道"、"地道"、"人道"。

1）天之道——生成序列

道观念有经验知识和语言符号的源头，但主要还是从原始宗教生活的天命观中发展而来的，包含了天命、天意、天数的观念和思想，这些意义与道路义的源头也是相关的，但也有所区别。"天道"观念、概念是"道"观念、概念的一个重要且直接的源头，但是，"天道"观念、概念及思想毕竟又只是全部"道"观念、概念及思想的一个部分。

"道"在一定程度上实际仍保留有天命、天意、天理的含义，这可以看做是天命观念的延续，"……然而又生男，其天道也"[①]？这仍然有天命观念的遗痕。既然是从天命观延续而来的，这样"天"就成为原有命运、命定观念与新的普遍法则观念联结的中介，也就由原先的"命"变成了现在的"道"，原先的"皇天无亲，唯德是辅"[②]，就转换为"天道无亲，唯德是授"[③]。用天道来代替天命，这就涉及天文知识迅速增长且广泛普及的原因。但无论是原先的天命，还是之后的天道，这都是用来以天意来证人事的思想，这一意义的使用与天命一词并无本质区别。天道代表着宇宙万物生成的最高法则，规定了万物生成的秩序和行进的规则。

2）地之道——自然规律

地之道，包括万物是自然规律或法则的"道"。在语词及其意义上，"地道"是天道到人道的过渡。这是作为自然规律或法则义的"道"的出现。"道"的使用赋予了天体运行以路径之意，例如黄道、赤道等。在此基础上，可能又是"道"的这一含义使得天道成为一种法则、规律意义的概念，也使得"道"成为表达自然法则或规律的最有效语词。地道是按照天道的运行规则，地及万物遵循天道运行，就是自然规律。作为自然规律的"道"还有更为丰富的含义。"……社稷无常奉，君臣无常位，自古以然。故《诗》曰高岸为谷，深谷为陵"。"在《易》卦，雷乘《乾》曰大壮艸，天之道也"[④]。按杜预注："乾为天子，震为诸侯，而在乾上。君臣易位，犹大臣强壮，若天上有雷"。其实无论是自然的变化，还是人事的变化，都可以看作是一种自然规律。并且，天道与人道还可以互参

---

① 国语·晋语一.夏德靠，尚学锋译.北京：中华书局，2008.
② 左传·僖公五.刘利等译注.北京：中华书局，2007.
③ 国语·晋语六.夏德靠，尚学锋译.北京：中华书局，2008.
④ 左传·昭公三十二.刘利等译注.北京：中华书局，2007.

或互喻，如："川泽纳污，山薮藏疾，瑾瑜匿瑕，国君含垢，天之道也。君其待之"①！我们可以看到对于自然规律的"道"的认识还包括地理学、音律学以及数学等不同知识领域，乃至延伸到社会领域，这也表现了春秋时期关于自然规律认识的丰富性和复杂性。

3）人道——社会法则之"道"

在社会或人事活动中的行为法则的"道"意味着正当性或正义性之义。用于行为方式，是从方法、办法延伸而出的，即正确的方式，表现为正当性、正义性。所以，法则在人看作是一种道自身运行，所以理所当然应遵守它，而不能违背它。违背道义是不当的，要遭受非议和谴责。这一概念的出现意味着社会活动中某些基于人的一般原则，包括对人的尊重这样一些重大问题已经开始提了出来。这也是中国先秦时期动乱社会所要求的社会运行秩序。正是基于这样的认识，人道成为孔子、孟子等先秦儒家思想的基础，从此衍化了极为丰富的内容。

法则与道义。当某些方法或成为约定的惯例，或成为社会的共识时，那么其就可能成为一种社会共同遵守的约定准则。"是故明王之制，使诸侯岁聘以志业，间朝以讲礼，再朝而会以示威，再会而盟以显昭明。志业于好，讲礼于等，示威于众，昭明于神。自古以来，未之或失也。存亡之道，恒由是兴"②。这是将"志业于好，讲礼于等，示威于众，昭明于神"等看成社会组织治理的基本原则。《周诗》曰："朋友攸摄，摄以威仪，言朋友之道必相教训以威仪也"③。这里把"朋友之道必相教训以威仪"视作一种共识，也就是需要遵守的法则。

必然性与常理。按照规则行事，由此"道"也就常常具有了正当性、正义性的涵义。"楚昭王知大道矣。其不失国也，宜哉！"在这里的"道"是正当、正义的道理含义。因为无论是依照客观的惯例，还是观念的共识，是能够成为人的行为准则的"道"，固然有其正道之义。并且，既然是作为准则或法则，其又具有了某种必须遵从的必然性："君人执信，臣人执共。忠、信、笃、敬，上下同之，天之道也。""礼以顺天，天之道也"④。作为一种共识或惯例，法则或准则的含义也还包含了常理、本就如此的意义，所谓津津乐道的"古之道"。如，"伐鼓于朝，以昭事神、训民、事君，示有等威，古之道也"⑤。这之中包含有经验的积累，也包含有在经验基础上所形成的习惯、惯例等。常理也代表着共同约定和遵守的传统。

国家德政与个人的德行。作为社会的法则、道义向个人层面的延伸就是德

① 左传·宣公十五.刘利等译注.北京：中华书局，2007.
② 左传·昭公十三.刘利等译注.北京：中华书局，2007.
③ 左传·襄公三十一.刘利等译注.北京：中华书局，2007.
④ 左传·哀公六、襄公二十二、昷文公十五.刘利等译注.北京：中华书局，2007.
⑤ 左传·文公十五.刘利等译注.北京：中华书局，2007.

行。一般而言，德行主要是指个人的德性修养。"履道坦坦，幽人贞吉"①。"履道坦坦"意思是"犹言胸怀宽广坦荡。履道指行为素养"②。又如"晋仍无道而鲜胄，其将失之矣"。"故三年默以思道。既得道，犹不敢专制，使以象旁求圣人"③。当然，在春秋时期，"礼崩乐坏"的情况已相当严重，人们所云德行之"道"又经常是与"礼"这一内容密切相关的，这样，"无礼"也可以被称为"无道"或"不道"，也就是"无德"或"不德"。如："凡弑君，称君，君无道也；称臣，臣之罪也"④。个人的德行会进一步延伸到国家政治活动层面，也即进入君民关系。这就要求君、统治者关爱治下的臣民，作为道德义的"道"就会含有仁政之义，"救灾、恤邻，道也。行道，有福"。"凡君不道于其民，诸侯讨而执之"⑤。"天祸流行，国家代有。补乏荐饥，道也，不可以废道于天下。""敬学而好仁，和于政而好其道"⑥。这里的"道"是将个人德行与国家政治串接在一起的，我们在这里已可以看到后来儒家思想特别是孟子仁政思想的雏形。

从西周到春秋时期，哲学概念已经普遍或大范围的生成并被加以使用。这些概念主要有：象、类、阴阳、五行、中、和、天人、天命、天道、敬、受、宜、因、天、神、命、道、数、气、德，等等，当然还不止这些。这些概念既分布于"天"或即宗教与自然的领域，也分布在"人"或即道德与社会的领域，我们可以看到这样一种分布是十分全面或完整的。而哲学概念的大量出现实际就意味着哲学问题的普遍展开，同样，概念分布或使用的完整性实际也反映了问题分布的完整性。

道家哲学形成的若干相关的概念群或概念集合，这包括有知识和宗教共同基础的象、类、阴阳、五行等观念与概念的集合，主要沿宗教方向的天、神、天命、命等概念的集合，主要沿知识方向的天道、道、数、气等概念的集合，主要沿知识与社会实践方向的宜、因、时等概念的集合。还有向其他方面的集合形成了不同的学说。从这些概念集合可以看出中国古代哲学有别于西方哲学的不同旨趣。⑦

道家哲学概念化的进程其实从商周时期甚至更早的夏商时期就已经开始了，在甲骨文中或金文中就已经出现了例如象、天、命、德这些语词或概念。并且，有些已经使用得非常普遍。当然，从观念到概念是一个缓慢的进展历程，从日常

① 周易·履.郭彧译注.北京：中华书局，2006.

② 李镜池.周易通义.北京：中华书局1981：24.

③ 国语·周语下、楚语上.夏德靠，尚学锋译.北京：中华书局，2008.

④ 左传·宣公四.刘利等译注.北京：中华书局，2007.

⑤ 左传僖公十三、成公十五.刘利等译注.北京：中华书局，2007.

⑥ 国语·晋语三、晋语八.夏德靠，尚学锋译.北京：中华书局，2008.

⑦ 参见吾淳.中国哲学的起源——前诸子时期观念、概念、思想发生、发展、成型的历史.上海：上海人民出版社，2010.

语词到哲学概念也是一个不断提升的进展历程。在观念与概念之间、日常语词与哲学概念之间必然存在着漫长的模糊时期，在这一漫长历史时期中已经逐渐出现具有哲学意义或性质的概念的判断。而哲学概念的出现至关重要，因为哲学概念乃是对哲学问题的概括，所以哲学概念的出现实际上就意味着哲学问题也即哲学的产生。

### 3. 演进的思维方式

哲学方法论的本质就是概念体系展开、延伸的方式、路径、方向等。道家哲学体系的展开也就是思维发展的过程。思维发展的方式是概念的演进，概念是以语言符号为载体的，所以，思维方式表现为语言（概念）的扩展、延伸和新概念的出现。"道"本就有方法的含义。"道"由原始之义首先引申出的意义应当是广义的方法之义，具体可以分解为几个方面的内容。

1）方法、办法

方法之"道"，这是最常用的延伸之义，经常用于诸如交往如"敬共币帛，以待来者，小国之道也。"和农事耕作方面，如"诞后稷之穑，有相之道。小则至日用，大则至治国"①。方法还常与规则、法则相近，如"闰以芷时，时以作事，事以厚生，生民之道于是乎在矣"②。这里的"生民之道"都可以按方法或法则理解。又如"故三年默以思道，既得道，犹不敢专制，使以象旁求圣人"③。这里的"思道"和"得道"之道也都可以理解为按法则或方法。"道"作为方法意义通常被认为是合理的或正确的，如"推亡，固存，国之道也。""大德灭小怨，道也"④。

2）方式、样式

从方法、办法的意义，道又延伸出方式、样式的含义。这也是更为原始的道路义具有的内在的含义，是原始道路意义的衍生。例如，"隐武事，行文道，帅诸侯而朝天子？"又如："犯鬼道二，犯人道二，能无殃乎。"⑤这里的"文道"、"鬼道"都具有方式与样式的含义，它们是方法的一种转义。

3）术、技艺

春秋时期，出现了"道"与"术"相通的用法，而"术"则是从方法衍生出的一个含义。如："吾未知吴道，杜预注道犹法术。"又如："以诬道蔽诸侯，罪

---

① 诗经·大雅·生民.王秀梅译注.北京：中华书局，2006.
② 左传·襄公八、文公六.刘利等译注.北京：中华书局，2007.
③ 国语·楚语上.夏德靠，尚学锋译.北京：中华书局，2008.
④ 左传·定公五年.刘利等译注.北京：中华书局，2007.
⑤ 国语·鲁语上、齐语.夏德靠，尚学锋译.北京：中华书局，2008.

莫大焉"①。"过五日，道将不行"②。在这里道都可以理解为"术"。事实上，是方法含义将此两者统摄起来。郭沫若曾指出："道字本来是道路的道，在老子以前的人又多用为法则。如《尚书·康王之诰》的'皇天用训厥道，付畀四方'，《左传》中子产所说的'天道'、'人道'，以及其他所屡见的道字，都是法则或方法的意思"③。张岱年也认为，"'道'的本义是路，人行之路为'道'。《说文》云：'道，所行道也，一达谓之道。'具有一定方向的路叫做'道'。引申而为人或物所必须遵循的轨道，通称为'道'。日月星辰所遵循的轨道称为'天道'，人类生活所遵循的轨道称为'人道'"④。

4）言说、推理

言说的"道"应是"道"的较为原始的含义之一。"夫道成命者，而称昊天，翼其上也"⑤。"能道训典，以叙百物……又能上下说于鬼神，顺道其欲恶"。这些"道"的用法都与"辞"、"称"、"叙"等相同，都是道作为言说的本义。言说当然也可以产生出劝说、训导、说教的含义，如："智子之道善矣，是先王覆露子也"⑥。这里的"道"可以理解为劝说、训导。

最初的思维与观念是寄居、孕育于先前的文化形态母腹中的，道家思维与观念的源头赖以产生有两条基本线索：知识与信仰，或经验与宗教。信仰是作为天的神的部分，知识是作为天和物的部分。作为两条相对独立的线索，它们贯穿道家哲学起源阶段的始终。以后它们体现在"象"与"类"的观念中，体现在"阴阳"与"五行"观念中，它们也体现在宗教"天命"观、"天人"观与自然"天道"观、"天人"观中，而在形上观念与概念中，"天"、"神"、"命"主要体现了信仰方向的内容，"道"、"数"、"气"则主要体现了知识方向的内容。早在远古时期，一些以后成为道家哲学重要或基本组成部分的思维、观念实际已经开始隐约萌芽了，它们包括象、类、阴阳、五行、天、神、天人或神人、命、道、数，等等。这些都成为以后道家哲学有关天的内容。一般而言，知识的影响作用较之信仰的影响作用可能要更早一些。当然，在上古时期，知识与信仰中间在很多时候是难以划定一条十分明确的界线的，尤其是在涉及观念的时候更是如此。

中国第一代哲学家乃是一群巫师、巫酉，因此最初的哲学难免会有巫术的印记。以后的知识分子与哲学家虽然不断为清除巫术做着不懈的努力，但由于中国社会与文化连续性的深刻制约，知识分子与哲学家同样不可能自己从这片泥壤

① 左传·襄公二十七、定公五.刘利等译注.北京：中华书局，2007.
② 国语·吴语.夏德靠，尚学锋译.北京：中华书局，2008.
③ 郭沫若.郭沫若全集（历史编）1卷.北京：人民出版社，1982：352.
④ 张岱年.中国哲学范畴集.北京：北京人民出版社，1985：100.
⑤ 左传·襄公二十五.刘利等译注.北京：中华书局，2007.
⑥ 国语·楚语下、晋语六.夏德靠，尚学锋译.北京：中华书局，2008.

上拔地而起，或从整个神秘环境与氛围中解脱出来。在中国哲学思维、观念与思想中，虽然概念等逻辑的形式已经广泛出现，但形象、象征、隐语、类比、联想的方法仍被广泛使用，这表明道家哲学思维并未中断与原始思维的联系。虽然道家哲学早在春秋时期已经达到相当抽象的高度，大量形上观念和概念也已经出现，但是在具体的思考中，具象、具体、个别、形下的层面仍是哲学的重要面向及方法。本质不离现象、形上不离形下、抽象不离具体、理性不离感性。这些都成为中国式形上思维发展的重要形式与特征。另外我们还可以看到，虽然哲学本质上被理解为是一种理论思维形态，但在道家哲学中，感觉经验并非与理论思维截然对立、完全冲突。在道家哲学中，感觉是可靠的、经验是可靠的，与此相关，实践也被赋予十分重要的地位或角色。而重视现象，重视具体，重视感觉，重视经验，所有这些无疑也都与起自原始思维的久远传统保持着绵长、密切的联系。道家哲学之所以出现神秘与理性共存的局面，也就是因为如马克斯·韦伯所说的祛魅"任务"未有完成，当然这又与哲学背后的宗教生活或传统密切相关。

　　道家哲学的开端并不是在诸子时期，而是在前诸子时期。诸子时期的哲学并非像西方或希腊哲学那样在突然之间形成于未萌，而是在其之前，已经有了一个相当漫长而且坚实的铺垫或基础。道家哲学的产生和发展也不同于西方或希腊哲学那样在短期内的涌现，并不具有典型的"突破"性质，道家哲学是在与原始宗教和知识，与原始思维和观念的"连续性"的沟通关系中发生发展起来的，是在漫长、缓慢的"连续性"进程中发生发展并逐渐定型的。这一点与西方哲学的发生发展样式或路径大相异趣。西方哲学构成观运用逻辑的方法，可以对要素不断进行重构，或者对要素进行分割，所以，每个哲学新观念的产生，都是对原先的体系的"突破"。道家哲学只是在原先基础上的生成、生长、延续、扩展，这就是中国哲学生成方式，也是思维的发展方式。

　　在道家哲学中，世界的本原和宇宙的图式问题具有久远的根源和漫长的历史。并且，独特的地理环境造成古代最先进的农业生产，积累了关于天、地、物和人的广泛而丰富的知识。在此基础上生成的宗教观念，包括元气学说、阴阳五行观念在内的有关世界本原与宇宙图式的理论，是中国人在长期的特殊知识活动中所形成的，是其他文明的知识和哲学系统所不具备的。尽管哲学的产生是后来的事情，但作为哲学的元素在早期的知识活动中就已经开始逐渐积累了，一些基本或重大问题此时却已经形成。虽然作为哲学理论还遥不可及，但这些元素或问题就是日后道家哲学的产生的基础。同样，由独特的地理环境导致的独特的知识活动也会产生独特的文化环境，这又使得作为后来道家哲学从一开始就具有自己的思维与观念的"基因"，这无疑深刻影响，甚至决定了道家哲学及中国文化未来的问题、兴趣和趋向。

# 三、道家哲学的突破及其影响

哲学起源于观念，观念起源于智慧。最早的哲学智慧与观念与神性交织在一起，也与知性交织在一起。作为哲学的理性最终在两者的母体中孕育了出来，当然，这是一个极其漫长的历史过程。在这个漫长的历史过程中，人开始关注现象，归纳经验，并学习在具体现象和经验背后探索某种一般性的东西；人进而又开始关注自己的行为，关注自己的群体，也关注作为历史上的群体与行为所造就的后果。在这一进程中影响后世哲学的许多基本观念渐渐形成，例如作为意志的天命观念、作为法则的天道与人道观念，人对自己的行为应有自律的道德观念，还有与鬼神信仰密切相关的多样性、变化性观念，与知识活动密切相关的现实性、功利性观念等，终于，最基本的哲学面貌浮现于世。

## 1. 道家哲学的文化传承和突破

对于绝大多数民族或文化而言，在原始期的思维与文明期的思维之间、在原始期的观念与文明期的观念之间应当存在着必然的联系。原始思维在漫长的演进中逐渐形成若干最基本的特性。这些特性包括：以满足主体需要为目的而形成的功利性、长期实践和观察反复积累而形成的经验性、现象之间相似性而形成的比类性、事物之间相关性而形成的整体性、主客之间相通性而形成的互渗性。并且如同早期思维的兴趣一样，若不发生明显的断裂，或者不发生突破性的进展，这些特征就会自然地延续下来，并对后人的思维与思想产生深刻影响。道家哲学的道开端于无，但道哲学体系还是产生于有，这就是中华民族在它之前和同时代的全部文明成果。

道家哲学十分关注现象，尤其是自然现象。而由于对现象的关注以及所形成的兴趣，因此在思维上就表现出比较浓厚的具象、感觉、经验特征，包括概念的具象性以及偏向于具象或形象的叙述方式，如象、阴阳、五行等概念以及各种比喻、举例等。但道家哲学注重的似乎并不是现象本身，而更注意现象之间的关联，包括对宇宙整体结构或图式、图景问题的兴趣。这种传统使得道家哲学思维与观念带有某种结构性和整体性特征，与此相关，在叙述中多使用比类、联想一类方法。

在农业生产方式中产生的现象及其关系问题方面所关注的一个自然而且必然的结果是对天人关系问题的思考。道家哲学最初是从揣摩天命或神意开始的，这样，受神的控制也就相对较弱。在此过程中，形成了道家哲学某种基本的格局或倾向，一方面表现为人对天命的服从，另一方面又表现了人在神面前的某种独立。天似乎并不强行干预人事，人只要顺天行事。人被赋予某种主体性，其显得更加随意和自由。而随着知识的进展，这种关系又逐渐被赋予了更多的自然属性。而自然属性的增强，遂使得道家哲学更多地强调与自然的协调和适应，由此，道家哲学又表现出与自然特有的亲近关系，甚至上升为一种本原性的关怀。

关注天的一个很重要的原因在于了解其中的必然性，这包括天命、天道以及后来衍生出的道、数等问题，也包括个人命运问题。这其中很重要的就是"天道"，即天的运行法则，因为这可能规定了地、万物及人的命运。对于法则的关注是道家哲学的重大问题和重要特点，也构成了与以本原作为基本问题和特点的希腊哲学的重大区别所在。法则问题向社会历史领域延伸，由此导致了对德、礼以及王朝或国家命运等问题的思考。也是在这里，道家哲学发展出决定论或命定论的观念与思想，包括命与数的结合。因此，道家哲学思维与观念中还有受命这一外在力量控制的一面，它又会成为弱化人的自主性的因素。西方哲学则从恶劣的环境或现象中看到对人生存不利的一面。因而一开始就表现了与天——神的抗争，就是通过发展人的自我意识、理性，争取人的独立。并且，人与自然的关系本质是对立的，后来的科学诞生，对自然分解考察，可以说也是这种对立情结的延续。

对天、天命、天道等问题认识的继承和深入。在春秋时期看到若干个形上概念的形成，诸如天、神、命、道、数、气。这表明哲学对形上问题的关怀已经全面开始，特别是后来老子继承并发扬了这一点。但同时我们也应看到，中国形上思维与观念受到具象思维方式的牵制。尤其是从汉代起，形上观念逐渐为强调现实的儒家所淡漠和简单化、教条化。因为官方哲学文化的对象从对自然、人及人与自然关系的全面思考转变为只是从维护社会现状的角度，对人的行为方式的规定，具象思维也只停留于人类的现象。以致后来道家哲学被淡化出主流，成为一些"超凡脱俗"的人士的清修方式，面对佛教的深奥义理也显得捉襟见肘、力不从心。留于现象的实用化、功利化规范现状的目标，使得道家哲学，甚至中国文化生长也不能持续地自我分叉，进一步深入、复杂化，就像一颗光秃的树，只有树干没有分叉的枝叶，也就不能向具体的存在物延伸，探索事物的本质，诞生类似西方近代科学的学科。

在中国道家哲学中，理性与神秘是共存的。科学的影响、道德的影响，特别是独立的知识分子的参与，使得哲学具有相当的理性精神。但同时，宗教的影响特别是巫术的影响，也使得道家哲学保存了相当多的神秘色彩。这种神秘色彩反映在天人观念、阴阳观念和五行观念中，也反映在天、神、命、道、数、气等种种概念之中，还反映在比类思维中。从一定意义上说，后来的道家和阴阳家与这种神秘性保持着更多的联系，这也是道家与阴阳家日后最终重新转回巫术的原因。并且，这种神秘色彩陪伴了道家哲学终身。道家哲学在很大程度上可以视作是一个以理性为主但又兼收并蓄神秘成分的观念体系。

道家哲学思维中对观察与分类的重视实则是自原始知识以来一贯传统的延

续。阴阳观念与原始的占卜活动有关，五行观念与原始的宇宙图景有关。有关天人沟通的观念可以追溯至原始巫教，天命观念的源头在夏商时代的宗教信仰，天道观念的源头则是商周以后日渐成熟的占星术。与希腊哲学相比，中国道家哲学更多地保持了和自然的亲近，而这种亲近背后既有现实生活、生产的因素，也有巫术崇拜的原因。在道家哲学中，天、神概念具有重要的地位，我们甚至可以从中看到宗教信仰的影子。与此相关，对于命的追问本身就既是哲学的，也是宗教的，并且我们清晰地看到其中所包含的深厚的占卜根基。道与数概念相对来说有较多的知识或科学的背景，但这一背景也与占星、占卜活动等有着千丝万缕的联系。气概念中知识因素虽也十分突出，但作为直觉和猜测仍不免掺杂了神秘的成分，观念及概念的产生从开始起就混合着宗教与哲学的气息。

所以，长期以来建立在西方哲学史或文明史基础上的哲学发生或开端理论似乎并不适用于中国哲学，并不具有在全球范围的通用性。西方经验只是一个特殊的个例，其并不具有普遍的意义。其实，不仅中国哲学是如此，印度哲学也是如此。我们要真正厘清中国道家哲学的思想和体系，必须回到中国哲学的源头，回到中国哲学的原点，因为只有在那里，我们才能够确定它的"姓氏"、"身份"和"血统"，找寻到其智慧与精神的根脉，对其以后的发展有更准确和清晰的认识。

道家哲学对先前的观念和方法的"突破"。道家哲学与信仰或神秘性仍保持着十分密切的联系，漫长历史进程与缓慢增长、点滴积累，我们很难从中寻找到某一个"点"或者"段"作为入手之处，说它一定具有某种"突破"的性质。但作为一个特定的哲学历史开创时期，道家哲学在延续传统的同时，仍然有所生长、创新或"突破"。

1）以泛神论突破天、帝崇拜

哲学通常把神和整个自然视为同一，认为宇宙有一个长驻不变、自有永有的永恒本质的观点称为泛神论。斯宾诺莎就是泛神论的代表之一，他认为：神是存在的，但神是在万物之中的，没有超自然的人格神或力量主宰自然，"上帝就是自然"。由此看来，中国道家哲学可称为彻底的泛神论。起始于商代的中国古代宗教最初的核心就是对帝的崇拜，这是由"三皇五帝"古老的传说而来的，当时的统治者和思想家们把帝看成是世上万物和人类社会的最高主宰，帝的意志不仅控制着天体运行、地震洪水、刮风下雨等自然现象的变化，更主宰着王朝的权力交替、战争的胜败、社会的兴衰。周人顺应民意一举灭商后，把帝上升为一般的天，自认为是顺天意，是天帮助周夺取了江山，"有命自天，命此文王"[①]。这样，从权力交替的合法性上考虑，周人自然而然就以对天的崇拜代替了对帝的崇拜，从而形成了以天、帝信仰为核心内容的天命论。继而到了春秋时期，社会变革加

---

① 诗经·大雅·大明. 王秀梅译注. 北京：中华书局，2006.

剧，各种重民意、以人为本的思潮泛滥，因而对天、帝的信仰就产生了动摇，受到了怀疑并否定。如"民为神之主"、"天依人而行"，意思都是在告诫世人：听于民则国兴，听于神则国亡。这些思想中所主张的是：天、帝、神要依人而行事、被民所主宰。在此，我们依稀看到了泛神论的萌芽已经生出。

春秋时期泛神论的思想对老子的影响是明显的。老子并不否定天，但他认为：在道的面前，天失去了神性，天还得受更一般的道，自然之道的规定，即是，"天法道"。天并非是最高的主宰，社会动乱、世人失德都违背了天，所以，天是会被突破的；他同样也不否认帝，但道比帝更重要，道先于帝，"吾不知谁之子，象帝之先"。他甚至也相信鬼神，但在道的面前，"其鬼不神，其神不伤人"，鬼神也会失去神性，对人不起作用。这些思想都非常近似于西方的泛神论。泛神论的神就是自然，对事物不直接加以主宰；道也是这样，"衣养万物而不为主"，"万物归焉而不为主"①。英国科学家李约瑟引用了老子这几句话后说："这无疑是自然主义的泛神论"②。但道家的泛神论比西方的泛神论更为彻底，更为深刻，因为道创生万物但并不强加于任何事物，只是自然而为、自为自在。

2）以自然主义突破泛道德主义

所谓泛道德主义，是指道德的泛滥与专制，是以道德为唯一的价值，以道德来衡量一切，压制打击各种思想与观点产生的一种说教，常常是统治者维护自身利益的工具。我国古代的西周是一个典型的宗法社会，周王既是国家行政上的最高统治者，也是血缘关系的家族族长。他分封的分管各附属国的诸侯也大多是他的家族内的亲属，是一种典型的以血缘关系为纽带，既是政治统治，同时又是家族统治的宗法社会。与之相适应，这种家族政治与宗法社会混为一体的社会，在文化上必然是竭力推崇伦理至上的文化观念，从而"以德配天"成为当时西周最为重要的社会文化主张也就不足为奇了。

对当时伦理至上的文化观念，老子非常厌恶，认为这是"失道而后德，失德而后仁，失仁而后义，失义而后礼"③。在他看来，道是比封建礼制、人伦规范更根本的自然原则。确实，泛道德主义，扼杀了人的创造性，消解了人的本性，使人沦为僵化伦理的奴隶。在老子看来，只有道可以帮助人回到自己的本性——自然；也只有道崇尚素朴无华、真实无伪，才能使社会回到自然状态。许多人都对泛道德主义导致道德虚伪与假仁假义，失去了人道、爱与怜悯等阻碍人类文明进步进行过批判，鲁迅曾犀利地指出是"吃人的礼教"。西方也曾多次出现自然主义思潮，这些自然主义的思潮中，有许多与老子自然主义接近的思想。当然，除

① 老子（三十四章）.饶尚宽译注.北京：中华书局，2006.
② 李约瑟.中国科学技术史（第二卷）.北京：科学出版社，1990：46.
③ 老子（三十八章）.饶尚宽译注.北京：中华书局，2006.

老子外，中国从古到今都有着崇尚自然主义的思想传统，但无不受到老子的影响，老子是中国自然主义当之无愧的创始人，他的自然思想甚至对西方的自然主义思潮与运动发生过一定的影响。

3）以宇宙的生成突破人类中心主义的人道

雅斯贝尔斯认为：在公元前500年左右，古代中国、古印度、古阿拉伯、古希腊等各种文明大致同时发生了，这些都是世界文明的发源地，成为人类历史取之不尽的文化和思想观念的资源宝库。公元前500年左右，也就是我国的春秋战国时期，史料表明，这个时期，确实是一个文化突破的时代，诸如孔子开创了私学，法家开创的以法治国的局面，等等，在我国乃至世界文明进程中，都具有划时代的意义。尤其是老子的哲学突破了人伦、政治的现实表象，提出道生宇宙万有、无中生有，创立的宇宙生成论更为突出超前。即使以今天的哲学视角，不论从普遍性看，还是从抽象性看，或者从形上形下看，老子的道都已超出了那个时代各种学说的水准，达到了哲学，甚至可以说体系性的哲学高度。老子之前，道已经成为诸子百家频繁使用的一个重要概念，但是，各学派的道论很难超出天道、人道的视野，所争论的焦点归根到底都还是人伦与政治问题。只有老子的道不是任何具体的事物，不是天道、地道、人道，而是最普遍的道，是一切事物的统一性基础。道就是生生不息地创生与发展。老子创立的道家生成论哲学，是中国哲学突破时的特点——生成论，它与西方哲学突破时的特点——构成论，形成了各自鲜明的特点。

4）以超越的文化精神突破务实的文化精神

农耕生活的"一分耕耘一分收获"培养了中国农民社会主体的"大人不华，君子务实"的文化精神和"重实际而黜玄想"的民族性格。这种务实的精神后来以儒家为典型代表，孔子敬鬼神而远之，不语怪、力、乱、神。孔子的这种务实精神后来在统治者的大力倡导和渲染下，成为中国政治、社会、伦理等社会理论的基础。但是，春秋战国的社会动荡使得楚人突破了由周人沿袭于中原的务实精神传统，具有了浪漫的色彩。老子、庄子是楚人，楚文化塑造出了老子、庄子的洒脱的性格，从而能够产生出贵出世、明哲理、重平等、崇虚想、主无为、明自然等超越的文化精神。

老子是隐居山林的"游方之外者"，他淡泊功名，藐视帝王，超越于等级名分之上。正因为具有这种超越精神，老子才能将视野广及宇宙，思索宇宙的起源、终极动因及运化的路径等"虚渺"的问题，而能肯定人及人的意识在自然界中的重要地位，发现人与天、地、道同大。道家的超越精神升华出老子的社会平等理想以及庄子的个人理性的自由追求，成为中国文化的宝贵遗产。道家的超越精神规定了中国的哲学和宗教的主线，还深刻影响了中国后来的艺术、文学的风格。道家哲学对传统的理论突破是全方位而多领域的，对中国文化产生了深刻影响与巨大贡献。所以，"中国哲学史实际上是一系列以道家思想为主干，道、儒、墨、法诸家互补发展的历史"①。可以说"道"就是中国传统古代哲学的主题和主干。儒、墨、法诸家都从不同的角度对道哲学的发展做出了贡献，开中国历代注解《老子》的先河是法家韩非最早写的《解老》、《喻老》。在政治伦理层面继承了传统儒家的理论与范畴宋明程朱理学，在哲学思辨层面则与传统道家的理论与范畴关系密切，从儒家的角度丰富了道家哲学的内容。

**2. 道家哲学的影响**

尽管对哲学的理解在不同的国度和时代具有差异，但作为文化的一种形态，哲学就是一个观念、概念的符号系统。如果我们以西方哲学作为参照，能够作为一种体系的哲学必须具有的要素来考察。大概也只有道家学说更接近于哲学。

首先，考察的对象应是全部的存在，道家学说以道为核心，把全部的存在：天、地人、万物都纳入了理解、解释的对象，儒家学说主要只是侧重于人和社会，对于自然只是吸纳了道家的一些观点，最重要的是没有把人与自然连贯、一致地进行理解，所以儒家学说类似于社会学、伦理学。至于释家，一开始就是作为宗教传入中国的，虽然在后来的演变中为中华文化所同化，也吸收了儒家和道家的一些思想，但终究并没有离开宗教的窠臼。

其次，哲学作为人类理性的突现，是自我意识的提升，应具有独立性，作为一种理想的或试图达到理想的追求，不是为某类人而产生，为某些人服务的（具有某种纯洁性），儒家学说一开始就是以恢复周朝的礼仪为目标，正因为如此，在后来的发展中，一直是每代王朝维护社会稳定的理论支撑，是治国之道，一直是作为"官方哲学"的身份，更像"政治学"，老子的"道德经"虽然也论及帝王、社会的问题，但各侧重于遵从"道"的"德"的培育，并且还是在厌恶周礼的情结中，为反对周礼的说教目的而产生的。当然在后来道教也进入了统治阶层，但主要不是理论，而是长寿、养生之类的"长生不老"之术和星象占卦功用。

再次，作为一个理论体系，各种概念必须具有连贯一致的解释，虽然中国古代哲学没有西方哲学那种以逻辑为基础的严格演绎系统，但作为哲学体系概念的连贯性则是不可或缺的，这方面儒家学说最为缺乏，儒家提出了人、社会方方面面的概念，但所有这些概念终究缺少内在的一致、连贯性，诸如忠孝不能两全、道义不能兼顾，等等。道家学说把作为一个整体进行考察，是从生成性理解的，所以各种概念的关系不是西方哲学的那种构成逻辑，是直觉中生成的自我展开的序列性、层次性。如果说到论辩，儒家和道家都不是释家的对手，但这并不是说

---

① 陈鼓应. 老子今译今注. 北京：商务印书馆，2003：320.

释家的佛学就是完整的哲学体系了，释家把佛作为最高概念，以因果关系为基本线索，把前世、今生和来世作为一种"缘"定的轮回关系，这种理论构建的方法与世界上的其他宗教并无多大区别，目的终究是对人死后的关注，以今生的行为换取来世的幸福或求得永恒。另外佛学似乎具有"辩证法"的方法，不确定或随意变换认识的参照系，所谓色即是空，空即是色，如此等等。

黑格尔在论述中国古代哲学时说："中国哲学中另有一个特异的宗派……是以思辨作为它的特性。这派的主要概念是'道'，这就是理性。这派哲学及与哲学密切联系的生活方式的发挥者是老子。"①

如果从现代对哲学的理解，三家中只有道家可以称为哲学，因为只有道家符合对象的全覆盖性、思辨抽象性和逻辑的严密性等特征。其实哲学本就是从西方传入的，中国传统的只有"形而上学"的说法，然而"形而上"只是哲学的基本要求，只能说具有思辨的特征，是思想性，但思想要成为哲学，还有更高的要求，思想家不一定就是哲学家，但哲学家必定是思想家。甚至通常许多具有正常思维的人都会产生许多"思想"，我们不能认为人人都是哲学家。中国人理解的哲学更接近于"思想"。说中国道家是最接近"体系"的哲学学说，这里只是从学科的角度，并没有褒贬的含义，事实上，我们知道，如果说到"显学"，毫无疑问，儒家当之无愧的排第一，影响作用也最大；论及影响，佛家可能还超过道家，因为佛家的因果论可能更适应平民的心理，所以更为大众所接受，中国古代许多老人虽然不是正式的佛教徒，但都会藏有一两本佛经，每日念诵，好像很少听说有人拿本《道德经》不停地念诵。这也从侧面说明道家哲学性质，哲学作为根基、终极原因、形上的性质，只是属于少数人的。

哲学是各种学术的根基，而道家学说可说是中国的哲学，由此引出了"中国根柢全在道教"的争鸣。鲁迅曾言："前曾言中国根柢全在道教，此说近颇广行。以此读史，有许多问题可以迎刃而解……懂得此理者，懂得中国大半"②。郭沫若也认为："道家思想可以说垄断了两千年来的中国学术界，墨家店早已被吞并了，孔家店仅存了一个招牌。"就连研究中国古代科学史李约瑟也觉得："中国文化就像一棵参天大树，而这棵大树的根在道家"③。确实，道家在中国文化中的影响和作用是无以伦比的：道教无中生有、道生万物的宇宙本体的元气论和、阴阳转化、规律运动的辩证思维法，在古代是被普遍接受的传统世界观和方法论；道教影响和产生了最早的内丹学科学和魏晋玄学、隋唐重玄学学说，影响了程朱理学；道教对国人的伦理道德、性格心理和民族凝聚力的塑造作用也是深远的。周

①　黑格尔.哲学史讲演录（第一卷）.王太庆译.北京：商务印书馆，1959：124.
②　鲁迅.鲁迅书信集（上卷）致许寿裳.北京：人民文学出版社，1976.
③　李约瑟.中国科学技术史（第二卷）.北京：科学出版社，1990.

作人也认为中国虽说有儒释道三教，其实儒教的纲常早已崩坏，佛教也只剩了轮回因果几件和道教同化了的信仰还流行民间，支配国民思想的已经完全是道教的势力了。照事实看来，中国人的确都是道教徒。

确实，道家尊道重道和唯道是求的哲学思想，长久、深远地激励、影响着国人的世界观和行为方式。道家讲究阴阳协调、天人合一的思想，开拓了中国人的辩证思维方式；道家为求道得道而努力探索、不懈奋斗的教义，激励人们为实现理想刻苦磨炼、知行合一；道家上善若水、以柔克刚的思维方式，造就了国人含蓄内敛、不张扬的处世风格；道家奉行"知常容，容乃公"的准则，成为中华民族包容开放、宽容谦让的性格特征，让中华文明经久不衰。道教逍遥洒脱、贵生乐生的精神，引导了国民热爱生活、求真务实的品性；"仁义道德"是中华文化对人和社会规范的最高准则，道家主张"忠孝仁义"，奉行"尊道贵德"，把道德践行作为修道的必要条件，引人向善，这些都对国人的生活方式和价值观产生了悠远的影响。道家把轩辕黄帝作为中华民族的始祖，使得海内外华人都能认祖归宗，增进了民族感情，增强了民族凝聚力。

道家对中华文化的另一个突出贡献是儒道互补。道学发展过程自然吸收了儒家思想和佛家教义，就道教对儒家思想和佛家教义的影响来看，宋朝大儒周敦颐、程颢、程颐、朱熹等人的学术思想源于道家；将道教的宇宙图式论和儒家纲常名教结合，程朱理学构建了以"天理"、"天道"、"天命"为核心的学说；明朝王阳明充分汲取了道教玄学理论和修养方法，其心学处处把"良知"说和内丹学相比拟。两千年来，佛、道两大传统宗教更是不断地进行互动，相互吸收合理的思想，推进了自身的发展。

作为中国传统文化，道教还在世界上其他国家和地区产生了影响。道教在东亚、东南亚广为流传，受众甚多。日本神道教、天皇信仰、民间信仰也都深受过道教影响，韩国的天道教、越南的高台教的基础来自于道教，韩国甚至认为太极图最早是他们的祖先绘制的；道教还是马来西亚、新加坡的重要宗教。在欧美，《道德经》的西文译本总数近500种，发行量上次于《圣经》高居第二。据学者们研究，康德、尼采、黑格尔等哲学家，莱布尼茨、爱因斯坦、波尔等科学家，卡夫卡、托尔斯泰等文学家，里根、梅德韦杰夫等哲学家、科学家、政治家都从中获得过启迪。

古代中国有几种并行的思想体系，并很长久时间并存。所谓"一道一儒一释流，三子各话万千秋，到底说了什么话，一字真言笑不休（"道"字）。万法归一，天人合一。儒佛道三教融合、共同构成了中华文化整体。不存在谁取代谁的问题，其实都在文化整体中承担了不同的文化功能。儒家思想规范人们要"忠君、孝亲、君君、臣臣、父父"，能够维持社会伦理秩序，保证了社会各阶层的等级稳定；道家思想益于张扬精神自由、发展个性，使人自在、逍遥、神游于天地间，保证了所有人能够平等地追求天人合一构建自身和谐；佛家思想则能给死的问题终极关怀提供答案，让人领悟"轮回、死解脱、破除烦恼"，肯定了每个人生来的善，劝诫大家向着和善的方向努力，为社会的稳定做出了贡献。

中华传统文化作为完整整体，其实三者功用相异却又是互补的。

儒家文化是中国古代的中心文化，是上至皇帝（国家的象征），下至平民百姓都用以说教的、统领的一种文化思想。这种思想并不是只有知识分子才独有，而是全中华民族共享，只不过在文人墨客身上留下了更多的痕迹。从儒家占主导地位，实际发挥作用角度讲，儒家文化仍是在中国文化中占统治地位的官方思想意识形态。儒家学说基本内容完全符合封建伦理，适合封建社会的需要，所以能顺理成章地成为封建统治者治理国家维护统治的有力工具。这些东西由于改朝换代，社会要素的变化，其形式有时也有所变化，但儒家那套文化理念实际上总是依靠惯性默默地发挥着主导作用。从历史条件和社会背景看，帝王也好，思想家政治家也好，作为一种工具，儒家文化是整顿社会、发展政治经济文化的必然选择。儒家学说的这种状况也阻碍了自身的进一步发展。从思想性来看，自孔孟之后，儒家学说几乎没有什么重要的发展和突破，所以，在很大程度上，后来的儒家能够坐享从先秦继承的丰厚思想遗产，述而不作，似乎还不会坐吃山空。

佛教是中国儒佛道三大思想体系中唯一一个舶来品，从古印度传入我国之后，它也逐渐适应我国的国情，被我国的文明所同化，被广大百姓所认同，在中国，尤其是社会底层的平民百姓有着巨大影响力。佛教是博爱的，认为人与其他动物之间，只是在形体上、智慧上的差别，但在佛性上，在求生存的权利上，却是平等的。被我们人类所滥捕乱杀的动物，都无不具有佛性。而自诩为万物之灵的人类在这种行为中恰恰失去了佛性，也失去了人性。要以"人道"来对待世间万物，用"人道"来教育它、感化它。佛教总是告诫人们"上天有好生之德"，佛教又说："万物与我并生"。这些思想无不闪耀着视万物为一体的平等思想，闪耀着人性的光辉。这种平等包容的思想是与中国古代的思想相一致的，它的引入在某种程度上保证了中国古代社会的秩序稳定。

道家与儒家、佛家紧贴现实生活、释疑解惑的功能有所不同，其追求的闲散安逸、清贫乐道无疑也是一种生活的态度，并且，还是一种高品位的生活，没有这样的人的选择，就不会有中国道家博大精深的哲学思想，世界上也不会产生哲学这样的学科。因此道家的思想也常常成为古代的人在难以实现自身抱负时候的一种抚慰内心的精神之药。老子把道作为自然法则，提出无为而无不为。无为不是无所作为，而是不要妄作所为。就是说不要违背道的法则而妄为，不要违背宇宙万物的规则而妄自非为。人们只要遵循道的自然法则，不违背事物的规律而为，就可以无所不为。总之，道家追求是天人合一的绝对自由，坚信社会和生活都受道的规定。无为是道的本性，道的自然体现。天道自然无为，道"无为而无不为"。天得之而清朗，地得之而宁静。老子把道的自然无为，在人类自身，也要求人们象道那样自然无为，"为无为，则无不治"。我们人类在道中的角色就是无为，就是顺应道的变化，合乎天时地利，不要因自身利益而迷失了行进的方向，偏离道的本性。人类在生成、生长中要注重自身修养，构建自身精神上的和谐，以每个人追求的自身和谐构建社会群体的最终和谐。

纵观世界恐怕没有哪种文化像中国古代文化这样强的包容性。儒家思想、道家思想、佛家思想这三大中国古代的重要思想，虽然有时有着教义冲突的地方，但是，还是能够为中国文化所包容。因为我们注意到的只是他们为我们解决问题的能力，而并不在意他们可能的那些冲突。在社会精神领域，他们各有侧重，相互补充，共同构建了一个古代中国文明的和谐的精神环境。

### 3. 缺陷及负面影响

从后来的发展轨迹，以及与西方传统哲学的比较，道家哲学存在一些缺陷和不足，这些缺陷导致了后来的哲学在理论上不仅没有突破，甚至在一些方面还倒退了，这当然与社会的状态有关，但也有先天的因素。这些因素表现了道家哲学仍带有很浓厚的思维原始性。

1）以主体需要作为起点而形成的功利或目的性

老子创始道家哲学，其目标一开始就定位在人和社会方面，企图为人的道德找到一个永恒的标准。老子虽然提倡一种超脱的生活和社会存在的方式，但他哲学论证的目标却是完全世俗的。他只是以一种神谕的方式教导人，其思想深处仍然是一种为人的自我生存的原始的自我意识。皮亚杰的发生认识论原理指出原始或儿童思维的起点，应当是从主体自身的需要出发的，也就是从生活或生存的现实出发的。皮亚杰认为："一切动作，即一切行动、一切思维或一切情绪，都是对一种需要的反应。如果不是由于一种动机的活动，任何儿童或成人都不会在外表上做出任何动作，甚至不会完全在内心产生什么活动；这种动机总能转变成为一种需要（一种基本的需要，一种兴趣，一个问题，等等——引者注）"[①]。所以说，需要也即生活或生存的现实性应当是原始思维与观念的一个基本出发点。而这样一种需要起点或者原则，在人类整体或者个体的生存中即体现为功利特征。可以这样说，无论是自然崇拜，还是巫术信仰，抑或知识问题，原始人的思维与观念中都有着十分明显的功利特征。

休谟也曾经论述过这一问题，他说："我们可以总结说，在所有曾经信奉多神教的民族中，最早的宗教观念并不是源于对自然之工的沉思，而是源于一种对生活事件的关切……"从人类意识发展目的和阶段来看，功利是一种不可避免的

---

① 皮亚杰. 儿童的心理发展. 傅统先译. 济南：山东教育出版社，1982：24.

属性，在意识发展中具有重要的意义。"巫术纯粹是一套实用的行为，是达到某种目的所取的手段"。"因为巫术是深深地夹杂在知识与实用技术里面"。原始人使用或求助巫术本就出于功利，"人们只有在知识不能完全控制处境及社会的时候才有巫术"。"只有那些靠不住的，大部分见不到的效果，那些一般归于命运，归于机遇，归于侥幸的事，初民才想用巫术来控制的"。特别是"在任何危险的"时候，"就免不了巫术"。"那有危险及拿不稳的"时候，"巫术便立刻出现了"①。

总之，原始宗教的目的是为人而非为神，为现世而非为来世，为此岸而非为彼岸。所以原始宗教具有极大的现实功利性。与现象及其具体性特征对早期思维产生深刻的影响一样，可以看出，主体的需要或生活的现实以及由此而导致的功利性特征同样在原始思维中占有重要的地位。而且，对于绝大多数民族或文化而言，观念发展很难想象会剥夺现实生活或主体需要在其中的位置与权利，因此，如果这样的内容在未来的思想中重现是不应当感到奇怪并遭受非议的。

古希腊哲学的产生主要是人如何摆脱神的控制，独立地理解自然，至于这种理解对人、对眼前的事物有什么功能作用则并不怎么注重，这与中国哲学有很大的区别。道家哲学与先前的宗教具有非常密切的关系，所以功利性尤为明显，自然崇拜的主要目的是为了获得丰富的生活资料，而巫术信仰的功利特征更加明显，其特点就是通过人为控制来达到趋利避害的功利目的。《老子》一书本意就是告诫人们如何行事，处理各种社会关系的《道德经》。道家哲学的原始思维的功利性最终导致了道教的产生。道教的发展由原民间化道教向高层化、贵族化、神仙化道教转化，甚至民间转向官方统治意识形态，纳入了官方意识形态统治辅助工具。

2）因主客之间相通性而形成的互渗特征

作为原始思维的另一个重要的特点就是在认识主体与认识客体之间存在的混沌的互渗关系。这样一种思维特征的知识与宗教活动背景是与农耕文明相关的，对自然及其法则的急切了解以及必然而导致的通神方式。道家哲学没有出现像西方哲学那样把主观与客观对象分离开来的专门认识论领域，把概念的生成分化与其表示对象的状态等同。

道家哲学继承了巫术中道的思想，思维方式带有浓厚的原始思维特征。原始思维"有一个因素是在这些关系中永远存在的。这些关系全都以不同形式和不同程度包含着那个作为集体表象之一部分的人和物之间的'互渗'。所以，由于没有更好的术语，我把这个为'原始'思维所特有的支配这些表象的关联和前关联的原则叫做'互渗律'"。列维－布留尔对互渗律"尝试着去作出大致不差的定义"，"这就是在原始人的思维的集体表象中，客体、存在、现象能够以我们不

---

① 休谟.自然宗教史.上海：上海人民出版社，2003：13.

可思议的方式同时是它们自身，又是其他什么东西。它们也以差不多同样不可思议的方式发出和接受那些在它们之外被感觉的、继续留在它们里面的神秘的力量、能力、性质、作用"①。道家哲学从未分化出认识论作为一个独立的分支进行讨论。所以，观念与其指称的对象是不加区分的。在道家哲学中，言说的道、天命、气、阴阳、五行等观念就是其存在本身。

　　无论是人类学的研究，还是心理学的研究，都表明了早期思维中互渗现象的普遍性。主客不分是所有原始思维都具有性质，古希腊哲学的早期也是如此，只是到了中后期，有的哲学家才注意到了这一问题的存在，而到了近代，主客就彻底的分离了，哲学也就发生了认识论的转向。主客不分，没有把认识对象分离开来，就不能对其进行细致的分析，这也是科学没有在中国产生的认识论原因。冯契认为："中国传统哲学中认识论不占重要地位的人，大概都以为中国哲学'重人生而轻自然，长于伦理而忽视逻辑'。就是说，与认识论不发达相联系，中国传统哲学不重视逻辑学与自然哲学的研究。在 20 世纪 30 年代，某些哲学史家就提出这样的看法：中国以往的哲学家，其兴趣为伦理的而非逻辑的，注意'立德'、'立功'，而不重视'立言'，因此中国哲学在理论的阐明和论证方面，比之欧洲哲学和印度哲学大有逊色。据这些哲学史家说，中国哲学的这一弱点，同中国文化的弱点分不开的：中国传统文化在政治、道德、文学、艺术方面确有突出成就，唯独在科学上缺乏贡献，因此影响到哲学，使得认识论、逻辑学和自然观成了中国哲学的薄弱环节。"②

　　3）概念语言的模糊性

　　近现代的人类学研究在很大程度上为我们还原了思维与精神发生的最初历史图景，它使得我们了解到人类思维在最初阶段发展的一些基本面貌。语言或概念在最初阶段的形象与具体特征，人通过语言认识与论述思维是从形象具体到抽象一般的发展进程。从思维与语言的发展和进程的角度来看，因为缺乏概括与抽象的能力，原始人在指称一般事物时，语词是从模糊的比喻开始的。列维－斯特劳斯指出，"在野蛮人的语言中没有表示一般概念的词，如'人'、'物体'等"。皮亚杰也从儿童心理学与发生认识论的角度论证了作为早期思维或认识的形象与具体性质。他指出了在儿童的认识发生中，儿童的概念此时还在不能离开活动的具体概念上，还"死死地停留在与活动相当的概念水平上，而不能不受拘束地表达自己的思想。"还没有出现抽象概念。"在儿童的原始宇宙里是没有永久客体的"③。当原始人对现象的观察积累到一定程度的时候，他们就会注意到某些现象

　　① 列维－布留尔.原始思维.丁由译.北京：商务印书馆，1985：69.
　　② 冯契.中国古代哲学的逻辑发展（上册）.上海：上海人民出版社，1983：43.
　　③ 参见皮亚杰.儿童的心理发展.傅统先译.济南：山东教育出版社，1982.

之间所存在的相似性，以及受此启发或影响进一步去思考现象之间的关系或者内在联系。这样一种心智上的进步会通过思维方式体现出来，其主要就是联想以及类比。

道家哲学把世界理解为生成、分化的过程。因为不区分语言符号及其所指的对象，所以，没有意识到语言符号也是生成的，有其自身的规则。因为观念（概念）不是在言说中认识的，而是一种直觉领悟。所以，很少对概念作严格的定义，只是在不断的解说中，需要接受者自己的领悟。并且，语言大量使用形象、比喻，因而具有很大的随意性和模糊性。而这些都在道家哲学中始终存在的。

4）因现象之间相似性而形成的比类特征

维柯将比喻、隐喻或联想的特征或方法称之为是"诗性"的，并称原始人的智慧为"诗性的智慧"。"说诗性的智慧，这种异教世界的最初的智慧，一开始就要用的玄学就不是现在学者们所用的那种理性的抽象的玄学，而是一种感觉到的想象出的玄学，像这些原始人所用的。这些原始人没有推理的能力，却浑身是强旺的感觉力和生动的想象力"。这种思维的一个生动体现即是几乎在一切语种里当涉及无生命的事物的表达时，都会借用人体各部分的形象。博厄斯将这样一种联想称之为"异类性质的联想"。他还指出了原始思维中的联想的一个特点，就是"对外部世界的印象是与主观印象紧密相关的"。并且，原始联想的"很多自发行为被保留至今"，这表明作为一种思维，特别是人类普遍的思维，其对后世会产生持久的深刻影响。

在早期思维（包括个体思维和人类思维）中，联系是普遍的或先在的，思维正是从这种先在的和普遍的网状格式出发去连接也即联想与类比种种现象或事物。这样的巫术在古代中国也是多如牛毛、层出不穷。如求子，新人结婚吃饺子时，饺子只须煮三四分熟，目的就是为了讨说一个"生"字。又如求雨，按中国传统观念，女人属阴，男人属阳，而水（雨）亦属阴，故求雨时男子只能"退避三舍"，暂受委屈。[1]在原始思维中经常会出现"比类"的现象，这在古代中国人的思维中广泛看到，这在道家哲学中也是最常用的叙述方式。

中国道家哲学的这些种种不足和缺陷，主要是在其以后的发展中，特别是在与西方哲学和科学的发展对比而显现的。就思维的发展过程而言，这是不可避免的，就其抽象的程度和达到的高度而言已经是古代世界的极限了。事实上，古希腊哲学的诞生之初，也存在各种缺陷。道家哲学的这些缺陷也是中国传统文化的普遍特征。

---

[1] 参见张紫晨.中国巫术.上海：上海三联书店，1990.胡新生.中国古代巫术.济南：山东人民出版社，1998.

# 四、道家哲学的现代启示

尽管道家哲学存在种种的缺陷，但这只是中国文化传统中古代人思维的一些不可避免的特征。道家哲学的不足和缺陷恰恰又是它成为当代人寻找思维生长的源泉。由于中国道家哲学入口主要是通过感悟，而不是逻辑推理的方式，使得道家哲学具有极度的抽象性，这又是古希腊哲学所不能比肩的。道家对宇宙万物的生成进程及对存在的整体性理解的思想而言，也是现代科学，更不用说现代西方哲学，所没能达到的。所以道家哲学能够与存在发生共振而具有高度的一致性、协同性。"在人类思想发展史中，最富成果的发展几乎总是发生在两种不同思维方法的交会点上。它们可能起源于人类文化中十分不同的部分，不同的时间、不同的文化环境或不同的宗教传统。因此，如果它们真正地汇合，也就是说，如果它们之间至少关联到这样的程度，以至于发生真正的相互作用，那么我们就可以预期将继之以新颖有趣的发展"[①]。

## 1. 从构成的存在到存在的生成

西方哲学在天人相分的世界观中，核心是探索宇宙事物是如何构成的。西方构成观哲学的目标是世界万物的本原，以为"一个东西，如果一切存在物都是由它构成，最初都从其中产生，最后又都归复为它（实体常驻不变而只是变换它的性状），在他们看来，那就是存在物的元素和始基。因此他们便认为没有什么东西产生和消灭，因为这种本体是常驻不变的"[②]。

"构成论"是西方哲学和文化的核心观念，从古希腊的水、火、气、原子，等等，直到今天的分子、原子、基本粒子、夸克，一直把世界归结为不可分的、最细心的、最基本的元素构成的图式来理解存在。正如普里戈津所说："从古希腊原子论者的时代起，在西方思想中便出现了一种冲动，想把自然界的多样性归结为一个由幻想结成的蛛网。"[③]

现代科学产生之前，构成观主导了西方对世界的认识，并且取得了经典科学的辉煌业绩。但是随着20世纪下半叶科学的迅速发展，使得构成观陷入了窘境。构成观已不能满足当代人智能的要求，其弊端已引起人们的深思。构成观不断寻找世界万物构成的基础，以为一旦了解了组成整体的小单元性质，就算把握了整体。而科学的发展把这种基点不断地推进，原子、电子、基本粒子、夸克……

---

① 卡普拉. 物理学之"道"——近代物理学与东方神秘主义. 朱润生译. 北京：北京出版社，1999.

② 北京大学哲学系. 古希腊罗马哲学. 北京：商务印书馆，1961：4.

③ 普里戈津. 从混沌到有序. 曾庆宏，沈小峰译. 上海：上海译文出版社，1987：34.

其实，即使找到了"夸克"这个被科学界认为的"最基本的元素"，但是对说明系统整体的复杂性、多样性，对解释系统性及其演变进化也无能为力。构成论的思维方式无法从根本上解决世界的本源和演进问题，只能从要素的运动或者变化解释事物生成的现象。而当代科学观已经发生了转变，开始逐步从"构成论"转向"生成论"。生成论是科学发展的趋势，也是文化的核心观念转变方向。

生成论是道家哲学的核心，从老子的"道为本根"的生成论，一直延续到宋明程朱的"理、气"生成论。在天人合一的前提下，重点探索宇宙事物的生成。其中最具代表性的当数老子的"道"论："道生一，一生二，二生三，三生万物"。还有《易传》中关于"太极"的论述："易有太极，是生两仪，两仪生四象，四象生八卦"。战国时期的宋钘、尹文的"心气说"（即"气一元论"），东汉末年王充的"元气自然论"："元气未分，浑沌为一"，"万物之生，皆禀元气"。周敦颐把《易传》的太极阴阳论、《洪范》的五行论加以综合，构成一个详细的大极图生成的系统——"无极而太极，太极动而生阳，动极而静，静而生阴。静极复动，一动一静，互为其根。分阴分阳，两仪立焉。阳变阴合，而生金木水火土。五气顺布，四时行焉。五行一阴阳也。阴阳一太极也。太极本无极也"[1]。程朱的"理气"论是这样表述的："天下未有无理之气，亦未有无气之理"，"天地之间，有理有气，理也者形而上之道也，生物之本也；气也者形而下之器也，生物之具也。是以人物之生，必禀此理，然后有性；必禀此气，然后有形"，"有理便有气，流行发育万物"[2]。还有从张载到王夫之的"元气本体论"的"气化"说："太虚不能无气，气不能不聚而为万物"，"游气歧纷扰，合而成质者，生人物之万殊。其阴阳两端，循环不已者，立天之大义"[3]。如此等等，不胜枚举。总之，在中国传统文化中，宇宙生成论资料十分浩瀚，它包藏的许多思想，对于当今科学的进步和创新及哲学体系的重生都有重大的启迪。如普利戈津所说："我们正是站在一个新的综合，新的自然观念的起点上。也许我们最终有可能把强调定量描述的西方传统和着眼于自发自组织世界描述的中国传统结合起来"[4]。

类似于西方的构成论，中国古代也提出了金、木、水、火、土五行和天、地、风、雷、水、火、山、泽八卦等概念。但是，这种构成论还是在生成论的主导下，并受生成论支配和制约的。这也不是终极的，只是生成论的一个环节和阶段。从现代科学发展趋势来看，科技的未来将是生成论与结构论的互补结合。人类正在形成新的认知自然之道，构成论必会与生成论整合，未来必是

① 周敦颐.太极图说.北京：中华书局，1986.
② 朱熹.朱子语类.黎靖德编.北京：中华书局，1986.
③ 张载·正蒙·太和篇.上海：上海古籍出版社，2000.
④ 湛垦华，沈小峰.普利高津与耗散结构理论.西安：陕西科学技术出版社，1998：2.

"生成论"主导下，也许一个整合、包容构成观的新的宇宙观、世界观、社会观和人生观在本世纪将会生成，中国传统的道家哲学必将进一步被挖掘、继承和发扬光大。

### 2. 自我生成的存在

构成观哲学的目标是确定宇宙万物的本原，即"一个东西，如果一切存在物都是由它构成，最初都是从其中产生，最后又都归复为它"的那个东西。构成观认定了不生不灭的本原，那么，一切存在物就只是本原的东西的结合了。"恩培多克勒、阿那克萨哥拉、德谟克利特、伊壁鸠鲁以及一切用极细的物体结合起来构成世界的人，都是讲组合与分离的，但实际上并不讲产生和消灭；因为产生和消灭并不是凭借变化在质上发生的，而是凭借组合在量上发生的"①。所以，构成观哲学并不能真正认识生成，至多也只能认识"产生和消灭"，并且，这还是因为事物的外部的原因，没有事物是自我生成的观念。

科学试图以物理定律解释宇宙的创生，这样解释就必然假设这些定律在宇宙开始之前就已经以某种方式存在了。事实上，物理定律根本不存在于空间和时间之外，也是同宇宙一起产生的，物理定律是"在世界之中"描述世界。这也就是说，我们就不能求助于定律来解释宇宙的创生。如果我们坚持传统的因果链，就不得不把创生隐蔽起来或者放弃它，但如果我们坚持沿着因果的链条向前追索，最后还是不可避免地要面对解释链的起始——"第一推动力"。但现代科学的量子场论、自组织理论、混沌理论、突变论等都从各个不同的角度揭示了事物的生成、变化、演化的原因确实是来自事物的内部。

尤其是在面对我们人类自身的问题时，构成的世界观更是无能为力。人类意识深处一直有一个特殊的心结，几千年来人类一直在思考"我是谁？我从哪里来？我要到哪里去？"的问题，这个问题如此普遍地深深植根于人们的心灵深处，以致成为哲学家的启蒙哲学命题，这个看似简单又直接的寻找根基的问题曾经迷惑了无数的人，有多少人苦苦思索而终生不得其解。大凡对人生、真理有所追求的人想必都曾经考虑过这个问题，并都会长时间的为此痛苦、迷茫。如果领悟了无上的自然之道，人们最终将会明白：人活在这个世界上不是目的，意义在于"活"的过程中，体现道的生成、发生、生长的功能作用，从而进入更高的层次。道生万物，包括生命、人类。任何事物和生命皆来源于"道"，道是贯彻一切存在物的本性。道家修炼的目的就是"得道"、"成道"，就是认识到自己的"本性"，只有认识了自己的"真本性"才会恢复生命的本来面目，体会生的真谛。有生就有死，个体总归要消亡。个体的存在是道的生成，是在先前的个体基础上

---

① 北京大学哲学系 . 古希腊罗马哲学 . 北京：商务印书馆，1961：77.

的。每一个体都是人类生成，向更高层次行进的接力棒的传递者。个体的意义在于通过个体的生成、成长，对存在的系统发生作用，为下一代个体创造更为优越的环境，从而能向更为复杂的形式生成。人类就是在一代又一代的个体生生灭灭中，向更高的层次行进的。

现代科学揭示了万物发展变化的动力和根据是能量的激发转化，这是系统内在的自组织和交互作用的本性，自组织、交互作用是一切事物（系统）生成的基础。宇宙中一切事物莫不如此。在现代人的知识和智能中，人类自身也是生成的。人类作为生成的最高层次，先前的各个层次对人类的生存和发展都是有意义的，都是人类的基础。人类无需纠结于终极的、唯一的根基，终极的基础是由科学一步一步向前推进的，只是哲学观念应与科学思想一致起来。

道生成世界万物和我们人类，并使我们成为存在和真实，因此道的存在与真实性是我们的存在和真实性的本根。这就规定了万物不是作为自己而存在，而是作为道而存在时，它才是真实的。在此意义中，背离道的存在，只是虚假的存在，是存在长河中泛起的泡沫。并且，道作为整个世界的本原、本质和创造者，它是普遍无限和绝对永恒的存在，而世界万物就其本身来说，则只能是有限和短暂的存在，是分有道的存在。它们存在的普遍无限性和绝对永恒性只是在道之中，表现道之无限和永恒。世界万物只有当它们不只是作为自己而存在，作为道行进的序列、道创生的基础，它们才是普遍无限和绝对永恒的。①世界万物都是道的自我实现，因此它们本质上都是道的存在，认识了这一点的人——在老子看来——也就是"得道"的人，而认识了这一点并依据这种认识去行动的人，也就是"行道"的人了。

### 3. 构成的逻辑到生成的序列

在认识世界中，西方哲学完全依赖逻辑方法对知识进行整理和连接。任何合理解释世界的尝试都必须有某个出发点，法则一定是解释方案的出发点。哲学和科学在研究基本问题时都会把法则（定律）作为具有某种独立的现实性，这隐含了法则在逻辑上先于他们所描述的存在物。这就是说，法则是合理的解释链基础之外的东西，是解释体系的出发点。所以，解释就是从某一点出发形成一套方案，把各种概念连接起来。在哲学中，就是从一个核心观念开始，以逻辑的方式把各种概念连接在一起，形成一个理论体系。西方哲学的早期其实就是在确定这个出发点。哲学自然是以实体性的本原、始基作为开始的，后来又有了几何和数。柏拉图则以不属于空间或现象的"共相"、"通式"，即理念开始。这个出发点必须还是简单的，越简单越好，越是简单，才是越确定的，才是唯一的。这个

---

① 杨润根.发现老子.北京：华夏出版社，2007：1-2.

出发点规定了以后哲学生成的路径和构成的全部框架。

出发点只是作为一种明确的观念，作为哲学的起始的核心问题或话题，但如何展开问题，还需要一种方式。这种方式是隐含的，它是表现在展开过程中的，只有在观念系统有了一定的发展，我们反思概念的连接过程时才为我们所了解，甚至还只能是部分的了解。而对于哲学体系，观念是按逻辑展开的，逻辑是既定的，也是决定的，是作为联系概念的方式或工具、思维的形式。我们应该注意到：逻辑是静态的、定格的，构成图式中一个元素（概念）与另一元素联系的方式。但是，在生成体系中，逻辑是连同元素一起生成的。

所以，逻辑是主观的又是客观的，逻辑还与历史是一致的。这是生成的序列必然规定了构成的逻辑，但是构成的逻辑只是生成序列的一部分，反映了生成序列的空间的构成方式，表现的是空间元素的规则，并不能反映序列的全部的法则，既不能反映生成的作用，也不能反映生成的过程。所以，一旦进入生成过程的认识，逻辑也就失去了原先的在构成方式中的有效性。对于生成的序列，已经生成的是有限的、确定的、决定了的，但已经生成的存在物也演变着的。而新东西的生成是涌现、突现，是不能决定的。在此，我们所能达到的是根据先前的生成轨迹推测某种趋势的出现的几率。

西方哲学和科学的目的是以尽可能简洁的方式解释世界的构成，欧几里德公理和物理定律，以及传统哲学都是这样的尝试。近代科学是沿着古代哲学的图式前进的。所以，所有解释宇宙创生的理论都是以物理定律（和数学）应用和逻辑为基础的。以宇宙的一些基本规则和定律作为已知的出发点，就像古代的欧几里德公理是几何学、毕达哥拉斯的"数"是决定世界学说那样对宇宙进行解释。但是当涉及终极问题时，我们就会发生对这些假设的出发点的拷问。这里假设——出发点是：规则和定律以某种方式存在于宇宙之前，然而如果宇宙爆炸生成只是有限的几率，在此之前是一个不能确定的状态，那么根本就无规则和定律可言。因此，科学理论和数学的模型，最终要碰上热力学第二定律和哥德尔的逻辑不完全定理难题。

现代哲学表面上似乎在走向分歧，但如果对现代哲学的种种观点进行分析综合，就会发现在分叉的表象中却隐含了整体的方向。先验哲学企图把所有有关对象的特殊的科学以先验的形式固定于主体之中，其实这先验主体本具有整体特征或本就是一整体；现象学则试图通过所谓的还原法和加括弧法，开辟出从现象到本质研究的一条严密的道路，这里的本质无非就是把各种现象统摄起来的整体构架；海德格尔的基础本体论思想要对本体论的特殊研究作出预先说明，基础本体论本身就是一种预设的整体；至于分析哲学，因为它力图用一种精确的、能够满足各种精密研究的科学语言来代替日常语言，这只不过是传统哲学的绝对性理想的体系的现代表现形式，哲学应该是一个清晰的完整的语言符号整体，而不是那种模糊不清的思辨概念。① 但迄今为止都还没有达到这一目标，反而似乎越来越远。这就不能保证建立与一种具有基础的整体，无论是实体性的还是精神观念性的。

我们也无须为我们的认识只能是一种不确定的几率而感到沮丧，因为生成的世界本就是不确定的，如果所有生成都是确定了的，人们也就无需去努力，也无需认识了，只要等待上帝的启示，甚至是否需要这启示都无关紧要了。完全决定只是经验世界给我们造成的一种粗糙认识。太阳每天东升西落，一年四季春、夏、秋、冬，从来没有会怀疑这会出现什么差错，但在当代人的知识中，"每天升起的太阳都是不一样的"古老箴言已经被印证，地球表面的温度每年都在上升是事实，也许将来有一年地球上许多地方不再有分明的四季。完全确定性只是一种克服原始思维的心理期望，能够帮助人类摆脱恐惧，以自身的思考和智慧把握万事万物，以观念的方式确定世界的存在。认识生成的不确定性是人类智能的进步，是观念和思维方式的突破，这再一次证明了人类理性的至上、伟大，人类的智能将面临新的挑战。我们应为认识不确定的世界感到欣慰，对人类的前途命运，不确定性比确定性更为重要。当然，确定性在一定的范围内也是可以接受的，并不妨碍我们的多数决策和行为，只是应注意范围和场合。

如果把一切存在的东西都看成是从简单到复杂生成出来的，每一存在的东西就都必然是相互作用、相互关联的，都是存在于体系之中的。存在是相互关联、相互作用的存在，只是相互作用的方式和强弱有所区别和差异，就像处于一颗树的不同枝干、分叉上。每一系统都会对来自外部的作用作出反应，在生成的最高层次上，人类以意识方式对作用作出反应并反作用于对象。人类的产生及其意识的发展创造了以符号表示对象并呈现其相互关联性的方式。在意识发展的进程中，逐步建立了符号的方法。存在是一个系统或体系，作为反映存在的符号也应是一个体系。传统哲学以逻辑方法确定符号间的关联，试图建立一个符号构成体系。既然存在是从简单到复杂的生成，哲学的符号体系也应是生成的，所以对应的符号也应是以生成的方式动态构建的。哲学的目标和理想不是概念构成的逻辑关联体系，而是概念的生成、延展，是从最简单的概念延伸到最复杂的概念，是最一般、最普遍的概念的限定和分叉——就像一颗树的生长体系。

"正如形而上学和信仰对现代人来说已不再是某种不言而喻的事情一样，世界本身对于现代人来说也失去了本身自明的性质。对世界的神秘和可疑性的意识，在历史上还从来没有象今天这样强烈，这样盛行；另一方面，或许从来也没有象今天这样强烈地要求人们面对今天社会生活中经济、政治、社会、文化

---

① 施太格缪勒.当代哲学主流（上卷）.王炳文等译.北京：商务印书馆，1986：36.

等方面的问题采取一种明确的态度"①。尽管哲学家们对形而上学问题感到没有前途，但在科学家和普通人当中，导致产生世界意义和人类存在意义问题的"形而上学欲望"，却从来都没有减弱过。这又表现出一种与流行的只关注当下的存在的东西态度相反的倾向，新的路径或许会以一种"突变"的方式从这种态度中，以全部观点的综合方式产生出来。哲学应该放弃"知识总汇"的王国，而阐述知识是如何生成出来的。人类的所有知识形式——经验、神话和宗教，都是对存在的理解和解释，哲学作为一种解释的体系，是一种一致的、连贯的、整体的概念体系，也即是按照逻辑展开的概念系统。哲学的目标并不是按照哲学家的思辨建立自身体系，再以这个体系规定全部的知识，而是阐述知识生成的体系。哲学描述知识生成、生长的路径和序列，给出知识意义的背景，界定知识所在的维度和范围，将人类的各种知识联结为系统整体，或许还为各学科的知识发展提供一些预想，哲学在知识的整合和生成中成为体系。构成观只是或主要是概念的排列体系，生成观不仅要解释当下的整体存在，还要指出这个整体生成的路径。

　　中国道家哲学与西方哲学相比较具有很大的差异。与西方哲学哲学世界构成的图式不同，道家哲学生成观具有很大的模糊性、不确定性。应当说，西方哲学研究领域对于中国有无哲学的质疑不能说全无意义，因为它以西方哲学的立场和名义关注到中国与西方在这一精神活动领域中的差异，这样一种质疑有其合理性和启发性。但是如果认为这样的质疑就能够否认中国哲学这样一种精神活动的存在，那是没有意义的。事实上，中国道家哲学观念体系无论是在包容的广度，还是在抽象的深度都超过了同时代的古希腊哲学。如果以亚里士多德综合的古希腊哲学称为形而上学的话，那么，中国老子的道家哲学堪称形而上之上学。我们甚至可以说，就以哲学理论体系概念层次的丰富性，概念之间关联的严密性，及体系的完整性等作为哲学所要求的那些特征而论，西方哲学 2500 多年中还没有一个哲学能够超越，甚至达到中国道家哲学的高度。这样说的理由是：在现代人的智能中，世界——宇宙、万物、生命、人、社会、意识、思想、语言、符号，还有哲学等都是生成出来，并且还在源源不断地生成着。对于生成的世界，构成观的画面无论如何精致，都是时过境迁，传统西方哲学数千年的事业就是不停地用一幅幅新的画面去覆盖老的画面。现代以来西方学者对于原始观念进步的研究，对整个西方哲学对古典西方哲学的改变甚至颠覆，这也都已经从不同角度说明了其原有理论与判断所存在的问题。如果西方能够放下以科技发展为单一标准的文明优越感，以中和的方式理解其他的文明，对其自身发展当有所裨益。

---

　　① 施太格缪勒.当代哲学主流（上卷）.王炳文，燕宏远译.北京：商务印书馆，1986：36.

# 第一章　道之开端——太极

"有物混成，先天地生，寂兮寥兮，独立不改，周行而不殆，可以为天下母。" "吾不知谁之子，象帝之先。"

——老子

宇宙万物是生成的，在生成的序列中，宇宙万物必然有一个起始、开端，道家哲学的创始者提出了这个开端就是"道"。道家哲学是从一个极端抽象的、没有规定性的、原初的东西开始演绎出包括我们人类在内的全部的世界万物，即以演进的生成观方式展开各种思想、概念，建立哲学体系。

## 一、生成的开端：太极

"太极，谓天地未分之前，元气混而为一，即是太初、太一也。"

——孔颖达

存在生成的序列，必然要求一个开端，这个开端是全部存在的起始。老子在中国哲学史上最先提出系统的万物生成思想，就是他的"道"论。在老子的道论中，道既作为生成原初，也作为一般的存在，还是生成的路径、序列。所以，道是世界万物的开端，是生成论的开始和本源，即生成的本初，同时，还是全部的存在。

### 1.道之"太极"

"道"是老子哲学的一个特定的范畴。老子设定有一个不可辨分的浑然一体，它是无分别的整体，是一个浑沌、纯然的一体，在天地之先就已经存在，在宇宙万物诞生之前就存在着。"吾不知谁之子，象帝之先"①。

道家哲学称这宇宙万物的起始为太极或无极，"易有太极，是生两仪"②。老子说："常德不忒，复归于无极"，"无名，天地之始，有名，万物之母"。"太极，谓天地未分之前，元气混而为一，即是太初、太一也"③。在宇宙生成论中，太极是万物的最初本原。世界万物的生成是从"无极"开始的。"自无极而为太极"，

① 老子（二十五章、四章）.饶尚宽译注.北京：中华书局，2006.
② 周易·系辞上.郭彧译注.北京：中华书局，2006.
③ 周易注疏.王弼注.孔颖达疏.上海：上海古籍出版社，2002.

"太极本无极"①"太极"产生于"无极"。它是指最大的统一体,似有若无,为万物之本始。"不言无极,则太极同于一物,而不足为万化之根;不言太极,则无极沦为空寂,而不能为万化之根"②。这里把西方哲学的世界的本原问题彻底纯粹化,在道家哲学中,"无极而太极"是万物的根本,世界从这开始的最初生成。

太极是绝对、纯粹之无,为了说明从绝对之无的生成,道家哲学设想了从太极起始,后又衍生了太易、太初、太始、太素,这在道家元气论中被并称为先天五太。"昔者圣人因阴阳以统天地。夫有形者生于无形,则天地安从生?故曰:有太易,有太初,有太始,有太素,太易者,未见气也;太初者,气之始也;太始者,形之始也;太素者,质之始也。气形质具而未相离,故曰浑沦。浑沦者,言万物相浑沦而未相离也。视之不见,听之不闻,循之不得,故曰易也"③。

太易:道家哲学体系中代表无形无质的混沌原始的宇宙状态。太易是从无极到天地诞生前的最早的状态。《系辞》中有"是故君子所居而安者,《易》之序也","《易》与天地准,故能弥纶天地之道","范围天地之化而不过,曲成万物而不遗,通乎昼夜之道而知,故神无方而《易》无体"④。文王"其囚羑里,盖益易之八卦为六十四卦"⑤,易就是指交换和变化,是运演、生化的开始。

太初:是气的开始前未出现形态的阶段。太易,使阴阳变化出现了气,但尚未有形象,是混沌未分之气,是为了更好地说明道生物,从而迈出了由无形之道向有形之物演化的第一步,是道从无到有之能力。

太始:就是形的初始而尚未有质的阶段。太始是形之始,是一种有形无质,非感官可见的宇宙状态,此时宇宙虽已有实物形体,但实体还未进一步分化,还没有质的差异,这是无极过渡到天地诞生万物生衍前的五个阶段之一。《易纬·乾凿度》提及:太始,形之始。阴阳交合,混而为一,曰太始;自一而生形,虽有形而未有质,是曰太始。太始,形之始而未有质者也。所谓太始,即指阴阳交合,混合为一,自有了一,便产生形,但虽然有了形体,却尚未有性质之分。

太素:就是质的起始而尚未成体的阶段。《列子》将太素定义为质之始。太素是指实体已经开始分化,产生了质的差异。张善渊认为:太素者,太始变而成形,形而有质,而未成体。古代人所说的的质是指物的质地,例如金、木、水、土等,这即是说先有形体,再有不同的质生成。太素可以看成是太始向不同质地、要素分化的元质,是最初生成的一些具有形质的东西。

先天五太是道家和其他一些学说对宇宙起始方式和过程的一些猜想,这些不

① 周敦颐.太极图说.北京:中华书局,1986.
② 朱熹.朱文公文集.上海:上海古籍出版社,1982.
③ 列子·天瑞篇言.叶蓓卿译注.北京:中华书局,2011.
④ 周易·系辞上.郭彧译注.北京:中华书局,2006.
⑤ 司马迁.史记·周本纪.北京:中华书局,2016.

是并列的。"先天"只能有"一太"——太极,其他都是太极的生成,都是衍生的。太易、太初、太始、太素都是对太极的生成,或者太极所蕴含的因素的各种推测。这种推测所表达的思想是:生成是一行进过程,有着不同的阶段或层次。道家生成哲学把全部存在开始界定为绝对抽象、空洞的太极,对这起始的太极,只知道一切存在从这里开始,其他则不能言说什么,但它又包含了全部的存在:实体、规则、观念……

人类思维对最初的东西猜测具有相似性,最初必然是最简单的,也就都带有"无"或最近于无。与探索"有"的主流哲学相异,在西方哲学的开始,也就产生了关于存在的"无"的思想。古希腊后期的新柏拉图主义者柏罗丁提出了"太一"是最真实、最高的东西,所有精神的和物质的存在,都是从这种"太一"流溢出来的。这个"太一"是无意志、无形态的,但似乎又是最充实、最完满的东西。它既是"有"的整体,又是"无",因而这个"太一"是不言说、不可知、不可定义的。后来的普鲁克洛、爱留根纳以及库萨的尼古拉等也都对"无"进行过研究,但终究只是思想的片断而已。不过,如果把他们的思想与道家的"无"相比较,会看到他们之间的相似性。只不过这一派哲学家的思想在西方哲学主流中往往被视为神秘主义而被归于异端,往往遭到冷遇。

### 2. 构成的始基

与中国哲学不同,西方哲学就是从寻找存在的起始、原初、本原中诞生的。西方哲学是由宇宙本原论开始的。"本原"在古希腊哲学中的原义就是起始。世界本原论也就是关于世界开始的观点或学说,它试图解答世界由何开始或由何构成的问题。西方哲学关于世界本原问题是从世界是如何构成开始的,而构成世界万物最基本的东西可以说是构成的最小单元,就像构建一座楼房的砖块。

古希腊早期的本原哲学,尽管具体的形态不同,但从方法上看来,都是确定世界万物的基础。泰勒斯提出的第一个哲学命题是"水是万物的本原"。本原即万物最初都是从其产生的某种独立的东西,一切存在物都由它构成的,而最后又复归于它的东西。泰勒斯以后,人们对本原的认识经历了逐步抽象、上升的过程,最后由巴门尼德归结为"存在"——一个最一般最抽象的概念。亚里士多德在前人研究的基础上,提出了实体范畴,将存在分为"是"("这个")与"有"两种。"是"是实体的存在,其他的存在都只是"有",是"是"的"属性"。亚里士多德将这些属性分为数量、性质、关系、状况、时间、地点等十类。作为"是"或"这个"的存在,亚里士多德称之为"实体"。实体的含义是指能够独立存在的、作为一切存在属性的基础和万物本原的东西。实体是一切存在的基础。此后,"实体"开始作为最普遍的范畴之一在哲学中被广泛使用。

在关于基础的探索中,最具有理论色彩的是原子论。留基伯首先提出了物质构成的原子学说思想，"原子"本意就是不可再分割，所以原子是不可分割的、没有内部的最小的粒子。在原子之间存在着虚空，无数原子一直就存在于虚空之中，既不能创生，也不能毁灭，它们在无限的虚空中永不停息地运动，因运动碰撞结合而构成万物。原子学说继承者德谟克利特用原子和运动来解释宇宙：一切物质都由微粒组成，这种微粒无限小，世上没有比它再小的东西，因此它是不可再分的。原子"不可分"，也看不见。原子是永恒存在的，没有起因。无数的原子在无限的空间或"虚空"中运行；原子只有大小、形状的区别，原子以不同的位置排列、组合形成不同的事物。他甚至把人的灵魂也是由构成的，但不同的是灵魂是一种最活跃、最精微的原子，因此它也是一种流射的物体。原子分离，物体消灭，灵魂当然也随之消灭。原子是不可构造的和永恒不变的，并且形状和大小有无穷的变化。

对终极单位的追求同样表现在理念主义的哲学中，其代表要算莱布尼茨的单子论。莱布尼茨认为，哲学"一"与"多"的问题出于古希腊罗马哲学，而笛卡儿、斯宾诺莎、培根、洛克等都没有解决这一问题。莱布尼茨继承了原子论，但以精神性的"单子"代替德谟克利特的实体性的原子。在莱布尼茨看来，作为物质实体的原子无论有多小，都要占有空间，都是空间的一部分。而占有空间的东西就不可能是不可分的，可分的东西必定又是由部分所组成的，所以也就不可能是终极的实在。这样空间性的实体物质本原假设终究要碰到逻辑上的困难。因此，莱布尼茨也认为世界万物是由原子构成的，但不是空间性物质原子，而只能是"精神原子"，他称之为"单子"。他说："我们在这里所要讲的单子，不是别的东西，只是一种组成复合物的单纯实体，单纯，就是没有部分的意思……在没有部分的地方，是不可能有广袤、形状、可分性的"[1]。因为精神性的单子不占有空间，也就没有部分的，所以是绝对不可分割的。这样单子才是世界万物真正的原子，才是终极的实在。莱布尼茨还认为"单子"不是僵死的东西，具有自身内在的活力。具体的事物是多种多样的，因而实体应是无限众多的精神性的"单子"，因为每个单子都是独立自存的"单纯实体"，并具有能动性，具有不同程度的表象能力。所以，每一单子都能独立反映全部宇宙，但是它们彼此之间并没有相通的"窗户"，它们之所以又能够一致协调，这是由于上帝的"前定和谐"。莱布尼茨的"单子"是这样一种东西：既是"单一"的真正不可分的"形而上学的点"，又是具有内在"形式"或属性的"精神原子"。

在现代哲学中，维特根斯坦和罗素的逻辑原子主义继承和发展了莱布尼茨的"单子"思想。罗素吸收了莱布尼茨和维特根斯坦的思想，首次采用了"逻辑原子论"这个名称。在罗素的哲学思想发展中，逻辑原子论是他的哲学方法和观

---

[1] 北京大学哲学系. 十六——十八世纪西欧各国哲学. 北京：商务印书馆，1975：483.

点转变的一个标志。逻辑原子是许多彼此孤立的事件，它们之间并无任何逻辑关系。他认为逻辑原子论对任一事物不断进行分析，直至无可分析为止，这样最后所剩下的就是逻辑原子。逻辑原子论把分析作为了解任何主题实质的途径，分析的目的在于揭示出每一个命题都是它所描绘的实在的真实图式。哲学分析的途径如同近现代科学发展的历程：把分子命题分解为原子命题，再把原子命题分解为基本命题，分解为名称和其他不可再分的终极单元。

在哲学思辨的开始，都有把存在看成从点开始的思想。原子的思想不仅在古希腊，在古印度也产生了类似的原子概念记述。有人将印度的耆那教的原子论认定为是开创者大雄在公元前 6 世纪提出的，并将与其同时代的和顺世派的元素思想也称为原子论。正理派和胜论派后来发展出了原子如何组合成更复杂物体的理论。原子是构成观的基础，中国古代虽然也产生了类似原子的思想，但这不符合中国生成观的思路，所以这些并没有成为哲学的主流，只是用来解释变化生成的方式和过程。

### 3. 现代宇宙学的奇点

现代关于宇宙学研究是以宇宙生成的大爆炸理论为标志的，这一理论描述了宇宙生成的开始：宇宙诞生之初，是由"奇点"开始的，奇点是一个极端的状态，属于超物质范围的。奇点是个起点，此时密度无限大，能量巨大，而体积则为零。宇宙学理论揭示了宇宙是从一个物质密度无穷大的奇点爆发产生，产生了作用、空间与时间，形成了现今我们生存的这个宇宙。

现代科学也给大爆炸理论提供了理论支撑，依据广义相对论推导出的奇点定理，在具有合理物质源的广义相对论经典理论中，引力坍缩情形中的空间——时间奇性是不可避免的。也就是说，在合理的条件下，物质时空必然会形成奇点。奇点的形成意味着物质体系的时空压缩、扭曲，所有结构都被破坏，体积变得无穷小。这个初始奇点似乎没有产生的原因，如果按照现有的理论推测，在那里，物质、空间、时间、物质的构造、运动等依然都是存在，因为只有这些才能成为它能够爆发的原因。但是"宇宙的创生可被认为是表示突然之间，物质从那混沌的无的结构的原始形态被组织到现在我们观察到的复杂的秩序和活动中，宇宙的创生可能真的表示在先前无形的虚无中创造物质。或者，宇宙的创生也表示在整个的物质世界，包括空间和时间，从无中突然出现"①。黑洞就是某个天体的"奇点"。宇宙"奇点"可以理解为是一种质与能、空与时无分化的平衡状态，或者说是能量的基态。这种状态能够聚集、分化出各种物质形态，并还能够重新回到这样一种混沌状态，这个"奇点"似乎是我们未知的过去的宇宙，或者另一个宇

---

① 保罗·戴维斯.上帝与新物理学.徐培译.长沙：湖南科学技术出版社，1991：28.

宙的终点。

# 二、"太极"之"无"

　　"道之为物，惟恍惟惚。""视之不见，名曰夷，听之不闻，名曰希，搏之不得，名曰微，一迎之不见其首，随之不见其后。"　　　　——老子

　　当我们把存在看成是生成出来的序列时，面临的第一个问题就是世界是从什么生成的，即生成的起始、起点。生成的逻辑起始必然是没有任何规定的点，即"无"。我们不能对起点作任何规定，因为如果我们规定了起始的任何性质，就必然要说明这些性质是如何产生的，所以生成的起始必然是没有任何规定的点。

## 1. 生成起始于"无"

　　汉字"无"与"燕"在读音上与意义上都有密切关系，原始的巫术与歌舞表现了对"燕"的崇拜。①"燕"作为巫和舞的对象，老子在使用"无"这个概念时，几乎带有一种敬畏之心，因为他从中领悟庄严和神圣的东西：一种超存在、超现实、超时空的神。一无所有，却能产生一切存在，宇宙万物从此开始。

　　有或存在的反面，即没有或不存在。无极，无限，世界（天）的统一整体，它与"无"、"天"在意义上相通，即《说文》所说的"天屈西北为无"②。在"天屈西北为无"中，"无"这个字是"天"字的"转注"形式，它保留了"天"的意义。道家哲学设定世界万物生成开始于"太极"，太极是指最初生成之点。生成起始之点什么都没有，所以又称为"无极"。老子用"寂"、"寥"、"恍惚"、"夷"、"希"、"微"等词来描述道的开始状态，"夷"、"希"、"微"是人们不可能凭借感官感知的，都是用来表述道初是捉摸不定的，是无声无息、无形无体的，都用来说明道是一种"无"。即道的开始是一个看得不见、摸得不着的"无"。"道"不同于某一具体存在，不是具体存在物，具有不可感知性，只是一种绝对抽象的恍恍惚惚的存在。因为道"视之不见"，"听之不闻"，"搏之不得"，它是很精细微小的，但又是最广大的，不可能用物的方式规定的存在。

　　道虽然没有具体物象（无物之象），但它确实存在。道又广大无边，所以"迎之不见其首，随之不见其后"。道这种存在，虽然不可能用视、听、触觉、等感觉方式准确认识它，却又是无形的统一存在。由于不能通过感官感知，为无形，不可见，不可听，不可触，因此也不可名。在无形而又不可名的意义上，道也是"无"。确定一事物必须以物体、形状、属性、联系等来规定，我们不能对

---

① 参看庞朴. 说"无"，见中国哲学与文化. 桂林：广西师范大学出版社，2010.
② 许慎. 说文. 徐铉校订. 北京：中华书局，2009.

"道"规定，因为所有的这些都是"道"生成的东西。道作为万物无限、永恒的本原，只是从存在的事物三生成性的直觉领悟。由于"道"的无限性和无规定性，无法用语言文字来指称它，所以它只能是无名的。如我们强要规定对"道"规定些什么的话，那"道"就是"生"，或曰"大"，是一切存在。

"无"的概念就是绝对普遍的形式的概念，就是道式或理式的概念。绝对普遍的否定，它同时也就是绝对普遍的肯定，即超越相对特殊的具体事物而达于绝对普遍的世界整体。在这种意义上，无即是超越。老子的"无"作为一个哲学概念，指的不仅是超越和无极，而且更是存在于宇宙的整体之中并凌驾于宇宙中的每一个具体个别的存在之上的、对它们起支配作用的整体力量（这种整体力量的性质在现代系统论的意义上可以获得更好的理解）。任何事物只有服从或投身于这种整体力量之中，而不是摆脱它和违抗它，才能使自己在保持和它的同一性和一致性之中获得自由。在老子看来，这种整体力量就是道的意志的表现。

道之无，是与有相对立的。"无名，万物之始也；有名，万物之母也"。其实老子的道并不能片面地等同于无，只是作为生成的起始，我们不能对其规定，不可言说。道又是真实存在的，因为一切存在的东西都是它生成、孕育的，所以又是有。无，用以称谓天地万物形成前的初始；有，用以规定一切有形物存在之性质。把握永恒的"无"，以洞察生成的"有"内在的奥妙；把握永恒的"有"，以观察一切存在呈现的形态。无与有这两方面同出一源而称谓不同，两者都是形而上的。无不是虚无，是一般；道不只是某一实有，还是普遍存在，所以又有无之意。总之，道玄妙又玄妙，是造物奥妙的总根源。所谓无，是指天地万物生成之初的无规定性，所谓有是指存在方式的规定。一切规定产生于无规定，是有与无的统一。①

老子的"无"的概念的最主要和最基本的意义就是无极，即世界的整体。它作为动态的就是超越个体的片面有限性而达到无极、达到世界的整体，使个体与无极、与世界的整体保持一致、融为一体。而它作为一种凌驾于世界中的每一具体个别的事物存在之上并对它们起支配作用的无极或世界整体的力量，就是道统摄、支配整个世界的力量。老子的有的概念就相当于柏拉图的理念、亚里士多德以及康德的形式的概念，是规定世界万物的观念。无是天地之始，有生于无，这其中就包含着无具有赋予天地万物以形式，万物生于、分有它而存在。而老子无的概念则是生成、决定有，从而生成、决定宇宙一切存在物的现实结构与现实的功能。无是万物之始，其意思就是无是万物的始基，是万物的模本，万物的形式，万物的动因。

在道家哲学中，"无"是一个贯彻始终的非常重大、非常深刻、也是最具有

---

① 参见袁媛.道家元气生成思想探微.南京农业大学硕士论文，2011，（6）.

思辨意义的概念。无与生成是连接在一起的，是贯穿整个道哲学的思想主线。自古至今的不少研究者把老子的哲学与庄子的哲学画等号，并统统称之为"虚无主义"，就是不幸的肤浅误解。即使庄子的"无"也不等同于西方构成观哲学的无，因为庄子也认为"生"都必然从无开始，从无中涌现、突现。虚无主义则是对存在的真实性、存在的意义的完全否定，道家哲学的无是强调一切的有都是从无起始，从无生成。

### 2. 哲学开端之"无"

道家哲学是以"无"为本源，以"无"为基本研究对象的哲学。老子开篇就说："无，名天地之始。"又说："天下万物生于有，有生于无。""天下有始，以为天下母。"[①] 由此可见道家哲学是从"无"出发和生成的领悟，而西方哲学则是从"有"开始的，是关于世界构成的图式分析。

"无"和"存在"这两个相辅相成的问题在时间上几乎是一起问世的。在西方哲学史上，"无"也是哲学必然关注的重大而基本的问题。在海德格尔以前的哲学家中，如柏罗丁、普鲁克洛、爱留根纳、艾克哈特、库萨的尼古拉、耶柯比等人都提出或主张以"无"为最高原则。在这些哲学家看来，"无"原子论所说的"虚空"，不是虚幻不实的非存在，而是一种超越存在的高于"有"存在，甚至是一种最高本质的存在。这里与道家哲学的无的思想相一致。

从生成的直观和思辨出发，存在的逻辑起始必定是无，这在黑格尔的理念哲学中已经作了论证。老子是在直观的"悟"中，黑格尔是从发展的逻辑中。黑格尔在《逻辑学》的开端说道："开端必须是绝对的，或者说是抽象的开端；它于是不可以任何东西为前提，必须不以任何东西为前提，必须不以任何东西为中介，也没有根据；不如说它本身倒应是全部科学的根据。因此，它必须直捷了当地是一个直接的东西，或者不如说，只是直接的东西本身。正如它不能对他物有所规定那样，它本身也不能包含任何内容，因为内容之类的东西是会与不同之物的区别和相互关系，从而就会是一种中介。所以开端就是纯有"[②]。开端是无或纯有，所以对于开端我们是无从规定、难以言说的。作为宇宙万物的起点，存在就是从这点开始的。因为是开端，存在还没有生成出来，我们不能对开端进行任何的规定，而我们所有的语言和逻辑，所有的意识和思维都只能把存在作为描绘对象。

因为生成的开端是无，无从规定和证明，所以在哲学思辨中，开端只是一种信念。这种信念产生和建立的基础是：一切存在的东西从这，也只有从在开

---

① 老子（五十二章）. 饶尚宽译注. 北京：中华书局，2006.
② 黑格尔. 逻辑学（上卷）. 杨一之译. 北京：商务印书馆，1966：54.

始。"开端既然是哲学的开端，从那里，便可以说根本不能对开端采用任何更详密的规定或肯定的内容。因为哲学在这里只是在开端中，在那里，事情本身还不存在，只是一句空话或是任何一个假定的、未经论证的观念。"对于生成的起点，我们不能进行规定，但还是可以言说的，就是全部的存在是从这里开始的，它具有生成之能，可能、能够生成全部的存在。只是，我们是从现存的东西来言说那个开端的。"那个开端既不是什么任意的和暂时承认的东西，也不是随便出现和姑且假定的东西，而是后来它本身表明了把它作为开端，是做得对的"①。生成哲学的开端是不能从构成的逻辑得到证明的，开端虽然是无，但是却又包含了全部的有，因为一切存在的有都是从这里开始的，从这里开始生成了现在的全部存在。

### 3. 分形理论的无

分形理论是复杂性科学中重大的成果。在数学史上，笛卡儿的坐标系将运动带进了数学，而现代分形则将生成及其复杂性带进了数学。从思想方面来看，分形的思想在西方科学史上也可以说源远流长，一直可以追溯到古希腊。从芝诺、亚里士多德到17世纪的莱布尼茨以及后来一些哲学家、数学家都具有分形的思想。但是，当时乃至以后很长一段时期内，这类数学函数并未引起人们的注意，这是因为这类连续而不可微的性质，不能在科学和数学中应用，以至于被列为"病态函数"。时至今日，当研究进入复杂性世界时，它则已经成了解决实际问题的必不可少的工具，是分形理论的主要研究对象。以致有人说：在将来，一个人如果不能熟悉分形，他就不能被认为是科学上的文化人。

分形理论的创始人芒德勃罗的思想基础是基于大自然处处存在不规则形态，他认为正是不规则才是大自然无限创造力的表现：如云彩、海岸线、山脉地形乃至星系的旋涡、流体等，而传统数学研究的绝对的欧氏几何形态的事物在自然界实际上是不存在的，但不规则并不是说完全没有规律。集合、分形理论都是以空间为维度的数学分支。对于非实体性质，就是"空隙"、"空集"，即无，但这里的无却是能够生成出东西来的。通过对随机分形研究，芒德勃罗发现了分形生长理论更深层的特征与规律，提示了"空隙"对于生长的重要性。他用集合论的"空集"概念反映实际事物的"空隙"，负分维数作为"空集"的"空"的程度的量度。他指出负分维是潜在的维数，是分维的两个分立而又对称的部分之一。负分维数概念给科学敞开了一个全新的"无"的世界。经典科学只是研究了客观世界显在的部分，而客观存在的另一半——潜在的存在却为经典科学所忽略。负分维"空隙"代表了潜在的存在与过程，从"空隙"到实体是信息创生，是新事物

---

① 黑格尔. 逻辑学（上卷）. 杨一之译. 北京：商务印书馆，1966：58、57.

的诞生。"空隙"也并不是什么都没有，而是一个充满了生存信息的空间。没有这个"空隙"，事物就无从生长，而已生长的部分即实体区域不再因生长而进一步改变，或只有量的增长。任何事物的生成、生长都必须有"空隙"。"空隙"是事物生成、生长的必须的条件，是与正在生成的实体部分是不可分割的整体。芒德勃罗的"空集"揭示了长期被掩盖了的空间的维性，发现了万物生成从无到有，从隐到显，有无相生的规律。芒德勃罗的空集理论启示我们：彻底的生成论，必须根据生成的因果律，找到能生成万物而自身不被生成者，而这种存在只能是"空隙"或"无"。

道开端是一种无实、无形，道生物，也就是"无"生物，从虚无凝结实在，从无形中化生有形，这就是老子所说的"有生于无"。道是无实无形的形而上的，具体事物都只是有形之器物的存在，都只是形而下者。形器世界中最大的存在莫过于天和地，但在老子看来，天和地也是可以感知的、有生有灭的，所以也不能作为万物的最初的根源。唯有永恒的、无限的"道"才能成为天地万物的最初的根源。

道家哲学以为天地万物皆以无为本，主倡"贵无"之论。"有之为有，恃无以生；事而为事，由无以成。夫道之而无语，名之而无名，观之而无形，听之而无声，则道之全焉。故能昭音响而出气物，包形神而章光影"[1]。老子认为"无"能产生"有"及万物，道之"无"是天地万物的本原。庄子也提出："物物者非物"。他认为使万物成为万物的一定不会是具体的、实物的"有"，而只能是抽象的"无"。"泰初有无，无有无名"，万物出于无有，入于无有，"有不能以有为有"，认为"有"是从"无"产生的。"无"虽然是无名无象，但却具有开天辟地、开物成象的作用，还是天地万物所赖以生成变化的依据和根本。因此，"天地万物皆以无为本"，"天下之物，皆以有为生。有之所始，以无为本。将欲全有，必反于无也"。这里还进一步规定了有、无、本、末的关系。"天地虽大，富有万物，雷动风行，运化万变，寂然至无是其本矣"。所以，"有"是形形色色的具体现象，"无"是世界万物的本体，"有"是生成了东西末，"无"是还未之本，"有"依赖于"无"而存在。具体事物的"有"，表达有自己的质的规定性的特殊的存在物。"若温也则不能凉，宫也则不能商矣"，如果以实物作为万物之本，是一种已经有了规定的存在，那就不能解释天地万物所有的复杂现象，所以，"有"不能成为万物之本，只能是"无"才能成为万物生成和变化的依据。这个"无"也不是一无所有的纯粹虚无，因为它能够生成有，所以它是一定隐含了一些因素，只是我们无法言说、规定它。它同时具备了"有"和"无"两种特性："欲言无耶？而

① 余敦康.何晏王弼玄学新探.济南：齐鲁书社，1997.

万物由以成。欲言有耶？而不见其形。"①

# 三、"无"中生"有"

"天下之物生于有，有生于无。"

——老子

存在的一切是从无起始的，所以无包含了全部的有。道（动词），即对世界形成、产生和发展的全部过程和序列的述说，也即对道以自身为本原、以自身为本质的自我产生、自我实现、自我发展、自我完成的全部历史的述说。道话说道，犹如柏拉图所说的理念话说理念，因为它是世界之道在人类理性发展阶段上的自我揭示。

## 1. 生成是从无到有

老子的生成论假设了宇宙万物皆源于道，这样，道就既是宇宙本体，又成为万物的本原。作为万物本原的道，是一种无形无状、无声无名的无所规定的状态，而作为宇宙本体的道是通过"无为"达到"无不为"发挥其作用和功能的，并呈现的。道的特征是"无"，无特指道，这使无成了道的代名词。以无凸显道的无名无状、无声无象、无为而无不为等特征。天下万物产生于道便是"有生于无"。一切的有从无生成，由于无意指道，"有生于无"也即"有生于道"。老子的"有生于无"与其道本论是一脉相承的。

"道"是未分化的整体。"道冲，而用之有弗盈也。渊呵！似万物之宗……湛呵！似或存"。说明"道"是混沌整体，是"至小无内"、"至大无外"的"无"。"道"无时不在，无处不在。"道恒无名。朴虽小，而天下弗敢臣"②。说明"道"不以任何东西为原因，它是一切存在的原因，是一切存在的根据。老子将其规定为"无"。"无"是相对于"有"而言的，它是还没有生成，但又能够生成"有"的东西。

有，一般的意义是直接的、现实的存在，相当于西方哲学中的存在。道家哲学的"有"是已经呈现的存在。有作为万物共同的存在，是万物的存在方式，即老子的从道生出的"一、二、三"。另一方面，"有"又是指一种潜在的有待于现实或正处在生成中的存在，这是道在混沌未分所含的象、物、精三种因素。在这种意义上的"有"作为潜在的存在、正在形成中的存在和现实的存在三者的统一，也就是老子所说的"常有"，即普遍无限、绝对永恒的存在。显然这种存在也就是作为世界万物之本原的道的存在了。此外，"有"还指仅仅是现实的存在

---

① 王弼.老子道德经注（第十四章）.楼宇烈校.北京：中华书局，2011.
② 老子（第三十二章）.饶尚宽译注.北京：中华书局，2006.

的现实存在，在这种意义上，"有"总是与有限的、短暂的、易变的等等意义相联系，因而在这种意义上它指的是那些片面有限和相对短暂的、被支配、被决定的孤立的现实对象。

老子说，有是万物之母，其中的"有"就是在还不具备现实性，它是纯粹抽象的有或存在，而不是具体的实有或现实的存在。但有又规定了万物的存在，因而它处于有——实有——现实这——宇宙的发展过程的起点和开端，因此它与道等同。也许正因为如此，老子称它为万物之母，即万物的本原，而不是万物本身。

万物之有的存在，在老子的"道"论体系中，是有名有形的存在。无，是相对天地万物存在之前就是"无"，如老子所说"无名，天地之始"。海德格尔把语言称为"存在之家"，意即存在是由语言表述、规定的。但在人类的认识、语言产生之前是一种什么样的存在？老子叫做"道"，叫做"无"。黑格尔说："如果抽去某物的一切规定，一切形式，那么，剩下的就是无规定的物质"[①]。名是概念，作为概念就是要反映事物的内在本质。人们认识了客观事物的本质，就要表达为名，即对事物进行规定、定义。定义，就是把某一个概念放在另一个更广泛的概念里。例如，马是动物，动物是生物，生物是物。越是广泛的概念，越是抽象，其内容也就越少。最为广泛、最为抽象的概念也就只能是无了。

"物"是有内容可规定的概念，所以叫做"有名"，无没有比其更广泛的名，也就是没有其归属的更广泛的物类，再也没有更广大的名可以归属了，是无名归属的物类，即最高的物类，所以叫做"无名"或"无"。老子以经验现象的存在物作为出发的基础，这是"有名"，又从"有"导出"无名"，"无"而字之曰"道"。"道"在万物是生物和无生物，生物和无生物都是物。生物从无生物生成，物生物对于生物即是无，万物生于有，有生于道，道也生于无了。道不能归属于有和物，只能归属于"无"也。故老子的弟子环渊解释为：道可道也，非恒道也；名可名也，非恒名也。无名，万物之始也；有名，万物之母也。就是说凡可用定义称道的，就不是常道、原道；凡可以包含在更广泛的名里的，那就不是常名。"名可名"，一个名可放在另一个更广泛的名里，只有那无最广泛的名所反映的物类，乃万物之本始；有更广泛的名所反映的物类，乃万物之母亲。"天下之物生于有，有生于无"。这是从物到有、从有返无的本体论和自无生有、自有生物的世界生成论。

基于对"天地之始"的追问问题，庄子设想并做了如下推论："有始也者，有未始有始也者，有未始有夫未始有始也者；有有也者，有无也者，有未始有无

---

①　黑格尔.逻辑学（上卷）.杨一之译.北京：商务印书馆，1966：55.

也者，有未始有夫未始有无也者"①。依此类推，以至无穷。面对这个无限追问的链条，庄子把人对宇宙的探索分为有始、未始、无三个层次，认为只有追溯到了未始无物阶段才算是达到了对宇宙的终极把握。"未始无物"便是无。按照庄子的说法，在有、存在之前，曾经有个不存在、没有的阶段。所以，从逻辑上讲，有、万物、存在生于无（无物、不存在），即万物开始于无。庄子的"有生于无"不完全同于老子——"无"，他是从万物从无到有、从不存在到存在的生成、消亡流变过程来理解生成。而老子的道即包含生成的路径，有是无规定、不能言说的开端之无。并且，似乎还隐含了后来全部生成的因素。

万物从产生到长成都有一定的本体依托，道家的这个本体依托或者来源就是道。"道者何？无之称也，无不通也，无不由也况之曰道，寂然无体，不可为象"。这表明，道就是无。以道为无，是为了使道成为无形无象的本体，以别于有形有象的具体事物，具有开端的性质。"有之所始，以无为本"。以此推论，"无形无名者，万物之宗也"②。在现实世界存在中，万物莫大于天地。天地虽然包罗万物万象，但天地也是有的，也不能生物。基于这种认识，郭象指出，"有生于无"并不是说存在者产生于非存在，而是说"生物者无物而物者自生。物自生者，非为生也，又有何物？故归于无"③。由此看来，如果生物者不存在，万物就是自然化生的。"有生于无"的"无"既不是指无形无象的道，也不是指"无有"（非存在），无的真正含义是没有（本体）。与此相关，"有生于无"是说万物无故而生、"独化"而来，没有本体和本原。这里，"有生于无"与"独化"似是同义的：既然万物没有本体、独化而来，便是"有生于无"；既然"有生于无"，便表明万物没有本体，是独化而来的。

宋明理学把道改造成为一种理本论，理学家朱熹吸收了道家思想，肯定了理的真实存在，但其存在状态却是无。理"无形迹"、"无计度"、"无造作"，是个独一无二的"空阔洁净的世界"。朱熹接受了道家生成思想，认为，外形上千差万别的"万理"和万物都是从空虚寂静、独一无二之理而来的。在解释万物多样性问题上，由于天理与器物具有形上与形下的无形有形之分，造成它们之间的先后、本末之别。人心中之理秉承天理，无善无恶、无动无染。这样，理就被奉为宇宙本体的心，天理的内涵意蕴和延伸到社会现实，那就是良知、天理、仁义礼智信等。从而为儒家的社会理论找到了根据。理学断言心为空虚——无善无恶、无动无染，同时又认为心为实有——确实存在，就是天理、良知。这里，前者为体，后者为用，这本身即是"有生于无"的逻辑。理本论只是根据社会伦理

① 庄子·齐物论.孙海通译注.北京：中华书局，2007.
② 王弼.老子道德经注.楼宇烈校.北京：中华书局，2011.
③ 郭象.庄子注疏·在宥注.北京：中华书局，2011.

的需要，把自然之道换为人的精神、意识、观念（心）的东西——理而已。

道家哲学的思路悟解"有生于无"，强调不能把"以无为本"理解为"无生于有"。"有生于无"的确切含义是排除万有共同的本原，洞彻万物自生，因而不知其所由生、不知其所由化。"有何由而生？忽尔自生；忽尔自生，而不知其所以生；不知其所以生，生则本同于无。本同于无，而非无也"[①]。这就是说宇宙万有是忽然自生的，是自我的实现，而万物本身并"不知其所以生"。"有生于无"与佛学"万法皆空"的思想相近，"有生于无"的无是"无生"之意。

西方最早提出"无中创有"的思想是在基督教的上帝创世教义中：上帝创造人及万物是无所借用、无所依凭的，因而也是一种无中生有。世界是以时空方式存在的，万物存在于时空之中。至于时空则完全来自于上帝的创造，而上帝则在时空之外、之上、之先。而这"外"、"上"、"先"自然不是时空的标示，而仅仅是比喻而已，它们的真实含义是超越时空、存在的"无"。无所依凭的上帝是用自己的话语创造天地间的一切的，"因此你一言而万物资始，你是用你的'道'——言语——创造万有"[②]。那么，上帝则是"空口无凭"地创造了世界，而上帝之言、之道相比于被造之有乃是"无"，这言、道之无乃是世界之外、之上的东西，是作为世界本原和开端的东西，而且这开端不是在世界之中的开端，而是在世界之外的开端。既然时空的开端不在时空内，因此是无。如果有人非得追究世界开端之先是什么，则会触犯上帝，引起上帝恼怒而遭到上帝的惩罚。

"有生于无"是道家哲学关于本体存在的重要命题，先秦道家哲学，包括后来的玄学和宋明理学都以不同的方式论证了这一命题。也正是由各个流派千差万别、迥然相异的具体解释和界定，使"有生于无"成为中国古代哲学共同的话语结构和表述方式。但就思想的深度和包容广度，后来的解释和论证都没有超越老子。但这使探讨和研究也使"有生于无"成为了解中国古代哲学深层本质和生成思路的最佳切入点。海德格尔曾指出，"说无，就是通过这种说的行为将无变为某物"[③]。他认为东方非但回答了这个"重要问题"，而且在这一问题的解决之后，在另一层次上，开拓了一个陌生的境域。"有生于无"的出现，与道家哲学推崇的宇宙本体及其特征密切相关，是朦胧抽象、大而化之的宇宙本体派生万物的逻辑展开和具体运作。"有生于无"体现了中国古代哲学共同的思维方式和价值取向。

---

① 列子·天瑞.白冶钢译注.上海：上海三联书店中，2014.
② 参见奥古斯丁.忏悔录.周士良译.北京：商务印书馆，1989：253、241、236.
③ 海德格尔.形而上学导论.熊伟译.北京：商务印书馆，2012.

## 2. 有的规定：存在方式

与道家哲学以"无"为本的思想形成对照的是西方以"有"为最高原则的哲学。"西方总的说来是'有'的哲学，无论他们如何规定有无关系，他们的第一个基本范畴总是'有'"[①]。在古希腊哲学家巴门尼德就开始了"有"——存在的哲学探讨。他认为"有"是存在，而"无"是不存在。存在是一种永恒、惟一、不变、圆满和必然的东西。"我们不能不这样说和这样想：只有存在是存在的。因为存在的存在是可能的，非存在的存在则不可能"[②]。这就是他的哲学的一个基本命题：存在就是存在，决不是非存在。以此，他区别了通向知识的两条路径，一条是通达真理之路：只有"有"存在，"无"是不存在的；另一条是非理性之路："有"不存在，"有"必然是"无"。因为"无"是不能认识、不能达到，也不能被说出的，他认为这是一条错误的道路，并反对在他之前的赫拉克利特的命题："同一事物既存在又不存在"。赫拉克利特的思想是："有"与"无"是统一的，"有"存在，"无"也同样存在。但赫拉克利特所要表达的流变的思想是在过程中的相对性，他的"无"是"有"的流变，是先"有"而后"无"，万物是从不存在到存在，又从存在到不存在。"不存在"是那个"存在"的"不存在"。赫拉克利特的有与无的关系思想在后来的西方哲学中成为相对主义的思想源头。

亚里士多德是以"有"——实体为研究对象的，他认为所有科学都是以"有"、"存在"或"是"本身为研究对象的，而哲学是研究第一"有"的。作为存在本身，它的工作就是考察作为存在的性质和它所具有的各种属性。亚里士多德认为"第一哲学"的任务是"在考察作为实是（有）和作为实是所应有的诸性质，而这同一门学术除了应考察实体与其属性外，也将考察上列各项以及下述诸观念，如'先于'，'后于'，'属科'，'品种'，'全体部分'以及其他类此各项"[③]。

西方哲学以一种自觉意识并特别强调应以"有"为开端的当是黑格尔哲学。黑格尔逻辑学以"有"作为开端，其逻辑演绎是从"纯有"或"纯存在"——没有任何规定性的"有"或"存在"，这是一个最简单、最贫乏、最片面，然而又最普遍的概念（正是因为单纯，而可能最普遍），演绎全部的存在。所以，只有那"既是思维——我思——的有，也是思维对象——存在——的有"才唯一合适作为逻辑学开端的范畴。黑格尔哲学之所以以"有"作为开端，是因为这样的"纯有"或"纯存在"是完全空虚的，空洞无物的，因而实际上等于"无"或"非存在"。这样，他就从"纯有"或"纯存在"推论到它的对立面"无"。黑格

①　邓晓芒.思辨的张力.北京：商务印书馆，2008.

②　北京大学哲学系.古希腊罗马哲学.北京：商务印书馆，1961.

③　亚里士多德.形而上学.吴寿彭译.北京：商务印书馆，1959：61.

尔哲学的概念是从无开始，但演绎概念的逻辑却已经是先验的有了。①

西方哲学中这种以"有"为开端（还不仅仅只是一个开端的问题）的哲学，是由构成观哲学传统和整个文化心理传统决定的，是观察和认识世界的一种特定的思维方式。从思维方式来看，这种从存在开始，以"有"为开端的哲学表现出的首先就是一种肯定的思维。认识世界，首先得肯定世界的存在，这是构成观哲学世界图式必然的开始。而且这种"有"的哲学总是把一切都对象化，这种方式发展的结果，最终导致了把人与认识对象的分离，而且，人也与自身相分离。在这种"有"的哲学里，没有什么是不可言说的，凡是可以说的都可以说清楚，也没有什么是不可认识的。但是这样过于重理性、重对象化，从存在开始的哲学发展到极致就会走向反面，非理性终将对理性构成挑战，"有"的哲学在不断的自我否定中可能走向"无"。②

中世纪的波埃修斯从"种"、"属"关系讨论了存在问题，他区分了存在与存在者（这一个存在）的不同。他认为存在是自身尚未存有，但存在者只要获得了形式就得以实存。就其本身而言，存在是绝对单纯的，因为这种单纯和绝对的理由是它靠自身存在，不需要分有任何别的什么，也不需要掺杂任何别的什么，因此它自己存在，它就是作为"存在"的存在。而存在者却不同，因为存在者无法自己存在，它的存在是借助于形式的，是被给予的，是通过对存在的分有而来的，而且还需要掺杂"除自己所是外的什么东西"，因而是复合的，复合了存在和偶性。其结果就是，"在单纯中，其'存在'与其'这一个存在'是'一'；在复合之物中，其'存在'是一回事，其具体实存是另一回事"③。存在本身乃是本质与存在与其具体存在为一，单纯之一就是善，就是不灭和永恒；而复合之物却不同，由于其存在不是来自自己，而且由于它是复合的一，而非单纯绝对的一，因此它是包含着差别的一，是可以分裂的一，一的分裂就是死亡和消亡。

波埃修斯关于存在问题思考的是：在单纯中，其"存在"与其"这一个存在"是"一"的真主意义，使这种单纯、绝对的一既能保证其自身存在的绝对永恒，同时又能成为一切存在的本原，使万物因其而存在，具有存在的依据和基础，并使万物之多归于其绝对单纯之"一"的存在，这是世界的根本。波埃修斯的思想是作为单纯、绝对、在其自身的存在是一，因为一切存在物和现象显现都是复合，都是存在者，所以，存在的"一"永远不可能作为它自身而直接显现出来。总之，存在自身只能永远"尚未"，还没有出现的，根本上远离一切它的现象和造物，所以永远是"不存在"，只能是"无"。

---

① 参见郭玉民.道家哲学的有无论与西方哲学的有无观.河南社会科学，2002，（12）：26.
② 参见朱喆.先秦道家"有无论"与现代西方哲学的有无观.中华文化论坛，2000，（10）：30.
③ 参见波埃修斯.哲学的安慰.王晓朝，陈越骅译.郑州：河南教育出版社，2011.

总之，凡是认识都是在解说存在，能够被解说的存在是存在的方式。经验和科学解说个别、具体、某一层次、部分的存在方式，哲学的目标是解说全部的存在方式。关于存在的方式，哲学已经确定的是空间和时间方式。存在的实体具有大小、形状、位置，还有虚空等，所有这些存在实体的广延性被哲学规定为空间方式；另一方面是存在的东西具有保存、持续，或者变化、生长、衰亡等过程性，这就是被我们称之为存在的时间方式。空间和时间是从我们的直觉和经验中抽象出来，表达存在的实体和过程的存在方式。

哲学无论是什么流派或持有何种观点，都不否认规定存在的空间和时间方式，只是关于时间和空间的观念在人类的认识中是改变着的，但这种改变却不能否定关于存在的实体和过程。问题是存在还有一些不能以空间和时间规定的东西：在不同的语境中出现的存在的质、性质、本质、精神、意识、理念、观念，等等。这些不能以空间和时间规定的存在，我们也得为其规定存在方式，这就是存在的自我生成的本能作用方式。唯物主义哲学讥刺唯心主义哲学路上一块石头人没有踢到它就不存在，这里的疑问是：我没有踢到这块石头，怎么确定它存在，如果能够，我也就不会踢到它了；如果某一东西没有与我们人类发生任何作用，我们又怎么能确定它的存在？所以，作用与空间、时间一样也应是我们考察存在的方式之一。这样，我们要完整表述存在，至少需要三种方式。

当把存在理解为生成时，在存在的方式中应加上表现本能的作用方式，并且，作用还是存在的首要方式，它表达了存在的本质。空间和时间方式是从本能作用分化出来，呈现作用的方式。空间"物质性的宇宙所具有的广延连续性，通常被解释为是指存在着某种生成的连续性。但是如果我们承认'某种事物的生成'，那么，根据芝诺的方法，就很容易证明不可能存在任何生成的连续性。存在着某种连续性的生成，但是不存在任何生成的连续性。实际场合是那些处于生成之中的创造物，正是它们构成了某种连续的具有广延性的世界。换言之，广延性处于生成之中，而'生成'本身则不具有广延性"。至于时间，"有一种流行的误解是，'生成'由于进入创新之中而包含一种不同寻常的系列性概念。这是关于'时间'的经典概念，是哲学从日常感觉中概括出来的。人类根据自身关于永恒客体的经验作出一种不幸的概括。最新的物理学抛弃了这种观念。因此，我们现在应当从宇宙学中清除掉这种决不应当被接受为终极"。关于作用方式"它与所有创造物一样，都有这种双重特征。由于它具有创造物的特征，并且永远处于合生之中，决不可能存在于过去，因而它获得一种来自世界的反作用；这种反作用是它的表现本能"①。

哲学认识在解释存在的方式时，却没有把认识自身作为存在的方式。实体

① 怀特海.过程与实在——宇宙论研究.杨富斌译.北京：中国城市出版社，2003：62、58.

主义哲学以时空方式规定物质，只能以时空物质派生出来的"属性"来解释质、意识、观念。唯心主义哲学直觉到"精神"性的质、意识、观念是首要的存在，物质时空是从此分化、受此规定的存在。构成观哲学，无论是唯"心"还是唯"物"的，都把物质时空与精神观念作为对立的存在。我们既然已经以存在的方式规定、言说存在，并确定了空间和时间的存在方式，那么质、性质、观念、信息、意识、精神等，还有我们人类认识（活动、行为、过程）本身也应是存在方式。我们解说存在，却忘记了这种解说本身也是存在。凡是不能以时空物质规定的东西都可以规定为空间和时间以外的存在方式，这种存在方式的共同特征是具有"精神"的性质。无论是"主观的"，还是"客观的"，"精神"所表达的是存在的主动、目的、自为的创生性及其结果产物。构成观哲学在当下的存在理解这种创生性，使之成为与时空物质对立的东西的存在。从生成观的角度，存在自身具有"精神"——自我生成的本能，生成本能在各个不同的层次表现为交互作用方式。在生成的最高层次、最高序列——人类，表现为意识作用，意识作用是在先前的作用序列中生成的最高级的作用方式。

严格地讲，每一存在的东西，其存在方式都是自主独特的。我们之所以能把存在归结为三种普遍的方式，是因为它们是最先生成的性质，后续的序列保留并以此为基础生成了现在的复杂的存在。如果我们再追究这三种方式的序列，那就是从本能作用生成了实体空间，从实体空间生成了过程时间。① 存在的生成本能表现为各种相互作用方式，从中分化出了存在的空间和时间方式。生成是存在的呈现、分化、展开，也即以某种方式表现的存在。存在生成的是一个系统整体，分化使得自身增加差异，变得复杂。从均匀产生出个体和部分，生成本能赋予个体和部分以各种不同的方式相互作用、相互影响，相互作用使得个体连接为整体，个体在整体中成为部分。对于生成观来说，除了生成本能，不承认任何"先验"的东西，包括存在的空间和时间方式。如果我们把意识及其观念是作为生成的最高层次，那就必须承认先于观念（空间、时间）的东西。空间和时间的观念是从具体、个别的大小、形状、位置、过程中概括、抽象出来的，是可变的，也是相对的。

存在就是从无到有，从简单到复杂的生成，认识存在的哲学也遵循这种进程。哲学是从德谟克利特的"原子"点开始，从这里生成的第一条线是柏拉图的理念——意识作用之维，稍后分化了第二维：亚里士多德的实体——空间之维，德国古典哲学的综合者黑格尔则完成了由赫拉克利特提出的第三维：过程——时间之维。哲学本体论从原始之点，分化、诞生了贯穿存在的基线：空间、时间和意识作用，这样就生成了参照系的基本要素。古希腊哲学已经建立了三个存在的

① 关于三种方式可以完备描述系统的存在，现代非线性科学中揭示了其所具有的更深刻的意义。

维度，只是由于本体论唯一性的追求，不同的哲学各执一个维度，相互之间争执数千年，哲学就在这种争论中发展（图1-1）。

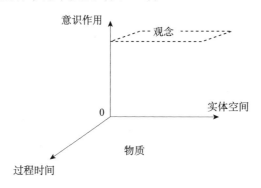

图1-1　哲学的维度

### 3. 无与有的相对与统一

道是真实存在的。道是物，是混然一体之物。它是真实存在的，"其中有物"，"其中有精"。尽管它的存在是恍惚的，但却是很真实的，是可信的。道又不同于某一具体存在，它不是某一物，而是恍恍惚惚的存在。因此，人们不可能凭借感官去感知它，"视之不见"，"听之不闻"，"搏之不得"，它是很精细微小的，又是最广大的，不可能用一种形体界限去认识它。它广大无边，所以"迎之不见其首，随之不见其后"。道是最精微、最普遍、最广大的存在，不可能用感觉经验认识它。道因为无形，不可见，不可触，不可听，因此也不可名。因为无形而又不可名，所以道是无。老子道的本质——无与有的统一。"有无相生，难易相成，长短相形，高下相倾，声音相和，前后相随，恒也"[①]。

道是无，是与有相对立的。道实际上并不能完全地等同于无，这是因为道也是真实存在的，"无，名天地之始；有，名万物之母。故常无，欲以观其妙；常有，欲以观其徼。此两者同出而异名，同谓之玄。玄之又玄，众妙之门"。老子用无来称谓天地形成前的初始；用有来称谓一切有形物的形式、原型，通过把握永恒的无，以体验万物的内在的奥妙；而把握呈现的有可以规定一切存在的方式。无与有同出一源而称谓不同，两者都是形而上的（无不是虚无，是一般；有不是某一实有而是普遍存在），它们玄妙又玄妙，是造物奥妙的总根源。无是生成起始的无实无形，有是生成序列的展开延伸。万物未生时是无，生则为有，所以是无中之有，即所谓"天下万物生于有，有生于无。"总之，道本无，但能够生成有，是无中生有，所以是有与无的统一，这就是原道之本质。无实却能实

---

① 老子（二章）. 饶尚宽译注. 北京：中华书局，2006.

有，是形而上的本质存在，是道的初始的存在状态，从此自生而有，这就是自然，道本自然。老子把道与万物的关系比喻为母子关系："既得其母，以知其子。既知其子，复守其母"。道与万物的母子之喻，表达的是道作为万物本原的思想，是生成的次序、序列，无在先，有其后。老子强化道的本原作用，也不否定道作为天地万物本体。因老子也论述了道作为万物的本体是普遍的："大道泛兮，其可左右"。道是万物共同的一般的本质："天得一以清，地得一以宁，神得一以灵，谷得一以盈，万物得一以生，侯王得一以为天下贞"。道还是作为本质的存在，"道隐无名"[①]。

老子的"道"可以认为是"无"，一、二、三对于"道"来说是有，而它们相对于万物来讲则又是"无"，所以无与有是比较而言的，只是"无"的程度不同而已。从这里我们可以领悟到老子已经具有了现代数学的关于分形的一些思想，而这里的"无"和"空隙"又是如此的同质。老子言"天地之间，其犹橐籥乎？虚而不屈，动而愈出"[②]。这句话的意思就是说，天地之间的"空隙"是充满生机活力的，一旦发动，就会生生不息。天地万物的生成演化的永不枯竭的源泉来自"空隙"。这是因为"反者道之动"，即万物"有""无"相生。万物的生成若要"有"必从"无"开始，经过从隐到显，由虚到实的过程，事物一旦生成就又开始了向其"无"的方向运动，就这样往复运动，生生不息。其言"夫唯不盈，故能蔽而新成"更是深刻地反映了宇宙生成演化的机理。

根据老子无和有同出于道的思想，我们可以推断道是无和有，也即形式与质料的统一体，正因为如此，道才是世界的本原和本体。老子对世界本原、本质的超越的玄思。从认识的过程看，老子以"无"为开端，是将认识的对象按照生成的序列逐层向起始推进到人们日常所能感知的范围以外，直至超越感觉经验的"静观"、"玄览"。静默内视的"直觉主义"的认识方法使理性与直觉融为一体，这既超越了一般的感性直观，也超越了理性思辨。道家"无"的哲学可以说是一种智慧的玄思。"无"的哲学通过对"常道"的体察，而直达宇宙万物存在的最深层的原初，而"有"的哲学则重在对世界的科学把握和理性分析，把握世界万物存在的规则，两者之间有着明显的区别。

在现代西方哲学家中，海德格尔把"无"视为超越于"有"的最高原则。他把"无"作为对现实存在的超出，也就是"超越"，但他认为超越不是舍弃和消除现实存在，超越是从"有"而达到"无"，也即是"万物和我自己都沉入到无分轩轾的状态"，"无是我们与现实存在作整体相合一时才遇到的"。超越"有"

① 老子（四十一章、五十二章、三十四章、三十九章）. 孙以楷. 道的解析. 中华文化论坛，1998，（11）：15.

② 老子（五章）. 饶尚宽译注. 北京：中华书局，2006.

达到"无"的目的就是"为了回到现实存在本身并把它们作为整体来把握"。万物因为"有"而规定、限定了自身，就是把自身与其他物、与整体隔离开来，因而，只有超越这种限制，才能与其他存在物相协调，与整体一致。海德格尔认为哲学的最高任务就是通过"无"来把握人与存在的协调统一之整体。把海德格尔以及之前的神秘主义思想与道家以"无"为本的思想相比较，可以看到中西方之间在"无"的玄思上的相似性。道家之道论就是以"无"为本的有无统一论，"无"是本体，它不仅超越了"物"和"有"，而且"无"还能生"有"、生"万物"。在道家哲学的道之"无"既是对世界本原、本质状态的否定，同时又是对"道"的规定。以道观之，万物一齐，无分贵无贱或同贵同贱。海德格尔的"无分轩轾说"也正是表达的这种思想。"无"超越"有"的思想经海德格尔的发挥使在此之前的非主流的神秘主义思想而在西方哲学中崭露头角，这无疑是西方哲学史上关于"有""无"问题的一大突破，但真正表达从无到有生成的思想主要还是来自现代科学。

　　在终极意义上，本体论的"无"是生成的起始点，是理想的极限。这认识上的"无"就是一个不断向前推进的极点。在实体生成之前，还没有空间，如果用空间维度测量就是"无"，但如果用作用维度测量就是"有"了，具有生成的作用能力。我们可以理解道家哲学的"有生于无"和现代宇宙学的宇宙始于"奇点"的大爆炸理论一致性：这里的"无"是因为我们不能以我们宇宙的任何维度来测量它，但也是一种"有"，因为它可能是从一种未知的维的形式转化成已知维的形式，进入到我们可观察的范围。从认识的生成来看，人类是按照自身机体为维度观测事物的存在的，所以我们所能观察到的事物与客观实际来比是极其有限的，这也许正是康德提出物自体的意义所在。维度只是反映主体认识的限制或需要，这并不阻止我们去认识超出自身观察范围之外的事物，事实上，我们的认识借助于符号往往是超出我们的观察能力突破维度的，科学创造总是先在符号中在扩展维数。并且，维数还可以相互映射，借助于符号，我们还可以在已经能够观察的事物特性中推断还未观测一些存在的性质。哲学和科学的发展都是在观念和理论中扩展和分叉维度。

　　这样，"无"也又是"有"的，但这种"有"却不是我们现有的维度所能规定的，也即我们会不断从无中发掘出有。从生成的观点来看，高层次对低层次是"有"，低层次对高层次是"无"。因为开端是生成的起始，有都是其后的序列。我们不能以后续的序列去规定先前的序列，就像不能以分子规定元素、人规定动物一样，如果非得这样做的话，只能说相对于后面的序列，前序列是"无"——没有什么。元素之相对分子是无化学键的粒子，动物之相对于人是无意识的生物。从认识发展的角度，在感觉经验世界世界中，由于观测方法的限制，我们只能观察大于 0 维，小于或等于 3 维，并且还是整数的对象。

0 维是被认为什么都没有的，是无穷小的极限。这是因为我们的参照维不能是 0，或比 0 更小的绝对值。相对于任何实数，0 维是无，在几何图形中我们看的点就是 0 维的，虽然是一个"点"，但那只是人为规定的一种标志，其实点中什么都没有。在参照系维度中，原点 0 是生成的开端，即便是我们把 0 维的东西看成是绝对的"无"。然而，这也是参照系的元素之一，是参照系中的"有"所不可或缺的，是"有"的要素之一，任何"有"都从这里开始。所以，任何存在对象，包括 0 维的对象，都是"有"和"无"的统一，只是由于人的生理观测方法和观察能力的限制，而无法观察，从而也就不能规定它而已。对应于哲学概念，无穷大便是"无限"，0 维则是"无"。它是我们人类在一定条件下观察到的范围的两个端点。在这里，"有限"与"无限"，"有"与"无"也是相对的。只有当作为观察尺度的维数与被观察对象的维数相同时，我们才能得到有限的大小和确定的具体的形象的观察结果，而当观察尺度的维数大于被观察对象的维数时，比如，以 2 维的平面衡量 1 维的线段，结果就是零，也就是"无"，反之，则是无限。①

宇宙"奇点"问题吸引了科学家，包括一些哲学家们对宇宙学中的"黑洞理论"的探索。根据广义相对论，恒星在演化中会形成"黑洞"——高温高密能量，连光都被吸入而不能逃离。但依据量子理论，高引力和高斥力是同时存在的，因此黑洞还是能够发射高能粒子或辐射。所以，黑洞既是引力源，也可以是射线源（能量源）。我们的宇宙爆胀之前如果是一个黑洞，就不能从中得到关于它的任何信息，我们必然对此一无所知，所以，认识我们这个宇宙的存在就只能从大爆炸开始。由此，宇宙创生于"无"，也并非是什么都没有的"无"，只是我们无法观测罢了。

曼德尔勃罗特提出分形的分数维后，非线性科学取得了很大进展，此后，他又提出了"空集"为负维数的设想，并给出了数学的证明。他证明了"空"是"潜在的"，即隐藏的，但确实是存在着的。在科学涉及到"诞生与死亡"的问题时，对于已充分生长的区域，其构造将不再因生长而发生结构的突变，而生长过程尚在继续的活动区则是在他称之为的"空隙"区。由此可见，对于生成，"空"或"无"是比"有"更重要，更有意义、更有价值的。所以，以往的点、线、面只是表现了有限的空间窗口，对于生成演化则需要观察生成力学的可能窗口，这就有必要为"全体"（包括"空"）定义维数。曼德尔勃罗特以数学方法严格证明了，当有效测量"空集"的"空"的等级时，分维可以取负值——负维数，它能够说明更多有关成长过程的情况。负维数是潜在的，在传统数学中，"潜在的"

① 参见孙博文，赵辉，张本祥，王德伟.维数的性质及其哲学意义.自然辩证法研究，1994，11：18.

是一不严格的概念，但在非线性科学发展中，已"确实能被赋予精确和切实的"科学涵义。非线性研究成果对科学观的转变，乃至世界观的转变都具有重大的意义。我们可以用一个点来表示生的开端（图 1-2）。

生的开端·

图1-2 生的开端之点

# 第二章　道之生——元气

"惟初大（太）极，道立于一，造分天地，化成万物。"——《说文解字》

"天地未形，冯冯翼翼，洞洞灟灟，故翻太始。道始予虚廓，虚廓生宇宙，宇宙生元气。"
　　　　　　　　　　　　　　　　　　　　　——《淮南子》

宇宙万物是道的生成，道从太极——无开始生成。既然是从无开始生成的，生成首先表现的就是"生"本身，也即能够生成，可以生成，具有生成性，有能够生成的能力，道家哲学把这种能力称为"气"或"元气"。道的第一性就是生成之能，"道生一"是道首先呈现的生成之能，这是生成的本能。

# 一、"太极"生"元气"

"元气天地之精微也"，"天地含气之自然也。"　　　　　　——王充

生，是道的功能，它化生天地万物，它是天地万物之母："天下有始，以为天下母"[①]。道化生天地万物的过程是："道生一，一生二，二生三，三生万物"。一，指道的本然状态，即阴阳未分的浑沌一体，即"道始于一"[②]。道始于太极，生成是道的首先呈现，道家哲学称之为"气"、"元气"，"道生一"就是道生一元之气。

## 1. 从"太极"到一元之气

老子哲学产生之前，人们都把天地作为宇宙万物的根本。作为造就万物的基础，老子则认为天地也不是宇宙的最原始状态，也不是永恒的，天地尚有未分之时，这种混沌未分状态，老子称之为"一"。而这个未分之"一"是道的最初的呈现，所以是"道生一"。

"道生一"是道生成的第一序列。《说文》解释"一"为"惟初大（太）极，道立于一，造分天地，化成万物"。《列子》中有太易"变而为一"，这与老子提出的"道生一"是同一个意思。作为绝对的抽象，道是不可言说，不能对其规定的。从认识论的角度认识世界万物就是对事物的规定、限制，所以必须从"道"

---

① 老子（五十二章）. 饶尚宽译注. 北京：中华书局，2006.
② 淮南子. 陈广忠译注. 北京：中华书局，2016.

有所延伸，生成某种规定性来作为进一步说明具体事物的前提和基础。这样就有道的后来发展的"太易"，再从这"太易"孕生出"气"——虽然无形，但却是道最初呈现的规定性。

古代元气、一、太易都有同一个意思，即指浑沌未分之气。道家生成论就是沿着一元之气的思想发展、展开的。"一者，形变之始也。轻清者上为天，浊重者下为地，冲和气者为人；古天地含精，万物化生"[①]。用"气"作为生成的本能，生成的第一呈现，这是哲学思维对经验知识和宗教观念的提升。

早在远古时期，"气"这一现象就应当已经引起了原始人的注意，而后它也会持续成为后人的观察内容。例如陶器烧造、祭祀活动。这些活动中所产生或伴随的现象无疑会给先民留下深刻的印象。在相当长一段时间中国古代人认为，燎祭所升腾的火焰能够直达天神。而伴随着农耕活动的充分展开，人们对云也会有更多的注意和想象，这包括云与雨、云与烟乃至云与燎祭的关系。

"气"的观念大概是从周代开始出现的，而到了春秋时期"气"这一观念、概念及其思想已经基本成型。对于"气"的解释是："云气也，象形"[②]。这一解释成为后人理解"气"语词及其所含观念的重要依据。按《说文解字》，"气"与"三"形近，"三"与"云"形近，故"气"可释为"云气也，象形"。既象形，则应为名词，从文字或词的发展来说，当先有名词，而后再在此基础上发展出动词。由此，作为乞求意义的用法当与燎祭这一祭祀活动密切相关，古人常以烟气乞神，即先有气，后有乞。"气"字应有徐渐、充满之意，而迄至与终止即有可能就是从这样一类意义中派生而出的。《左传》、《国语》等书中则记载有更为丰富的关于"气"的思想。风、土对于"气"观念的产生有着直接的意义。"以风来作为抽象的气，因为风最易体验得知气的变化，而且风有南风、北风等等的称呼，与人们的生活有着重大的关系"。"土是地上诸神汇集之所，在后世，与天相对，代表大地，被认为是阴气的象征"[③]。的确，在中国人后来的"气"语词群中，就有风气、土气这样的概念。

古代人经验知识中气充满了全部空间，各种物质的分解、分化也有"气"的现象，这很容易使人们各种事物与现象都包含了"气"。气最早出现于"凡物之精，此则为生。下生五谷，上为列星；流于天地间，谓之鬼神，藏于胸中，谓之圣人；是故名气"[④]《庄子》提出了"通天下一气"，在中国古代哲学史上第一次明确使用"一气"这个概念。他认为"人之生死"是"气之聚散"，而"万物生死"都是一气的变化，这便是古代哲学中最早的气一元论了。庄子又云："建

---

① 列子·天瑞.叶蓓卿译.北京：中华书局，2006.
② 许慎.说文解字.杭州.浙江古籍出版社，2012.
③ 小野泽精一，福永光司，山井涌.气的思想.李庆译.上海：上海人民出版社，1990：19、20.
④ 管子·内业.北京：中华书局，2016.

之以常无有，主之以"太一"。这里的"太一"，我们可以理解为是老子所说的"一"，太一指天地未分的原始统一体。

"元气"概念是在战国时代的道家著作《鹖冠子》首先出现的，其说："精微者，天地之始也，不见形窬，而天下归美焉。名尸神明者，大道是也。夫错行合意，挟义本人，积顺之所成，先圣之所生也。得其道者有其名，为其事者有其功，故天地成于元气"①。"元"具有基本、基础的含义，这就又带有的初始的含义。这里的"天地成于元气"，既是"道家"的宇宙论观点之一，也是后来的"元气"论哲学思想的先导。两汉正式提出了"元气"的概念。刘钦说："太极元气，函三为一。极，中也；元，始也，行于十二辰。……化生万物者也"②。天地是物以外的气本原："元气天地之精微也"，天地则是"含气之自然也"。

有关"气"论思想的多方面问题，早在春秋战国时期已经逐渐产生和成熟，这些成果几乎包括了以后元气生成论发展的全部思想，这里有：阴与阳结合的二气说；从阴阳二气进一步分化的六气说；天、地、万物是气分化生产的：天气、地气、自然万物之气；生命、人类也是由气化生和组织运行的，形成了血气、勇气、志气等概念；"气"已经具有了初步的物质、本原、形上的含义；"气"已经具有通畅、和顺、平衡的含义；当然，后来哲学发展的一些主要的神秘内容也从原始宗教传承了下来。元气说后来成为道家哲学的一个极为重要的理论，并且影响了其他各个学派，都以气作为生成的基础、原因和动力。

## 2. 未分化之混沌

"气"这一观念的物质或象形基础从一开始就存在着定性的困难。因为它可以从属于水，即当水加热后会形成蒸气；它也可以从属于火，诸如各种烧造、冶炼乃至祭祀活动所形成的火焰；它下有大地山川、河流湖泊中的氤氲之气；上有天空中各种飘散或翻滚的云气。也即是说，"气"虽与许多事物或物质有关，但它却又并不单独隶属于任何事物或物质。并且，地下、天上、焰气、云气之间还可能存在着联系与转换。气的这种特性给它的造字着实带来了很大的困惑和迷茫。"气"作为字符或文字的难产表明了其在属性上的非实在性和不确定性，并由此导致了感官直觉上的多样性和复杂性，但同时也给气留下了充满想象和猜测的空间，从而使其能够作为生成最初的呈现。

老子的对道的阐述就已经包含的无形、充满和在宇宙万物之先的思想："道冲，而用之或不盈。渊兮，似万物之宗。湛兮，似或存"。"吾不知谁之子，象

---

①　鹖冠子校注·泰录.黄怀信校注.北京：中华书局，2014.
②　班固.汉书·律历志.北京：中华书局，1962.

帝之先"①。道在天地之先就已经存在，空虚而深邃，无形而实存，但却用之而不竭，所以是天地之始，万物之母，本初元尊，是宇宙自然的本体。气是混沌的状态，在这种状态，被我们成为空间还没有出现。因为空间与时间还未呈现，所以我们只能以混沌来形容它，我们不能对它进行规定，我们只知道此后的所有东西都是由它生成的。

气是一种冲虚混浊、柔弱纤微的东西，《淮南子》中说："舒之愰于六合，卷之不盈于一握"②气具有约而能张，大小不定的性质，还是一种灵动的东西，能够向盈、清、强、刚的方面转化。气具有连续无间的性质，即气是没有空隙的，空间性质是间断的，所以气是没有空间性质的。黑格尔指出连续性是指"有区别的诸一"，"不以虚空或否定物为它们的关系，而以自己的持续性为关系，而且这种自身相等在多中并不间断"③。李约瑟从西方人的角度对"气"提出了见解，也认为气是连续性的物质"在古代和中世纪，中国人认为物质世界是一个连续的整体。'气'凝聚成可感之物，这种认识的重要意义在于个体与世界上一切其他的物体都在作用和反作用着……作为最后的说明，一切都依赖于'阴'、'阳'两种基本力量以类波或振动的方式在各个层次有节奏地相互感应"④。

道生一，是道自我生化为一种混沌的东西。元气论者都把气为天地万物本原。然而，与以往经验知识的气不同的是，道家的气不是一种精细的物质，而是一种本然状态——"太虚"或"虚空"。张载认为："太虚无形，气之本体；其聚其散，变化之客形尔"⑤"虚空即气也"。王夫之也认为："太虚，一实也"。太虚、一实都是指的气。以"虚空即气"或"太虚一实"说明有形的万物来源于无形之气。尽管万物与太虚皆为有，都是存在，但其属性和存在状态却迥然相异：万物或聚或散、动静驳杂，而太虚无形无象、湛然纯粹，二者之间具有明显与幽隐、实在与虚寂之别。气生万物就是气由无形无象无动的太虚派生出有形象、有聚散的万物的过程，也就是"有生于无"。

在中国古代的道家哲学里，元气是天地的从出，且无形无态，是朦朦胧胧，混混沌沌的抽象状态，是天地未分之前的统一体。元气由道所生，是"道生一"，气对于道原初的太极之无而言，是有。但这有还是单一的，是不能规定、描述的。因为在元气之先本就是无，而在它后来序列还未生成，即使生成了也不能用来规定它。我们是从后来的有形、有变推测之先应有个无形、无变——混沌之状的。气呈虚空，虚空本气，万物构成的原始材料，是由虚空——气变化而来，

① 老子（四章）.饶尚宽译注.北京：中华书局，2006.
② 淮南子·原道训.陈广忠译注.北京：中华书局，2016.
③ 黑格尔.逻辑学（上卷）.杨一之译.北京：商务印书馆，1977：195.
④ 参见李约瑟.中国科学技术史（第二卷）.北京：科学出版社，1990.
⑤ 张载.正蒙·太和.上海：上海古籍出版社，2000.

气——虚空相当于宇宙起始的未分化和聚集的均匀能量场。

### 3. 气与原子、理念

与中国道家哲学宇宙万物发生于"气"不同，西方古希腊哲学开始的主题是寻找世界万物的本原，把这种本原归结为一种原初物质，在经验知识中就是有固定形体的特殊物质。例如，泰勒斯以水为万物的本原；赫拉克利特以火为万物的本原，这里所谓的"火"，被想象为有限的团状物；恩培多克勒认为万物的本原是土、水、火、空气，它们在世界的始初阶段结合成一个单一的整体，一个有边界的"滚圆的球体"，①阿那克萨戈那认为万物的本原是数量无限多，体积很小很小的物质微粒——"种子"，这些种子有各件形式、颜色和气味；原子论者把一种不能再分割的、最小不可见的物质微粒——"原子"作为万物的始基或本原，作为原初的东西。原子在性质上是完全相同的，但在形状、次序和方位上有区别。总之，万物的本原或者在整体上有一定的几何形状，或者本身就是有一定的几何形状的微粒。

这种原初物质是单纯的，即不能是由别的物质构成的。亚里士多德明确地指出了这一点。他认为，在泰勒斯、阿那克西曼德、阿那克西米尼、赫拉克利特等这些较早期的哲学家中，之所以没有一个人设想万物的本原是土，是因为"它的组成太复杂"。他还认为，阿那克西米尼把空气看作"一切物体最单纯的始基"。后来的朴素唯物主义者把万物的本原从一种扩展为几种，但它们仍是绝对单纯的物质。

由于把万物本原看看成有固定形体的单纯的物质，西方的许多朴素唯物主义者从一开始就遇到了一些棘手的矛盾：

一是万物本原的有限性和无限性的矛盾。这一矛盾在主张万物本原唯一的哲学家中表现得尤为尖锐。泰勒斯的"水"是"唯一"而"有限"的；阿那克西曼德、阿那克西米尼的"无限"、"空气"是"唯一的和无限的"；赫拉克利特的火又成了"唯一的，有限的"。原因就在于，认定万物本原是一种唯一的有形的实体性的存在，就必须假定它是有限的。问题是宇宙是无限的，因而作为万物的本原也应该是无限的。这一点，早在阿那克西曼德那里，就已经明确意识到了。他认为有无穷个世界，而"那化生一切的产生作用应当什么都不欠缺"。正是根据这一理由，他否定了泰勒斯以水为万物本原的学说，而代之以唯一的"无限体"。这样解决了万物本原有限与万物无限的矛盾，但万物本原的有形性却被否定了。也许是为了维持万物本体的有形性，赫拉克利特又从无限回到了有。为了从这一矛盾中摆脱出来，原子论者抛弃了万物本原有一个整体上的固定形体的想法，设

---

① 北京大学哲学系. 古希腊罗马哲学. 北京：商务印书馆，1961：84.

想万物的本原不是唯一的有形实体，而是数量无限多的有形实体，它们存在于无限的没有形体的虚空中。

二是物质的连续性与间断性的矛盾。因为"没有一件东西绝对地与其他的东西分开"，所以，卢克莱修认为，"他不同意物体中有空隙"原子论者为了从万物本原的有形性和无限性的矛盾中摆脱出来，把阿那克西曼德的量的无限改变成数的无限，原子被虚空间断开来。原子论者认为："一切事物的始基是原子和虚空。"原子是存在，它"绝对充满"，"在存在之中丝毫也没有什么非存在"。非存在是虚空，这就是说，原子是不可分割的，即内部是绝对连续的，而外部则是绝对间断的，这样也就没有东西把物体联系起来。因此，由这样的原子聚结而成的万物，当然也只能是一个个孤立存在的物体实体。因此，在原子论者看来，"宇宙就是许多物体和虚空。"在原子论中，存在着原子内部绝对连续与原子之间绝对间断的矛盾。

第三是"一"与"多"的矛盾。无论是元素，还是原子，作为本原是唯一的，但其数量又是无限的。无限多数量的单一元素如何就能构成各种形态的世界万物的，这是元素论者面临的又一问题。赫拉克利特提出了现象的世界还是一个变化的过程思想，他对世界存在的看法是："万物流变，无物常住"。这揭示了现象世界的特征，但哲学家的思想从来不会停留于现象世界，赫拉克利特更深刻地揭示了现象背后的东西："万物都根据这个永恒存在着的逻各斯生成"，"如果不听从我而听从这个逻各斯，就会说万物是一"，"一出于万物，万物出于一"[1]。这"一"，这逻各斯，是哲学对世界更深层次的思想。巴门尼德不满足于变动不居的世界现象，试图为万物确定一个唯一永恒的基础，即"存在"。从"一出于万物，万物出于一"中领会到世界与作为世界的本质或真理的"一"（逻各斯，存在）的真实关系。"存在"之"一"是对流变多样世界和把握，是在对世界的"经验"、"经历"的的深入，以实现超越。巴门尼德的最终结论是：世界存在，绝不是不存在。

这样，就产生了柏拉图的理念的哲学：元素是按照一种先在的形式——理念形成了各种各样的事物的。在柏拉图看来，理念或者模式不是人心、以至神心中单纯的思想，他认为理念是自为自在的，具有实在性，它们是实在或实质的模式，即万物原始、永恒和超越的原型，先于、脱离和独立于事物而存在，不像事物那样受变化的影响。柏拉图以善的理念作为世界唯一的、真正的本原，万物（知识）从它得到自身的存在和实在性。善是世界的最高真理，是一切存在和实在的本原，但它本身却不是这些存在、本质和实在，而是超越存在之上，比存在更高"更尊严更有威力"的东西。柏拉图虽然没有解决本原的统一性问题，但他所指示的超越于存在之上、之外的思想，是把人的思想带出现象存在的局限，引

---

[1]　北京大学哲学系.古希腊罗马哲学.北京：商务印书馆，1961：17-23.

向更高的本质，也就是带向不同于存在的一种无形、无实、不可感知的"不存在"，把我们引向存在的"有"之外，引向"无"。

# 二、"元气"乃本能

　　"天地含气，万物自生。犹夫妇含气。"

　　　　　　　　　　　　　　　　　　　　　　　　　　——张载

　　气作为第一生成，是道自我生成的呈现，是道之本能。气也是一切存在物的依据，一切存在都是由气产生，由气规定，由气整合，由气统一。"本始之茫，诞考传焉。……庞昧革化，惟元气存，而何为焉！"[①]

## 1. 元气——生成之能

　　气在老子的思想中就是道所包含的"精"。"精"是一种"魂魄"的东西。关于子产记载的话说，"人生始化曰魄，既生魄，阳曰魂。用物精多，则魂魄强，是以有精爽至于神明"[②]。孔颖达疏也云："形之灵者名之曰魄也，既生魄矣，魄内自有阳气，气之神者名之曰魂也。魂魄，神灵之名，本从形气而有"。它如《礼记·郊特牲》讲"魂气归于天，形魄归于地"。《礼记·祭义》讲"气也者，神之盛也；魄也者，鬼之盛也；合鬼与神，教之至也"[③]。古人对于生命的理解还有将气与魂魄相联系的观念。而这也不是中国古代所独所有的，如古希腊智学家阿那克西米尼说："灵魂是空气"。现代学者通过研究也指出了这一点，"开始都用作呼吸的意义"。并且这在原始先民那里即有之，如泰勒斯说的"精灵便是能够生活灵动的气"。以上这些都表明在早期思维中气与魂魄的关系。

　　从生成理解宇宙万物的存在，首先是能够生成，具有生成之能。为作为生成哲学的"气"，或者"元气"，是道家哲学用来表示生成、生长的最基本的观念。在经验知识中，"气"是不同于液体、固体的流动而细微的物质存在。随着古人思维能力的提高，"气"上升为抽象的观念用于解释一切存在的客观实在的。在原始宗教的后期，有了"气"是万物之原，又是生命之源，还是"神"（精神、意识）出现的原因的思想和观念。元气说从诞生时起就把鬼神、圣人列为元气的结合。在科学不发达的时代，在鬼神迷信和天才说教泛滥时期，先进的思想家往往可能把鬼神和圣人解释为和普通物质或和平民是同样的东西所构成，以此打破超人的或先验的说教。古希腊的伊壁鸠鲁曾把"灵魂"看成是精微的原子的集合，这被称为是"天才的猜测"。元气说把宇宙万物、鬼神和圣人都看成是元气

　　① 柳宗元.柳宗元集·天对.上海：上海人民出版社，1974.
　　② 左传·昭公七年.刘利等译注.北京：中华书局，2007.
　　③ 礼记·祭义.胡平生，陈美兰注.北京：中华书局，2006.

生成的哲学思想，堪称是一种天才的学说。

周代太史伯阳父把地震现象解释为："夫天地之气，不失其序。若过其序，民乱之也。阳伏而不能出，阴迫而不能烝，于是有地震"[①]。这里提到了"天地之气"和"阴阳"，并且，天地之"气"有一定的秩序，包含了"阴阳"二种因素，可以相互作用，能够产生运动和变化。这是上古时期关于"气"的最初的学说。战国时期的《管子》则把"气"与"生"（生成）"死"（泯灭）联系起来，"有气则生，无气则死，生者以其气"，有"气"则有"生"，无"气"则"死"，使得"气"成为"生死"的必要条件。

"元气"这个概念的思想源于老子和庄子的"道"的范畴，明确地提出万物本源的思想的，却是来自老子："道生一，一生二，二生二，三生万物。万物负阴而抱阳，冲气以为和。"[②]老子在这里把最高的普遍的规律看成先于天地万物而生的精神实质，其重要意义在于指出"一"是世界万物的原始因素。到了庄子那里，解释为："通天下一气耳。圣人故贵一。"[③]这就把"气"和"一"等同了起来。应该说，《知北游》以"气"解释"一"。所以，"元气学说是导源于道家学说"[④]。在《鹖冠子》中，气不仅被认为在天地之先，而且与"元"的观念，亦即万物的本源的观念明确联系起来，就是"天地成于元气"[⑤]。

战国末期，尹文和宋钘对老子的"道"即是"气"思想进行了阐发，并明确提出了精气说，也就是道家的气一元论。精气说是根据老子的"道中有精"的推论，把"气"作为"道"的精萃，"气"精微部分就是精气，精气是宇宙万物的本原。宋钘、尹文在论述中常将"道"、"气"并提。精、魂魄在远古时期就是维持生命、促使生命机体生长的的力量。道家哲学用精、魂魄来表述元气，元气是从精、魂魄一类观念中提升出来，其主要意义就是要表达自然万物、生命、人类都具有的一种自我生成的能力。

按照道家生成的观点，宇宙间根本没有虚空，到处是元气充满的。"若所谓无形者，非空乎，空者，形之希微者也"[⑥]。由于肉眼看不见稀微的物质形态，人们便以为是空。这是中国古代人的朴素的"真空"概念。但"真空"不是什么都没有的空无，"空者，形之希微者也"，即"太虚即气"也。

王充以"元气自然论"发挥了老子的道生成论，提出，"元气天地之精微也。""天地，含气之自然也"。他还以气学说来解释各种不可理解的许多自然现

① 国语·周语.夏德靠，尚学锋译.北京：中华书局，2008.
② 老子（四十二章）.饶尚宽译注.北京：中华书局，2006.
③ 庄子·知北游.北京：中华书局，2010.
④ 程宜山.中国古代元气学说.武汉：湖北人民出版社，1986：1986：8.
⑤ 鹖冠子·泰录.黄怀信校注.北京：中华书局，2014.
⑥ 刘禹锡.刘禹锡集·天论.上海：上海人民出版社，1975.

象，解释自然的变化及生成，"天地含气，万物自生。犹夫妇含气"。认为天地万物是由元气构成的物质实体，而且元气产生万物是自然生成的，它不需要高于元气的造物主。正如卢克莱修在《物性论》中认为天地万物都是由原子构成的、夫妇间的原子结合产生了新一代一样。王充认为宇宙万物是内"茫苍无端末"的元气产生的："因气而生，种类相产"。至于人本身，也是夫妇交媾，气运变化，生成了新的一代。

道家哲学把气化动因归结为内在的因素。元气论者一致认为，气化过程是一个自然过程，没有目的，没有外部的推动力量，也用不着任何人或神的计划、安排。"天之动行也，施气也，体动气乃出，物乃生矣。由人动气也，体动气乃出，子亦生也。夫人之施气也，非欲以生子，气施而子自生矣。天动不欲以生物，而物自生，此则自然也。施气不欲为物，而物自为。此则无为也"①。气的属性是自然无为，即无目的、无意识、无欲望，并不象人那样在一定意识的支配下的造作营求。人和万物均为天地含气而生，但天地并不是有意识有目的地生人和万物。

有的研究者把元气看成是由极细小微粒组成的气体，用来比附西方的原子学说，认为这就是中国的原子论。这目的是为了把元气纳入物质范畴。实际上，元气是一种连续形态存在。张载曾明确说过"太虚不能无气"，"气之聚散于太虚，犹冰凝择于水，知太虚即气，则无"②。从古代人看来，气是一种连续形态的物质，而且自然界里也不存在绝对的真空。王夫之也指出："阴阳二气充满太虚，此外更无它物，亦无间隙"③。如果把元气理解为微粒的组合，那么微粒将不能充满太虚，在微粒以外就有许多间隙了。

万物是在元气的运动中生成的，"天复于上，地侣于下，下气蒸上，上气降下，万物自生其中矣"④。并且，气还是万物运行的原因。"天地之间，其犹橐籥乎？虚而不屈，动而愈出"⑤。柳宗元指出了："山川者，持天地之物也。阴与阳者，气而游乎其间者也。自动自休，白峙自流，恶乎与我谋？自斗自竭，自崩自缺，恶乎与我设？"⑥柳宗元还继承了王充的"元气自然论"，特别强调了元气和造物主与人事无关的运动变化。元气的流动、运动、静止、稳定、变化、斗争和发展是万物产生的原因，物质及其运动不可分割。

西方传统哲学的目标是构建世界存在的构成图式，并不重视世界万物的生成因素，但还是有一些哲学感受到了万物的变化、发展，意识到了世界的生成性，

① 王充.论衡·自然.张宗祥校注.上海：上海古籍出版社，2010.

② 正蒙·太和.上海：上海古籍出版社，2000.

③ 王夫之.张子正蒙注·太和.北京：中华书局，1975.

④ 王充.论衡·四讳、谈天、自然、物势、自然.张宗祥校注.上海：上海古籍出版社，2010.

⑤ 老子（五章）.饶尚宽译注.北京：中华书局，2006.

⑥ 柳宗元.柳河东集·非国语·三川震.北京：人民出版社，1976.

其代表就是生命哲学及意志主义哲学。

### 2. 统一之能

无论哪种哲学都隐含着一个基本目的：就是为世界万物确定一个统一的东西，要对世界万物的存在根源、原因、基础等，以此对一切事物和现象进行统一的说明。哲学就是从这里开始的。从理论发生的逻辑来看，统一性的论证则是通过本体论对"终极存在"的追求实现的。西方哲学把"终极存在"、"根本存在"作为一切存在的基础，同时也是一切事物和现象的原因和动力。绝对基础是哲学追求的目的和归宿，由此万物而获得构成的基石，获得统一和存在的根据，只是不同的哲学的基础是大不相同的。

古希腊哲学开始试图用某种具体的物质形态解释构成世界万物的共同的基质，在思辨的发展中，后来被抽象为一种构成的最基本的单位——原子。原子理论仍然带有很浓厚的经验的、现象的色彩，所以受到了另一些哲学家的诘难。他们认为用质料说明构成世界万物的共同的成分，是不能说明具体的事物何以某物而不是它物的，即对我们认识事物的毫无帮助，认识事物是要说明事物本质。这样就出现了另一种解释世界的方式，即用"共相"说明事物的形式，这就是柏拉图的理念论，后来的西方哲学就是沿着柏拉图的理念论的思路发展的。中国早在西周初期，我国古代的哲人也提出一种"金、木、水、火、土"的五行说，认为这是物质的本源。后来又发展了一种"水地说"，认为水是一切事物的根本，"水者何也？万物之本源也"①。这一时期对物质本源问题的探讨的思路是在某种具有固定形体的东西中，在某种个别的"实体"中，在某种特殊的东西中寻找一种统一的东西。然而在物质本源问题上，用一种或几种具体事物去说明世界的复杂性和多样性总是困难的。无论是原子论，还是理念论都是在说明一个构成的世界，都没有达到从生成的思路理解世界的存在，因为"生成是属于神"的。"统"而"一"，联结在一起，成为整体的"一"。空间方式不具有"统一"作用。于是进一步就发展为以比较抽象形态出现的气的学说。只不过在西方哲学中，这个"特殊的统一"，或"无限多样性统一"，就进一步统一为原子，而在中国哲学中，却称元气。没有原子学说，就没有西方哲学的朴素唯物主义；同样，没有气的观念，也就没有道家哲学的生成论。

道家哲学则从生成理解世界的存在，道家哲学诞生时，宗教、神在社会意识形态领域仍然占有十分重要的地位，但道家哲学认为神灵也是生成的，或许在他们看来，神灵、精灵本就是一种生成能力、统辖能力、统一能力。

气有把万物连接起来的作用和属性，它本身就不能是间断的物质。气是连

---

① 管子·水地篇. 李山译注. 北京：中华书局，2016.

续的存在，"天地之间，有阴阳之气。常渐人者，若水常渐鱼也。所以异于水者，可见与不可见耳，其淡淡也。然则人之居天地之间，其犹鱼之离水，一也。其无间若气而淖于水。水之比于气也，若泥之比于水也。是天地之间，若虚而实"①。这里明确指出了气'无间，即连续性'②。"有物于此，居则周静致下，动则綦高以钜。圆者中规，方者中矩。大参天地，德厚尧、禹。精微乎毫毛，而充盈乎大宇"。所以，气能"精微乎毫毛，而充盈乎大宇……广大精神，请归之云"③。细无内，其大无外之意，"亢盈大宁而不兜"，而"宛，间也"，"不充"即无间④。亦即连续之意。

气因为是连续的，所以无论是间断的物体，还是无物的空间，都是气充满的，因而就具有了连接宇宙万物的功能作用，"万物有以相连，精祲（高诱注：气之侵入者也）有以相荡"⑤。"这里把万物连接起来并能与渗透到万物内部的气相激荡的，就是充满宇宙空间的气。在中国古代，"云"和"气"是十分接近的概念，"气者，云气也"⑥。荀子的"云"，可以"大参天地，德厚尧禹"⑦，显然不是指天空上飘浮的云，而是指"至虚无形、充盈无间、能动的、可入的、无限的物质实体"。气形成水火、草木、禽兽、人等层次不同的自然界。

李约瑟曾说："虽然'气'在许多方面类似于古希腊的'气息'（pneuma），但我还是宁肯不翻译它，因为它在中国思想家那里的含义不能用任何一个单一的英文词表达出来。它可以是气体或蒸汽，但还可以是一种感应，就像现代人心目中的以太波或辐射线一样精微"⑧。气是道家元气论的世界万物的终极本原。在道家生成哲学中，元气具有一元性、自然性和本原性。

黑格尔继承和发展了柏拉图的理念论，使之更为精致和完整，并以此作为统一自然万物的因素他以绝对理念为纯粹的原理，而绝对理念不是来自经验，而是先于经验的（这与康德的观点一致），一切时空中的物质现象都是绝对理念的外化或展开。人的认识也是理念的运动，它的相关原理也不纯粹是人的主观臆造，而是概念自身逻辑运动的结果，所以哲学必定是概念构造的体系。"这种精神的运动，从单纯性中给予自己以规定性，又从这个规定性给予自己以自身同一性，因此，精神的运动就是概念的内在发展；它乃是认识的绝对方法，同时也是内容本身的内在灵魂。——我认为，只有沿着这条自己构成自己的道路，哲学才能够成

---

① 董仲舒.春秋繁露·如天之为.张世亮，钟肇鹏，周桂钿等校注.北京：中华书局，2012.
② 程宜山.中国古代元气学说.武汉：湖北人民出版社，1986：98.
③ 荀子·赋篇.方勇译注.北京：中华书局，2011.
④ 尔雅·释言.上海：上海古籍出版社，2015.
⑤ 淮南子·泰族训.陈广忠 译注.北京：中华书局，2016.
⑥ 许慎.说文解字.徐铉校.北京：中华书局，2013.
⑦ 荀子·赋篇.方勇译注.北京：中华书局，2011.
⑧ 参见李约瑟.中国科学技术史.二卷.科学思想史.北京：科学出版社，1990.

为客观的、论证的科学"①。从本体论哲学来看，由于是概念自身的逻辑展开，这就为原理体系具有真理的客观性和普遍必然性提供了保证。因此，在黑格尔哲学中，本体就是理念世界或绝对精神，是先于经验世界，与经验世界隔绝的，并自身展开体系。本原、本体、现在的世界都是它的分化、展开。黑格尔从西方哲学的角度提出了存在的生成观。研究者通常都认为黑格尔的哲学思想来源有两个：一是柏拉图的理念学说，二是赫拉克利特的关于变化的辩证法思想。理念的先验性、超验性保证了绝对理念的超时空性，而火遵循逻格斯的燃烧、变化，保证了绝对理念按照逻辑方式自我展开自然万物。哲学体系从没有内容、没有规定的"无"的绝对理念开始，按照逻辑的方式自我分化，产生了自然万物，成为存在的"有"，最后又回到了具有丰富内容的观念——理念本身。对照一下道家哲学，这种绝对理念自身运动、发展的全过程，无非是道家生成哲学的概念表述，这里只要把"绝对理念"换成"道"就可以了。

　　构成观无论是以共同的质料，还是以共同的形式——"通式"、"共相"都统一不了世界万物，只有共同的"作用"才具有统一的禀赋。

### 3. 元气与以太、能量

　　在西方哲学和科学中，最近元气概念的是"以太"。在古希腊，以太指的是青天或上层大气。在宇宙学中，有时又用以太来表示占据天体空间的物质，指的是太空或燃烧着的空气。笛卡儿则"赋予了这个词以过去从来没有过的含义"，他认为自然界不存在任何超距作用，物体之间的所有作用力都必须是由某种中间媒介物质来传递的，这也是近代科学的普遍观点。他赋予了以太某种力学性质，最先以科学的方式解释了以太。这样，就要求空间不可能是空无所有的，它一定是被以太这种媒介物质所充满。并且"一切形态的物质注定还要复归于'以太'。以太虽然不能为人的感官所感觉，但却能传递力的作用，如磁力和月球对潮汐的作用力"②。笛卡儿还提出了以太旋涡说。他以此解释太阳系内各行星的运动。笛卡儿的以太观念，为后来物理学发展提供了一幅可供想象的空间媒介物。

　　李约瑟从元气论与自然科学关联的角度，对自然感应观点所依据的材料，如磁石吸铁、琥珀拾芥、海潮、生物钟等进行了广泛的引证和缜密的分析，得出"气"有以太波、辐射线含义的结论。李约瑟说在中国的传教士丁韪良曾提出一个猜测：中国的元气学说曾通过利玛窦教士的渠道而传到欧洲，可能影响到笛卡儿提出的物理以太旋涡学说的形成。有文献曾经将张载等人论述的元气学说和笛卡儿的以太旋涡学说进行详细的比较，指出这两者有惊人的类似，表明元气学说

---

① 黑格尔. 逻辑学（上卷）. 杨一之译. 北京：商务印书馆，1974：5.

② 程宜山. 中国古代元气学说. 武汉：湖北人民出版社，1986：101.

通过笛卡儿对西方自然科学产生了重要影响。①

　　也许受元气论的启发，结合古希腊的原子论，莱布尼茨提出了能动的单子论。莱布尼茨认为，作为物质实体的原子无论如何的小，总要占有一定的空间，因而都是空间的一部分。而所有占有空间的东西不可能是不可分的，能够分割的东西必定又是由不同部分所组成的，含有部分的东西也就不可能是终极的实在。由此，莱布尼茨推论世界万物是由原子构成的，但不是空间性物质原子，而只能是单纯、没有部分的"精神原子"，他称之为"单子"。他说："我们在这里所要讲的单子，不是别的东西，只是一种组成复合物的单纯实体，单纯，就是没有部分的意思……在没有部分的地方，是不可能有广袤、形状、可分性的"②。因为单子不占有空间，也就没有部分，所以是绝对不可分的。这样单子才是万事万物真正的原子，才是终极的实在。莱布尼茨认为实体不是僵死的东西，应该有自身内在的活力。具体的事物是多种多样的，因而实体应是无限众多的精神性的"单子"的结合，因为每个单子都是独立自存的"单纯实体"，并具有能动性，从而具有表象能力，都能独立反映全部宇宙。但是独立的单子彼此之间并没有相通的"窗户"而相互关联，其之所以能够一致，是由于上帝的"前定和谐"。我们看到莱布尼茨的"单子"是这样一种东西：既是"单一"的不可分的，又是具有内在"形式"或属性的，是真正的形而上学之点——"精神原子"。在此，莱布尼茨还是回到了传统哲学的构成观的世界图式。

　　思辨意义的气兼具气态物质和场的若干性质功能，它无形、连续，产生有形的万物并把它们连接成一个整体。莱布尼茨正是抓住气"流动"、"毫无硬度"、"无间断"、"无终止"等性质，把它和以太等同起来。在当时，以太还没有变成19世纪末人们心目中那样的类似固体的弹性媒质，而被想象为一种极稀薄的流体，在这个意义上，莱布尼茨的判断是正确的。在莱布尼茨的时代，空气的性质已经为人所了解。莱布尼茨不把"气"与空气等同起来，而把"气"与以太等同起来，应该说是很有眼力。③莱布尼茨应该接触并研究了中国道家哲学，他在一封讨论中国哲学的信中说："气，在我们这里可以称之为'以太'，因为物质最初完全是流动的，毫无硬度，无间断，无终止，不能分为部分。它是人们所想保的最稀薄的物体"④。无论丁韪良猜测是否有根据，但可以说明可看出以太和元气学说确有相似之处。有研究者还提出"丁韪良不仅指出了元气学说与笛卡儿以大学说惊人的类似，把元气学说称之为'前笛卡儿的笛卡儿哲学'，而且提出了笛卡儿受元气学说影响的猜测。中国思想家，特别是张载，与笛卡儿一样，'似乎已

　　① 李约瑟.中国科技史 引言.北京：科学出版社，1990.
　　② 北京大学哲学系.十六——十八世纪西欧各国哲学.北京：商务印书馆，1975：483.
　　③ 参见程宜山.中国古代元气学说.武汉：湖北人民出版社，1986：99-100.
　　④ 致德雷蒙的信：论中国哲学.中国哲学史研究.1981，（4）：89，中国古代元气学说，83.

经有了用旋涡运动来解释集聚方式的猜测'"①。

能量是物理学的基本概念之一，并且，还是各门科学的核心一个核心概念。能量在古希腊语中意指"活动、操作"，在相对论建立之后，现代科学放弃了以太假说，但在物理学的空间观念中仍然保留了不存在超距作用；真空不可视为空无一物，而应当看作是许多能量作用的场所等某些和以太相似的看法。量子力学的发展发现了基本粒子及原子等粒子都具有波的属性。波动性已成为一切实体物的基本属性。同样，人们现在也认识到真空也并非是绝对的空无，真空具有更复杂的性质。真空存在着虚粒子的产生，以及随后的湮没的不断的涨落过程。这种过程是相互作用着的场的一种量子效应。

量子场论还进一步发现了暗能量或暗物质。暗能量概念是从爱因斯坦广义相对论导出的一组引力方程式，其结果预示了宇宙是永恒运动的，这个结果违背了爱因斯坦的所坚持的宇宙是静止的传统观点，为了保持宇宙的呈静止状态，爱因斯坦给方程式引入了一个"宇宙常数"项——暗能量。天文探测显示宇宙在加速膨胀，而引发加速的占宇宙 96% 的东西竟然不为我们所知，这预示了宇宙中存在着某种"巨大的能量"，这使"宇宙常数"被赋予了"暗能量"的含义。宇宙膨胀速度在变快，这种变化的含义的确令科学家不安，因为这意味着影响并决定整个宇宙的力量不是引力和重力等已知作用力，而是以"宇宙常量"形式存在的"暗能量"和"暗物质"。人们猜测：我们所处的宇宙可能处于一种人类还不了解、还未认识到另一种不同于普通物质的一切属性及其存在和作用机制的物质状态，这种"物质"被科学家们称之为"暗物质"，将其具备的作用称之为"暗能量"。"暗物质"成为当今天文学界、宇宙学界和物理学界等最大的谜团之一。

19 世纪的"以太"观念可能与古老的"以太"观念和 21 世纪的科学新观念息息相关，与其把夸克、磁单极子、引力子、能量子这些暗粒子流笼统归结为"以太"，倒不如说"以太"更多地包含了暗物质及暗能量的思想。实际上，随着 21 世纪人类对暗物质、暗能量研究的开展，"以太说"在某种程度上开始复活，但是这已经不是传统意义上的"以太说"。

元气是一种连续形态的物质。但是在元气论中也并不是把物质理解为只是连续的。气这种连续形态的物质要聚而成形；形这种不连续形态的物质要散而为气。可以说这种元气聚散的道理在一定程度上又涉及到了连续和不连续的相互转化。特别是元气论中提出的"动非自外"、"一物两体"等观点，认为由于阴阳二气的纳纪、隐现、屈伸、消长、激荡……而形成了元气的运动、变化。道家哲学的气论思想更接近于现代的能量学说。

无论是现实世界中，如人类可见的银河系和河外星系以及这些星系中的生命

① 程宜山. 中国古代元气学说. 武汉：湖北人民出版社，1986：101.

与物质等，还是虚世界中的存在，都是能量的产物，即能量弥散、聚集的结果。前者是形而上的法界，后者是形而下的器世界。前者是器世界内的思维功能无法触及的世界，也是目前人类发明的科学仪器无法观测的领域。它的存在目前仍是一种人类感官基本功能之外的在场性，这是人们通常认为的"无"。人类的语言和符号不能将其精确完整地表述，至多只能予以象征性地模糊表示，但这只能说明其缺少可言说性，并不表明其意义的无法通达。这个虚世界的存在，让人误以为它是物质世界之外的另一个占据空间的宇宙，因为以机械的时空观无法理解存在着相互交错融合的两个世界。事实上，人类生存的物质世界与虚空世界是并存的，两者的差别在于其所处世界浮载的基本能量场，也即是彼此基础能量的不同决定了存在方式的交错。

# 三、本　能　自　生

"生生犹言进进也。"

——《系辞》

自然变化生神，生之再生，则生之而无尽，化之又化，则化之而无穷；这是说．变化具有避进不已的性质，即不断前进的性质。统一于元气，既是本身，也是物与物的统一，还是过程、阶段的统一。

从开端展现的首先是生成能力，因为还没有空间的分化，也没有过程，所以从开端的涌现只是没有差异性的"一"，混沌的一又是不能从时空说明的，即是不能从时空言说和规定的。这个"一"也就是"一气"。道家元气论，用"气"来说明世界万物之始。气含阴阳，阴阳分化，分化的阴阳又相互冲荡，以"冲和"的方式生成万物。元气化生阴阳，表现了元气是自我分化、自我生成的。"元气"或"气"是道展开、呈现的存在的自我创生、自我生长、自我组织的能力。

## 1. 自我创生

早期中国人关于"气"的理论是包含有神秘色彩的，这一特点对以后的哲学思想产生了深刻的影响。"谷神不死，是谓玄牝。玄牝之门，是谓天地根。绵绵若存，用之不勤"[①]。宇宙充满了天地或自然之气，而人是宇宙中的一部分，它同样为"气"所充满，对与人相关的这部分"气"，我们姑且称之为生命之气。在甲骨文中，已经存在表示人的气息状态的文字。而围绕生命之气而展开的最主要的理论首先是血气说。血气首先应当是作为自然之气的一个部分，它具有明显和明确的物质性含义。《左传》记载庆郑曰："古者大事，必乘其产。生其水土，而

---

① 老子（六章）．饶尚宽译注．北京：中华书局，2006.

知其人心；安其教训，而服习其道；唯所纳之，无不如志。今乘异产，以从戎事，及惧而变，将与人易。乱气狡愤，阴血周作，张脉偾兴，外强中干。进退不可，周旋不能，君必悔之。"① "乱气狡愤"为"血气狡愤。"② 又如："楚子使蒍子冯为令尹，访于申叔豫。叔豫曰：国多宠而王弱，国不可为也。遂以疾辞。……楚子使医视之。复曰：瘠则甚矣，而血气未动。"③ "展禽曰夏父弗忌必有殃。……侍者曰若有殃焉在？……"曰未可知也。若血气强固，将受宠得没；虽寿而没，不为无殃。"④ 在这些表述中，"气"显然被赋予了生理性的意义，甚至是作为生命的物质基础来理解的。

老子吸收了阴阳观念，完成了从无形之道向有形之物的演化的基础。老子认为，万物都包含阴阳，都由阴、阳交和而生。宇宙是在抽象的规律"道"的作用下化为"阴阳之气"而一步步演化而来的。阴阳观念很早就普遍地被人们用来解释事物的发展、变化。既然人的机体是因气而生的，那么万物也应是因气而生的。道家哲学把浑沌的"一元之气"作为"太初"，这是无形无质的"气"。"一"是向有形质的"太始"、"太素"生化、发展的，这是天地万物之始，即气的"自创生"。"自创生"是宇宙万物的突现和生成过程。它表示从非存在的东西突现了存在的规定，是存在的内容，存在的方式从无中突然出现。一气包含了阴阳两种因素，阴阳并不是物质实体，而是气内禀的性质，是气自我生成、自我运行的能力。所谓"一阴一阳之谓道"，"阴阳不测之谓神"⑤。

庄子对老子的"道"的宇宙生成思想进一步推演，他认为宇宙起源于"无"，"无"即是"道"。庄子说："泰初有无，无有无名。一之所说，有一而未形"。"夫昭昭生于冥冥，有轮生于无形，精神生于道"。庄子认为宇宙的生成过程，"至阴肃肃，至阳赫赫；肃肃出乎天，赫赫发乎地；两者交通成合，而物生焉。"⑥ 他认为宇宙在生成之前，阴阳是未相分离的混沌状态，当阴阳分离，相互交感即产生万物。天地是形体中最大的，阴阳之气则是气体中最大的，而"道"则包含一切，天地阴阳都是由"道"而生。

西方现代哲学不满于传统哲学那种僵死的世界，也提出了万物自我生成的思想，只是把生成归结为一种精神性的原因。狄尔泰指出，把物质和精神割裂开来并各执一端的传统哲学观点是错误的，哲学研究的对象既不是单纯的物质，也不是单纯的精神，而是把这两者紧密联系起来的东西——生命。生命，只有生命才

① 左传·僖公十五.刘利等译注.北京：中华书局，2007.
② 礼记·乐记.胡平生，陈美兰译注.北京：中华书局，2006.
③ 左传·襄公二十一.刘利等译注.北京：中华书局，2007.
④ 国语·鲁语上.夏德靠，尚学锋译.北京：中华书局，2008.
⑤ 周易·系辞.郭彧译注.北京：中华书局，2006.
⑥ 庄子·田子方.孙海通译注.北京：中华书局，2016.

是哲学研究的对象。生命是世界的本原。但生命不是的简单的人的肌体活动，不是一种归结为理性方式的机械性的活力——生命力，当然更不是构成物质的实体要素。而是一种能动的创造力量，是一种不可遏止的永恒的冲动，是一股引发转瞬即逝的涌动之能。它突发不定，也井然有序；既不能确定，也有一定方式。狄尔泰把人的精神性质外推成为一种客观化的精神，它称之为"客观精神"，这种客观精神是包括自我精神在内的人类精神的客观化，体现了人的共性。他又把这种客观精神的世界称为"精神世界"。一切外在世界的存在物都是生命冲动的外化。所谓自然界不是别的，它只是生命体现自身的方式，是生命冲动遇到障碍所确立起来的东西。世界万物都是生命冲动的外化或客观化。生命哲学以生命喻言了世界万物的自我生成本性。

在现代科学中，自我生成是宇宙的普遍性质。与形体物质宇宙相平行的还有一个无形的真空宇宙，这是作为物质宇宙的背景，是尚无物质存在的状态，是实体和质量特性都不具备的状态。这"空无一物的空间"就是真空状态，但"空无一物的空间"并不是什么都没有，只是没有静止的质量。现代揭示了由于量子不确定的几率涨落而能凭空产生能量，即量子真空能量。而这种真空能量又能进一步产生斥力作用，这种斥力作用推动了宇宙空间发生扩张。这种斥力被称为暗能量，本宇宙的能量和质量也都是真空的量子振荡——暗能量而生成的。

因此，存在的自生成意味着"生长着、逗留着的控制力量"，是一种控制力、积聚力。自然中似乎存在着一种"自我实现"的冲动，正是由于这种力量，作为具体存在者的万事万物才得以出现和存留。"存在"是指一种显现的方式，一个转化与流动的过程，一种充满了活力的作用、联结方式。而这种自创生之能已经蕴含在元气之中。现代系统科学揭示了"自创生"是宇宙的突现和生成过程。表示从非存在突现出存在的规定，存在的内容，从无中突然出有。是突然之间混沌的、无序的非存在状态到有秩序的、有内容和有意义的存在状态。即是没有原因，没有规定，没有指令的一种全新的结构、模式、形态从无到有地自我产生出来。宇宙中元素的产生，星体、星系的出现，第一个活细胞的诞生就是自创生。现实世界的存在都是系统的自我创生，全部宇宙的存在就是一个总系统的自创生——气所具有的自创生之能力。[①]

正如怀特海所说，"创造性"是那些标志终极事实之特征的各种共相之共相。正是这种终极原理使得那种作为分离的宇宙之"多"成为一种作为联结的宇宙而存在的实际场合。它存在于事物的"多"可进入复合统一性这种本性之中。具体、个别的存在是创造、生成物，以时空形式显现，终究是相对的存在，并最终会解体和消失，而本能作用则是所有形式背后的终极原因，它是这些形式所无法

---

① 参见袁媛.道家元气生成思想探微.南京农业大学硕士论文，2011，（6）.

说明的，然而却以其创造物为条件。"创造性永远存在于各种条件之中，并被描述为是以条件为转移的。就那种包罗万象、不受任何约束的评价来说，其非时间性的活动同时既是创造性的某种创造物，也是创造性的条件"[①]。

### 2. 自我生长

元气不仅是生成之源，创生万物，还是万物运动、变化的根据。《庄子》中曾列举了与"一气"相关的"气母"、"阴阳之气"、"四时之气"、"六气"等词语。其中，"气母"可理解为是气的根源，即与"元气"同类的概念，而其他形式的气则来说明不同的事物和现象及其变化过程。因此在元气生成思想里，元气不仅已经作为宇宙存在的根本，而且也是宇宙万物运动、变化的根据，是一种自我生长的能力。这种能力由宇宙万物的最高规律"道"而生成宇宙，并生成各个层次的规则、规律。存在的规定是自我的规定，是存在生成的规定。存在生成之始就有作用的冲动、涨落、起伏，涨落引起吸引、排斥、聚集、分裂、分离——实体，聚集意味着保持、延续、产生、生长、消失——过程。

自我生长的思想出于古代医学的血气说，血气说有关性格或性情意义的内容对中国哲学产生了深刻的影响，这是因为它开启了道家哲学关于"气"说的精神性解释的源泉。《国语·周语中》有："夫戎、狄，冒没轻儳，贪而不让。其血气不治，若禽兽焉。"[②]在这段带有对周边民族贬视的谈话中，这里血气的意思似乎与性格或性情相近。这样一种用法在春秋时期已经十分普遍，例如，"让，德之主也。让之谓懿德。凡有血气，皆有争心，故利不可强，思义为愈"[③]。与此相关，更具精神性含义的勇气观念和语词也出现了，例如"夫战，勇气也。一鼓作气，再而衰，三而竭"[④]。此外，《孙子兵法·军争》说："三军可夺气，将军可夺心。是故朝气锐，昼气惰，暮气归。善用兵者，避其锐气，击其惰归，此治气者也。"[⑤]孙子这里所说的"气"，也有勇气之意，但含义更加丰富。而以此为基础再进一步，便形成了志气这一更具高度的精神性概念。例如"三军以利用也，金鼓以声气也。利而用之，阻隘可也；声盛致志，鼓儳可也"[⑥]。以上这样一种状况自然也在儒家学派的精神世界中反映出来。例如孔子所说"仁者必有勇"。"三军可夺帅也，匹夫不可夺志也"。"志士仁人，无求生以害仁，有杀身以成仁"[⑦]。而

① 怀特海.过程与实在——宇宙论研究.杨富斌译.北京：中国城市出版社，2003：58.
② 国语·周语中.夏德靠，尚学锋译.北京：中华书局，2008.
③ 左传·昭公十.刘利等译注.北京：中华书局，2007.
④ 左传·庄公十.刘利等译注.北京：中华书局，2007.
⑤ 孙武.孙子兵法·军争.骈宇骞，王建宇，牟虹，郝小刚校注.北京：中华书局，2006.
⑥ 左传·僖公二十二.刘利等校注.北京：中华书局，2007.
⑦ 论语·宪问、子罕、卫灵公.陈晓芬校注.北京：中华书局，2007.

所有这些正是后来孟子"我善养吾浩然之气","其为气也，至大至刚，以直养而无害，则塞于天地之间。其为气也，配义与道；无是，馁也"①。

西方哲学也有非主流哲学从生成来理解世界的存在的是生命哲学、意志主义等哲学，只是对生成的理解都是以生命，特别是人及其意识为基准的。这是因为在西方传统哲学体系中，无生命的物体就象机器一样是不能自身运行（更不用说生长了），需要外力或上帝的发动。

尼采反对基督教的道德观念和科学的理性主义，他以一种潜在的，而又具有支配力和强制力的"强力意志"作为世界存在的价值和意义。强力意志的核心是肯定生命，是一种生命本能的冲动，是扩大自身，超越自身，表现生命的激情；又是释放自己能量，表现了无穷的欲望，追求掌握一切、支配役使一切的意志；是创造性的意志，狂放而活跃；是有目标、积极进取的意志，为自身而不断地争斗。尼采从生命本质的强力意志推及到全部世界的存在，他认为从人来看，强力意志就是人的生命本质和意义。它表现为人们突出自身的价值，为追求自己的生存，追求奴役和谋求当统治者。他由此推及自然界，认为自然界的各种现象，都是强力意志的表现：物理学上，天体之间的相互吸引与排斥，实际上就是不同强力意志之间的争夺；原子自身辐射实际是原子在释放自身能量；化学中的化合与分解是强力意志的相互侵占和征服的表现；无机物的结晶则是强力意志创造性的表现；生物有机体释放自己的能量，吸取营养是对环境的占有和吞噬；生物界中的弱肉强食，生存竞争则更是表现了强力意志。

道教常用"化身五五"指阳神超脱，形神俱妙，分化无穷的境界。"若双修性命者，所出乃阳神也。阳神则有影有形，世所谓天仙是也。故曰道本无相，仙贵有形。然而出神太早，丹经之所深诃。……弥远弥光，自然变化生神，生之再生，则生之而无尽，化之又化，则化之而无穷"②。如果剔除宗教的色彩，这里隐含的是自我分化、生成的思想。在道家谓之分身，在佛教则谓之化身。"化身"说中被描述为形神皆化于虚无，分而成形，出有入无的境界。这里以宗教的方式和语言反映了事物都是因为有"神"的自我生成、自我生长的思想。（如图 2-1）

现代系统理论揭示了系统自我生长的因素。自生长有两种含义，一是组织的从无到有的突现，二是组织结构的完善。自创生首先是组织从无到有的出现，一般来说，系统刚产生是粗糙的，然后在与环境的相互作用中，通过自我适应、自我调整，系统开始了自我发育、自我完善、自我成熟的过程，在这个过程中逐步完善。生命系统尤其如此。最简单的自我完善是系统规模的增大，即系统组分的不断增加的自生长。（如图 2-2）

① 孟子·公孙丑上. 万丽华，蓝旭校注. 北京：中华书局，2006.
② 参见藏外道书·性命圭旨. 成都：巴蜀书社，1994.

图2-1　道教《性命圭旨》中的"化身五五图"　　图2-2　芒德勃罗集的分形图

现代科学用指数生长曲线描述系统的生长（逻辑斯蒂曲线）。指数增长律在一定的范围内描述了系统的生长方式，能够近似地反映了系统的生长的真实情况。这里以非线性代替了传统的线性观，非线性更好地描述了真实系统的自增长，反映的是系统的有限增长律，如图2-3所示的S形曲线。指数生长曲线在化学、生物、人口、经济、社会等方面均有应用。

图2-3　逻辑斯蒂生长曲线

在现实世界中生成的系统都有一定的自我保持的维生能力。在与环境的作用中，发生变化是不可避免的，系统的组分及其相互关系也会随着环境的变化而发生变化，但靠着内部的自我维生能力，系统的基本结构、特性和行为模式仍能保持稳定。系统通过差异的整合形成某种稳定的整合方式和整合力，整合力稳定地大于分离力，标志着系统生成过程的完成。但生成过程的完成不等于系统整合运作的结束，整合贯穿于系统整个生命过程。所以，系统演化是自我的要求，演化包括了系统的孕育、发生、成长、完善、转化、消亡等。从系统内部看，指系统从一种结构变为另一种性质不同的结构方式的根本变化；从系统外部整体地看，指系统整体从一种形态变为另一种性质不同的形态，是形态和行为方式的根本变化，或从一种行为模式变为另一种性质不同的模式。"存在"是一种自然而然的发生、生长的能力和过程，是系统的"自身生长起来"、"自身展露出来"。

### 3. 自我组织

"元气"作为宇宙生成最根本的自我组织的能力这一思想，在整个古代元气生成思想中，是最基本的普遍的一直延续的理念。如汉代的董仲舒，他虽然是尊崇孔子的儒者，但是在"元气"这个宇宙生成基本概念的问题上，却几乎是延续了老庄的思想，认为"天地之气，合而为一，分为阴阳，判为四时，列为五行。"这里就把"一"与"气"相结合，明确的指出"一"是浑然未分的"一气"，它或以阴阳，或以四时，或以五行显现出来。"一气"是宇宙自组织之根本，是一种自我运动之能力。在与董仲舒同时期的著作《淮南子》中也有言："始于一，一而不生，故分为阴阳，阴阳和合而万物生"①。由此可以认为，"一"即"一气"是万物生成之本，是阴阳五行的主体。而这个"一气"是具有自我生成和组织的能力的，这是"一气"的基本属性，但它不是具体物质的存在，而是一种混沌的状态，这种状态是一种以"道"这个统治宇宙万事万物的基本规律为依据的抽象的存在。道是自然的生成，道的第一个规定性，"道生一"就是自我生成。因为有道，也就有了元气的生成能力。所以"一元之气"蕴含的是道自我生成、自我组织的能力，即是"道生一"之意。生成思想是道家的元气生成论的基本理念，"一"是"道"的生出，是"道"、"生"之性质的突现。②

不仅自然之气是如此，生命之气也即人体中的血气也是如此。血气畅通，则身心健康；若有所壅蔽，则生疾矣。例如，"口内味而耳内声，声味生气。气在口为言，在目为明。言以信名，明以时动。若视听不和，而有震眩，则味入不精，不精则气佚，气佚则不和。于是乎有狂悖之言，有眩惑之明，有转易之名，有过慝之度"③。在这里，血气不畅用"气佚"表达，而"不精则气佚，气佚则不和"的看法又涉及"平和"的思想。又如《左传·昭公元年》中记载子产的话说："君子有四时，朝以听政，昼以访问，夕以修令，夜以安身，于是乎节宣其气，勿使有所壅蔽湫底已露其体，兹心不爽，而昏乱百度。今无乃壹之，则生疾矣"④。人的机体，无论是正常运行，还是生有疾病，都是血气的作用，畅通健康，阻塞则生疾。

类似的思想所涉及的范围其实还不止以上这样两个方面，如《国语·周语下》中伶州鸠在回答周王问律时说"夫六，中之色也，故名之曰黄钟，所以宣养六气、九德也"。又如"气无滞阴，亦无散阳，阴阳序次，风雨时至，嘉生繁祉，人民和利，物备而乐成，上下不罢，故曰乐正"⑤。在这里，所强调的是"气"应当保持平和。可以说，通畅平和这一观念非常重要，如《系辞》论"通"："一

---

① 淮南子.陈广忠 译注.北京：中华书局，2016.
② 参见袁媛.道家元气生成思想探微.南京农业大学硕士论文，2011，（6）.
③ 国语·周语下.夏德靠，尚学锋译.北京：中华书局，2008.
④ 左传·昭公元.刘利等译注.北京：中华书局，2007.
⑤ 国语·周语下.夏德靠，尚学锋译.北京：中华书局，2008.

阖一辟谓之变，往来不穷谓之通。广穷则变，变则通，通则久。"①这里的气担负了人体系统的自我运行、整合与协调的作用，并且，这样一个思想以后持续贯穿在全部道家哲学发展的行程之中。

《周礼·天官冢宰疡医》中说到："疡医掌肿疡、溃疡、金疡、折疡之祝药劀杀之齐。凡疗疡，以五毒攻之，以五气养之，五药疗之，以五味节之。凡药，以酸养骨，以辛养筋，以咸养脉，以苦养气，以甘养肉，以滑养窍。凡有疡者，受其药焉。"②以上这样一种"气"应当看作是物质意义上的，是生命之气中接近或属于自然之气的部分。

自组织理论指出了复杂系统的形成和发展机制问题，即在一定条件下，系统是如何自动地实现由无序走向有序，由低序走向高序的。宇宙万物——粒子、原子、分子、生物、人类、天体……任何存在的事物都是系统；自组织是热力学系统、生命系统、社会系统等普遍的方式。任何系统的内部都可继续分解出从属系统，其自身又是一个较大系统的从属系统，并作为其中的部分参与自组织整合。而所有这些整合都是系统自我发生，是系统自身所具有的机制。按照哈肯的表述："如果系统在获得空间的、时间的或功能的结构过程中，没有外界的特定干预，我们便说系统是自组织的。"这里的"特定"一词是指那种结构和功能并非外界强加给系统的，而且外界是以非特定的方式作用于系统的。协同现象完全是自发出现的，是系统的自组织行为。自组织为系统是宇宙万物存在的基本事实。由此，我们有理由采取这样的一种观点：世界本质彻底同一，规律普遍同样，普遍方式是一个以系统整体为表征实体的时空演化体系，而演化动力来自于系统自身，是系统的自我要求，或者说是自我发生的。作为实体都是组织起来的群体，即有组织的群体，而这种组织力或组织指令来自群体内部。

科学家所推测可能存在的在时间开始之前之前那个无穷大密度的、没有线度的纯辐射点的状态，以道学论，其实已包含了两种状态："有物混成"时"道"和"一"的原始态，此时的能量无穷大。"道"和"一"的分界点在于"一气动荡"，虽然此时能量在总体上仍处于凝聚状态，但能量内部的运动已经开始。能量开始向外发散，极紧致的凝聚态被打破，才有所谓的"道生一"。元代的道家人物陈致虚是这样解释这个过程的："一气蟠积，溟溟，窈冥莫测，氤氲活动，含灵至妙，是为太一，是为未始之始始也，是为道也，故曰无始。一气动荡，虚无开合，雌雄感召，黑白交凝，有无相射，混混沌沌，冲虚至圣。包元含灵，神明变化，恍惚立极，是为太易，是为有始之始始也，是谓道生一也，是曰元

① 周易·系辞.郭彧译注.北京：中华书局，2006.

② 周礼·天官冢宰.徐正英，常佩雨译注.北京：中华书局，2006.

始。"①

　　"道"生"一"出现的性质就是自组织性。现代系统理论指出，自创生产生了新的系统、组织，自生长是系统、组织、结构、属性、功能的自我展现和自我完善。"自组织"是指一个系统在内在机制的驱动下，自行从简单向复杂方向发展，不断地提高自身的复杂度的过程。而系统、组织的自创生、自生长的源泉和策动来自于内部，即系统的自组织。系统的演进，不需要外界的特定干预，这就是说系统是自组织的。系统的结构和功能并非外界强加给系统的。即存在系统自创生、自生长的能力是系统生来就具有的，都包含在"一"中。在均匀的能量场中，存在涨落作用，"一"中无物，但有作用。"道生一"生出了能量作用。现代科学追踪宇宙的始基、本原、本初、本质就是宇宙起始于一个原初的、均匀的能量场。在这里没有差异、没有区别，没有聚集，我们所知的各种作用方式都还没有生成出来，因而也没有被我们称为空间和时间的存在，但却蕴含了产生差异、形成序、生成万物的潜能。②用图 2-4 表示，生成是道（始点）开始，生出一，一是混沌之元气。用科学的参照系方法表示，生成就是从原点开始的一条直线，这一直线可称为本能作用。

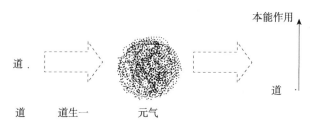

图2-4　生成开始：道生一元气

　　①　陈致虚.上阳子道言.北京：宗教文化出版社，2013.
　　②　参见袁媛.道家元气生成思想探微.南京农业大学硕士论文，2011，（6）.

# 第三章  道之分二——阴阳二气

"天地之气，合而为一，分为阴阳。"

"元气有涯段，清阳者薄熊而为天，雨浊者凝滞而为地……天地之袭精为阴阳。阴阳之专精为四时。四时之散精为万物"。          ——《淮南子》

一元气是自生自长的本能，本能之性是自我分化能力。所以，道生一后就有"一生二"的出现。"一生二"是一气分阴阳，"一"是混沌未分的原始之气，"二"即元气演变分化成的阴气与阳气，是"一"的自我运行的结果。在"一生二"阶段，整体在运行过程中一分为二，分裂为对立的两方面。阴阳对立是分化的结果，分化的双方在相互作用中，互相联结、互相规定、互相补充。

## 一、"元气"自我分化

"化者。气之化也……一阴一阳，动静之机，品汇具焉。"  ——王夫之

气本性就是自我创生、自我生长的，其产生就自我分化、自我运演。气是没有停留的，自我分化是一元气的禀赋。自我分化、自我分离，即"气化"。分化是从同一中滋生出不同的因素，也就是"一生二"，"二"是两种分离的性质，道家哲学用阴阳表达这种因素，以阴阳二气表述分化的结果。

### 1. 气之分化：一生二

"气化"是中国古代哲学和自然科学研究中的重要概念，是对宇宙万物发展变化过程的认识，其形成与"元气论"或气一元论联系密切。"气化"一词最早出现在《太始天元玉册》中。在道家哲学发展中，对气化概念的理解各不相同，但基本的思想是认为气是自我分化的。

气化是一个自然的过程。气是自我运行不息的，因而气化是其自生自然的。道家哲学家把气的阴阳对立的相互作用作为宇宙万物发生、发展、变化的终极原因。"气化者。气之化也……一阴一阳，动静之几，品汇之节焉"[①]。气化的动力来自气自身之内，是其气内在的阴阳交感升降、氤氲合和、相错相荡的结果。气

---

① 王夫之.张子正蒙注·太和.北京：中华书局，1975.

自身之中的这种阴阳矛盾运动被道家称为"然之潜运"。因此，气内部阴阳两方面的相互作用引发了气自身的升降出入运动，阴阳二种因素是气化过程发生和赖以进行的前提和条件。所以，"一生二"就是气化，一分为二，一气分化为阴阳二气。

分化自然是从一分为二，二分是自然而然的方式。原始人早就注意到，在自然中普遍存在着对立或二分的，例如，每天的太阳升起落下，每年的冷热交替。对这种日复一日现象的长期观察和比较，原始人就会产生一系列对立性的认识：日出之所为东，日落之所为西；日出为白昼，日落为黑夜；炎热为夏，严寒为冬。由此又会引伸出许多联想，这包括：面阳温暖、背阴寒冷、白昼温暖、黑夜寒冷等。类似的这些还有很多，如季节的变更、气温的冷暖、草木的凋盛，这样的一些基本认识应当在采集和渔猎时期就已经建立起来了。所以，现实中的对立现象乃是产生事物对立关系认识的发源地。

以采集与狩猎活动作为背景，原始人在关心世界现象的基础上，首先发展起来的是二分思维以及差异或类分思维。换言之，原始思维与观念的最初分化发展是从事物的二分性与差异性开始的，这可以说是原始思维及其观念的普遍形态。无论是二分思维与观念，还是差异与类分思维与观念，它们都是对现象长期观察的结果，或者说是现象中最常见、最易引起关注的部分在人脑中长期、反复的刺激与积累所致，是这些现象给人所留下的深刻印象。久而久之，现象便转换成了印象，而印象则又积淀为思维与观念。

在原始人或原始思维中，二分方法的使用是十分普遍的。它不仅体现在对自然现象或事物的认识上，而且也体现在社会生活中。不仅观察到的现象存在着普遍的对立或二分性，而且受这种普遍的对立或二分现象的启发，原始人也会将对立或二分作为一种思维或方法来划分事物和整理所掌握到的知识。原始人似乎已经注意到由于二分现象的普遍性和客观性，因此也就导致了二分作为一种方法的必然性，"由于内在的理由，超越这种二项对立将既无用处又不可能"[①]。二分方法的普遍使用是由于其"基础结构的优先地位在某种意义上得到了肯定"。这样一种划分应当是一个不断深入或精细化的过程，"现实将经历一系列逐步的精细化过程，其最终项，按照这一方法的一般概念，可表示为一种单纯的二元对立（高与低、右与左、和平与战争等）……"[②] 二分思维在西方古希腊哲学的开始也是普遍的方法，并且，在西方哲学后来的发展中，似乎一直都没有超越二分法。

二分思维的产生主要还是在于二分现象在客观世界是普遍存在的，并且大量的二分现象又是以非常直观的形式出现或展示的，这也就是所谓对称。客观世界

① 列维－斯特劳斯.野性的思维.李幼蒸译.北京：商务印书馆，1987：108.
② 列维－斯特劳斯.野性的思维.李幼蒸译.北京：商务印书馆，1987：347.

这种普遍或广泛的现象在经历了漫长的感觉、接触和积累之后，必然会在人的头脑里形成明确的印记，并逐步由一种客观认识转变为一种主观思维。随着认识的不断加深，随着思维不断地由自发到自觉，由自在到自为，最终二分性会以思维模式的形式固定下来。到了这个时候，二分性就已经成为了一个思维的框架。只要思维一展开，人们就会自觉并自然地使用这一框架。而这样一种思维框架的出现或运用是非常重要的，因为它表明思维已经形成了最初的模式。

在道家哲学中，气化表现为万物的生成。气的升降出入聚散运动、运动不息，使整个宇宙充满了生机，这表现为无数新生事物的孕育和发生，同时又引致许多旧事物的衰败与消亡，如此维持了世界存在的稳定与平衡。宇宙之中的任何一个有形之体，任何一个具体事物，既是由无形而运动的阴阳之气交感聚合而化生因由气而生，其自身也就又具备了阴阳之气的运动特性，表现为升降、出入、聚散等运动形式。气的运动止息，宇宙则失去生生之机，整个世界就会毁灭，生命就会消亡。故有："出入废则神机化灭，升降息则气立孤危。故非出入，则无以生长壮老已；非升降，则无以生长化收藏。"①

### 2."一气"分阴阳

二分思维的发展在中国古代产生的是阴阳观念。阴与阳，是中国古代哲学一对极为重要的基本要素和范畴。我国阴阳说的形成远可以追溯到夏朝。阴阳最初是很朴素与直观的，含义就是指阳光的向背，向日为阳，背日为阴，后来从这基本意义，结合其他的现象，抽象化后，就引申出更多的丰富的含义，诸如气候的寒暖、方位的内外、生物的雌雄、性格的刚柔等。由此，古代哲人意识到：宇宙中的所有现象，包括人类社会都存在着这种相互对立又相互关联的关系，进而，中国先哲们把阴阳上升为一个普遍，认为阴阳的对立和消长是事物本身所固有的，以此解释世间两种对立和相互消长的势力，并从而最终得出阴阳的对立和消长是宇宙的基本法则。先人们相信：阴阳是两种相反对的气，是生成天地万物的泉源。阴阳相合，在天风、云、雷、雨各种自然气象形成，在地则河海、山川等大地形体落根；阴阳相合，有了东、西、南、北方位，有了春、夏、秋、冬节气。

在"太极"生阴阳的思想基础上，阴阳又交互作用、阴变阳合，产生了水火木金土五行。"五行——阴阳也，阴阳——太极也，太极本无极也"②。又有"五行阴阳，阴阳太极。四时运行，万物始终，混兮辟兮，其无穷兮"③。这里所概括和

①　黄帝内经·素问·六微旨大论.姚春鹏译注.北京：中华书局，2009.

②　周敦颐.太极图说.北京：中华书局：1986.

③　周敦颐.通书·理性命.北京：中华书局，1983.

表述的宇宙生成论的基本思想是：五行之气统一于阴阳二气，或者说是阴阳二气化生五行之气。阴阳二气又统一于太极，太极则源于无极。太极内藏阴阳呈现的动静而产生阴阳五行之气，又由于阴阳五行之气的相互交错，形成四时和构成千变万化的万物现象。五行有别于阴阳，"五行之生，各一其性"。用水火木金土规定"气"的多样性，然后阴阳、五行相互作用，化生万物，形成一个无限的世界。在生成万物的过程中，"无极之真，二五之精，妙合而凝"。宇宙万物演化被看作是一个循序渐进的过程，其最高形式是出现了人类社会，"得其秀者则为人"。并且，这还是一个无限的过程，"二气交感，化生万物，万物生生而变化无穷焉"①。

　　自创生、自组织是从万物系统的生成、生长对气的性质的规定，表现了整体的气质。从万物的分化、多样性来看，还要求气应具有产生它们的能力。在早期的哲学中，都是用对立的两种因素对此做出说明的，古希腊哲学用"战争"；"爱"与"憎"；"吸引"与"分离"等，在中国道家哲学中，则用"阴"与"阳"两种因素。"阴阳"作为实体范畴是指"气"，作为属性范畴是指"气"的相互对立的性质，"天以阳生万物，以阳成万物"②。"太极"由其自身的"动"与"静"产生阴阳，"阴阳"二气在万物化生的过程中相辅相成。在道家哲学中，水火木金土五气，春夏秋冬四时以及男女、天地等，都可用"阴阳"概念表示它们的性质及关系。

　　道是宇宙的总的规则标准，元气是宇宙生成的根本，而阴阳则正是元气的对立统一的性质。阴阳二气的交感变化，生成了天地，在中国古代哲学的普遍概念里，自然界以天和地为边界。天与地的结合又生成了自然界，也就是世界万物。这里的"天"、"地"、"世界万物"已经成为比较具体的概念。通常可以理解为是我们生存的星球以及宇宙，是可以摸得着、看得见的，是可以感知的世界。当然，人类也是天地结合生成的自然界中的一员。因此，人也具有阴阳之属性。中国的传统哲学把这种体现在人类身上的阴阳属性划分为人类的性别。而传统中医学则把阴阳的对立统一归为人体生命活动的总规律。总之，气是一，万物本原为一气，即元气，一气又分为阴阳，表现为对立统一的两个方面，或者说是两个属性。物质世界正是在阴阳二气的相互作用下不断运动变化的。由此可以看出，阴阳与元气密不可分，阴阳二气本身也同样是相互对立又相互结合的统一体。阴阳是对立统一或矛盾关系中两个不同性态的一对哲学或逻辑范畴的概括。

　　在西方传统观中，阴阳思想仅仅被理解为或强调的是线性的、机械的相互对立，相互排斥，相互否定的"矛盾"，在现代科学的探索中，还是一种"有"、"无"的相依，这是阴阳学说最基本、最原初的思想。太极本就是一点，一点生元气，元气又分化为阴阳，这是太极图所表达的思想。（图3-1）

---

① 周敦颐. 太极图说. 北京：中华书局，1986.
② 通书·顺化. 北京：中华书局，1983.

图3-1　太极生阴阳

### 3.阴阳化二气

在"气"观念与"气"概念之间很可能还曾有过一个"气"符号形式，虽然文字或概念还没有产生，但表意方式已经存在。二气说应当是最早出现的有关"气"的思想，它是受"☰"与"☷"卦象或符号的启发而产生。大约西周末年的甲骨文与金文中的"☰"已经发展出了"气"这一字形，卦象的阳气与阴气观念也已经成熟。于是，阴阳二气的概念形成了，"气"文字或概念也形成了。并且，概念一旦产生，它们也就很快从曾寄居的符号形式中独立出来。"气"观念的表达最初与《易经》有关，也即与《易经》中的"☰"与"☷"这两个表示阴阳的符号有关，或者说与"阴阳"观念有关。《庄子·天下》讲"《易》以道阴阳"。这里对"气"的关注或解说已经不再局限于物质属性或事物性质的思路，已形成比较明确的阳气、阴气或阴阳二气的观念。

《泰》与《否》两个相对立的卦象历来被认为包含阴阳对立与转化之意，其也完全有可能已具有阴阳之气的含义。于是，就有了与此相关的阴、阳二气说与阴、阳、风、雨、晦、明六气说。而六气说则应当是以二气说作为基础，并在此基础上的进一步延伸或展开。所谓二气说也就是阴阳说。

《庄子》用了许多与"气"相关的名词，比如"四时之气"、"六气"、"天气地气"等，来说明形成宇宙自然万物万象的具体的元素或状态，而作为抽象概念，阴阳之气和元气表达的都是一种混沌的，最原始的，在宇宙生成之前的状态。所不同的是，元气又是生成阴阳二气的"气母"。庄子还说："是故天地者，形之大这也；阴阳者，气之大者也；道者为公。"这里他指出，天地是形体中最大的，阴阳是"气"中最大的，而道则是总括一切，无所不包的。

关于阴阳二气的思想经典论述为："幽王二年，西周三川皆震。伯阳父曰：周将亡矣！夫天地之气，不失其序，若过其序，民乱之也。阳伏而不能出，阴迫而不能蒸。于是有地震。今三川实震，是阳失其所而镇阴也。阳失而在阴，川源必塞。源塞，国必亡。"[①]这是中国思想史上第一次最为明确地将"气"划分为阴阳二气的理论。它的意义在于：明确地将"气"区分为阴阳两个方面或部分从而

---

① 国语·周语上.夏德靠，尚学锋译.北京：中华书局，2008.

也为"气"与阴阳理论提供了一种整合模式。

阴阳的相互作用是气内部的两种力量、两种因素，阴阳是气自身固有的两种功能属性。由于阴阳相互挤兑、推动，使气能够运动变化和周流循环。气具有灵动性，从而使它具有了化生万物、统摄万物的功能；气的阴阳自我分化，阴阳又是消长转化的，这种往来升降、聚散盈虚的运动方式，从而使气不仅能化成万物，还能够使万物互相转化，循环生物。在对立统一中的相互作用，阴阳双方始终处于不停地运动变化的状态，或阴消阳长，或阳长阴消，或阳极而阴，或阴极而阳，阴阳盈虚消长，大化流行，至极而反，循环不已。[①] 所以，万物由一气所化生，又由一气所统摄，一气的氤氲浩荡、遍入周流，成为整体元气场。万物在其中浮沉，又在其中相联，生生相通，旁通互贯，毫无间隙。同时，万物由一气化成，其生长过程即是一气之聚散盈虚。没有阴阳的相摩相荡，气就不可能有氤氲浩荡、大化流行的运动特性。总之，气具有化生万物、聚散盈虚的功能和特性，这是由其内部的两种性质即阴阳所决定的。万物由一气化生而普遍关联，因一气化生而循环相生。

# 二、分化现虚实

> "太虚不能无气，气不能不聚而为万物，万物不能不散而为太虚。……气之聚散于太虚，犹冰凝释于水。"
>
> ——张载

"一气"，也就是"元气"是宇宙混沌未分的统一体，是一种自我组织，自我生成之能力。而为了揭示元气生成宇宙的具体过程，道家哲学引入阴阳的概念并与气的概念相结合，形成"气分阴阳"的观念。"天地之气"即为元气。天地二气合而为一，即是宇宙之本原，此本原又一分为二，为阴阳二气。并以阴阳二气的升降聚散来解释宇宙万物生成和变化的过程。

## 1. 阴阳分离

气分阴阳是从一气分化了两种性态，这使得后来生成的任何事物一开始就带有了相对、相反的对立，但又相互联系统一的两个方面性态，即同一事物都具有的相对两个方面、两种性态，但又统一于同一事物之中。有了两种性态，就有了差异。人类学研究指出差异或类分这样一种思维与观念是早期人类所普遍具有的。这样一种思维或观念最初是由于客观世界的丰富多样性所造成的。我们知道，原始人最初所看到或感受到的是一幅千姿百态、色彩斑斓的图景，这就要求

---

① 参见李零. 郭店楚简校读记·太一生水. 北京：中国人民大学出版社，2007.

原始人必须对之加以识别和区分，以形成有效或可用的知识。"支配所谓原始社会的生活和思想的实践理论逻辑，是由于坚持区分性差异作用而形成的。区分性差异的原则在作为图腾制基础的神话中已经显然可见了；而且也可以在技术活动的平面上看到……"①这里所说的"差异"也就是"多样性"。原始人的类分思维与观念是思索"多样性"与"差异性"现象的逻辑结果，自然也是观察的结果。在现象与观察之间、多样性现象与类属性思维之间是一条自然流淌的河。

阴阳对立是指世间一切事物或现象都存在着相互对立的两个方面，如天与地、动与静、上与下、升与降等，其中又规定了天为阳、地为阴，动为阳、静为阴，升属阳、降属阴，上属阳、下属阴，男为阳、女为阴，刚为阳、柔为阴等一系列的相对观等。阴阳学说认为：宇宙中的任何事物都包括了阴和阳既相互对立，又相互统一的的两个方面，即对立的双方又是相互统一的，"阴阳者，天地之道也，万物之纲纪，变化之父母，生杀之本始"②。所以说，阴阳的对立统一运动，是一切事物发生、发展、变化及消亡的根本原因，阴阳的矛盾对立统一是世界一切事物运动变化固有的规律。阴阳对立的结果是两种状态的分离。

现代科学家推测：在时间开始之前，可能存在一个无穷大密度的、没有线度的纯辐射点的状态。这样的状态，用道学来解释，可理解为有两种状态：即"道"的原始态，此时的能量密度无穷大。当能量内部开始运动，能量向外发散，紧致的凝聚态被打破，就有了"道生一"，出现了原初的能量场。能量场的内部涨落，产生了能量子，就是"一生二"，"二"为阴阳，称作"太始"。道家对这样解释这个过程的描述是："一气蟠积，溟溟，窈冥莫测，氤氲活动，含灵至妙，是为太一，是为未始之始始也，是为道也，故曰无始。一气动荡，虚无开合，雌雄感召，黑白交凝，有无相射，混混沌沌，冲虚至圣。"③

## 2. 分离出间断

气的变化是在气化过程中体现出来的，气化过程已经蕴含了气的各种形式的运动。其形式有如下几种：

第一，气与形之间转化：无形之气交感聚合成有形之物，有形之物死亡消散化为无形之气，气与形之间相互作用、相互转化。明代王廷相认为气有阴阳，而阴阳会相互感应，《庄子》则说气凝聚而人物成，气消散而人物亡。

第二，形与形之间的转化：在气为中介的推动和激发作用下，形之物也可以相互转化。有形之身不断更新变化，如植物的花开花谢、动物的生老病死、日月

① 列维－斯特劳斯.野性的思维.李幼蒸译.北京：商务印书馆，1987：87.
② 黄帝内经·素问.姚春鹏译注.北京：中华书局，2009.
③ 任法融.周易·参同契释义.北京：中国社会科学出版社，2009.

的变更交替等变化，都属于有形之体自身的不断的变化过程。五行的相生相克、动植物生长过程的形变等。形与形的转变是最为普遍、最为直观的现象。

第三，气与气之间的转化：地气上腾于天，可化为天气；天气下降于地，则变为地气。在本质上，引发气与物、虚与形变化的原因都是气与气的转化，是阴阳二气转化的不同形式。这些变化是在有形之体之气与无形之气之间的升降出入转换中进行的，它们与自然界共处于一个统一体中。

阴阳化二气有了形体的出现，原本连续的一气就出现了间断。这里间断意味着在部分中出现了一种新的性质，使得该部分能够与其他的东西区别开来。间断使得原先混沌无差异的整体出现了断裂，断裂、边界的出现也就意味着无差异一体的东西出现了区别、差异。

差异是以具有特定的形体的"个体"的方式出现的，个体以明确的形状和边界从环境中突现出来，与环境区别开来。个体的差异以量来衡量，量是作用能的积累、保存、保持，是对作用的结果的衡量，表示能量作用累积的程度。这就是我们通常所说的"质量"。量是个体空间差异性的度量，对多要素的系统，空间差异就是数，数是量的分维，是多个体（整体）的衡量。作为个体的存在是整体的"1"，从个体的"1"分化出了多。所以最初的数自然是从1开始的，在1的基础上分化出多，即自然数的序列。多要素的系统或用自然数来衡量。自然数是人类最早发现的数，是用来衡量、区分系统差异的起始。在规定、衡量的意义上，我们可以把数看成是从量中分化出来的，把系统与个体、外在与内在的差异结合起来规定就是"数量"。连续不会产生差异，差异只有在间断中产生。

差异的突现，在个体就是将自身与环境区别开来，也就是自我的肯定，是个体突现出来和保持下去。事物空间上的规模、运动的状态，以及它的构成成分在排列组合等差异是用数量表示的规定性。事物及其属性是多样性的，每一属性都有量的规定性，因而事物量的规定性也是多方面的。

### 3. 间断分虚实

"气之来聚于太虚，希微不可见，故清；清则有形有象者皆可入于哞，而抑可入于形象之中"①。气化表现为万物的运动。宋代张载以气的聚散来统一无形的太虚与有形的万物，云："太虚不能无气，气不能不聚而为万物，万物不能不散而为太虚。……气之聚散于太虚，犹冰凝释于水。"聚与散，是气的两种不同的形态，或是气的两种运动形式。当气散时则成为无形之气，成为"无"、"虚"。当气聚时，它是有形的万物，表现为"有"、"显"。

二是从一的分化，唯一是没有区别和差异的，一生二，就出现了差异。差异

① 王夫之.张子正蒙注·太和.北京：中华书局，1975.

的显现，从同到异是变化。阴阳二气分化，出现了轻浊之分，重浊者下降为地，形成物体，轻虚者则上升为天。天，就是无形的虚空，天空对有形实物而言就是空间。所以，随着"物"，即实体的形成，也就有了"虚"、"空"，就有了空间观念。实体生成就出现了空间，没有实体就无所谓可见。"虚实相资"，意谓实（有）必依乎虚（无）而存在，而虚（无）亦必由于"实"（有）而表现，虚（无）实（有）相反而相成。所谓"实"是指有形有名之实物，"虚"是指实物能容受运转的空间。所以在"二"的阶段，出现了天地空间。实体的出现也就意味着有了形体及相互之间的位置，这些都表示了差异。

差异是空间的不均匀、聚集，形成"实在"的东西，从实在性方面衡量，就是正数，反之，"实"的东西形成，必然会造成"虚"的空穴，如果从虚的方面衡量差异，那就是负数。从筐里取一个苹果到篮子里，篮子里多出"正"一个苹果，筐子里就出现"负"一个苹果。

存在是不断生成的，空间的差异并非是不变的，是随着差异的增大而不断扩张的。毕达哥拉斯就已阐发了他的关于数的本原和分维的思想：从数目产生出点，从点产生出线；万物的始基是"一元"，从"一元"产生出"二元"，从线产生出平面；"二元"是从属于"一元"的不定的质料，"一元"则是原因。从完满的"一元"与不定的"二元"中产生出各种数目，从平面产生出立体；从立体产生出感觉所及的一切物体，产生出四种元素：水、火、土、气。这四种元素以各种不同的方式互相转化，于是创造出有生命的、精神的、球形的世界。[①]

量子力学揭示了光子等量子的行为具有波粒二象性的矛盾或对立。"波粒二象性"由使人们推想到这一"波粒二象性"的性质也许具有普遍性。德布罗意提出电子或质子等粒子有如下的波粒二象性，亦即和粒子动量相应的波长。后来，人们在实验中发现，不仅电子，还有质子、个子等"基本"粒子，都具有波动性，甚至这些粒子的集合，如原子、分子等复杂粒子，也具有波动性。这样，波粒二象性就是一切物质所具有的普通的性质。"波粒二象性"的发现表明了物质既不是不连续的，也不是连续的，而是连续和不连续性质的对立和统一。电子、质子等"基本"粒子，一方面是颗粒性的粒子，亦即具有确定的动量、能量，满足能量和动量的守恒定律；另一方面又是连续的"波"，可以发生绕射、干涉等典型的波动现象，并且可由薛定谔方程所描述。并且，薛定格方程就能还原为牛顿方程。

"波粒二象性"所含有的思想是当气（能量场）聚时，就是有形的粒子，表现为"有"、"显"的状态，而气散时则成为无形之气，成为"无"、"虚"——能量场。粒子与场本就是处于统一之中的"虚实相资"。而且，宇宙万物也都是连

---

①　北京大学哲学系.西方哲学原著选读（上卷）.北京：商务印书馆，1982：20.

续与间断、虚与实的统一体。

# 三、虚实现空间

"群太虚为清，清则无碍，无碍故神；反清为浊，浊则碍，碍则
形。"
　　　　　　　　　　　　　　　　　　　　——张载

气没有固定的形体，气自我分化，分为阴阳，阴的因素具有浊、下沉的属性，这去掉经验的方向性，就是相互吸引、相互靠拢，趋向于某个中心，从而聚集起来，这样就形成了具有一定形体的实体的东西。按照道家哲学的解释，具有形体的物体是精气的聚合而生成的。

## 1. 聚集成实物

中国古代神话关于天地的起源和演化问题，认为天地未分以前，混沌既分之后，轻清者上升为天，重浊者凝结为地；天为阳气，地为阴气，二气相互作用，产生万物。可见，阴阳是物质存在的两种基本状态，在不断运动的过程中相互转化。古人认为阴阳二气是世界万物形成的基础。气与有形物不同，是无阻塞的畅通无碍，不阻碍有形物的运动。他说："群太虚为清，清则无碍，无碍故神；反清为浊，浊则碍，碍则形。"①

对于气如何能聚集为物，古代人设想为是一种"精气"。"地者，所以载生成之形类也。虚者，所以列应天之精气也"②。管子道："凡物之精，比则为生。下生五谷，上列为星；流于天地之间，谓之鬼神：藏于胸中，谓之圣人；是故名气。呆乎如登于天，杳乎加入于渊，淖乎如在于海，卒乎如在于？"③所以，物的精气，结合起来而生万物。在地下生出五谷，在天上分布为星体。流动在天地之间的称谓鬼神。藏在心中就成为圣人，所以称它为气。有时光明照耀，好像升在天上；有时隐而不见.好像没入深渊：有时滋润柔和，好像在海里；有时高不可攀，好像在山上。只不过在那一时期，没有正式冠以"元气"的名称。

元气论者承认自然界有虚与实的对立，即有形物与把它们间隔开来的虚空的对立，张载指出是"聚而有间"。但是，他们并不把虚空看成是空无一物的，而认为它充满着无形、连续的气。庄子认为，宇宙的生成是由元气生阴阳，而阴阳进一步变化生成的。庄子说："至阴肃肃，至阳赫赫；肃肃出于天，赫赫发乎地；

---

① 张载.正蒙·太和.北京：中华书局，2006.
② 黄帝内经·五运行大论.姚春鹏译注.北京：中华书局，2009.
③ 管子·内业篇.北京：中华书局，2016.

两者交通成合，而物生焉。"①张载提出了"虚空即气"说，王廷相提出了"虚不离气"说。气实为一种混沌的状态，当阴阳二气分化和相交便产生了物，也就是生成了宇宙万物。

现代宇宙学描述了宇宙粒子和星体的生成过程：宇宙产生于突然的能量爆发膨胀。这是一种极阳，是上升或相斥，但在同时也就有了对立面的阴，阴是保持静止的方面，即温度降低、收缩的因素。随着宇宙的冷却，能量变得不均匀，出现了"疏密"，出现了粒子性的状态，各种基本粒子也就产生了。在大爆炸后 $10^{-35}$ 秒内，宇宙是由基本粒子构成的，其中包括夸克、电子、光子和中微子，作用力只有一种。后来，自然界中最基本的作用力也出现了，包括强弱相互作用力和万有引力，这是使质子和中子在原子核中结合的基本粒子间的基础作用力，再往后是电磁力。在接下来到数万年时间里，宇宙依然是一团十分巨大而又异常炽热的膨胀气云。当气云冷却到一定的程度后，电子终于能够和氢核及氦核结合。光子此时也不再散落于四处，而是开始向外围奔涌。现在我们仍然能看见从这一时期射发出来的光子，只不过时间和距离已经将它们移至微波的波长。此时的宇宙已经大得令人难以想象，其中的质子和中子结合在一起，形成简单元素的原子核。大爆炸发生 100 年左右，引力开始对早期的宇宙产生主要作用，原始宇宙气云中存在的微弱密度差异由于聚集而被放大。大爆炸后 30 万年后：约 3000 度，化学结合作用使中性原子形成，宇宙主要成分为气态物质，并逐步在自引力作用下凝聚成密度较高的气体云块，直至恒星和恒星系统。尽管宇宙作为一个整体仍然在扩张，但其中的一些气云团却变得越来越密集。在这些气云团中，又孕育出了首批的恒星，这些恒星接着形成了最早的星系。

宇宙起始本无虚实之分，只是一混沌之气，但其中蕴有阴阳。阴阳相冲相荡分化、生成了二气，二气分离，阴者为实，阳者为虚，有了粒子与虚空的区别，生成了实体空间。

## 2. 实物有形体

亚里士多德提出了实体的概念，他的所谓"实体"是指那种能够自身独立存在，而其存在并不需要依赖别的事物而存在的东西。笛卡儿提出有三种实体，"上帝"是最高的绝对的实体，精神实体，就是"心灵"、"思想"，其根本属性是思维，它不占有空间。他从近代科学的观点把物质实体界定为具有空间广延性质的存在："物质或物体的本性，……只在于它是一个具有长、宽、高三量向的实体。"②作为物质实体是有质量、大小和形状的。实体的本体论表述就是："具有

---

① 庄子·田子方.孙海通译注.北京：中华书局，2010.
② 笛卡儿.第一哲学沉思集.庞景仁译.北京：商务印书馆，1986：155.

物理存在之物的必然特征是，它位于空间和时间之中……。具有物理存在之物由物质构成，或者本身就是物质的一种功能。"① 由于"形体只有当它本身具有空间存在和变化发展的量的规定（广延和运动的量的规定）的时候才是现实的"②。据此，笛卡儿还肯定了作为万物本质和认识对象的实体是存在的。所谓物质实体，就是现实的自然界，其根本属性是广延性，即占有空间。对物质的属性即广延性的这种理解，也是近代机械唯物论对实体的一般观点。霍布斯指出，实体就是现实世界中的物体，离开现实物体的精神实体是不存在的，不能想象没有思想者的思想，也不能把思想同思想着的物体分离开来。实体只有被当作有形状的、有颜色的、广延的东西时，才能被理解，即使所谓灵魂或心灵，也只是一种比较纯粹的、明白的、精细的实体。

　　斯宾诺莎也同意实体的存在，但认为笛卡儿两个实体的说法是虚伪的，从而提出其关于"实体"、"属性"和"样式"；实体学说是斯宾诺莎唯物论自然现和全部哲学的核心与基础。他的实体定义是：在自身内并通过段劈而被认识的东西。换言之，形成实体的概念，可以无须借助于别的事物的概念。从斯宾诺莎对自己定义的解释中可以知道，实体至少有如下一些特性，其一，实体是"自因"。就是说，实体是永恒存在的，它不是神或人的创造物，"实体不能为任何别的东西所产生"③。实体也不依赖于其他任何东西而存在，而是自身独立存在。实体自己就是自己存在的原因，所以它也只能"通过自身而被认识"。这就是说，要从自然本身来认识自然，而不能依赖超自然的原因。其二，凡实体在时空上都必须是无限的。因为如果有限，则必然导致实体之外还有其他事物存在；这是与实体是自因的本性相违背。其三，实体只能是唯一的，不能有两个以上。如果象笛卡儿那样主张有两个并列的实体，那它们便会互相限制，使彼此都不能独立存在，也就不成其为实体了。故自然作为唯一的实体是不可分割的。例如水，就它是水而言，它是可分的，但就它是有形的实体而言，则是不可分的。

　　从亚里士多德到斯宾诺莎，以及后来的唯物主义哲学，无论如何的表述，其核心观念都是把实体作为一种实在的，或者用科学中概念就是具有质量的，是有形体，或形态、形式的存在，这所有属性都是空间性质的表现。实体，作为实物的东西，形状、大小、位置是其基本的属性，这些都是以空间表达的。当然，他们也意识到非时空规定的形体的东西存在，所以，实体又带有精神性的属性。

---

① 吉尔伯特·赖尔.心的概念.徐大建译.上海：上海译文出版社，1988：7.
② 文德尔班.哲学史教程（下卷）.葛力译.北京：商务印书馆，1977：556.
③ 北京大学哲学系.西方哲学原著选读（上卷）.北京：商务印书馆，1982：415、419.

### 3. 形体定空间

"空间"是人们都会不断地重复使用的词语，并一向懂得用它来指明的什么，空间的概念具有多义性，使得我们很难用语言的方式对它作出具有普遍性的明确定义。人类对空间以及空间各种关系的认识经历了漫长的历史演进，真正把"空间"作为一个独立概念和普遍的存在方式进行研究的首先开始于哲学，并在哲学上成为一项最具吸引力和最重要的任务之一，西方哲学每种思想的产生都与空间观念有着直接或间接的关系。

古希腊的德谟克利特就提出："一切事物的始基是原于和虚空。"而原子"是既不能毁损也不能改变的"。"这些原子在虚空中任意移动着，由于它们那种急剧的、凌乱的运动，就彼此碰撞，而在彼此碰在一起时，因为有各种各样的形状，就相互联结起来。这就形成了世界及其中各种事物，或者说形成了世界"。至于"虚空"，伊壁鸠鲁认为是"既不能作用，也不能被作用，它只是通过自身供给物体以运动的机会"①。这就是说，在德谟克利特和伊壁鸠鲁看来，物质性的原子和虚空是对立的。物质是分立、不连续的，而虚空是无，虚空把不同的物体隔离开来。所以，连续和不连续是完全对立的。

作为一种反映事物具有的一种共同的属性的思维形式，空间概念是人们在长期的生活实践中，是从各种事物的许多不同的属性中，抽象出的共有一种属性概括而成的。它的形成，标志了人们对具体事物的认识，已从"空间经验"转化为"空间概念"。西方传统哲学空间观念直接来自经验，对构成的世界而言，说任何事物存在，一定意味着它在什么地方，而不在什么地方的物体是不存在的，这是关于事物存在的位置、地方、处所的经验；这些性状能够存在的条件是有"空"这种状态，这是所谓虚空经验；任何物体都有大小和形状之别，有长、宽、高的不同，这是所谓广延经验。这种"经验空间"转化为"观念空间"就是牛顿的绝对空间经典表述："其自身特性与一切外在事物无关，处处均匀，永不移动。"②绝对空间提供了世界万物存在的容器或场所。在现代之前，绝对空间是西方人没有争议的空间观。

绝对空间在现代科学中暴露出了一些局限，现代唯物主义认识到了这种空间观的局限性，试图把空间与物质、运动相对空间联系起来。但仍然没有完全摆脱传统空间观的困难。把空间作为物质存在的基本形式，是物质存在的广延性、伸张性和并存的规则，是物质运动的存在方式。而在当代科学中，"空间"就是"物质"的一种形态——各种能量场，所谓广延性、伸张性、规则性是物质（实体）本身具有的，而不是由另外的"空间"提供和规定的。如果把这些形状作为事物

---

① 北京大学哲学系.古希腊罗马哲学.北京：商务印书馆，1961：96、97、359.
② 牛顿.自然哲学之数学原理.王克迪译.北京：北京大学出版社，2006.

本身所具有,那么仍然不能克服传统唯物主义的困难:必须还得另外提供一个使它们成为可能的"空间"。

中国哲学较少专门论述空间概念,道家哲学把空间与"虚"相关联,它只是相对于实物的一种状态。这与西方传统哲学不同,西方哲学构成的世界需要有一个空间框架来置放各种各样存在的物体。而道家哲学的世界是自我生成、生长的,不需要外在空间。天、虚空都是气,是一种轻、稀的阳气。所以,空间也是生成的,只是一种无形的"虚"的状态,对这种状态是不能言说、不能规定的,我们只有从"实"物规定它。实物是气分化出的阴气的沉积,空虽然无物,但却是有的参照、背景,是物存在的条件,对空间的规定是以物为样本的。所以,形体、形状规定了空间。道家哲学对空间的这种理解是直觉的最为成功的典范,远远超过了西方传统依托于经验的空间观念,不仅与现代科学思想一致,还与当代出现的各种各样的"空间"的出现和运用相吻合。

在爱因斯坦的广义相对论中,物质(实体)与空间是统一的。物质运动的终极原因是相互作用,被作用的物体就有加速度,有加速度就不是惯性运动,因此,也就不存在什么惯性系及其优越地位,物理效应在各系统中是一样的。他认为相互作用就是实物与"场"的相互作用,这个"场"代替引力的概念使物质与空间有机地统一起来。他说:"场论的纲领有一个重大优点,它使独立的空间概念(有别于空间内容)成为多余的。空间因而仅仅是场的四维性,而不再是某种孤立的东西。"[①]这样,相互作用是在整个空间中存在,而不是在孤立的物体与物体之间进行了。物体是场源,空间是各种物体的场的叠加。[②]

空间概念的多义性,不仅表现在古代人的空间概念不同于现代人的空间概念。而且古代西方人的空间概念不同于古代中国人的空间概念,就是现代人空间概念也是不完全相同,有分歧的。这种不同,从一个方面说明了人类从古至今对"空间"这一命题的重视,另一方面因为空间与一切存在物实相关联的构造,受到思维方式的影响。"空间从来就不是空洞的,它往往蕴涵着某种意义"。我们只有在空间的条件下来设想任何事物真实性,人类最初的"定位"是从自身开始的,以此获得一种空间经验。但不同的环境中的人以及思维不同层次的人的"定位"是不同的。随着这种经验的不断积累,就会形成多种空间经验,然后又在多种空间经验的基础上,形成多种不同的空间概念。

空间是由具有形体的实物规定的。道分为阴阳二气,生成了实物,实物确立、规定了空间的方式。如图 3-2,一元之气所含的阴阳因素分化为阴阳二气,

① 参见爱因斯坦文集(第二卷).许良英、李宝恒、赵中立、范贷年编译.北京:商务印书馆,2010.

② 刘国平.人类时空观在科学和社会经济中的深化.南京农业大学学报(社会科学版),2003,(4):20.

有了太极图中的阴阳（黑白）之分，也就有了虚实之分，产生的实体物质。原先的参照系也分化了第二维——空间。

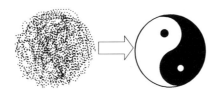

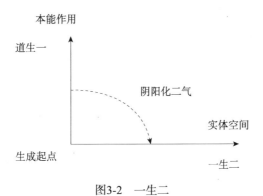

图3-2　一生二

# 第四章　道之化三——阴阳冲和

"道始于一，一而不生，故分而为阴阳，阴阳合和而万物生。"

——《淮南子》

道由无形的浑沌未分之气向有形之物演化为"一生二"，即是道从浑沌未分之气中演化出"二"，"二"是指阴阳二气。阴阳二气的出现，道就有了虚实、有形无形之分。阴阳二气的继续相互作用用来解释事物的普遍发展、变化，就是"二生三"。"三"是阴气和阳气相对、相冲、相和。

## 一、阴阳互藏交感

"天地感而万物化生。""天性，乾坤、阴阳也，二端，敌有感；本一，敌能合。"

——张载

道家的阴阳观乃是两种对立的力量，由于它们间的相互作用，道才能生万物。阴阳两种对立力量的相互作用造成宇宙的生成与演化。道家认为事物都是阴阳互藏的，这是万物生化的根本条件。互藏的阴阳发生交感是宇宙万物发生、发展与变化的根源。包括人类的生、长、壮、老，亦赖于天地阴阳二气的相互作用。阴阳交感相错，就是阴阳二气在其运动中相互感应而交合的一个过程，这就是事物的产生与变化。

### 1. 反者道之动

春秋时期，人们在对立现象的认识方面也具有了更高的概括能力，或者说其已被提升到了更为抽象的水平，在这里，也同样是用"道"来说明一种可以涵盖自然与社会的普遍的规律或法则，这就是物极必反的思想。"物极必反"这一思想早在《易经》中就有所表达，但是到了春秋时期，对于这一思想的理解显然较前人要更加深入，与之相应，阐述或表达也更加深刻。例如，"盈而荡，天之道也"。"盈必毁，天之道也。"[①] "天道盈而不溢，盛而不骄，劳而不矜其功"。"天道皇皇，日月以为常，明者以为法，微者则是行。阳至而阴，阴至而阳；日困而

---

① 左传·庄公四、哀公十一. 刘利等译注. 北京：中华书局，2007.

还，月盈而匡。"① 老子说："反者道之动。"② "道"运动的规律是向相反的方向转化，对于自然、社会中一系列相互对立的长短、美丑、高下、有无、难易、前后、损益、祸福、生死、刚柔、强弱、巧拙、大小、智愚、胜败、荣辱、轻重、进退、攻守等，老子揭示出这些矛盾都是对立统一的，它们相互依存、互为前提，即"有无相生，难易相成，长短相形，高下相倾，音声相和，前后相随"，任何一方都不能孤立存在。同时，在事物的对立统一中，矛盾的双方可以相互转化，指出："祸兮福之所倚，福兮祸之所伏"，"正复为奇，善复为妖。"③ 这些都包含了事物具有向相反方向转化的规律。

反者，是事物变化的动因。"天下万物生于有，有生于无"，"无"是对"有"的否定，是"有"的反向。因为有了这种否定因素，才有万物的产生，才有万物的产生及其转化。也就是一切事物或现象的存在都是对立双方的统一，任何事物没有对立面的参照，就没有事物自身。老子还以许多具体事例的说明"反"的作用，如"三十辐共一毂，当其无，有车之用。埏埴以为器，当其无，有器之用。凿户牖以为室，当其无，有室之用。故有之以为利，无之以为用"。存在的有，是因为不存在的无而存在。有无对立统一，才有实体之用，实体在对立之中才成为活动之体。失去否定一方，事物即不存在。这种用即是对立统一的运动，是通过反（无）的作用才形成的，车、器、室是如此，一切事物也都是如此。"万物负阴而抱阳"，这是普遍的对立统一，如"有无相生，难易相成，长短相形，高下相倾，音声相和，前后相随"④。

道的"一生二"是从"无"与"静"的分化为"有"与"动"的阴阳二气，是从"无形"到"有形之物"。但有形的物体本就是气分化的生成，生成之物是不能衡静的，所以就有"虚而不屈，动而愈出"。虚是无极的宇宙形式，其中蕴含着存在的无尽源泉。"虚"或"无"的概念都是指的宇宙或世界的无极的形式，因此它不是指空虚、即空无一物，而是指虚怀包揽。"虚"作为名字，指的就是虚极，即绝对大的空间，它与无极的意义相同。"虚"作为动词，指的是人类心灵或思维理性对于无极宇宙的认识和掌握，这种心灵或思维理性活动的目的和结果是"充实"。屈乃竭尽，虚而不屈，即虚而不可竭。虚无形无体，无边无际，不可穷尽。

"反者道之动"，一气自我分化，生出阴阳二气，阳气上升、冲动，趋于"虚"、"无"，然至极则往阴转向、转生，又自我分化阴阳；阴气为下沉、保持、静止，趋于"实"、"有"，然至极则转阳，所以"太极开阖往来，更无休息"，"阴

---

① 国语·越语下. 夏德靠，尚学锋译. 北京：中华书局，2008.
② 老子（四十章）. 饶尚宽译注. 北京：中华书局，2006.
③ 老子（五十八章）. 饶尚宽译注. 北京：中华书局，2006.
④ 老子（二章）. 饶尚宽译注. 北京：中华书局，2006.

中有阳"和"阳中有阴","阴阳无始,动静无端"①。

万物遵循道而变化,其变化的最终目标是返归于本源、常道。这是因为:一方面万物之性本就来自道、体现道的,这是万物之共性;另一方面虽然物之性毕竟还只是道之一偏,并且事物运行总会在不同程度上偏离道,但最终还是要归复于道。总之,物性体现道,其运动自然循道而行,最后复归于常道。老子解释为:"归根曰静。"他又说:"致虚极,守静笃。"②在此,常道似乎是静止不动的,但实际上它的静是相对于万物的有形之动而言的。常道之静并非绝对静止,而是无与有的静态统一,它虽为静,但却蕴含着道生一、一生二、三生万物的生化能力和机制,又体现于物性中的道的变化性。反之,如果道之静是象西方哲学中理解的绝对静止,那末天地万物的产生与运动就必须由第一推动力的推动,而在老子学说中不存在外力的推动。所以,老子说:"大道氾兮,其可左右。"③大道既无初无始、无所不在,又无所不适,自我运化,环宇之中的一切存在都是道的生化之能在起作用。

道家哲学在阐述宇宙生成演化的过程时,阐述和运用的是"动"、"静"两个基本范畴,在对这两个范畴的自身涵义和相互作用的阐述中,揭示了对立双方互为条件和互相转化的统一,"太极动而生阳,动极而静,静而生阴,静极复动。一动一静,互为其根。分阴分阳,两仪立焉"④。静极而反有"太极",太极动而生阳,阳生而阴出。至于"太极"为什么有"动"有"静",按照道家的思想他只能把"太极"、"动静"的始因归之为"自生"。道学中,与"动静"观相关的是"一"和"二"。若以太极为阴阳一体的"一",阴阳分化则为"二"呈现为二气,即"阴阳二气"。由于"一"(太极)自身含有动静对立统一,而"一"分"二"(阴阳):阴阳二气的相互交感,相互作用的禀赋,化生万物。这里阳动是主导因素,它既是太极因动而产生阴,分化出对立的阴、静,又由于阴静与阳动的作用,而产生五行。"动静"是太极自身所有的,如果太极自身没有动静统一的形态,也就不能分阴分阳而立两仪。

动静之间是统一的。动静在其运行的过程中是既相互对立,又相互转化的。"动"是运动变化,"静"是相对于"动"而言的,并不是绝对地静止不动。动极而静,静极复动,包含着物极必反的思想,也就是由一端向其相反的一端转化,这就意味着阳中包括了阴,阴中包含了阳。按"无极""静而生阳",静、无都是无规定、无呈现的。"静"可以认为是"动"的开始。动静相互依赖,互为存在的前提,所以静是因为有了动才被规定的。无动就无所谓静,无静也无所谓动,

---

① 朱熹.朱子语类(卷九四).上海:古籍出版社,1965.

② 老子(十六章).饶尚宽译注.北京:中华书局,2006.

③ 老子(三十四章).饶尚宽译注.北京:中华书局,2006.

④ 周敦颐.太极图说.上海:上海古籍出版社,1992.

它们相互参照。"动静"的这种性质，相对应由其产生的"阴阳"也应有这样的性质。"太极"所隐含的"动"与"静"是宇宙间"万物生生不已"的一个条件。

道之动遵循永恒周行的路线，"独立而不改，周行而不殆"，"大曰逝，逝曰远，远曰反"①。万物的运动也是周行，道生万物，"夫物芸芸，各复归其根"，归根即复归道。道与万物之间循环往复不已的转换关系是一种规律："复命曰常。"②道——万物——道，即道与万物转换的无限循环过程。

### 2. 阴阳互藏

所谓阴阳互藏，是指阴阳双方中的任何一方都含有另一方，互藏互掩，即阴中含阳、阳中寓阴。《黄帝内经》中对阴阳互藏之道所作的注释是："天有阴阳，地亦有阴阳……故阳中有阴，阴中有阳。"③其意思是，一个事物或现象是以阴阳属性判之，是决定于其所含阴或阳的比例或趋向，若事物或现象中阴占的比例大，则整体属性为阴；若事物或现象中阳的成分居多，就整体属性上为阳。当然，阴阳属性只是相比较而言的，属阴的事物或现象中也含有属阳的成分，属阳的事物或现象中也含有属阴的成分。阴中含阳，阳中有阴。通常，表示事物或现象属性的成分占绝对大的比例会呈显象的相应状态，而成分占较小则被寓含于事物或现象内部不得显露的。这个较小的比例虽不能代表事物或现象的属性，但对于生成非常重要，它们会上升为主要的方面，在整体、外在显露出来，对事物或现象本身的生长、发展与变化有着调控作用。

阴阳互藏之道源于古人对自然现象的观察。在朴素的感性认识中，"诸在上者皆为其下阳，诸在下者皆为其上阴"④。在八卦卦象表示为水应坎，火应离。坎属阴，但内寓阳爻；离属阳，但内含阴爻。这可表述为水中有火、火中有水，即阴中有阳，阳中寓阴。如热为阳、冷为阴，而没有冷就无所谓热；如天为阳、地为阴，如没有天也就不存在地。可以说，阳依存于阴，阴依存于阳，这就是阴阳互藏，一方包含另一方。任何事物都含有阴阳两种属性，属阳的事物含有阴性属性，属阴的事物又含有阳性属性。阴阳双方既是对立的，同时又是互相依存的，其中任何一方都以其相对的另一方的存在作为自身存在的前提，都不能离开另一方而存在。

"道始于一，一而不生，故分而为阴阳，阴阳合和而万物生"⑤。这是先秦已经形成了的阴阳构成万物的观念，是为当时人们所广泛接受的理论。《楚辞》在追

---

①　老子（二十五章）. 饶尚宽译注 . 北京：中华书局，2006.

②　老子（十六章）. 饶尚宽译注 . 北京：中华书局，2006.

③　黄帝内经·素问 . 姚春鹏译注 . 北京：中华书局，2009.

④　董仲舒 . 春秋繁露·阳尊阴卑 . 张世亮，钟肇鹏，周桂钿校注 . 北京：中华书局，2012.

⑤　淮南子·天文训 . 陈广忠译注 . 北京：中华书局，2016.

溯天地万物的起源时曾说："阴阳三合，何本何化？"①"三合"即参合，"参错相合"谓阴阳参错相合而化生万物。"太一生水。水反辅太一，是以成天。天反辅太一，是以成地。天地复相辅也，是以成神明。神明复相辅也，是以成阴阳。阴阳复相辅也，是以成四时"②。所谓"反辅"、"相辅"是说单独一物不能直接化生另一物，必须通过两物间的参错互动才可引致物与物之间的推衍化生，例如天地、阴阳、四时之生皆如此。这里，阴阳互藏之道是不同事物阴阳双方发生相互作用，而相互之间能够产生交感相错的动力根源，又是阴阳双方发生彼此消长与转化的内在依据。

阴阳互藏的思想形象化地体现在太极图中。在太极图中，一个图形由颜色不同的阴阳二气所组成。但是这一明阳二气的划分，并不是一根简单的"直线"，而是由"两个半圆"连成的一根曲线，这象征着明阳二气是相互联系又相互作用中的阴阳。复杂一些的太极图，在阴区中有一由阳气组成的"小圆"，在阳区中也有由阴气组成的"小圆"。这就形象化地表明"阴中有阳"和"阳中有阴"。这也就是王安石所提出的；一切事物和现象，"皆各有耦"。"耦之中又有韶焉，而万物之变遂至于无穷"③。

阴阳互藏是阴阳双方相互作用动力的内在根源。正是阴阳二气的升降出入而引起的交感相错、相互作用，使得字宙万物发生、发展与变化。阴升阳降而致阴阳交感相错的内在动力机制就在于阴阳互藏之道。"地气上为云，天气下为雨。雨出地气，云出天气"④。就是说的这个道理。阴阳互藏揭示了阴与阳的相互依存及相互为用的关系：阳中含阴，因而阳依阴而存在。且阳以阴为源而生；阴中寓阳，固而阴依阳而存在，且阴以阳为本而化。阳中无阴，就变成"孤阴"阴中无阳，就会成为"独阳"，其相互依存关系被破坏后，则"孤阴不生"、"独阳不长"。

道家哲学通过阴阳互藏概念得以保证天地一体，进而实现物质永恒的运动。

### 3. 二气交感

阴阳交感，指的是指阴阳二气发生的相错、相摩、相荡的相互作用，是二气之间相互感应而交合。阴阳二气的交感相错，是万物变化之终结原因，是宇宙生成的究极本原。"阴阳者，万物之能始也"⑤。在老子看来，阴阳二气由一气所生，一气由道所生。宇宙在生成之前，阴阳二气未分，呈现混沌；阴阳二气运动结合形成冲和之气，以推动万物的产生和发展、变化，因而万物中必含有

① 楚辞．林家骊译注．北京：中华书局，2009.
② 参见李零．郭店楚简校读记·太一生水．北京：中国人民大学出版社，2007.
③ 尚书·洪范传．李民，王健撰．上海：上海古籍出版社，2010.
④ 黄帝内经·素问．姚春鹏译注．北京：中华书局，2009.
⑤ 黄帝内经·素问．姚春鹏译注．北京：中华书局，2009.

阴与阳两种属性。庄子认为，"至阴肃肃，至阳赫赫，肃肃出乎天，赫赫发乎地。两者交通成和，而物生焉"①。即宇宙的生成是由元气生阴阳，而阴阳进一步变化生成的。

"山川者，特天地之物也。阴与阳者，气而游乎其间者也。自动自休，自峙自流，是恶乎与我谋？自斗自竭，自崩自缺，是恶乎为我设？彼固有所逼引，而认之者不塞则惑。夫釜鬲而爨者，必涌溢蒸郁以糜百物；畦汲而灌者，必冲荡激以败土石。是特老圃者之为也，犹足动乎物，又况天地之无倪，阴阳之无穷，……或合或离，或吸或吹，如轮如机，其孰能知之？"②阴阳二气迷漫交错于天地之间，衾合、分离、吸入、呼如，如轮和机一样运行不息，推演不竭。正是这运行不息的阴阳二气"逼引"即排斥和吸引的结果。在这里，柳宗元已逼近了以阴阳二气的矛盾为气和万物动因的思想。

道家哲学以阴阳二气交感来解释天地的起源和演化问题。道家认为天地未分以前，混沌既分之后，轻清者上升为天，重浊者凝结为地；天为阳气，地为阴气，二气相互作用，产生万物。可见，阴阳是物质存在的两种基本状态，在不断运动的过程中相互转化。"交感"即为交互感应，指的是阴阳二气在事物中处于相互感应、相互作用的关联之中。中国古代哲学自先秦诸家就开始萌发了万物的化生源于阴阳之间的相互作用，阴阳二气交感，从而化生万物的思想。如《荀子》说："天地和（合）而万物生，阴阳接而变化起。"③荀子指出了阴阳交感是万物化生、变化的依据和条件，这里的"合"和"接"都是相互影响、相互作用的含义，可以怎么说：天地阴阳之间的相互作用乃是万物生成和变化的肇始。确实，世界万物的形成都是从相互作用开始，或者说是相互作用引发的。天之阳气下降，地之阴气上升，阴阳二气交感作用，形成雨雾、雷电、雨露、光合、新陈代谢等，化生出万物，生命得以产生，生物得以发育成长。在人类，男女交合、阴阳相吸，新的生命个体得以诞生，薪火相传，人类得以繁衍。可见，阴阳交感又是生命活动产生的基本条件。

道家十分重视阴阳二气的交感，把阴阳交感相错作为宇宙万物产生和变化的究极本原，并以阴阳二气能否氤氲交感作为对事物变化趋势的判断依据。在卦象中有："天地交，泰"；"天地不交，否"④。卦象为坤上乾下时，天地则可相交；卦象为乾上坤下时，则天地不能相交。因天阳之气性本上升腾飞，地阴之气性本下降沉淀，阴居上而阳在下，天地阴阳二气各向其本性运化，方能交感相错，事物就能呈现顺势运行的状态。反之，若阳在上而阴居下时，则天地阴阳二气不得

①　庄子·田子方.孙海通译注.北京：中华书局，2010.
②　柳宗元.柳河东集·非国语 三川震.北京：人民出版社，1976.
③　荀子·礼论.方勇译注.北京：中华书局，2011.
④　周易·泰、否.郭彧译注.北京：中华书局，2006.

交感相错，故称"否"。这里以上下的关系决定阴阳能否交泰，带有明显的经验的色彩。但这里是对具体事物的考察，上下可理解为二气的相对状态。可见只有阴上阳下，阴阳会朝向平衡方向运行，才会有升降运动。[①]总之，阴阳只有相交才有意义，阴阳相交的作用方式符合"天地之道"。阴阳二气的交感相错是在阴升阳降的运动过程中实现的。只有阴阳二气交感相摩，才有世界万物的不断地化生和发展变化。

任何事物都含有阴阳两种属性，只是实际会呈现阳或阴的特性，但属阳的事物含有阴性因素，属阴的事物寓有阳性因素。阴阳二气的升降运动而引起的交感相错、相互作用，天之阳气下降，地之阴气上升，二气交感，化生万物。这也正是宇宙万物发生、发展与变化的根源。阴阳二气升降有序，运行和谐，则阴阳交感相错处于最佳状态。

抽象的无形之道，逐步向有形的具体事物演化，展现了不同层次的宇宙万物生成画面。老子的"道"生物思想排除了上帝鬼神和主观意志，否定了外在的"第一推动"。以事物内部的阴阳对立统一原因来说明事物的产生、变化和发展，用内在的原因来说明万物的来源及其运动变化，并作为万物的本体，作为永恒的存在，这就是道。

# 二、互藏交感有变化

"万物变化兮，趣无休息。斡流而迁兮，或推祗还。形气转续兮，变化而嬗。……，夫天地为炉兮，造化为工，阴阳为炭兮，万物为铜，合散消息兮，安有常则？千变万化兮，未始有极。"
　　　　　　　　　　　　　　　　　　　　　——贾谊

阴阳二气分化后必然继续生成，阴阳二气交感、互冲，推进各自变化。形与气的转化无休息、无尽头。

## 1. 升降乃"冲气"

"和"即谐和、交和，阴阳交和过程，又是万物生成变化的过程。老子认为，万物都是由道所生，都包含阴阳之气，都是由阴气、阳气交和作用而生。所以他说："二生三，三生万物。万物负阴而抱阳，冲气以为和"。这一观点和思想为来中国哲学所普遍接受和传承。"至阴肃肃，至阳赫赫，……两者交通成和而物生焉"[②]。"阴阳和合而万物生"。"阴阳同气相动也，至阴咇媲，至阳赫赫，两者相

① 参见衣之镖. 伤寒论阴阳图说. 北京：学苑出版社，2008.
② 庄子·田子方. 孙海通译注. 北京：中华书局，2010.

交成和而物生焉"①。"二气交感，化生万物，万物生生，而变化无穷"②。司马光注释："道生一，自无而有：一生二，分阴分阳：二生三，阴阳交而生和：三生万物，和气聚而生万物"③。对此，老子称之为恒（常），"知和曰常"。和即"冲气以为和"，是阴阳的对立统一，实即道、即常。

在先秦时期就已经出现了"和"来解释事物的产生和现的思想。史伯就提出了"和实生物，同则不继"④的观念，这里表达的思想是：相同的东西加在一起，只能是数量的增加，而没有新事物的出现，只有几种不同的东西有机地结合在一起，相互补充、相互协调，才产生新事物。老子构造的宇宙生成模式是与此相一致的。道生成阴阳二气，有了差异，如果阴阳差异单调、互不相干地分离，就停止了进一步的生成。只有阴阳二气相感发生交和作用，在这种作用中，世界万物才由此而生成。这样，老子从玄妙无形的道，经过各个环节，完成了到有，到存在物的演化生成。

阴阳二气的运动是永恒的，是交感得以实现的基础，但这种交感作用的产生，必须以阴阳二气处于相对平衡的最佳状态为前提，或者称为"冲"、"和"状态为其前提条件。阴阳交感并非单纯意义上的阴阳相交相感而发生的，它必须在形成阳中阴、阴中阳及产生阴、阳后，阴阳之二气在一定条件下和合和才能发生阴阳交感而达到"和"的状态，亦即"冲气以为和"，所以，阴阳之和是道生万物的根据。和，指阴阳异质相和。异质和合是事物生长发展的过程，其方向是和谐的发展状态。老子说："道生之，德畜之，物形之，势成之"。即阴阳和合化生、养育万物。势成之的"势"既是指各物所处的环境，或曰自成之势，又是阴阳两种因素引起的差异，相反冲动的趋势，还是一个阴阳互冲互荡，出入升降、相合相和的过程。道不仅以阴阳和合创生万物，而且给予万物以"长之育之，亭之毒之，养之覆之"的环境。⑤

"二生三"阶段，按照"反者道之动"的规律，整体分裂为对立的双方后，不是再继续分裂，而是对立的双方又向相反的方面转化，产生新的统一。这个新的统一就是"冲气"。"道有体有用。体者，元气之不动。用者，冲气运行于天地之间。其冲气至虚而一，在天则为五，在地则为六。盖冲气为元气之所生，既至虚而一，则或如不盈"⑥。这是"二生三"的过程。冲气以为和，是一种动态的过

---

① 淮南子·天文训、览冥训.陈广忠译注.北京：中华书局，2016.

② 周敦颐.太极图说.上海：上海古籍出版社，1992.

③ 资治通鉴.北京：中华书局，2016.

④ 国语·郑语.夏德靠，尚学锋译.北京：中华书局，2008.

⑤ 老子（五十五章、五十一章）.饶尚宽译注.北京：中华书局，2006.

⑥ 王安石.老子注辑本.北京：中华书局，1979.

程。"万物负阴而抱阳，冲气以为和"①。万物皆含有阴阳，因阴阳二气的互动而生，阴阳在万物之中合和则为冲和之气，冲和之气是一种势，意指万物的发生发展与变化的状况。阴阳二气合和才有缤纷多彩的万物万象的呈现，"阴阳者，承天地之和，形万物之殊"。所以，阴阳二气协调则为和，和是万物化生的过程和内在机制。"天地之气，莫大于和。和者，阴阳调。……积阴则沉，积阳则飞，阴阳相接，乃成为和"②。阴是事物保持的性质，若阴气偏盛，事物将趋于保持、静止的态势；阳气是事物升腾的性质，若阳气过于亢盛，事物运动、发展过度。万物只有阴阳二气的升降有序、交感合和的协调，才能正常产生和发展。所以，又有："阴阳和，则万物生矣"③。

"阳者，天之宽也；阴者，天之急也；中者，天之用也；和者，天之功也。"这里的"和"也是阴阳之气固有的协调机制，如果我们作一些延伸，因为阴阳具有趋"和"机制，就不能是孤立不变的，所以，"和"是意即宇宙万物都遵循"和"的规则，必然发生发展和变化。并且，"和者，天之正也，阴阳之平也。其气最良，物之所生也。"若阴阳二气在内外一些因素的干扰下，不能相互协调、相互维系而出现了偏盛偏衰，而导致了"独阳"或"独阴"，则万物万象的发生与变化则会出现偏离常道而失常。就会出现："独阴不生，独阳不生，阴阳与天地参然后生"④。阳气下降，阴气上升，这样天地阴阳二气就会氤氲交感，相摩相荡，阴阳相冲，出现或达到"和"的状态，所以阴阳"冲和"意即气化生宇宙万物并推动和调控着它们的发展变化过程。

### 2. 阴阳互藏变化起

西方哲学常用变化来说明事物的状态、现象。在中国哲学中，变与化是有所区分的。"初渐谓之变，变时新旧两体俱有；变尽旧体而有新体，谓之化"⑤。孔颖达疏："变，谓后来改前；以渐移改，谓之变也。化，谓一有一无；忽然而改，谓之为化。"《黄帝内经》中关于"生、化、极、变"的事物发生发展规律是这样论述的"物生谓之化，物极谓之变"，"夫物之生从于化，物之极由乎变"⑥。考"化"之意，所以，"化，教行也"。天地阴阳运行自有而无，自无而有，万物生患则为化。"泛言改易，亦曰变化"。我们在《易传》中可看到这种"生生之谓易"的有关世界演化的叙述："在天成象，在地成形，变化见矣"。"变化者，进

① 老子（四十二章）.饶尚宽译注.北京：中华书局，2006.
② 淮南子·氾论训.陈广忠译注.北京：中华书局，2016.
③ 淮南子·氾论训.陈广忠译注.北京：中华书局，2016.
④ 董仲舒.春秋繁露·循天之道.张世亮，钟肇鹏，周桂钿校注.北京：中华书局，2012.
⑤ 礼记·中庸.胡平生，陈美兰译注.北京：中华书局，2006.
⑥ 黄帝内经·素问·天元纪大论，六微旨大论.姚春鹏译注.北京：中华书局，2009.

退之象也"①。气化，首先是指气的阴阳因素的运动、分化，从而产生的各种变化的过程。云气和风气的流动、交感而产生闪电、雷雨等，这是自然界最常见的现象和过程。从对这些现象的观察中，古代人抽象出一般性的天地阴阳之气的升降运动，氤氲交感，相摩相荡，并以此解释宇宙万物的化生。"天地氤氲，万物化醇；男女构精，万物化生"②。"地气上为云，天气下为雨"③。古人又从人类自身的男女生殖之精相结合而孕育一个新生命的过程中推理出宇宙万物都是因为阴阳二气交感合和而生物的普遍规律。由于天地阴阳之气的交感合和，宇宙间万物发生了纷繁的变化，有新事物的产生和旧事物的消亡。古人认为宇宙万物的各种各样的变化，都是由于气的升降运行所产生的。宇宙万物在性能、形态，以及表现形式上所发生的各种变化，都是在气的直接作用或参与下的，都是气化的结果。

气化自然首先表现为天、地的生成。宇宙之气自身的运动变化，分为天地阴阳二气。由于精气自身的升降、聚散运动，产生天地阴阳二气：天为阳，阳主动，地为阴，阴主静；天气居上，阳化气，地气在下，阴成形。阳气布散而为天，阴气凝聚而为地。《淮南子》说："积阳之热气生火，火气之精者为日；积阴之寒气为水，水气之精者为月"④，即"积阳为天，积阴为地"⑤。天地皆由阴阳二气凝聚而成。

按照"反者道之动"，事物经过极点就会向相反方向转化。对立双方必会向否定自身的方向转化，这是事物生成发展的普遍方式。当居上之天气当下降，而在下之地气应上升时，则天地阴阳二气就会氤氲交感，相错相荡，宇宙万物由此化生，由此发展与变化。"气之升降，天地之更用也。……升已而降，气流于地；地气上升，气腾于天。故高下相召，升降相因而变作矣"⑥。道家还通过"类比"思维，把人的机体也看成是一个小天地，既然天地是由于阴阳二气的升降运动而致氤氲交感的，那么人体之阴阳二气也是一个升降出入、相摩相错的过程。人体内的阴阳二气的如果升降运行协调，就能够维持人体生命过程的正常进行，反之，则不能正常生长和运行。"天地之道，以阴阳二气而造化万物；人生之理，以阴阳二气长养百骸。"⑦

阴阳互藏就像振动的弦（或波动的场），在平衡点就是"中"、"和"，在阳的升腾、偏离作用离开平衡点的同时，返回平衡点的阴的作用也就产生了，离平

① 许慎撰.说文解字.徐铉校.北京：中华书局，2013.
② 周易·系辞.郭彧译注.北京：中华书局，2006.
③ 黄帝内经·素问.姚春鹏译注.北京：中华书局，2009.
④ 淮南子.陈广忠译注.北京：中华书局，2016.
⑤ 黄帝内经·素问.姚春鹏译注.北京：中华书局，2009.
⑥ 黄帝内经·素问.姚春鹏译注.北京：中华书局，2009.
⑦ 张景岳.类经附翼·医易义.太原：山西科学技术出版社，2013.

衡点越远，返回的作用越强，直至至阳（振幅最大），这时阴的因素起主导作用，如此往复，阴阳互藏、互转。平衡点的"中和"是一种动态的平衡，而不是静止，在此，蕴藏了向各个方向多样运动的的可能性（图 4-1）。

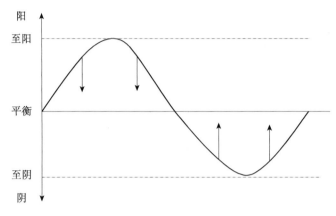

图4-1　阴阳振荡

　　道之所以能化生物质世界，在于道自身充满活力。老子论述的"道"大多是在动态的意义下使用的。道"独立而不改，周行而不殆"，"夫唯道，善贷且成"，"天地之间，其犹豪蒸乎？虚而不屈，动而愈出"[①]。道普遍运行，无息无止，化生了宇宙万物。道又弥合天地之间，就象充满风箱中的空气一样。当然鼓动风箱需要外力的推动，但道化生万物，却是自身独具的功能，是道自生的动。且这种化生万物的能力还是永不枯竭的，是处于生生不息的过程之中的。这里，已经具有了运动的物质不灭的思想。当道生化成气，由阴阳之气交和而生物，这时，道就在具体事物中表现自身。然而具体事物最终都要消亡，又都会返回到道，再由道化生具体事物，具体事物总会消亡的，而道却"周行而不殆"，原道永在，道体永存。

　　由于气的运动的促进作用，宇宙万物都有生长、壮老的变化。由于气的运动推动宇宙万物的发生发展与变化是古代哲学气学说中的核心部分。"察其始而本无生。非徒无生也，而本无形。非徒无形也，而本元气。杂乎芒贫之间，变而有气，气变而方形，形变而有生。今又变而为死，是相与为春、秋、冬、夏四时行也"[②]。这是一段讨论由"始-气-形-生-死"的相互关系的话。这里首先提出了"气变而有形"的重要思想。张载则提出了气的运动，推动万物的产生，"天惟运动一气，故万物而生"；他将阴阳变化分为渐化与著变两个阶段。"变。言

①　老子（四十一章、五章）. 饶尚宽译注. 北京：中华书局，2006.
②　庄子·至乐. 孙海通译注. 北京：中华书局，2010.

其著；化，言其渐"，并认为事物通过逐渐变化而发展到显著变化，化与变是密切相关的："变则化，由粗入精也；化而裁之谓之变，以著显微也"。关于神化，《易传》提出"阴阳不侧之谓神"，"神也者妙万物而为言也"，以神指细微复杂难以预测的变化。

阴阳之间的对立制约、互根互用并不是一成不变的，而是始终处于一种消长变化过程中的，阴阳在这种消长变化中达到动态的平衡。这种消长变化是绝对的，而动态平衡则是相对的。比如白天阳盛，人体的生理功能也以兴奋为主；而夜间阴盛，机体的生理功能相应的以抑制为主。从子夜到中午，阳气渐盛，人体的生理功能逐渐由抑制转向兴奋，即阴消阳长；而从中午到子夜，阳气渐衰，则人体的生理功能由兴奋渐变为抑制，这就是阳消阴长。[①]

阴阳互藏是事物内在的变化，是一种质变，这是事物生长因素的此消彼长，用太极图变化一下阴阳对比来表示（如图4-2）。

图4-2　阴阳互藏

阴阳双方在一定的条件下是互相转化的，达到极致便是"物极必反"。可以说，阴阳互藏产生了消长和转化两种方式，消长是一个渐变变的过程，而阴阳转化则是突变的过程。阴阳消长的渐变是阴阳转化突变的前提，而阴阳转化的突变则是阴阳消长渐变积累的结果。

### 3. 阴阳交感运动生

元气本源论的另一个重要思想，是在于它同时赋予元气永恒运动，并且万物运动并非外部有什么推动，而是"动非自外"的本能。"虚空则气，气则动者也"[②]。道家哲学都以运动的论述作为开始，说明阴阳二性的气在宇宙太空中。"浮沉、升降、动静相感"，从而产生"绍级相荡、胜负、屈伸"等运动形态。宇宙万物，它运动变化的规律是不是都是反复、回归——循环往复、周而复始的。天体运行、星转斗移，太阳的东升西落，月亮的阴晴圆缺、晦朔弦望，每年的春夏

① 王大伟，牛建昭，王继峰，孙丽萍.浅析中医学阴阳与性激素的辨证统一关系.中医研究，2009，（3）：10.

② 王夫之.周易外传·系辞下传.陈玉森注.北京：中华书局，2000.

秋冬四季，还有潮起潮落、花开花落、云卷云舒，等等，都呈现了万物生生灭灭，周而复始的现象。这就是"周行而不殆"，这是周期性。中国古代人在《周易》对这些现象就已经有了深刻的认识，把它看成是"反复其道"、"周流六虚"，是"慎终追远"、"原始反终"的周期变化。气和形的相互转化的观念在阴阳二气的细粗、隐现、屈伸、消长、激荡、闽辟等一系列的观念体系之中。"天地之间，其犹囊籥乎！""囊籥，铸所用嘘风炽火之器也。为函以周罩于外者，囊也。为辖以技府于内者，籥也。天地间犹囊籥者，囊像太虚（太空），包含周遍之体；籥像元气，偏纪流行之用。"①这里的"其"指的是道，而"天地之间"指的就是道的无限的包揽一切、滋生一切的空间或形式（它作为宇宙的绝对的能量场），并且"囊籥"所指的也不仅仅是囊籥本矣；而是指与囊籥鼓风助燃的活动相关的整个活动过程。

张载提出了"凡圆转之物，动必有机，既谓之机，则动非自外也"。这里的"机"当是指运动物体本身内在的原因、机制。所以，运动又可归之于物质自身内在的本性："太虚者，本动者也。动以人动，不滞不息"②。王夫之进一步提出物体的静需要依靠动的功能，即."体静而用动"的概念，同时辩证地指出"'静极而动，动极而静'，动静无端"的运动观。除了这种动静并无绝对界限之外，他还指明了动的绝对性.他说："止而行之.动动也；行而止之，静亦动也"。而且.在阴阳两气的运动变化之中，"万物并育于其中"，物质和运动是相互关联的。这里.虽然没有明确地提出运动不生不灭的能量守恒定律，但思想已十分接近了。

道家的宇宙阴阳是以天地分化的，即阳气布散而为天，阴气凝聚而为地。《素问》中有"积阳为天，积阴为地"③。而天气下降，地气上升，则天地阴阳二气氤氲交感，相摩相荡，这样运行就能够达到"和"的状态，"中"、"和"则能化生宇宙万物并推动和调控着它们的发展变化。至于运动的动因是"元气"的"一物两体"，即内在矛盾解释运动产生的原因，"一物两体，气也"。对于自然界总体的运动过程，"若明阳之气，则循环迭至，聚散相荡，升降相求，绍组相接，盖相兼相制，欲一之而不能。此其所以屈伸无方，远行不息，莫或使之"④。"阴田之消长隐现不可测，而天地人物屈伸往来之故尽于此"⑤。所以，宇宙万物运动是阴阳二气自生的屈伸激荡，这里排除了任何外力的推动（如图4-3）。

① 吴澄.道德经注.粤雅堂丛书.

② 张载.正蒙·参两.北京：中华书局，2006.

③ 黄帝内经·素问·阴阳应象大论.姚春鹏译注.北京：中华书局，2009.

④ 张载.正蒙·参两.北京：中华书局，2006.

⑤ 王夫之.张子正蒙注·太和.北京：中华书局，1975.

图4-3　阴阳互冲

至于阴阳二气的变化，这最终得归结于"道"。"道有体有用，体者，元气之不动；用者，冲气运行于天地之间：""道者天也，万物之所自生"[①]。"生物考，气也"。这就是说，天和万物都由元气形成，元气是宇宙和万物的本体。运动来自事物内在对立因素，"有所谓动者，动于反也"。事物的矛盾无穷无尽的思想。"稠之中又有用焉，而万物之变递至于无穷"[②]。

所谓相互交错，就是阴阳二气错综杂揉在一起，形成"一物两体"的关系，这"两体"，张载谓之"两端"。两体、两端是分立的，所以能够相互作用，而强不可能合而为一；但两端之间又没有空隙，而是"相揉"在一起，因为它们"数本清虚，可以互入"[③]。吕坤认为，阴阳交替出现是"续接"而不是"直接"，是"渐至"，而不是"骤至"，阴阳之间，无"毫发断处"。总之，阴阳二气互为其根，是一气的两种不同运动状态，阳极生阴，阴极生阳，互相转化，这就是气"推行"的方式。这是相对位置的改变，通常称为运动。如图 4-4 所示。阴阳二气推行的这种方式，类似于现代自然科学中的交变电磁场。[④]

图4-4　阴阳交感

世界万物是运动、变化的过程，这必然也会成为哲学关注和要说明的问题。西方传统哲学本质上是研究世界万物的静态的构成，所以除了在古希腊早期，在很长的时间里并没有对此有足够的重视。近代由于经典科学的影响，唯物主义哲学探讨了物质运动，但此时的运动观还是表象的，只是把运动理解为物质的位置

① 王弼．老子道德经注．楼宇烈校．北京：中华书局，2011.
② 尚书古文疏证·洪范．周若璩撰．黄怀信，吕翊欣校点．上海：上海古籍出版社，2013.
③ 王夫之．张子正蒙注·参两．北京：中华书局，1975.
④ 参见程宜山．中国古代元气学说．武汉：湖北人民出版社，1986：173.

的移动或形状的改变。现代唯物主义吸收了黑格尔的理念运动的思想，赋予物质运动的自主性，并用事物内部的矛盾性解释运动的原因。中国道家哲学一开始就把万物的看成自我生成、自我运动的，而其原因则是自我分化的对立因素。

# 三、变化出时间

"若阴阳之气，则循环迭至，聚散相荡，升降相求，缱绻相揉，盖相兼相制，欲…之而不能。此其断以屈伸无方，运行不息，莫或使之，不曰性命之瓌，请之何哉！"

——张载

事物的运动、变化呈现了过程，对于事物的各种过程，在观念是以时间表达的。

## 1. 两仪化四象

从太极分化为阴阳二气，阴阳二气的概念原出"两仪"，"是故易有太极，是生两仪"①。"两仪"是古代中国人的一种自然观，在古文中意思是"星球的两种仪容"，这是上古华人对宇宙星体模糊的观念。古人观察到自然界中天地、日月、昼夜、寒暑、男女、上下等，许多对立又相联的现象，以哲学的抽象思维，从中归纳出"阴阳"的概念。阴阳可以说是西方哲学"对立统一或矛盾关系"观点的一种中国哲学表述。

从两仪、阴阳化生了四象。"象"，就是以"象"类物，是古人的一种分类方法，这种分类的依据最初是与方向、方位相关的。"不言天地而言两仪者，指其物体；下与四象（金、火、水、木）相对，故曰两仪，谓两体容仪也"②。四象（或作四相）在中国古代神话中最早指的是木、火、金、水，太极生两仪，两仪生四象，太极为一，意为混沌，两仪指的是阴、阳，而阴、阳衍生出四象。在汉族传统文化中，青龙、白虎、朱雀、玄武是四象的代表物，青龙代表木，白虎代表金，朱雀代表火，玄武代表水，它们也分别代表东、西、南、北四个方向。中国传统方位是以南方在上方，所以描述四象方位，又会说左青龙（东）右白虎（西）、前朱雀（南）、后玄武（北）来表示。

把地下的"象"推及到天上，四象用来划分天上的星宿，四象在天上对应的是四神、四灵。在春秋易传的天文阴阳学说中，又把四象观发展为由天上所影响或决定的地下的现象，指四季天然气象，分别称为少阳、太阳、少阴、太阴四象。这样四象可以分别可以代表木、火、金、水；春、夏、秋、冬；生、长、

① 周易·系辞上.郭彧译注.北京：中华书局，2006.
② 周易注疏.王弼注.孔颖达疏.上海：上海古籍出版社，2002.

老、死；风、雨、雷、电等不同的四类事物和现象，将事物和现象分成四个方位、四个阶段、四种趋势、四种相关联的状况。

四象之间的一般关系就是循环，是一个阳气与阴气不断地互克互生的循环过程。在四象观中，"水"是作为阴气的极点，由于"阴极阳生"，所以"水"向"木"变化，即生"木"；"木"阳气继续上升，就变化为"火"；而"火"则为阳气极点。又由于"阳极阴生"，所以"火"转变为"金"，就有火生金；"金"阴气继续上升，变化为"水"，又有金生水，如此循环。"木、火"都是由"阳气"二分而来，木火相生为阳，所以归类为"两仪"中的"阳"。"金、水"都是由"阴气"二分而来，金水相生为阴，所以归类为"两仪"中的"阴"。由水变化到木，是阴气渐少，阳气渐多的过程。由火变化到金，是阳气渐少，阴气渐多的过程。

从产生的原因来，根据阴阳互根互生理论，四象还可用另一种方式表示。用四象解释生命时，"木、火、金、水"分别可以表示生命从无到有，从有到强，从强到弱，从弱到无的生、长、老、死的四个连续的过程。用于对应一年四季时，四象分别可以对应春、夏、秋、冬。由春季到夏季，阳气渐升；由秋季到冬季，阴气渐升。

综合四象的意义，四象对应一年四季，明显具有周期性变化规律。如果将植物的种子、动物的后代看作生命的特殊再生方式，那么，四象对应生命的生、长、老、死四个阶段，生命也是具有周期性的。四象变化，周而复始，是事物发展变化的一般规律。从四象（木、火、金、水）的阴阳变化次序和规律确定了事物变化的一般规律，所以四象表示的是各种过程（如图 4-5）。

图4-5　两仪化四象

"二生三"，其中有"象"。"象"，即形状、样子、仿效、好象、天象。"象"包含了一种态势和趋向，象样是一个保持过程，象又是序列的延伸、生长。"象"与"冲"结合，就是一个物的延续和变化过程，万象更新，时间也从这开始。

## 2. 变化之过程

作为浩浩荡荡的自在之流，时间这种道的运动状态为"迎之不见其首，随之不见其后"。考察从本能作用到空间实体的突现，生成从无到有的变化也就规定了自身的过程性。"也可以这样说，变是一般有与无的消逝；但变又依靠有与无的区别。于是，变在自身中与自己矛盾，因为它在自身中联合了与自身对立的东西；一个这样的联合，又要自己毁灭的"。所以，作用又在实体突破保持、连续，促使实体变化，分化出变，使实体成为一种过程。"变是有与无的不分离，不是从有与无抽象出来的统一，变作为有与无的统一，乃是规定了的统一，或者说，有和无两者都是在这样的统一之中。……所有有与无是在这统一之中，但它们是作为消逝的东西，不过是被扬弃的东西"。"变用这种方式，便在一个双重规定之中了；在一重规定里，无是直接的，即规定从无开始，而无自己与有相关，这就是过渡到有之中；在另一重规定里，有是直接的，即规定从有开始，有过渡到无之中，即发生与消灭"①。这里是指的质变，另一种是"对于感性事物，我们说它是变化的。所谓变化的，就是说它是'有'，同时也是'非有'"②。即量变。

量是外在的规定，质是内在的规定，两者是存在的不同方式的规定。质的内在性不能被我们感觉经验所直接感知，质的变化只有在空间量的改变时才被我们意识到，只要"统一性"没有被打破，质就仍然保持着，这就像苹果的中心开始变质，而外表却保持不变一样，所以质被错觉赋予稳定的性质。然而，在存在生成中，作为本能作用的质是绝对不稳定的，稳定是失去了能的无能，也即不能，生成总是能的，能不可中断。质生成了实体，实体性要求保持、延续，所以实体空间的量具有稳定性。质是没有惯性的，而质转化为成为实体的质量就具有了惯性。质变是绝对的，量变是相对的，质的"惯性"就是变。

质变是存在生成的本能要求和呈现，本能的质变要求连续性，质变不会中断，中断意味着能的失去。所以，在任何过程规定的度中，都会发生质变，在任意一刻都不会失去质变，因而质变是绝对的。作为质变的结果，量变是以空间方式呈现的，质变引起量变呈现了过程，这样量在变之先就有一段保持、留存，并且不同的质能够转变为相等的量，所以量能够相对静止，量变是非连续的、相对的。量变的相对静止为不同层次的系统相互作用提供了可能，所以人类能够认识世界，但在质变的绝对性中，我们对量的认识永远只能是已经过去的东西。在质的直接性中，我们人类的质——意识作用与其他存在的质能够连接，但质变作用的绝对性和空间中量变的相对性、间断性、滞后性，又使得我们意识中的质（的观念）不能成为绝对、完全、彻底确证的东西。

---

① 黑格尔 . 逻辑学（上卷）. 杨一之译 . 北京：商务印书馆，1966：96-97.
② 黑格尔 . 小逻辑 . 贺麟译 . 北京：商务印书馆，1980：101-102.

变化有两种状态，这就是渐变和突变。存在在时间维的投影是变。时间维规定的过程性是变的程度：渐变和突变。因为变的过程是从另一过程衡量的，在特定的参照中，渐变是系统整体缓慢的、连续的变化，而突变则是急剧的、非连续的变化。"当我们观察客观世界时，我们是运用量的范畴。事实上我们这种观察在心中的目标，总在于获得关于尺度的知识。这点即在我们日常语言里也常常暗示到，当我们要确知事物量的性质和关系时，我们便称之为衡量"[①]。我们看到哲学中的衡量如：上帝是万物的尺度，人是万物的尺度，理性是万物的尺度。

常道是"先天地"而无始的存在。天地不能久，唯道能久："天乃道，道乃久"。道是"独立而不改，周行而不殆"的永恒存在。任何具体物或现象都不具有永恒性，总是会消亡的，只有本体是永恒的、无限的。道在时间上永恒，在空间上无限，以至人们无法用准确的言语来表达，就其本质说，道就是大。因此，老子只能说："天下皆谓我道大，似不肖。"[②]

存在生成是生长、积累、保持、留存（对个体系统还有其相反的方面），从无到有，从有到无即是一个过程。在感觉经验中，事物都在年复一年中生长、衰老、消亡，这种年复一年（还有月、日）就造成了我们的时间观念。时间就是实体的过程性。没有实体变动的过程，就没有时间。所以，时间并不是对存在物的持续性衡量，而是对存在的变的规定，即存在的改变、变化。时间过程是从无到有，从质规定过渡到量，从原质涌现出新质的中介。能量造就了虚实两个世界。虚世界属于老子道生论中"一"的状态，而实体物质则为"二"生出，虚实的转变和实物形态的运动、变化过程则是"三"——变化的开始，即时间。（如图4-6）

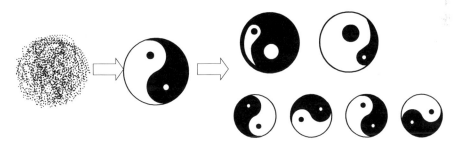

图4-6　二生三——阴阳互藏交感

### 3. 过程现时间

"冲动"是一个动态的过程。从涨落到聚积，有一个因果次序，聚积的保持、

---

① 黑格尔.小逻辑.贺麟译.北京：商务印书馆，1980：234.

② 老子（十六章、六十七章）.饶尚宽译注.北京：中华书局，2006.

延续过程，打破了暂态、瞬时，就是时间的开端。构成观哲学把时间理解为存在的持续性，这是对时间的狭隘的理解。时间不是延续的保持，而是变化的规定和衡量。时间是能量作用的流变、运行，又是实体空间的延续、保持和生长。所以"冲气"是"阳气"和"阴气"的统一过程——时间。

　　生成以空间方式显现了差异，生成又促使差异的变化，从无数量到有数量，从少数量到多数量（或相反）。空间差异的这种改变表现了持续的过程，时间是规定、衡量这一过程的方式。时间是我们在感觉经验中用来规定事物的过程性的尺度。变化是差异量的比较，所以时间是从空间分化、衍生出来的维度。存在生成是生长、积累、保持、留存（对个体系统还有其相反的方面），从无到有，从有到无即是一个过程。在感觉经验中，事物都在年复一年中生长、衰老、消亡，这种年复一年（还有月、日）就造成了我们的时间观念。张载说："气有阴阳，推行有渐为化，化而载之谓之变，以著显微也"[①]。李中梓引用了朱熹的话来阐发变与化的关系："经曰：物生谓之化，物极谓之变。……朱子曰：变者，化之渐；化者，变之成"[②]。物之极由变而来，而旧事物由小到大发展到盛极的过程，是事物渐渐地发展过程；化是渐变已经完成了，物之生从化而来，事物从有到无的突然发生，即新事物产生的过程，则叫做化。所以，变相当于量变，而化则属于质变。无论是物极之变，还是物生谓化，都是一过程。与过程相联系的经验和哲学的观念就是时间。

　　"客观"的时间研究方式以时间的不可逆性画出了时间的箭头，它将过去和将来区分开来，使时间有了方向。英国科学家霍金认为至少有三种不同的时间箭头：热力学时间箭头，在这个时间方向上熵增加；心理学时间箭头，即我们感觉时间流逝的方向，表现为记忆；宇宙学时间箭头，在此方向上宇宙在膨胀而非收缩。热力学指出了一个孤立系统的熵总是增加的，这是指热力学系统的热分子运动总是趋向于无序的方向，这一过程具有不可逆性。心理时间来自于感觉经验，在关于宏观世界的表象中，天体运行、自然现象、动植物的生长，以及我们人类的生长死亡都是一种变化过程，心理时间就是从这些过程的感受中抽象出来的。在某种循环不变的过程衡量其他的一个变化过程，这种作为参照的变化过程就有了永恒流逝的时间的观念。由此可以看到各种时间的本质都在于运动和变化，时间是衡量变化的尺度，并且，上述三个箭头指向同一个方向。

　　时间是规定变化的维度，是对"一段"过程的衡量，没有质与量的变化，也就没有时间。没有质与量改变的独立的时间"点"是没有意义的，只有在不同的点的比较中，时间才具有意义。因而，当我们说"某时某刻"时，其实都隐含着

---

① 张载.正蒙·神化.北京：中华书局，2006.
② 李中梓.内经知要.北京：人民卫生出版社，2007.

"另时另刻"。在构成观的世界图式中，时间的真正意义并没有得到正确的解释。哲学把时间作为存在的留存性、持续性，其实这是受了人们经验中心理期望的误解。存在的时间方式是通过空间"量"（和"数"）的改变而表现的。变化是从无量到有量，从少量到多量。衡量过程的是某种量发生了改变，没有量的变化，也就没有过程。一年是地球绕行了太阳一周，一天是地球自旋了一周，古代人用沙漏计时，是沙在不同的容器之间增减，从增减的沙量衡量时间的长短。过程的比较只有在比较的事物之间都发生量的改变过程才有意义，如果其中有一个没有发生量的改变，就没有意义，也就没有过程。一事物在地球自转一周中存在了一天，或在地球绕太阳转一周中存在了一年，如果在这期间该事物没有发生任何量的改变，那么是过去了一天，还是一年，对它来说是没有区别的。如果永远保持不变，那就是永恒，时间对它也就失去了意义。

因为时间是因变而生的，所以时间的长久与短暂是相对的。传统哲学似乎接受了经验和经典科学的信念：存在一个宇宙之钟，所有事物的过程都可以共同用它来衡量。其实，并不存在衡量各种事物过程的统一的、共同的宇宙时间之钟，存在的都是具体的、独特的过程，都是与具体的作用方式、具体的状态相关的，我们只是在不同的过程之间进行比较。我们用地球绕太阳旋转一周的一年时间来衡量我们周围的事物，是因为我们都在太阳系中，受太阳所规定的相关作用。如果一个物体以高速离开太阳系，我们仍以太阳时来衡量它，它的时间就会与太阳系中的物体时间不同，或者说它的过程就会改变。

考察从本能作用到空间实体的突现，生成从无到有的变化也就规定了自身的过程性。"也可以这样说，变是一般有与无的消逝；但变又依靠有与无的区别。于是，变在自身中与自己矛盾，因为它在自身中联合了与自身对立的东西；一个这样的联合，又要自己毁灭的"。所以，作用又在实体突破保持、连续，促使实体变化，分化出变，使实体成为一种过程，时间就是实体的过程性。没有实体变动的过程，就没有时间。所以，时间并不是对存在物的持续性衡量，而是对存在的变的规定，即存在的改变、变化。时间过程是从无到有，从质规定过渡到量，从原质涌现出新质的中介。"变是有与无的不分离，不是从有与无抽象出来的统一，变作为有与无的统一，乃是规定了的统一，或者说，有和无两者都是在这样的统一之中。……所有有与无是在这统一之中，但它们是作为消逝的东西，不过是被扬弃的东西"。"变用这种方式，便在一个双重规定之中了；在一重规定里，无是直接的，即规定从无开始，而无自己与有相关，这就是过渡到有之中；在另一重规定里，有是直接的，即规定从有开始，有过渡到无之中，——即发生与消灭"[①]。这里是指的质变，另一种是"对于感性事物，我们说它是变化的。所谓变

---

① 黑格尔.逻辑学（上卷）.杨一之译.北京：商务印书馆，1966.

化的，就是说它是'有'，同时也是'非有'"①。即量变。

过程只是本能到实体的要求，所以时间不能独立规定存在的方式，时间是从无到有，从能量到实体的过程。时间是从作用和空间分化出来的，只有与作用和空间的结合，共同规定存在。变总是有内容的，是从无到有，或从有到无，时间维只提供一种过程的参照，作为变的程度的度量。

约在 150 亿前发生的开天辟地的事件，使宇宙在一个极热、极紧致的状态中发生了大爆炸。时间在大爆炸时有一个开端，按照大爆炸模型，大爆炸的刹那就是宇宙的开始，也是时间和空间的开始。时间和空间的结构均受物质和能量分布的影响。当 $t>0$ 时，时间产生。张载描述的"气缺然太虚，升降飞扬，未尝止息。……此虚实、动静之桃，阴阳、蹦柔之始"②。所隐含的思想与这情形是一致的。

空间和时间是在经验中是独立的，但相对论把它们联系在了一起。现代科学已发现了暗物质、反万有引力的存在，又向虚世界迈近了一步。但是，光速屏蔽了不同时空维层，限制了不同事物的存在形式。光速是物质界运动的极限，它是我们这个宇宙与另一个宇宙之间的鸿沟，也是物质界和精神界的临界点。按照霍金的说法，空间和时间的独立本体能够以超微尺度"涂抹"或"污染"。这赋予了时间以新的特征：越靠近创始点，时间就可能越来越多地采取一个空间维的性质，而越来越失去时间的特性。时间是从空间中"漂浮"出来的。并且，这种转变还不是突然发生的，而是被测不准原理所逐渐"染污"的。一旦空间和时间服从量子理论，就立刻出现空间和时间"打开"（开关）即突然产生的可能性，不须要先验的原因，完全依据量子物理学的法则。此前极寂的状态称为"无始"，此后称为"元始"、"太易"。此两种情况都不存在我们通常所说的时间。"时间之矢"以宇宙尺度浮现存在于宇宙的膨胀中。

道家哲学假设了道为宇宙的本原，并且还是万物发生发展的原动力。这种本体与生化统一的结构，还表现于道是自我发生和运行的。"有物混成，先天地生"。道生天生地，运行日月，长养万物，它是造化之根。但对老子的"二生三"的思想解释历来比较含糊，这一方面老子及道家哲学论述较少，另一方面道家哲学与西方哲学传统哲学类似，缺乏对事物过程性的深刻认识，不能认识时间的真正意义。这也是所有原始思维，及以感觉经验知识为基础的哲学的所有的不足之处。

"二生三"是阴阳对立的变化，分为两种情形：一是阴阳互藏，可称为"化"，是事物自身阴阳对比，强弱的改变，这是事物生长的质变；二是阴阳交感，可理解为阴阳的相互推动，使得事物状态的相对变动，表现为事物的运动。

①　黑格尔.小逻辑.贺麟译.北京：商务印书馆，1980：101-102.
②　张载.正蒙·太和.北京：中华书局，2006.

当然，这两种状态也是相互关联的。阴阳互藏交感的互冲趋向于"和"，既是互冲的"中和"趋向，也是"互冲"的过程。"二生三"出现的变化过程，生成了时间之维，这样就完成了宇宙万物存在的参照系。如图 4-7 所示。

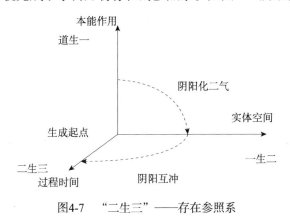

图4-7  "二生三"——存在参照系

# 第五章 道之存在——三生万物

"昔者，圣人因阴阳以统天地。夫有形者生于无形，则天地安从生？故曰：有太易，有太初，有太始，有太素。"

——列子

老子"道生一，一生二，二生三，"这也就是从道分化出一、二、三。道生成一、二、三，就将自身蕴含的创生之能全部呈现了，完成了自身的分化，生成了全部的存在方式。道的分化难以穷尽，但当其中的象、物、精全部呈现，存在的一般的、普遍的方式也就完成了。

## 一、道之一、二、三

"太易者，未见气也；太初者，气之始也；太始者，形之始也；太素者，质之始也。"

——列子

老子规定了道初始是一种无状、无物的状态，"绳绳兮不可名，复归于无物，是谓无状之状、无物之象，是谓恍惚"。说它无状、无物，因为其"视之而不见，名之曰微：听之而不闻，名之曰希：搏之而不得，名之曰夷。此三者，不可致诘，故混而为一"。虽然这种不可见之精微、不可闻之希声、不可得之物象，而三者混而为一于道中"惚兮恍兮，其中有象；恍兮惚兮，其中有物；窈兮冥兮，其中有精"①。道涵有象、物、精三种因素。象、物、精是从生化出的存在对道的认识，是道的内容的呈现。象是对道变的描述、物则是心灵视觉对"见"道内容的描述，精是对道生的描述。从道的三种存在方式，道是真实，可以描述，可以把握的，所以，"其中有信"。

### 1. 道之精

精是细密的，与"粗"相对，指物质中最纯粹的部分，提炼出来的东西，是事物的内容实质，主要的意义；延伸之义指人的精神，包括意识、思维活动和一般心理状态，人表现出来的活力。"精气为物，游魂为变，是故知鬼神之情状"。"阴阳不测之谓神"。"知变化之道者，其知神之所为乎"②？从"精"这一观念究

---

① 老子（十四章、二十一章）. 饶尚宽译注. 北京：中华书局，2006.

② 周易·系辞上. 郭彧译注. 北京：中华书局，2006.

竟的形成过程，我们对老子的"精"的意义就会有更深刻的理解。这一观念的起源可追溯到古代原始宗教的多神信仰时期，"精"是在"神"的观念的复杂变化中所形成的观念。

"精"在经验知识中是一种精细的物态，是最细微的物质存在，"恒无之初，迥同太虚。虚同为一，恒一而止。湿湿梦梦，未有明晦。神微周盈，精静不熙。古未有以，万物莫以。古无有形，大迥无名。天弗能覆，地弗能载。小以成小，大以成大。盈四海之内，又包其外。在阴不腐，在阳不焦。一度不变，能适规侥。……知虚之实，后能大虚。乃通天地之精，通同而无间，周袭而不盈。服此道者，是谓能精"①。这里的有了无形状态的思想，后来发展为精气说。

精与我们人类自身密切相关，古人认为人是由生殖之精而来的。古代人把生殖之精作为生命起源的一种原始物质，它具有繁衍后代的作用。古代称生殖能力的精为天癸。男女媾精，阴阳调和，胎孕可成，后代繁衍。俟至老年，精气衰竭，生殖繁衍能力丧失。精是繁衍后代的物质要素，若肾精充足，则生殖能力强盛；反之肾精不足，就会影响生殖能力。并且，从精的来源言，则有先天与后天之分。"人之始生，本乎精血之原；人之既生，由乎水谷之养。非精血，无以充形体之基；非水谷，无以成形体之壮"②。所以，人的精血是来源于先天，而养蕴于后天，"人之始生，本乎精血之原；人之既生，由乎水谷之养。非精血，无以充形体之基；非水谷，无以成形体之壮"。先天之精，精是先天带来的。人之始生，秉精血以成，借阴阳而赋命。父主阳施，犹天雨露；母主阴受，若地资生。男女媾精，胎孕乃成。"一月为胞胎，精气凝也；二月为胎形，始成胚也"。所谓"人始生，先成精"③，"精合而形始成，此形即精，精即形也"④。父母生殖之精结合，形成胚胎之时，便转化为胚胎自身之精。因此，先天之精，包括从母体所获得的原始生命物质，以及各种营养成分。

古代人对精的认识是从一种物质养分的东西延伸为机体组织运行的能力。人之生始于精，由精而成形，精是胚胎形成和发育的功能作用。并且，人出生之后，还赖于精的充养，才能维持正常的生长。精气由盛而衰的变化时，人则从幼年而青年而壮年而步入老年，直至死亡。古代中医学关于精、气、血、津液学说中关于精的观念，后来滥觞于哲学气一元论中的"精气说"。《管子》首先将气与精联系起来，将气范畴规定为精、精气，形成了精气说，管子认为精气是最细微而能变化的气，是最细微的存在形态。精气不仅是生命的来源，还是世界的本原。

① 黄帝四经·道原.陈鼓应注译.北京：商务印书馆，2007.
② 张介宾.景岳全书·脾胃.北京：人民卫生出版社，2007.
③ 夏英.灵枢经脉冀.北京：中医古籍出版社，2015.
④ 张介宾.景岳全书·小儿补肾论.北京：人民卫生出版社，2007.

"精"既然是人的生成、生长的因素，那么人会死，人死了一定是人失去了"精"。这样就将"精"推及与游离人体之外，而产生了"精灵"、"魂魄"的观念。"人生始化曰魄，既生魄，阳曰魂。用物精多，则魂魄强，是以有精爽至于神明"①。孔颖达疏云："形之灵者名之曰魄也，既生魄矣，魄内自有阳气，气之神者名之曰魂也。魂魄，神灵之名，本从形气而有"②。它如《礼记》讲："魂气归于天，形魄归于地。"讲："气也者，神之盛也；魄也者，鬼之盛也；合鬼与神，教之至也。"③可见，古人对于生命的理解还有将气与魂魄相联系的观念。而这也不独中国所有。如古希腊智学家阿那克西米尼说："灵魂是空气"。现代学者通过研究也指出了这一点，如拉法格说用来表示灵魂的希腊文和拉丁文"开始都用作呼吸的意义"。并且这在原始先民那里即有之，如泰勒说："精灵便是能够生活灵动的气。"这表明了在早期思维中气与魂魄的关系密切。

几乎每个民族都有灵魂的观念，灵魂一词的"灵"与"魂"可能是属于两个不同的信仰问题。其中，"魂"主要可能与个体的生死者有关，而"灵"则是把相似于人的"灵"的作用赋予自然物，用来解释人们对自然存在的一些神秘的未知现象。"魂"是个别的、具体的，而"灵"则已经带上了一般的普遍的特征，所以通常说"神灵"。这也反映了先民原始思维试图把个别、具体上升为一般的倾向。在与这些自然环境的接触过程中，把人类自身所具有的生命特征赋予了自然物就产生了"灵"的观念，把"灵"赋予自然物是对自然环境的一种初步认识，目的在于能使物也具有灵性，能与人相同，使环境能与人协调统一，更适合人生存。在此基础上，更为普遍的"灵"物有可能产生。例如龙，就是在变形的各种生物中，假象了有一种不变的、统一的力量支配着——精灵。在动物界，例如鸟可以与天空之物的复合，地下之物与天上之物都可以由灵支配。

"灵"观念还应当是后来神的观念及信仰的源头。有了"魂"观念以后，就又会派生鬼的观念，所以，魂与灵的观念可以说就是后来鬼神观念的源头。实际上，在中国古代，鬼神观念及概念起源于宗教，同时成为哲学诞生的一个重要的思想源头，并在哲学发展中始终起着重要的影响。在后来的哲学中，"魂"与"灵"这两个语词经常会被加以使用。道家中掺入的这样一些神的信仰观念使得哲学带有神秘莫测色彩。从西方哲学的角度，这是一种还未完全脱离原始的思维形态，所以中国道家哲学似乎是介于哲学与宗教之间的思维形态，事实上，后来从道家哲学确实产生了宗教，哲学又回到了宗教。

天地未形之初，宇宙就如辽阔无垠的虚空。但这个虚空并非是什么都没有，

---

① 左传·昭公七. 刘利等译注. 北京：中华书局，2007.
② 周易注疏. 王弼注. 孔颖达疏. 上海：上海古籍出版社，2002.
③ 礼记·祭义. 胡平生，陈美兰译注. 北京：中华书局，2006.

它只是"神微周熙，精静不熙"的状态，即充满着无形的尚未运动变化的"精"与"神"的状态。精神，在先秦道家中，指蕴含在恍惚无形的"道"中的细微物质，照《道原》的解释，是一种"精微"、"广大"、"显明"的物质，这种物质，即后来所谓的"精气"。因为太虚中充满这种物质，所以，"一者其号也，虚其舍也，无为其素也，和其用也"，"其"即道。虚空本身并不是道，而是道之舍，道就是一，就是"精"或"神"。因此，虚空不虚，"知虚之实，后能太虚"[①]。这种认为太空及其中自然充满的精微无形物质乃是天地万物本原的学说，本质上还是以气为天地万物本原的。

李约瑟在全文引证了《吕氏春秋·精通》——其中包含磁石吸铁、生物钟等现象以及用"精"的往来沟通解释这些现象的学说——以后，说："在古代中国关于物理世界的构思中，连续性、波和循环是占优势地位的。在这里，'精'有时差不多可以翻译为辐射能。"在引征了北宋燕肃关于潮汐受日月等天体影响的论述后，李约瑟又说："这些话究竟同'万有引力'这类术语表达的说法接近到什么程度，要看我们怎样对所用名词加以解释。例如，大致同时代的张载（理学家）说，月的'精'是一种向四周放射的'精'，水的'相感'是水的感应。"[②]

从道生成、分化了次级观念：道包含了三种存在（方式），或者说道是一分为三的："道之物，唯恍唯惚。惚呵恍呵，中有象呵；恍呵惚呵，中有物呵；窈呵冥呵，其中有精呵；其精甚真，其中有信"[③]。（强调"道"的抽象中，"有象"，"有物"，"有精"，而且"其精甚真，其中有信"。生物和无生物，所谓"有"——象与物。"象"与"物"都是显露的，是有形象的实物，可以直接感知的，而精则是潜在的、隐含的，但却也是真实的，其精气真实，是可以信验的。最后的"其中有信"与前面的"中有象呵"、"中有物呵"，并非并列之句，它是对"其精甚真"的进一步肯定，认为是信而有征的"其中有信"。"精"的作用留存、包含于"象"与"物"中，即是现代各个科学学科所共同具有的一个概念——信息。

### 2. 道之物

物即物体的含义是比较明确的，物体是指具有一定的大小、形状，处于位置的空间东西，是感觉经验中最为真实、最为实在的存在。古希腊哲学就是从空间物开始，并以此为基础发展的。最初的泰勒斯的水，伊壁鸠鲁和德谟克利特的原子，及亚里士多德的实体都是假设了不变的、基础的空间方式存在之物。"道"作为宇宙的本原的基础上谈论宇宙本原问题的，但与古希腊不同，物是隐含在道

---

①　黄帝四经·道原.陈鼓应注译.北京：商务印书馆，2007.

②　参见李约瑟.中国科学技术史（第二卷）.北京：科学出版社，1990.

③　老子（二十一章）.饶尚宽译注.北京：中华书局，2006.

中，是从道中生成显现的，是从无质到有质，从无形到有形的。庄子继承了老子的思想，也把"道"作为万物的本原，"夫道，有情有信，无为无形；可传而不可受，可得而不可见；自本自根，未有天地，自古以固存。神鬼神帝，生天生地；在太极之先而不为高，在六极之下而不为深；先天地生而不为久，长于上古而不为老"①。庄子把"自本自根"的"道"当作是能够"生天生地"的本原、开始。但他又以浪漫的色彩对老子本来质朴无华的道作了渲染。庄子把作为本原的"道"是更为奇妙，更为玄虚，但他对于"道"为何是本原的性质论证却不能难圆其说，作为本原、起始的道本就无多少话可说。庄子只是以一种相对主义的方式对"道"或本原问题的进一步诘问或追索。"有先天地生者物耶？物物者非物。物出，不得先物也，犹其有物也，无已"②。这意思是说能够生出万物的道，自身一定不能是物，如果它自身是物，它就仍然还是物，而不能成为生成物者。这里带有相对主义和循环论证的特征。

　　类似地，古希腊的高尔吉亚也提出了的关于"无物存在"更为详细的逻辑论证。他用反证法先设定"有物存在"，只能有三种情况：存在者；不存在者；同时既是存在者又是不存在者。首先，假定是不存在者。如果是不存在者存在，那末它就存在同时又不存在。然而说一件东西存在而同时又不存在，自相矛盾，因此不存在者不成立。其次，假定是存在者，也会有三种情况：永恒的；派生的；既是永恒的又是派生的。如果是永恒的，就没有开始，没有开始，就是无限的，也就不会在任何地方存在，因为不可能有比无限更大的地方来包容无限。如果是派生的，又会有两种情形：或者是从存在者派生，或者是从不存在者派生。如果是从存在者派生的，那就是在此之前已经有存在者存在了，存在者就是始终存在的，因而也就不是派生出来的；也不可能从不存在者派生，因为使某种东西产生的东西必须分享着存在，因此，存在者不是派生的。既然存在者不是永恒的，也不是派生的，两种情况并存的可能性也就没有了。所以说，存在者不存在。最后，既然存在者不存在，不存在者也不存在，那么，第三种情形即同时既是存在者又是不存在者也不能成立。结论只有一个："无物存在"③。这里的论证和庄子的论证所共同之处在于都在论证中假定了一个预设的前题：既然存在者或者"物"不能由存在者或"物"自身生出，"物物者"必须是"非物"。

　　庄子及高尔吉亚推断过程中的逻辑推理似乎难以反驳，但其前题却容易找出相反的意见。例如古希腊哲学家阿那克萨戈拉就说："毛怎能来自非毛，肉怎能来自非肉呢？"④然而，庄子论证的意义却并不在于其推论赖以成立的前提，而

①　庄子·大宗师.孙海通译注.北京：中华书局，2010.
②　庄子·知北游.孙海通译注.北京：中华书局，2010.
③　参见李武林.西方哲学史教程.济南：山东大学出版社，1987：77.
④　北京大学哲学系.西方哲学原著选读.北京：商务印书馆，1981：39.

在于他作如此推论的思想根源，即他对宇宙本原问题或宇宙开始问题的根本看法。他说："有始也者，有未始有始有者，有未始有夫未始有始也者。有有者也，有无也者，有未始有无也者，有未始有夫未始有无也者。俄而有无矣，而未知有无之果孰有孰无也。"①这段话同样也显示了逻辑推论的力量。庄子认为，人们总是在追问宇宙开始的问题，可是当我们说到宇宙有个开始，那么在宇宙开始之前必定有个宇宙还未开始的时候，然而在此之前又有一个连宇宙未开始都没有开始的阶段，如此向上追问，可至于无穷，我们永远也找不到最前面的那一时间端点的。

同样，对于"有"与"无"的问题也是如此。我们说宇宙的本原是"有生于无"，可是在"有"与"无"之前，还有连"有"与"无"都还没有的时候。如此这般，我们怎么能说得清宇宙是"有"还是"无"？庄子的观点属于怀疑论的立场，但这种怀疑论从哲学上来说其思想是深刻的。庄子的提问已经有了认识论问题的思想：人的理性思维所能及的范围是有限的，人们应该注意到理性思维的有限性，人所生活的经验世界的范围也是有限的，从有限的经验出发，凭借有限的思维能力，我们又怎么可能去认识宇宙的本原这样无限的问题。所以，有"物物者非物"，这里的含义并非是对于宇宙本原问题给出了一个确切的答案，而是说这个问题本身没有什么意义：因为开始之前还有开始，本原之先还有本原，所以，这个本原是属于道，它是一个我们无法认识，追究的没完没了的逻辑起点。

"一"即"气"对应于现代科学的概念是指没有分化，没有差异、弥散的、完全均匀的、处于基态的能量场，即真空。真空基态场不能通过状态变化释放能量和输出信号，从而也不能显示直接的物理效应，也就是不可测量的，因而是空无一物，但存在涨落作用。涨落的存在，可"无"中生"有"。作用使真空的均匀性遭到破坏，产生聚集，"物"才会从其中凸现出来，出现时空。正如量子理论对宇宙创生初期的描述：这一阶段宇宙是如此渺小和密集、以致甚至空间和时间变得模糊和间断的宇宙所必需的。因为间断的物必然是一种凸现，并且是以几率方式出现，所以，在这里"我们的时钟和我们的尺度不起作用"。与现代科学相映照，道家"有生于无"的思想表达了在宇宙起始，一切都未生成，无存在可言，包括空间和时间。

### 3. 道之象

"象"观念最初应当是在观察中出现的。早期人类在观察的基础上逐渐学习知识，在学习知识中发展了思维。从原始采集、狩猎活动的展开到原始农耕、畜牧方式的出现，进而发展至早期物候、天象、探矿、冶炼、疗病等种种知识的产

---

① 庄子·齐物论.孙海通译注.北京：中华书局，2010.

生，几乎是无一可以离开观察的。而古代中国人伴随观察活动发展起来的是对现象或即"象"的特殊兴趣，这既反映在知识活动中，也反映在宗教活动中。中国人将其思考立足于现象层面。"象"观念在中国早期的思想与哲学发生发展中具有极其重要的地位。

甲骨文中已多有"象"字，最初仅为模仿象之意。"象"语词的本初或原始含义就是形象、图像，这是由"象"这一字形和字意而来。例如，"象以典刑，流宥五刑，鞭作官刑，扑作教刑，金作赎刑。眚灾肆赦，怙终贼刑"①。"昔夏之方有德也，远方图物，贡金九牧，铸鼎象物，百物而为之备，使民知神、奸"②。"如是而又使以象梦旁求四方之贤，得傅说以来，升以为公……"③。以上的"象"均为形象、图像之意。以此作为基础，"象"的这第一种用法有可能衍生出物象、天象以及现象之意。随着观察到的各种现象的增多，"象"这一语词逐渐产生出多层含义。

物象是一般的物象或现象之意，"天六地五，数之常也。经之以天，纬之以地。经纬不爽，文之象也"。"夫事大不从象，小不从文。上非天刑，下非地德，中非民则，方非时动而作之者，必不节矣"④。作为现象之一种，占卜中的兆象也具有同样的意义，并且这一意义的"象"已经能和卜筮活动衔接起来，例如，龟，象也；筮，数也。物生而后有象，象而后有滋，滋而后有数。⑤

人类的思维最初起源于对现象的观察活动，这可以得到考古学以及相关的人类学与历史学的证明。在远古时期，中国人所被赠予了非常优越的自然条件和十分丰富的生物种类。从而为观察活动的展开以及类思维的形成和确立提供了很好的条件与基础。当然中国人的观察活动与整个人类一样，也应当首先是在采集与狩猎活动中发生发展起来的。对生存资料及其来源的观察和分类，是一代又一代的原始人在采集和狩猎的年代不断地重复思考着一个问题。

物象主要是以观察和观象活动作为基础发展起来的，它是对观察和观象活动的概括。在此，我们可以看到作为形象之"象"与作为现象之"象"之间的联系。作为形象之"象"，其本身有呈现、展现、昭现之意，这同样包含于以后现象之"象"中。这里的现象之"象"已经明显包含有哲学的意味，并且它与战国末年象数观念和概念显然有着接续关系。天象产生于天文观察，"夫天事恒象，任重享大者必速及"⑥。"民以土服，又何求焉！天事必象，十有二年，必获

① 尚书·尧典.李民，王健译注.上海：上海古籍出版社，2010.
② 左传·宣公三.刘利等译注.北京：中华书局，2007.
③ 国语·楚语上.夏德靠，尚学锋译.北京：中华书局，2008.
④ 国语·周语下.夏德靠，尚学锋译.北京：中华书局，2008.
⑤ 左传·僖公十五.刘利等译注.北京：中华书局，2007.
⑥ 国语·周语上.夏德靠，尚学锋译.北京：中华书局，2008.

此土"①。"昔所以除旧布新也。天事恒象，今除于火，火出必布焉，诸侯其有火灾乎！"② 这些"象"均是天象，它是这一时期占星术发展的必然结果，是天文观察活动在语词上的反映。

观察的建立以及方法的取得是在原始知识活动中就已经起源并奠定基本格局的，人类最初伴随观察活动发展起来的是对现象的无限而又特殊的兴趣。观察与现象是一个问题的两个方面。观察是其过程，现象是其对象。并且这两个方面又是互动的。思维越是依赖观察和感觉的方式，那么也就会越是信任由观察和感觉而获得的现象；反之，思维越是信任现象并赋予其重要的地位，那么也就必然会更加信赖观察和感觉方式并赋予其重要的地位。总之，在其早期，人无论是个体还是群体，只有或只能是从现象出发，并在对现象的观察和思考中蹒跚学步。换言之，作为人类普遍的哲思最初应当是以现象作为起点的，或者说是从对现象的关注中萌生的。老子在言说、理解的认识论角度，把"象"放在了"物"、"精"之前，这种颠倒次序并非是随意的，有着深刻的认识论意义：认识起始于现象。

进入农耕时代，特别是进入文明时代，中国人的观察范围进一步扩大了，思维水平也相应提高了。比如，对物候和天象的观察就是其中非常典型的方面。对物候和天象的观察首先是基于农耕的需要，"乃命羲、和：钦若昊天，历象日月星辰，敬授人时"③。农耕活动之所以依赖于对物候和天象的观察乃是由于两者在时间上都具有周期性和确定性，因此观察物候和天象可给予农耕活动以重要的提示。一般来说，对天象把握的难度要大大高于对物候的把握，因此就秩序而言，应当是物候观察在先，天象观察在后，对象的观察是从物象向天象延伸的。

古代中国农事活动中对于物候以及气象、天象的观察很早就已经有了比较成熟的形态。利用各种物候以及气象、天象来指导农业生产活动的范例在古书《大厦礼记·夏小正》中已经有了许多记载。随着农业生产实践的不断深入，先民们逐渐认识到天象对于确定季节的重要意义，于是，大量认真反复的天象观察便开始了。联系《鹖冠子》中"斗柄东指，天下皆春；斗柄南指，天下皆夏"的记载，原始人也许早就掌握了可以利用北斗星斗柄指向来确定季节的方法。天象观察的进一步发展则远远摆脱了农耕的局限，其会直接以观察天象变化为目的。中国古代人对于天象的记录是非常广泛、非常详备的。只要当时能被肉眼观察到的天象，包括日食、日晕、月食、太阳黑子、彗星、新星等，古代中国人有着做了详细的记录。

随着知识的积累，另一种重要的"象"观念或方法也产生了，这就是象征，即征象。这一观念的核心是在象征物与真实之间存在着某种联系，象征物可以用

---

① 国语·晋语四.夏德靠，尚学锋译.北京：中华书局，2008.
② 左传·昭公十七.刘利等译注.北京：中华书局，2007.
③ 尚书·尧典.李民，王健译注.上海：上海古籍出版社，2010.

来暗示或提示其所象征的事物的某种真实的性质。象征与巫术密切相关，最初产生于狩猎的年代，主要用于那些以获取猎物为目标而举行的巫术仪式上，用以预祝或庆祝狩猎的成功。最初，原始人可能只是通过观察那些自然的现象来预知吉凶，与此相关的征象观念即是所谓"前兆"。就是"注意认识事物发展过程的前期现象"[①]。随着人类实践范围的扩大和认识的深入，仅仅对于自然现象的具有"被动"性质的观察就显得不够了，人们开始提出"主动"探寻"可能性"的要求。换言之，人们不再满足于那些自然或自发的兆象，而是企图对兆象加以人为的干预或控制，这就有了占卜。征兆虽然是自发的、偶然出现的现象，但原始人认为事物发生前一定会出现相关的征兆；所以，原始占卜则迷信人是可以用某种方法请求神给人发出征兆，从而使人可以采取合适的行为。因此，占卜也可以理解为是通过主动地对人为造成的"象"的观察来判断行为的合理性，从自然现象到人的主动探求。

以上这样一种用法可以说主要是以观察和观象活动作为基础发展起来的，它是对观察和观象活动的语词概括。而由以上的考察，我们可以看到作为形象之"象"与作为现象之"象"之间的联系。作为形象之"象"，其本身有呈现、展现、昭现之意，这同样包含于以后现象之"象"中。这里的现象之"象"已经明显包含有哲学的意味，并且它与战国末年象数观念和概念显然有着接续关系。

从物象到天象，再到征象、兆象，都表达了呈现、昭现、出现、显现、趋向、趋势等含义，这些都不是反映物本身的实在、实体，而是描述物从无到有、从某种样式到另一种样式的改变、变化的过程或趋势。作为行为方式，观象本就是先后相继的序列和过程。所以，象是表征存在的改变、变化的过程，这是事物存在的时间方式。

# 二、"三"之意蕴

> "合焉者三，一以统同。吁炎吹冷，变错面功。"
>
> ——柳宗元

道家哲学十分注重数字，认为数表征了"气数"，把数字与趋势、态势相关联，并对一些自然数都赋予了本源性、规律性的意义。在原始思维中，许多数字都被赋予一些神秘的性质，在诸多的数中，数字"三"具有更为重要的意义，这不仅表现在宗教中，而且一些思想与现代科学所揭示的数字"3"的意义非常接近。当然，这里也存在猜测性、模糊性，同时也就带有神秘性。

---

① 朱天顺.中国古代宗教初探.上海：上海人民出版社，1982：120.

### 1. 数的意义

"数"观念的产生也和一定的生活与生产实践有关，是这些实践经验所积累的知识的结果。具体来说，取数思维及其观念主要是与数学、占星和音律知识等有着密切的关系。当然也不排除其中某些更为神秘的因素。与"道"观念和概念相同，"数"这一观念和概念的发展也与对事物规律、法则的认识密切相关，并且也与对世界本原、图式的认识密切相关。"数"观念及概念在中国早期的思想与哲学发生发展中，同样居有十分重要的地位。

哲学与科学都对于"数"有的双重性质的理解。如果根据一定规则，运用某些数进行运算，能够得到确定的结果。这样，数及其运算也就带有了一种必然的性质。天、地、万物、人都有一种必然性，都可以计数及运算，所以，这种必然性必定是与数相关的，数也就代表了某种必然性。万物由天地所生，其本性也必然是数。必然性就意味着具有规律、规则，这样数也就与道相通，与道联系起来了。当数在哲学中成为一种规则、规律的观念，人们也就不能完全控制它，并且，还要受它的制约。"由于天文学的进步，历法运算的精确性日益提高。而历法运算及其结果往往预示着天体运行过程的规律性和必然性，数及其运算过程就被看作这种规律性和必然性本身，或者认为天象的规律性和必然性是由数决定的。数在这里被称为天数。天数，更是决定一切，并且也决定人事的一种必然"。"数一旦成为哲学概念，人们就无法控制它的应用"。"数或天数这个哲学概念浸透了神秘主义，它的由来就非常模糊了"[①]。大量巫术和占卜色彩的内容，其中充斥了许多神秘因素，这与对"数"的哲学或理性的解释事实或本质上也存在着很大的差异，也在中国哲学中产生了广泛、深远的影响。

有的学者认为："中国文化还存在着另外一条线索，即以数术方技为代表，上承原始思维，下启阴阳家和道家，以及道教文化的线索。"[②]中国古代研究"天道"的学问是叫"数术之学"。"这种研究不仅与现代西方的科学研究在术语和规范上有许多不同，而且还包括许多与'科学'概念正好相反的东西，即通常称之为'迷信'的东西。正像人们很难把原始思维中人与自然或人与神的关系截然分开一样，人们也很难把数术方技之学中的这两方面截然分开。它既是中国古代科技的源泉，也是中国古代迷信的渊薮。如果从消极的方面讲，你可以叫它'伪科学'；但从积极的方面讲，你也可以叫它'原科学'"[③]。

早期知识活动中的记数与计数是"数"观念的起点。事实上，与"象"观念

---

①　李申.中国古代哲学和自然科学.上海：上海人民出版社，2002：115、116、117.

②　吾淳.中国哲学的起源——前诸子时期观念、概念、思想发生、发展、成型的历史.上海：上海人民出版社，2010.

③　李零.中国方术考.北京：东方出版社，2000：15、19、17、18.

与"类"观念一样，"数"观念的起点也应当是在早期的知识活动中。也就是说，"数"的知识早在原始先民的生产与生活中就已经开始积累，与此相伴随，"数"的观念也在此过程中逐渐开始形成。计量或度量意义是"数"概念的基础，原始先民普遍有结绳记事的方法。"上古结绳而治，后世圣人易之以书契"①。这比较明确地说明了原始先民所使用的结绳方法。除结绳之外，另一种非常重要的方法刻划也是计数的重要方法。此后，数在日常生活中的使用越来越频繁，并且，随着生产的进一步发展、消费量的进一步增加，人们需要记录的数目也越来越大。因此，结绳和刻划方式也就日益显示出不足。在这种情况下，产生和发明数码或数字的要求也就被提了出来。数的广泛运用，在原始先民中也就产生了数的观念，并且，随着思维的发展而不断发展。②

除记数与计数知识以外，早期其他重要知识活动，如乐律、占星等知识也对"数"观念的形成产生过深刻的影响，并且其所获得的数字可能具有更为一般的"天数"或"天道"也即规律或法则的意义。在古代，随着笛、埙等具有明确音高的旋律乐器的出现，人们逐渐对高低不同的乐音有了一定的认识。在乐律知识中也蕴含了"数"观念，所谓"纪之以三，平之以六，成于十二，……""故以七同其数，而以律和其声，于是乎有七律"③。春秋时期，类似的能力又体现在"三分损益法"，这是我国最早的乐律计算方法。其中记载："凡将起五音，凡首，先主一而三之，四开以合九九，以是生黄钟小素之首，以成宫。三分而益之以一，为百有八，为征。不无有三分而去其乘，适足，以是生商。有三分，而复于其所，以是成羽。有二分，去其乘，适足，以是成角。"④在这里，三分损益法被用于五声音阶的定律。

"数"概念最为基本的意义是计算与度量的。正是从计算与度量的确定性中，产生了关于"命数"的决定论含义的观念。计算与度量首先是空间上的，但也不局限于空间，也可以是时间的。所以我们看到西周和春秋时期又将数这一语词用于历法、历数的表达，例如"四、五纪：一曰岁，二曰月，三曰日，四曰星辰，五曰历数⑤。又如"夏数得天，若火作，其四国当之，在宋、卫、陈、郑乎！"⑥当然，既然是指时间，它就又可以用来表示时间的久暂。在这层意义上所使用的"数"也具有命数、气数、运数的含义，这也是中国古代观念中一个很重要的

① 周易·系辞下.郭彧译注.北京：中华书局，2006.
② 吾淳.中国哲学的起源——前诸子时期观念、概念、思想发生、发展、成型的历史.上海：上海人民出版社，2010.
③ 国语·周语.夏德靠，尚学锋译.北京：中华书局，2008.
④ 管子·地员.李山译注.北京：中华书局，2016.
⑤ 尚书·洪范.李民，王健译注.上海：上海古籍出版社，2010.
⑥ 左传·昭公十七.刘利等译注.北京：中华书局，2007.

内容。作为"数"，其具有某种宇宙的结构性或先天性，这就是所谓"天之道也"或"南北之揆七同也，凡人神以数合之，以声昭之"。例如，"吾闻以乱得聚者，非谋不卒时，非人不免难，非礼不终年，非义不尽齿，非德不及世，非天不离数"①。这里的"不离数"是指不能长久。又如瞽史之纪曰："唐叔之世，将如商数。"② 这里的"如商数"是指能够像商代一样长久。

规律或法则意义的"数"概念。就哲学视角而言，"数"观念与概念最有意义的是其中规律或法则的含义以及本原或结构的含义。在规律或法则方面，这应当包括自然规律、法则以及由此引申出的社会规律、法则两个方面。在自然规律或法则意义上，"数"概念的含义是与上面的历法、历数相衔接的。如"故天无伏阴，地无散阳，水无沉气，火无灾婵，神无闲行，民无淫心，时无逆数，物无害生"③。这里的"数"是指四时秩序。显然，这里的"数"与《尚书·洪范》的"五曰历数"、《左传·昭公十七年》中的"夏数得天"是一种意义上的，但其秩序、规律、法则的含义更加突出。又例如，"若国亡不过十年，数之纪也。夫天之所弃，不过其纪"。"臣闻古之善用兵者，赢缩以为常，四时以为纪，无过天极，究数而止"④。在这里，"数"都是指某种限度，或大限、极限，并且其中也都有命数、气数、运数、天数的含义。而以此为基础，又可以发展出度数的含义，例如，"声章过数则有衅，有衅则敌人，敌人而凶，救败不暇，谁能退敌？"⑤ 这里的"数"是一般原则或方法意义的，它是指一种"度"即合理性。

有关规律或法则的含义基本都与"天"相关。"天道"与"天数"、"道"与"数"的含义应当是相同的。也可以说，正是天体运行的规律性导致了"数"的观念和概念，导致了这一观念和概念中的规律或法则含义。这一类使用在春秋时期已经很多，我们由此可以看出自然法则向社会法则的充分延伸，同时也可以看出对于社会法则即"数"的重视和强调在当时观念中的地位。这里的"数"则有比较明显的礼数的含义。社会规律或法则意义的"数"主要是指等级和礼数。当然，这样两种含义其实有时也是相互交叉和蕴含的，区分只具有相对的意义。但总体而言，它们都具有规律或法则的含义，也就是说，在社会历史领域，"数"与"道"也是相通的。

在哲学层面，"数"除了规律或法则的含义外，还有本原或结构的含义。在道家哲学产生之前，作为本原或宇宙结构的"数"的观念和概念也已经基本形成了，并且其还已经体现出了某种初始的思想性质。道家哲学的象数或数术思维

① 国语·晋语一.夏德靠，尚学锋译.北京：中华书局，2008.
② 国语·晋语四.夏德靠，尚学锋译.北京：中华书局，2008.
③ 国语·周语下.夏德靠，尚学锋译.北京：中华书局，2008.
④ 国语·越语下.夏德靠，尚学锋译.北京：中华书局，2008.
⑤ 国语·晋语一.夏德靠，尚学锋译.北京：中华书局，2008.

在很大程度上就是以此为基础的。"龟，象也；筮，数也。物生而后有象，象而后有滋，滋而后有数"①。从空间物的计数，到时间上的天文历法，从乐律中的规则，到自然和社会中的规律，最后上升为万物的本原，"数"概念就是一条自然流淌的意识、思维之河，不断地开辟、行进。

数是从对对象的个数衡量产生的，本就带有计量、次序、规则等意义。古代人思维的深入就不免对数概念产生各种想象，越发使数带上一些神秘性，具有哲学的本原、本质、规律等意蕴。这在哲学的早期都是一样的，数本原也是古希腊毕达哥拉斯学派的思想。就是在现代人的智能中，也不能说对数的意义已经揭示完全了。关于"数"的这样一种性质的意义，"久而久之，从这套象征中还抽象出来一些由神秘的、有权威的数字所表述的概念，这些数字化的概念由于其不容置疑的依据和久在人心的习惯，成了人间世界最为整齐的秩序的象征"②。

### 2. 道家哲学的数字"三"

道家哲学曾阐述过多个自然数在事物和现象中蕴意，在这些数中，数"三"尤为被重视，这也许与"三"的文字有些关系。甲骨文中"三"字的用法可归纳概括为乞求、训至和训终三种含义。③对此，前川捷三在前人研究甲骨文的基础上还作了进一步的概括甲骨文中"三"字作气解；甲骨文中作"气"字解的"三中间一画短"与作为数字的"三三画等长"有别；这与甲骨文与龟崇拜，龟背的图案相关。

《周易》的最基本符号就是阳爻"▬"和阴爻卜"▬ ▬"。把阳爻和阴爻按两个一组排列，就得到"四象"；按三个一组排列，就得到"八卦"；按六个一组排列，就得到六十四卦（每次占卜取三次）。用现代数学语言表述，"四象"的组成是从两组不同元素中每次取两个元素的排列，"八卦"的组成是从四个元素中每次取三个元素的排列，而六十四卦的组成则是从八个元素中每次取六个元素的排列。在西南少数民族中，至今仍保存着一种称为"雷夫孜"的类似古代筮法的占卜方法。"雷夫孜"的具体占卜过程与方法是取细竹或草秆一束握于左手，右手随意分去一部分，看左手所剩余之数是奇数还是偶数。如此三遍，可得三个数字。而三个数字的组合必有八种变化，这实际就是八个卦象。八种状况的排列组合往往是因事而异的，但每次占卜只卜三次却与商周时期的占卜相同。④所以，

① 左传·鲁僖公十五.刘利等译注.北京：中华书局，2007.
② 葛兆光.中国思想史（1卷）·七世纪前中国的知识、思想与信仰世界.上海：复旦大学出版社，1998：144.
③ 李圃.古文字诂林（1册）.上海：上海教育出版社，2000：309、310.
④ 参见吾淳.中国哲学思维与观念的上古宗教源头.华东师范大学学报（社会科学版），2009，11：15.

撇开内容，占卜的卦象过程实际就是数学方法的运用，八卦则是与数字三相关的规则的运用。

占卜中关于三的意义及应用所隐含的思想、观念为道家哲学所继承，认为世界万物完全、完整的存在应是"三"——三种存在方式。从一元混沌之气到阴阳二气的分化，出现了"轻"、"浊"区分，轻者为为虚、为空，浊者为实、为物。而清浊、虚实差异的出现，这是一个过程，并且实体的东西既是一种延续，其自身又是生成生长的，也就是变化着的。生成、变化既不是"虚"，也不是"实"，而是虚实之间的转换过程。这种过程也就是被我们称为时间的存在方式。

"道"作为宇宙的本原及其普遍法则是"道生一，一生二，二生三，三生万物"。"道生一"的"一"是原始混沌之气，或者称为元气。这是道自生、自长的本能，后续一切存在的东西都出自这种生成。在系统万物自身，是自我生成、自我生长、自我转化的因素，在不同物之间，表现为相互作用、相互规定、相互制约。"一生二"的"二"是元气演变分化而成的阳气与阴气。阴气是气的下降、下沉、凝结的状态，相对于混沌，呈现了大小、形状、位置、质量等实体空间的性质。阴气是有形之物，实已不能算是"气"了，是存在的空间方式。"二生三"的"三"是阴气与阳气相合的中气。这里"中气"也非是第三种"气"，这只是阴阳二气互冲互荡的一种状态。因为这种状态既不是"阳气"，也不是"阴气"，不能用阴阳二气规定，是阴阳二气的交织、互动、互冲，所以只能作为"三"的存在。这是保持、延续，或者是变化、转换，是以过程呈现，以时间方式存在的方式。"对立的统一，与原来的对立，成为三；这就是'二生三'"①。阴气与阳气的统一则是冲气，或者说和气。"二生三"既是从"一"到"二"产生了"三"，又是"二"自身的存在要求"三"。"二生三"完整的理解应是"一"和"二"共同生出的"三""三生万物"的"三"是"一、二、三"是元气分化的阳气、阴气和中气，是作用、空间和时间规定了世界万物的存在。

还有一个"三生万物"的"三"。对于"三生万物"的"三"与"二生三"的"三"是否指的同样的含义，从古到今的许多解释者们都看成是完全等同的，只是对"三"的解释有所不同。有的认为是指天、地、人，或者就是人；有的认为是指阴气、阳气、和气，或者就是和气（中气）；还有的认为是指微、希、夷，或者就是象、物、精。有人认为"三者阴气阳气和气也"②，即是阴气、阳气、和气三气。也有人把"阴气和阳气的统一"是"冲气"。

老子"三生万物"的"三"与前句的"二生三"的"三"是不同的，"二生三"的"三"是指的"微"、"象"，或者是"冲气"、"中气"、"和气"。而"三生

---

① 冯友兰.中国哲学史新编（1册）.北京：人民出版社，1962：249.

② 高亨.老子正诂.北京：清华大学出版社，2011.

万物"的这个"三"可以理解为：是指三种气，即"阳气"、"阴气"、"中气"；是道所蕴含的"象、物、精"，是被描述为微、希、夷的三种要素，是"象、物、精"的展现而生万物。"三生万物"这个"三"是象、物、精。"'象'、'物'、'精'，虽然没有'三'字，但它们确实是'三'，是从三个角度讲出了"道之为物，惟恍惟惚。惚兮恍兮，其中有象；恍兮惚兮，其中有物，窈兮冥兮，其中有精，其精甚真，其中有信"①。老子说的是"道"在"有"的状态时含有象、物、精三种要素。它们确实蕴含了"三"。在道未生万物时，微、希、夷隐含于道中，道生万物是它们的呈现，就是精、物、象——精气（元气）、实物和万象（变化），这里的万物是一种统称，指的是一切存在。

一就是单一，没有差异、区别，因为一无可比较，也就没有简单与复杂的问题；二是一的自然分化，自然分化没有选择，只能是一分为二。一分为二只有均分的一种分法，二有了区分，有了对立的方面，但却是限定不能选择的，所以也无变化。感觉经验空间的维向与存在方式的维度同为"三"，这是我们这个宇宙却好规定的三维空间。因为我们人类感觉的空间三维性，所以数字三在宇宙万物的生成扮演着一个关键的非线性关节点的作用。

三是多与少、无限与有限、连续与间断的分界。三既有少的性质，又是多的开始，是多与少的分界。从占卜符号"▬"（阳）与"▬▬"（阴）组合可以有：把"▬▬"的两短横合并就是"▬"，这与原有的"▬"（阳）没有差别，就是少；如果把"▬▬"的一短横与"▬"合并就成为"二"，与"▬"就产生了差别，就是多了。（空间）是间断，一生二——连续的中断，是连续中出现的非连续，三则以过程方式把间断连接起来，所以三（时间）是连续的。变化与保持：三也意味存在是一个动态的过程，而不是静态的图式。

在现代数学中，可以用还原方法把万物中的任何一个物都归结为"1、2、3"。这里仅以数字为例加以说明。其规则有五条：一，在算偶数的个数时，把?当作偶数来看待；二，第1数为偶数的个数；三，第2数为奇数的个数；四，第3数为第1数与第2数之和；五，重复第1数、第2数、第3数的推导。根据以上规则，任何一个数字都可以归结为"1、2、3"。各种自然数的总和可以代表万物的集合，而其中某自然是数就代表某种物，任何自然数都可以还原为或归结为"1、2、3"，也就说明某种物都可以还原为或归结为"1、2、3"，反之，任何自然数都可以从"1、2、3"构造出来，所以，是"一、二、三"生万物②。

### 3. 混沌理论常数"3"

数字 3 在现代科学的非线性理论、突变论和混沌理论等学科中都扮演了一个

①　老子（二十一章）. 饶尚宽译注. 北京：中华书局，2006.
②　参见坚毅. 对老子的"一、二、三"究竟应当怎样理解. 广西社会科学，1997，（10）：15.

关键数的脚色。在涉及生长、演化及其复杂性的领域，牛顿力学已不再适用，主要应用非线性科学——其主体为混沌、分形和孤立子理论。沙尔可夫斯基定理指出了"3"领先于所有自然数。如有一个周期是3的点，就必有周期是任意自然数的点。显然，该定理包含了李-约克定理的基本内容。它赋予"3"在所有自然数中领先的独特地位。对于"3"领先于一切其他自然数的物理意义在混沌学中再次发现了它。

周期3在系统走向混沌时的特殊作用，对通向混沌道路的研究表明，"系统往往要在参量变化过程中先经历一系列周期制度，然后进入混沌状态。"而周期3正是系统走向混沌的第一个关节点。混沌隐藏在确定性的非线性方程中，混沌是"确定性的非周期流"，而"3"就是判定系统是否藏有混沌的依据，从而也是一切线性科学适用范围的内在界限。茹厄勒——塔肯斯道路证明通向混沌的另一条道路是：只要系统出现三个互不相关的频率藕合，系统就必然形成无穷多个频率的藕合，走向混沌。而"只要三个独立运动就可以产生湍流的全部复杂性"。显然，"3"不仅是产生混沌的起始点，而3本身就蕴涵着"无穷多"，蕴涵着"复杂性"，蕴涵着混沌。此理论还证明了在临界点附近，系统将出现时而有序（具有三分频周期），时而混沌的现象，当参数超过临界点时，则变成完的混沌。在此，周期3也是导致混沌的关键。不可能永远维持周期3的秩序，而不产生混沌。3似乎是一把开启大自然创造潜能的钥匙，它隐含着自然规律一切可能的周期，一旦受到触发，大自然的创造力就会不可阻挡地推动系统演化，直至混沌。

不需复杂程序和繁多的数量累积，而只要，"3"，即只要达到一定非线性程度，或只要有通向混沌的"周期3"，就足以用它组合无穷多的周期，形成混沌。"3"可以创造奇迹，这正是非线性和反馈结合的双重效应。大自然的创造仍然遵循最优化和最节约的原则。在非线性程度增大的过程中，$\mu=3$是系统演化的第一个突变点。然而就在这复杂性之中，又会忽然冒出一个像3这样的奇数周期窗，以后倍周期分岔再次全面展开，最后进入新的混沌。这里，"3"打破了人们永远维持固有秩序的梦想，它发出了倍周期分岔和混沌到来的信号。由此，我们可以说，对于宇宙创生和演化，"3"是最大的，因为它蕴涵了所有自然数；"3"是最初的，因为它是演化发生的第一个分支点；"3"是最基本的，因为它是造就大自然万千气象，无穷变化的"混沌"。"3"也是最重要的，因为它"牵一发而动全身"，开启了大自然进化的创造力。

"3"的这种"蕴涵性"和"领先性"，更深刻地证明了非线性的世界是整体性的，其中包含了高度蕴涵的内部相关性，只要触发它的启动点，便会"一发而不可收拾"地冒出系统内的全部复杂性。对于经典科学，"3"确实意味着麻烦，意味着混乱。但混沌这种表面无序的现象，实际却隐藏着高度的有序，它是进化的更高阶段。"3"作为各种系统走向混沌的共同起点，作为导致复杂性的共同基数，作为自然生命和创造潜能启动的第一把钥匙，说明自然界仍然存在着某种统一性和简单性。①

在系统理论、非线性理论、混沌理论等新兴科学学科中，"3"则意味着演化，意味着复杂性，意味着万物创生。正是这种并非作为通常意义的自然数字的"3"隐含着某种宇宙学的意义。在这个意义上，"3"或许可以作为普适的宇宙常数，作为从简单到复杂，从存在到演化的分界，并成为牛顿力学适用的第三个边界。

混沌结束了经典科学的简单性理想，但它已给出新的简单性原则。旧的简单性将世界看作由简单砖瓦堆积而成的大厦，代表它的方程一般能画出特定的几何形状，这是一个给定的世界，具有一元的单层次的统一性，一切都可还原为基本组成单元。而新的简单性，恰在于由简单的迭代，解放潜藏于系统内的复杂性，从而找到自然界创造力的潜能。因此，它只提供反馈后出现的发展起点，而不规定未来。因为事物演化的每一新层次都会创造出以前未曾有过的新事物和新规则。这是一个对未来、对创造真正开放的世界，具有多元的多层次的统一性。

# 三、存 在 方 式

"视之而不见，名之曰微：听之而不闻，名之曰希：搏之而不得，名之曰夷。此三者，不可致诘，故混而为一。"　　　　　　　　　　——老子

存在（being）一直是早已由古希腊哲学确定了其基本框架及理论内容的西方传统哲学的主题。西方哲学就是关于存在是什么以及存在如何存在的理论，2500 年来，西方哲学一直在存在的问题中探索不止。

## 1. 哲学关于存在的探索

存在是巴门尼德提出的，他开始关注"是"。不过作为巴门尼德核心范畴"是"乃是现在直陈式单数第三人称的"是"（estin），相当于 it is。这个 estin 比起"存在"（being）来，在分化程度上要更早，而且其含义也要普遍和广泛得多。关于"是"的意思："第一，作为某个东西而存在（'存在'是'是'所包含的一种意义）；第二，依靠自己的能力起这样的作用；第三，显现、呈现为这个样子。"② 实际上，巴门尼德所确定的是"是"的总体的范畴规定性："是"是完整的、单一的、不动的、没有终结的，也只有它才能构成可以被思想、被表述的真实的名称，等等。

巴门尼德与其说提出了一个内涵明确的范畴"是"，倒不如说是提出了一个

---

① 参见李曙华. 三生万物——"3"是宇宙常数吗. 系统辩证学学报，1997，（12）：10.

② 参见汪子嵩，王太庆. 关于"存在"和"是". 复旦大学学报（社会科学版），2000，（1）：25.

刺激后世哲学家们进入存在论思维的令人困惑而又充满挑战的"是"。实际上，只有到了亚里士多德，才把"是"看成最高的哲学范畴并建立起了专门研究存在的学科，按人们对亚里士多德的研究领域的归类，这类研究"是之所以为是"的学说被称之形而上学，而我们现在通常称之为"本体论"的理论只不过属于亚里士多德的整个存在论或形而上学理论体系中的一个核心部分。亚里士多德的存在论体系其实可以看成是以"是"为核心范畴建立起来的逻辑体系，或者就是关于"是"的逻辑学。也正是通过这一规定，"是"本身才有理由作为一个恒定的范畴存在，这一范畴正是后世哲学中作为核心范畴的存在。

什么是存在？实际上追问的是"是"本身，追问的是这一"是"是如何"是起来"的。在根源的意义上，存在论实际上先行地将一切具体存在物以及所指"悬置"起来，而先追问形成实体间关联的判断，即"是"本身是如何可能的问题。追问显然又是基于一个实有的"是"而不是否定这一"是"的存在性。这就是说，"是"本身无疑乃"世界"的基本事实，而哲学的起点恰恰就在于惊异于这一基本事实从而必须给这一事实确立一个自立自洽的法度，于是对"是"的追问便自然指向于对"是"的范畴性的确证与规定。这样一来，"是"也就获得了一种共相性并且自身就成为共相，"是"本身就是一个最普遍的外延最大的抽象的概念，是既无质的差异又无量的区分的绝对的"一"，而那些被悬置起来的具体存在物以及所指则成为殊相，则是通过具体的质与量所规定的"多"。

关于存在的拷问有三个相关的问题：

第一个问题是：什么是存在？这一问题直接引出了对"是"的追问与确证，而并非问的"什么"。由此带来两个结果：一是树立起了"是"的信念，使我们确信对于世界的追问活动是有意义的；二是确立起"是"作为系词的共相普遍性及逻辑整全性，通过"是"，不同实体之间得以形成主谓关系。存在论强调的是关于存在必然存在的信念。

第二个问题是：什么存在着？这一问直接针对在第一个问题中被悬置起来的那个"什么"，存在着也就是存在着什么的问题，这里的问题就是要规定存在的内容，存在的方式。从根源上说，第一个问题优先于第二个问题，"是"规定着"是者"或"存在"。这里通过"是"的确定从而展开一个"是的状态"，上述"是者"或"存在"恰恰是通过这一"是的状态"从而"存在着"的。

第三个问题是："是者"或"存在"必须能够思想和表达。这一条件又包含着一种"是者"或"存在"与语言的内在关联："是者"或"存在"必须是通过语言表述出来因而能够被理解，语言的规定性呈现出"是"的逻辑本性，同时也显示出存在论在本质上的可知特性。

存在论所确立的是一个纯有的世界而不是无的世界，必须划清"是"与"不是"的界限并把"不是"摒弃于意义及语言之外。在此，巴门尼德所谓"说出存在"的思想直接意味着存在着作为"是"之谓词的"是者"或"存在",而"是者"或"存在"的存在本身也验证并在一定程度上保证了"是"之"真"。

上述三种分类基本上反映出了西方哲学关于存在理论的三类典型。大体说来,古希腊的巴门尼德、柏拉图及亚里士多德所关注的主要是系词意义上的"是",因而那时的存在论准确地应看成"是论",这是传统的本体论;以黑格尔为代表的德国古典哲学所思考的则是存在的状态,是一种"有论"或"存有论",也就是回答存在什么的问题;至于海德格尔等存在主义哲学则是试图从生存论意义上揭示并敞开"存在",因而他们所追求的似乎是一个较传统哲学的本体论来说更为"原始"或"基础"的"存在论"。①

现代存在主义哲学认为古典哲学存在的问题是先假设了一个存在的本质:"本质先于存在",但本质先于存在不是一种普遍的、绝对的规定,它只适用于存在物,而不适用于我们人自身。人的存在先于他的本质,其意义就是说他必须先存在,然后才创造他自己。这样,我们就不能占有我们的存在,我们自身作为物的存在永远在我们自身之外,也就是说,"存在先于本质"。存在主义哲学关于存在的阐述的意义在于:在存在中我们永远不能撇开人的存在,所以,存在只能是人在其中的认识论的存在。

### 2. 哲学二元论

哲学本体论的一个基本观点就是认为存在一个与人类观察者和认识过程无关的客观的世界,把存在看作一种设定的、不证自明的东西;把存在问题看作一个离开了人和人的认识的抽象问题。构成观的体系着迷于对确定唯一维度的追求,这是要将体系保持始终如一,既然本体是唯一的,认识的维度也必须是唯一的。2500多年中,哲学坚持不懈地试图建立一个解释存在的完美体系,有时看起来似乎已经达到目标了,有时又似乎离目标越来越远。究其原因,"体系"的目标总是试图将存在归结到唯一的东西上去,这在本体论中,并非完全不可行,因为本体论最终可归结为建立或寻求一种信念的支撑。一旦进入认识论,这种唯一性的目标就会遇到不可逾越的困难,因为认识的相互作用本性决定了认识论领域的世界不能归到唯一的东西上去。无论是实体主义哲学,还是唯理主义哲学都不能将它们本体论的观点自洽地贯彻到底。

哲学本体论的目标在原子、理念、实体的观念中几乎已经实现了。然而,近代哲学却发现了古希腊哲学本体论存在着一个很大的纰漏:哲学是人认识的世界,哲学认识的世界是意识中的观念,哲学认识的世界与被认识的对象世界并不是等同的东西。这样就产生了哲学观念的世界与对象的世界到底哪一个更真实、

---

更根本的问题。在认识论中，哲学第一次直接面对一个纠缠不清的问题：一方面对象的或客观的世界应该在人类及其意识，以及人脑中的观念之前就已存在了，这个世界应更原始、更根本；另外，所有的"世界"都是人在认识的，是观念来表达的，是我们言说出来的，没有人的产生，没有意识出现，没有人在认识，没有人的言说，"世界"是什么？因而是人及其意识规定了世界，观念的世界似乎更为本质。

这样本体论的唯一性就成了哲学体系的陷阱，在本体论中，观念符号与其所表示的对象是不加区分的，所以可以达到"唯一"，只是不同的体系所建立的唯一是不同的。并且这唯一是不能被彻底确证的，仅仅作为唯一的信念。一旦进入认识论，观念符号与表征的对象就区分开来了，世界一分为二。在认识论中，世界不可能是唯一的，只能是"对立统一"的，因为认识是相互作用，对象世界与我们人类大脑神经系统处于作用的两端，思想、观念是脑神经细胞在外部对象物理作用的刺激下，自我组织形成的组织结构、联结方式，也是相互作用的产物。人类认识过程与之前的动物反映作用的主要区别在于发展、强化了反馈作用。人类在认识过程中形成了观念的东西，但是并没有到此为止，大脑还以思想、观念、知识作用于人的肌体，调整、引导人的行为，并规定、重组——反作用于被认识的对象。所以，在认识中，从起源来看，意识、思想、观念、知识是自然界生成的，处于最高的阶段、层次，因此必然要以先前存在的东西为基础，并且，又要以产生、发生作用的对象为前提。

唯物论是应该作为认识论而不应作为本体论的，唯物与唯心之分是从认识论来划分的，并不是来自本体论。从哲学的产生来看，本体论的原本、本质等本来就是作为我们认识的思维定向，作为"先验观念"参照维度蕴含在认识论中的。因此，本体论问题的产生，标志着人的认识水平发展到了一个新的阶段。但是回答本体论的问题则不属于本体论的，从而引出了认识论。认识论是任务是论证本体论的各种观点，只是一个假设作为构造哲学体系的基石和起点，这里的问题是我们的认识从什么起点开始才是更为合理的。物质与意识本体观念的提出，是认识论的不同意向，一种思维抽象，试图将存在归结为一种本初、本原、本质上的指向。这里人是作为存在物的一员而包含于其中的。

一旦进入认识论，人们意识到本体所指的终究是人自身在认识的对象，并非是正在言说着的观念的本体。这就出现了人的意识、观念与其所指的对象孰先孰后的问题，也就产生了物质与意识、观念与实体的对立。这种人为的分离会出现一种罗蒂所指出的"本体论裂隙"。以这种对立的二元论方法来认识世界存在，必然会强行将各种事物"纳入两类不可还原的范畴"，其结果是：一方面由于意识失去了空间性实体的支撑，又不具有可确证性，对意识的规定就缺乏一个外在的实在标准，具有随意性和不确定性；另一方面，若要确证意识是什么，就必须使意识具有物质性的空间特征，比如，类似于大脑的分泌物的东西，这就形成了一种无法摆脱的悖论。"任何关于认识发展的研究，凡追溯到其根源的（暂不论它的生物前提），都会有助于对认识最初是如何发展的这个尚未解决的问题提供答案。如果局限于对这个问题的古典论述，人们就只能问：是否所有的认识信息都来源于客体。以致如传统经验主义所假定的那样，主体是受教于在他以外之物的；或者相反，是否如各式各样的先验主义或天赋论所坚持的那样，主体一开始就具有一些内部生成的结构，并把这些结构强加于客体。但是，即使我们承认在这样两个极端之间有各种不同的看法（思想史清楚地告诉我们有多少种看法），似乎还是存在着一个为大家承认的一些认识论理论所共有的公设，即假定：在所有认识水平上，都存在着一个在不同程度上知道自己的能力（即使这些能力被归结为只是对客体的知觉）的主体；存在着对主体而言是作为客体而存在的客体（即使这些客体被归结为'现象'）；而首先是存在着在主体到客体，客体到主体之间起着中介作用的一些中介物（知觉或概念）"①。

追踪存在的终极唯一性——本原或本质是哲学最终的目标，因而在哲学的发展中，那些对哲学的这一终极目标持不确定态度的哲学常常被称为不彻底的哲学——怀疑论或摇摆的二元论，亚里士多德、休谟、康德等的哲学都不同程度地被这样称呼过。哲学却没有深刻反思过自身的目标：既然迄今为止我们并没有建立一个真正的一元论，那么为什么不干脆放弃这一目标。其实在认识中，我们是不能以唯一的维度规定事物的存在的，既不能规定全部事物的共同存在，也不能规定个别事物的全部存在。当我们试图以空间维将全部事物归结为实体性的东西时，会遇到我们进行这种规定的自身的意识却似乎是不受空间规定的游荡的幽灵，当我们试图将全部事物归结为有理念或观念外化时，又会面临非实体的东西怎么能规定空间实体的纠结，而无论是理念主义，还是实体主义，又都不能摆脱时间过程的规定。

西方构成观哲学在认识论中，把时空的现象存在与人认识现象的本质对立起来，无论如何诠释，都无法摆脱内在的逻辑矛盾。道家哲学的基本观点是："无"才是具体事物和现象所隐含的本体，"有"的万事万物都是这一本体的具体表现，即"以无为用"，"以无为体"②，"无"中生"有"。而一旦进入作为规定了的、能够言说的"有"，或者存在什么时，就不能是唯一，而是"三"，因为"三生万物"。

### 3. 存在的"三"种方式

统一或同一是每一时代哲学和哲学家所追求的本体论原则，但不仅世界在

---

① 皮亚杰.发生认识论原理.王宪钿译.北京：商务印书馆，1981：21.
② 王弼.老子道德经注.楼宇烈校.北京：中华书局，2011.

哲学中从未达到过真正统一。我们不得不承认，迄今为止，哲学本体论的对这种"唯一性"的追求是失败的。存在是包括人、人的意识及人的认识活动的存在，认识存在就是规定存在的一般的、普遍的存在方式。认识论的历史和现实是否启示我们应放弃世界唯一性的追求，而转向对世界存在的"多"的探索。

世界首先进入人的视野的是形形色色的万物存在，也就是在空间中的种种存在物，哲学也就是探寻世界万物的空间本原，古希腊哲学就是从这里开始的。最先提出本原及本原问题的是泰勒斯，他提出的本原是"水"，之后又有"气"、"种子"、"火"等万物本原的观点。这些本原说法的目的都是为自然万物确定一个统一的来源和归宿。寻找世界万物的空间实体本原最具代表的，也是最高成就的要算原子论。原子论者认为，"一切事物的本原是原子和虚空"。原子与虚空"是一切事物的质料因"。这种从各种形态中抽象出来的共同属性，亚里士多德将其概括为"实体"，即是相对于无形之"虚"的"实"的广延性和伸张性——空间。以空间作为说明存在的基本方式的哲学可称为实体主义或唯物主义哲学。道家哲学的"一生二"，一气分化为阴阳，阴是有形的、实体的，这就是物体，阴阳有了"虚""实"的分化，也就我们以空间规定的存在方式。

存在物的变化过程也是为我们感觉经验所熟悉的自然现象，这也理应成为哲学思考的东西。赫拉克利特最早把世界看成是一个过程，从时间的维度认识世界万物变化发展。在他看来火才是万物的本原，火的本质在于不断地燃烧和熄灭，是作一种永恒的变动的存在。所以过程——时间是存在的普遍永恒方式，是规定存在、衡量存在物的维度。但在观察和经验中，人们还不能对世界万物的时间过程有深入的认识，作出明确规定，对世界万物时间过程的普遍性、整体性认识是人的经验所不能及的。在赫拉克利特以后的2500多年中，哲学的时间维度始终没有成为一个独立的维度，只能依附于空间维度，隐没在空间维度之中。在道家哲学中，时间是变化过程的现象，这是"二生三"的"三"，即存在的时间方式。

观念、意识作用是唯心主义哲学的本体论的存在本质和认识世界维度。这是柏拉图确立的理念，也是西方思辨哲学或主流哲学的贯彻始终的。理念显然不属于空间中的实体，世界万物是因为分有了理念而存在的。理念是人的意识作用产生的，柏拉图以此规定世界万物的存在，也就是为世界建立一个实体之外的参照——意识之维。

从意识的维度说明世界的存在，就是我们通常所说的思辨哲学或唯理主义哲学，也是西方哲学的主流。思辨哲学坚持用意识作用来规定世界，从世界的生成图式来看，这种方向是要比以实体空间来规定一个构成的世界更为深刻。思辨哲学以理念、观念等意识的方式来说明世界时，无需实体主义哲学的那种追根求源。但唯心主义以人的观念只能说明当下世界的构成，却不能回答在人类出现之前，或对于人类还没有认识的世界是什么样存在，甚至有无存在的问题。从生成观来看，我们人类的意识是一种功能作用，而这种功能作用是从先前的相互作用方式演进而来的，是自然演化的最高级作用方式。

在道家哲学中，存在是生成的，天、地、人、万物都是由气相联通的，气是自我生成的本能，一切存在的东西都通过气相互作用，人与物相连的作用就是意识。所以，气是生成的本能作用，以相互作用方式而存在，是最根本的存在，时空方式只是它的呈现，是它的表象。气完全够资格成为存在的方式，并且是第一存在方式。而意识是气之作用在人类的特别的、最高级的表现。这样，说人的意识及其生成的观念是世界万物的本质也就不是毫无根据的。①

哲学是对世界的认识，这是人与世界的相互作用，至于自然界存在的相互作用，则被哲学认为只是科学的事情，不属于哲学的问题。在哲学中则分别用矛盾（事物内部的作用）和联系（事物外部之间）来表述普遍的相互作用。

凡是认识都是在解说存在，能够被解说的存在是存在的方式。经验和科学解说个别、具体、某一层次、部分的存在方式，哲学的目标是解说全部的存在方式。生成的存在是自生的本能，表现为任何存在的东西都相互作用的，包括我们认识存在这种最高级的相互作用；存在的实体具有大小、形状、位置，还有虚空等，所有这些存在实体的广延性被哲学规定为空间方式；另一方面是存在的东西具有保存、持续，或者变化、生长、衰亡等过程性，这就是被我们称之为存在的时间方式。我们面对的世界却不是单维的存在，而是一个三维的世界。在生成的观点中，我们追寻世界的本原、原初就只能是一个点。点是一种没有规定的无，即"有生于无"。世界的存在方式又必定是"三"，三中任缺一都不能真正解释、规定这个世界。任一存在方式从其他的存在方式的否定来规定，离开其他的存在方式的单一的存在方式是不可理解、不能解释、无法表达的。

"三生万物"的"三"与"二生三"的"三"不完全等同。这里的"三"是指"一、二、三"全程，即"一、二、三"生万物。"道"在"有"的状态时含象、物、精三种要素。一、二、三"完成了物的三种要素，即"象、物、精"。道在"有"的状态时含有"象、物、精"，是"象、物、精"生万物，因而"三"是全程，即作用、空间和时间的生出过程。在自生的本能作用中，自我分化，出现了实在的虚空的区分，而这种分化也就意味着一个过程，所以一切存在从此生成并被规定。"三"是万物的能量作用、实体空间和过程时间三种存在方式。当作用、空间、时间从原初的道分化、完成时，作为物、有的存在方式就都具备了，就开始了万物的存在生成。"三生万物"，这里的万物是指全部存在的物体、

① 参见刘国平，伍洁.意识——人类特有的作用方式.南京农业大学学报（社会科学版），2010，（10）：85.

事件、性质，等。从"一"，经"二"到"三"，是分化的完成，存在方式的完满，"三"又是非线性的起始，宇宙万物以"3"为"基因"开始生成、变化的过程。

　　我们可以把参照系中表示出来。我们把西方哲学关于存在认识发展的全部问题和过程及现代科学的思想用本能——作用、实体——空间和过程——时间在一个统一的三维存在参照系表达出来，如图5-1[①]，将其与道家哲学的世界万物生成的图式（图4-4）比较，就立即发现两者的对应性，只是所用的名称不同而已。

　　这里需要指出的是，传统西方哲学构成观体系一直是以参照系的某一个维度细致、深入地考察世界构成图式，现代哲学对传统哲学的突破是加入了一个维度，以某一个平面衡量世界的存在，例如辩证唯物主义的空间——时间参照面，黑格尔哲学的作用——时间参照面，至于作用——空间则是两种哲学共同的、作为辅助的参照面。但都没有从三个维度整体考察世界存在，因为没有生成观，这三个维度都还没有指向的箭头。中国道家哲学在老子开始就建立了完整的生成参照系，把宇宙万物理解为从起点生成的序列和整体。但在以后的发展中一直没有能够分别以单独的维度细致考察存在的画面，所以带有模糊性和不确定性的特征。

　　在我们所能够认识的世界中，确实也想象不出三种存在方式以外的存在。我们把生成的序列全部在参照系中标志出来，就是经验和科学所认知的全部世界的存在。从道生成的起点到人类的直线，我们可称之为世界线。

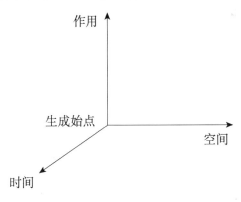

图5-1　存在参照系

　　这样，就从"太极"出发，哲学家们构想了一个充满哲学思辨的完整的宇宙生成论，在道家哲学史上开创性地向人们展示了一幅由单一到多样、由简单到复

---

　　① 关于参照系的详细论证参见：刘国平.存在——西方哲学构成观体系解析.北京：科学出版社，2015.

杂、由低极到高级的宇宙万物生成演化图景（图 5-2 ）。

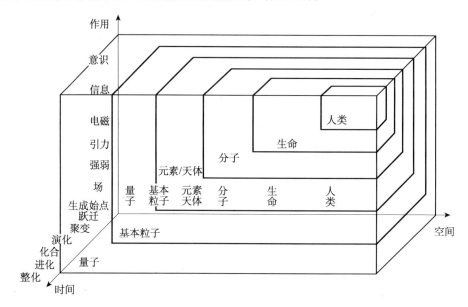

图5-2　存在生成的宇宙万物

# 第六章　道之路径——维向分化

> "从行从首，一达谓之道。"
>
> ——许慎

道，原初是道路意思，即按一定方向去到达目的地的路径。世界万物都是从道起始的，道生万物就规定了行进的路径，这就是作为道路必然是开辟新的区域，具有了一些性质，道在不断的延伸中产生了越来越多的事物。道生成的路径又以其对沿途的存在作出规定，成为存在的维度。道的自我的延伸不是一条直线，是自我的分叉，在多种分叉中选择继续行进。因为不断的分叉，所以，表现为从简单到复杂，从低级到高级的进程。

## 一、道 之 维 度

> "惚兮恍兮，其中有象；恍兮惚兮，其中有物；窈兮冥兮，其中有精。"
>
> ——老子

道作为路径是在生成中开辟世界的存在的，首先分化了规定存在的基本的方式，也就是规定存在的维度。在延伸中不断地创生了各种不同的事物，维度分叉，就产生了类的规定。存在方式是宇宙万物最基本、最原初的类。道家哲学最典型的分类是五行。

### 1. 存在的规定

"道"是有向前延伸着的，在不断的延伸中，会不断地产生分叉。这些分叉又成为对存在事物的规定，这首先是道生一、二、三，再由三生成世界万物。所以，这一、二、三就是世界存在的普遍的方式，也就是我们所指的存在方式。这普遍的存在方式及其分叉也就成为我们规定存在的参照，我们可称之为维度。道生三规定了存在的三个维度，三个维度合在一起就是存在的符号参照系。

道的分叉首先是"道生一"，这里"一"指的是"气"，气是道自生的能力，自生成的本能。而我们已经论述了"气"是道的"精"的展露。对于时空之物，气是天赋的，与生具有的，任何存在的东西都具有精。在具体存在物来说，气表现为影响、作用于它物，当然同时也受到它物的作用影响。

当把存在理解为生成时，存在的第一性是自我生成，首先呈现的自我生成、自我生长的能力。表现自我生成本能的是作用方式，并且是存在的首要方式，它表达了存在的本质。空间和时间方式是从本能作用分化出来，呈现作用的方式。"如果我们承认'某种事物的生成'，那么，根据芝诺的方法，就很容易证明不可能存在任何生成的连续性。存在着某种连续性的生成，但是不存在任何生成的连续性。实际场合是那些处于生成之中的创造物，正是它们构成了某种连续的具有广延性的世界。换言之，广延性处于生成之中，而'生成'本身则不具有广延性"。"它与所有创造物一样，都有这种双重特征。由于它具有创造物的特征，并且永远处于合生之中，决不可能存在于过去，因而它获得一种来自世界的反作用；这种反作用是它的表现本能"①。

哲学认识在解释存在的方式时，却没有把认识自身作为存在的方式。实体主义哲学以时空方式规定物质，只能以时空物质派生出来的"属性"来解释质。在唯心主义哲学中，这种自生的本能是以"精神"性的意识、观念等表达的事物的本质。意识、观念是首要的存在，物质时空是从此分化、受此规定的存在。构成观哲学，无论是唯"心"还是唯"物"的，都把物质时空与精神观念作为对立的存在。我们既然已经以存在的方式规定、言说存在，并确定了空间和时间的存在方式，那么质、性质、观念、信息、意识、精神等，还有我们人类认识（活动、行为、过程）本身也应是存在方式。我们解说存在，却忘记了这种解说本身也是存在，存在是人的首先"出场"。凡是不能以时空物质规定的东西都可以确定为空间和时间以外的存在方式，这种存在方式的共同特征是具有"精神"的性质。无论是"主观的"，还是"客观的"，"精神"所表达的是存在的主动、目的、自为的创生性。构成观哲学在当下的存在理解这种创生性，使之成为与时空物质对立的东西的存在。从生成观的角度，存在自身具有"精神"——自我生成的本能，生成本能在各个不同的层次表现为交互作用方式。在生成的最高层次、最高序列——人类，表现为意识作用，意识作用是在先前的作用序列中生成的最高级的作用方式。

第二就是"一生二"——"物"的规定，物是空间之维度。世界首先进入人的视野的是各种各样的事物存在，也就是在空间中的种种存在物，古希腊哲学开始就是探寻世界万物的本原，为世界万物确定一个统一的基础和归宿。这种寻找世界万物的空间实体本原的最高成就是原子论。原子论者把世界分为不可分割的原子和虚空，原子是构成万物的质料，而虚空是原子运动的场所。亚里士多德将这种从各种形态中抽象出来的共同属性，概括为"实体"，即是相对于无形之"虚"的"实"，近代哲学将虚空理解为实体物质的空间——广延性和伸张性。

---

① 怀特海. 过程与实在——宇宙论研究. 杨富斌译. 北京：中国城市出版社，2003：62、58.

第三是"二生三"——"象"的规定，象是表征改变、变化的过程，即时间之维。赫拉克利特最早把世界看成是一个过程，从时间的维度认识世界万物变化过程，"这个世界，对于一切存在者都是一样的，它不是任何神所创造的，也不是任何人所创造的；它过去、现在和未来永远是一团永恒的活火，在一定的分寸上燃烧着，在一定的分寸上熄灭"①。火的本质在于不断地燃烧和熄灭的一种流变过程。赫拉克利特试图为世界确定存在的所过程——时间方式。但在经验知识、近代科学中，人们还不能对世界万物的过程有深入的认识。构成观的世界静态图式也不需要时间的规定。对于存在的时间方式，只有到了黑格尔和怀特海那里才开始被理解。"有一种流行的误解是，'生成'由于进入创新之中而包含一种不同寻常的系列性概念。这是关于'时间'的经典概念，是哲学从日常感觉中概括出来的。人类根据自身关于永恒客体的经验作出一种不幸的概括。最新的物理学抛弃了这种观念。因此，我们现在应当从宇宙学中清除掉这种决不应当被接受为终极"②。

总之，哲学认识世界就是在解说存在，解说存在就是在确定存在的方式。经验知识与科学告诉我们具体事物的存在方式，而哲学则试图给出所有存在共同的、全部的存在方式。哲学无论是什么流派或持有何种观点，都不否认规定存在的空间和时间方式，只是关于时间和空间的观念在人类的认识中是改变着的，但这种改变却不能否定关于存在的实体和过程。问题是存在还有一些不能以空间和时间规定的东西：在不同的语境中出现的存在的质、性质、本质、精神、意识、理念、观念，等等。这些不能以空间和时间规定的存在，我们也得为其规定存在方式，这就是存在的自我生成的本能作用方式。这样，我们要完整表述存在，至少需要三种方式。

### 2. 类的划分

类当是人类思维中最基本的成分之一，原始人在生活中辨别食物，选择环境就已经开始最初的分类了。但试图把全部存在的东西划分为若干种类，只有在思维发展到一定的水平，对各种事物有了深入的了解和思考，并且，还有一种对万物存在的整体观念以后，才能够进行。当以三种方式规定了全部的存在，就可以以此对事物进行划分和分类。

类的观念最初是从与人类直接发生作用的事物开始的，所以"类"观念的产生与一定的生活方式和生产实践有关。在中国古代农业采集活动与农耕活动中，类思维与观念的产生自然更多地与生物、地理及土壤知识相关。在采集活动中，

---

① 北京大学哲学系. 古希腊罗马哲学. 北京：商务印书馆，1961：21.

② 怀特海. 过程与实在——宇宙论研究. 杨富斌译. 北京：中国城市出版社，2003：58.

生物知识应首先是原始先民积累的经验知识。因为各种动、植物是原始人赖以生存的生活资料，人类最早的本能的活动是觅食。原始人不断重复的一个关注和思维中心主题是对食物的观察和判别。而在一代又一代的积淀下来的最有意义的，后来成为哲学元素的就是"类"这一观念及其相关的思维方式。

中国具有优越的自然条件和丰富生物种类，这对于古人进行广泛的采集活动非常有利。早在石器时代，中国古人就已经有了关于动植物形态、解剖、生殖甚至控制等方面的知识。在古代文献《山海经》中记载了对动物、植物、地理、天象等都大量、详细的分类资料，都分门别类的叙述了动物中的蛇类、甲虫类、蛙类、蚁类、蜂类、蚕类、贝类等。中国古代关于生物和地学方面的知识和水平远远超出同时代的世界上的其他国家。甚至已初步具有了一些现今有关动植物分类学的"属"或"科"的概念的分类原则与方法。[①] 在现代科学中，这些分类也许并不完全准确，但其自成体系，这种知识格局对中国以后知识系统产生了重要影响。"类"观念在中国早期的思想与哲学发生发展中具有十分重要的地位。

在采集过程中，原始人逐渐增强了对不同生物包括植物、动物的分辨和识别能力，随着经验知识中的品种增加和范围的扩大，同时也产生和增强了对不同的生物种属的分类能力。随着采集活动中经验知识的积累，不仅发展了原始人的生物知识，同时也发展了他们的地理知识。因为动植物种类、特征在很大程度上是与地点、区域及其气候环境等相关联的，带有环境的信息，所以具有地理知识的意义或性质。而也正是在这与地理相关的划分过程中，产生了关于植物和动物更为精细、丰富的知识，也需要更为精细的分辨思维与方法。所以，早期思维与知识活动之间具有紧密的关系。而早期的"类"观念就是在地理知识和生物知识积累过程中产生的。中国古代文献记载的这种类思维以及观念不只限于生物类，还大量体现在地理知识中。生物和地理两方面一起构成了更完备的类思维与观念体系。这种基于地理与生物知识的分类思维，也深入影响了包括其在社会、历史、文化等问题上的分类方法及概念的应用。

总之，分类思维以及"类"观念最初是在地理和生物知识活动中发生和发展起来的，然后再向其他知识延伸，包括社会知识。正是在这漫长延绵的过程中，分类思维不断发展并逐渐成熟，"类"观念也终于建立起来。伴随着逻辑知识的深入，"类推"与"类属"意识或概念也出现了。[②] "类"观念以及概念是中国人一种重要的思维方法，在中国哲学的发展中居有重要的地位。古希腊人把不同类的事物看成是永恒不变的，古代中国人一开始就把不同的类是分化生成的，并且，它们之间还是相互转化的。

---

① 参见杜石然. 中国科学技术史稿（上册）. 北京：科学出版社，1982：101、10.
② 参见吾淳. 中国思维形态. 上海：上海人民出版社，1998.

类思维与观念是以"分辨"和"分类"活动为起点的，在此基础上又发展出"比类"。伴随着逻辑知识的深入，"类推"与"类属"意识或概念也出现了。这些问题应当说是人类从原始思维向理性思维的进化过程中所普遍遇到的。认识类别这样一种心智上的进步在思维方式方面的体现，就是联想以及类比。在持久的分类活动中，"类"越来越精细化，由此使得知识越来越精确，有关"类"的认识就会不断提升。这样类推、类比逐步会向某些具有中心意义的"类"集中，并最后合并为一个统一的世界图式。而在早期的世界图式中，诸如水、火、木、土一类材质，以及季节、方位都是最基本或最常用的要素，这在中国和西方早期哲学都是类似的。同时，"类"越来越抽象化，越来越深入，发展成归属于某些基本或根本的原因或起源方面。以交换为主体的社会产生的古希腊哲学着重探索的是：哪一类东西最普遍和最有价值的，最终自然会要确定不同种类事物的质地、本质。以农业社会为主体的道家哲学并不注重不同种类的性质，而把类及其性质看成是由同一的东西分化、生成的，而不同的品质是可以在生成中改变的。

"类"观念以及概念对中国古代宗教与哲学有着重要的影响影响，如战国时期以"同异"问题为核心内容的逻辑学说，也影响到相关的科学活动。其中最重要的直接影响要算五行学说。可以说，没有"类"观念与概念，也就不会有五行思想与学说。

### 3. 五行

中国古代最早对万物的明确分类是"五行"概念，"汨陈其五行。……五行：一曰水，二曰火，三曰木，四曰金，五曰土。水曰润下，火曰炎上，木曰曲直，金曰从革，土爰稼穑。润下作咸，炎上作苦，曲直作酸，从革作辛，稼穑作甘"①。"汨陈其五行"一句中的"陈"是陈列之意，"汨"为扰乱之意，两者合在一起"汨陈"就是颠倒秩序之意。由此，"汨陈其五行"这句话包含了对事物性能认识不清的意思。对事物性能认识不清也就是对事物关系认识不清，所以，"五行"则可能是指事物或材料的属性。而"五行：一曰水，二曰火，三曰木，四曰金，五曰土"这一表述就是顺着五种质料或属性的展开，对事物属性或世界本原的把握。

"五行"概念知识背景与占星术或天文学有着密切的关系。"五行"原本用于占星活动中，指的是辰星、太白、荧惑、岁星、填星等五大行星的运行。二十八宿的设定主要在于定位，通过对天体分区分组，确定坐标系统，这在性质上主要是观象活动；而对于包括五星在内的"行"的认识则主要是基于关注恒星或行星的运行轨迹。

---

① 尚书·洪范. 李民，王健译注. 上海：上海古籍出版社，2010.

地下的"五行"是从天象观察的"五星"而来的，"天有五星，地有五行"，行的意思是天体的运行。"五星"并不等同于"五行"，"五行"一词主要用于地下事物，如"则天之明，因地之性，生其六气，用其五行如"①。"故有五行之官，是谓五官。故天有三辰，地有五行"。地下五行主要是其运行，与天体运行相关的"行"这一相应，"日月之行也，分，同道也；至，相过也"②。"经纬星历，以视其离；通若道，然后有行"③。道家认为人事行为应以天道为参考，如"天道皇皇，日月以为常，明者以为法，微者则是行"。"古之善用兵者，因天地之常，与之俱行"④。"五行"概念是基于占卜中成熟的星象知识发展而来的一个概念，与"阴阳"概念的产生存在着对应性，在古代文献中，经常有"阴阳""五行"连接在一起使用。这不是完全是神秘的巧合，它反映了思维的发展与成熟，各种观念的形成存在着协同性。

"五行"不仅是材质呈现的分类，还反映了自然物的运行转化。"行"本有的含义是"行者，顺天行气也。"所以"五行"还有"行"的象征之义。"行"是行路、行程，这里意指的是自然的"运行"，也就是自然万物依循着自身所固有的规则而运动，是自然的本身形状及变化。例如，水所固有的性质是连续的流动，记载当鲧用堵塞治洪水时，引起了舜帝的震怒，因为阻流以治，破坏了水的自然之性，这违反了自然规律的作为。舜帝杀死了鲧，授命其子禹继续治水。禹顺自然规则，因势利导以治水，终于成功，于是舜帝传位于禹。

作为以时空方式存在的物质要素，五行还具有运动和相互转化的性质。作为实体物的五行能够配合阴阳四时运行，具有气化生万物及万物运化的中介作用，"然则春夏秋冬将何行？东方曰星，其时曰春，其气曰风，风生木与骨……南方曰月，其时曰夏，其气曰阳，阳生火与气……中央曰土，土德实辅四时入出，以风雨节土益力，土生皮肌肤……西方曰辰，其时曰秋，其气曰阴，阴生金与甲……北方曰冬，其气曰寒，寒生水与血"⑤。二气演变为春生、夏长、秋收、冬藏四时的自然过程，本由气所化的五行所以能够与阴阳二气结合，具有相生相克运行的大化之功，具有而生化万物的功能，所以能够配合四时行气完成实现万物的生化、转化、消亡。五行作为载体，是万物生生不息的转化、运动和变化的中介，并且还作为具体过程的存在，五行因此功能也就具有了物质世界的基本构成元素的性质。

在五行概念发展中，气化与天五行、地五行的分化，是一个重要演变环节。

① 左传·昭公二十五、昭公二十九、昭公三十二.刘利等译注.北京：中华书局，2007.
② 左传·昭公二十一.刘利等译注.北京：中华书局，2007.
③ 管子·五行.李山译注.北京：中华书局，2016.
④ 国语·越语下.夏德靠，尚学锋译.北京：中华书局，2008.
⑤ 管子·四时.李山译注.北京：中华书局，2016.

最先分化出的是地之五行说。五行作为构成物质世界的基本要素，属于物质性实体，在古代人的知识中，地是作为一种有形质的实体的总合，万物出自于地，既然都由五行构成，所以推测地也必然是由五行构成的。这样就很自然有"地有五行"的命题。最初的五行概念本来自于五材，是作为构成物体的基本元素的意义，因而其自然能构成有形体的地及万物。五行本来自经验中材质，由于本由阴阳二气所化的五气的凝结，为了用五行说完整地解释宇宙万物所有存在的事物与现象，因而又由气分别分化而出天五行与地五行的概念，天五行构成天及所悬日月星辰与地五行则成为地之所载诸有形之物，这样天上的星体也就与地下万物相统一，都源出于气。

五行学说采用取象比类的方法，将多种多样的复杂事物分为简单的五类，五行是按照事物的属性分类，性质也不是各自孤立的，相互之间具有生克制化的关系，这样，也就说明和解释了事物之间的相互联系和变化的现象。五行是从阴阳分化而来，所以也存在着相生相克的转化规律。相生相克的转化是一切事物独具有的两个因素。相生保证了事物发展的原动力和可能性，没有相生，就没有任何事物的发生发展；相克保证了事物发展的控制力和协调性，没有相克，就没有事物发生发展中的协调和平衡。不同事物之间这种相生相克的关系，这种既有生，又有克，生克互存互动，相辅相成，互相为用，这是阴阳二气的维持和推动事物的不断生长和变化在有形物中的具体呈现。"盖造化之机，不可无生，亦不可无制。无生则发育无由，无制则亢而为害。生克循环，运行不息，而天地之道，斯无穷已"①。

受五行观影响，道家哲学还把自然现象、社会现象和精神现象都分为五大类，并认为这五大类之间也存在着相生相胜，依一定顺序盛衰的关系，同类的事物之间则有相互感应的关系。道家哲学的五行观念几乎渗透到中国文化的各个方面，如五事、五纪、五辐；还有五色、五音、五脏、五味、五星、五德、五气等等。五行还用于说明事物的盛衰，解释一年四季的变化，农作物的生长收藏，朝代的更迭，并规定统治者的衣、食、住、行和政令赏罚的变化顺序等等，用五行盛衰说明事物变化的过程和原因。当然，这种广泛的类推也暴露了思维原始性的缺陷。

五行说在后来发展成了用多种元素的结合解释万物构成和性质的理论，但这与古希腊把四种物质（火、气、水、土）作为世界本原的"四根说"是相区别的。古希腊的火、气、水、土四元素是有固定形体的物质，这是永恒不变的。古希腊的四根说认为火、气、水、土四种物质"不是产生出来的"②，即最本原的。中国古代哲学的五行虽是构成万物的元素，但是由二气分化出来的，而不是世界万物的究极本原。五行说有以多种元素的结合解释万物构成和性质的意义，但这

---

① 张介宾撰. 类经·图翼. 北京：中医古籍出版社，2016.
② 北京大学哲学系. 古希腊罗马哲学. 北京：商务印书馆，1961：81.

些元素是气分化衍生的，五行是阴阳的产物，因而又是气一元论或理一元论的一个组成部分。其次古希腊的火、气、水、土四根"是常住不变的"，它们不能互相转化，只是以不同组合或组分构成万物，自身不变。而中国的五行则是可以相互产生的。在西方古代，四根说是从具体的物质形态到原子论单一本原的中间过渡环节，在中国，五行说则被融汇到气一元论或理一元论的体系之中，五行由二气或五气所化，也是五种有形质之物变为五种无形质之气。"承火一也。论其质则相克，论其气则相生，论其形气之交，则又相入口……论其极则又相变……夫水化气而为火，火化气而为水，相变之道，即相生之道，即夏根之道也"①。道家虽也有以质言五行者，有以气与形的中间过渡状态言五行者，但多数人都认为五行即是五气，或认为五行包括五气和五质，五质为五气所生。在中国哲学中，气是未成形质的东西。

在与阴阳思想的交流过程中，五行成了使人事和自然发生变动的表现和过程，用来解释物质运动所引发的物质间的形态转换。作为组成万物的单纯物质或元素，五行被一一与气相对应地加以解说，自然界阴阳相互作用，产生五行，这样，阴阳五行就被统一于"气"范畴中。并且，五行与阴阳二气的结合，五行的相互作用，还被用来解释宇宙万物的变化的方式。五行的相生（促进）、相克（抑制）又是万物变化的基本作用方式。相生、相克又可从两方面来看，就是"生我，我生"，"克我，我克"的四种变化，再加上事物原本的宏观特征，因此合称为"五态"，并最终化生万物（图6-1）。这样，宇宙的生成变化、甚至人的形成及社会人事的变动都可以通过阴阳五行之气而被认识和解释，不过，气仍是阴阳五行的本根或本体。五行是我国古代的物质构成学说，类似于古希腊哲学的地、水、火、气的四根说，但却比孤立、不可转化的四根思想完整和丰富的多。是集哲学、科学（物理学、化学、生物学）、医学、社会学、历法等诸多科学于一身的理论。

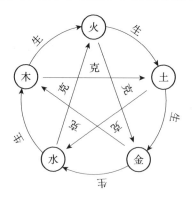

图6-1　五行相生相克图

---

①　方以智.四库全书·物理小识 卷一.水火率条注.

# 二、维度分叉

"天地之间，一气生生，而常而变，万有不齐，……天有天之理，地有地之理，人有人之理，物有物之理，……各有差别。"　　——王廷相

"帝釐下土，方设居方，别生分类，作《汩作》。"　　——《尚书》

道生成的路径不会是一直线，而是合乎自然的伸展，并且，道在延伸中还要不断的分叉，道的分化本就是生成了不同的东西。在道的不断分化、分叉中，存在也就愈来愈复杂，并呈现了若干的层次，更高级的东西从其中涌现出来。对宇宙万物分类是认识世界的思维发生的最初方式之一。

## 1. 气的分化

分化是从气开始的，气现象本就有升腾、分化的性质。"气"是自然界最常见的现象，在人类学会用火后可能就与人类相伴不离了。在人类最初的生活与生产中最常见和运用的就是，由沸腾的水及所引致的水汽，由燃烧的火所产生的火气。进入农耕文明时代以后，原始先民对于"火气"现象和"水汽"现象的关注的范围扩大，对其在生活和生产中的重要作用的认识也随之加深。特别是"水汽"现象，农耕的展开与进步，水的重要作用，天气的变化等，引发了人们对"水汽"的联想。再如"火气"现象，包括祭祀、征伐以及青铜制作都会经常和大量的涉及。这促使人们自然会对云、雨等现象进行更多的与"水汽"相联系的关注和思考。这从古代的有关文字中也可发现一些端倪。"云"这一语词在中国殷商时期就有可能与"气"观念产生某种联系。"气"的普遍及独特的现象及其特征最终使得先哲们把它作为世界万物生成、变化既统一的根源。

气本混沌，自我分化，自然有"一分为二"，分化为阴阳二气，阴阳本就是一气自含的禀赋，是自我分化，呈现为二气。除二气说外，还形成了六气说，所谓六气说，也可将其视作是复合二气说。"天有六气，降生五味，发为五色，征为五声，淫生六疾。六气曰阴、阳、风、雨、晦、明也，分为四时，序为五节，过则为灾：阴淫寒疾，阳淫热疾，风淫末疾，雨淫腹疾，晦淫惑疾，明淫心疾"①。六气，其实应是由二气分化而衍生出来的。六气分别是由三对二气语词或范畴组合而成，即阴阳、风雨、晦明，而其中阴阳二气是最基本的，风雨、晦明应是当时的人们结合生活与生产知识，将阴阳二气进一步具体化，道家哲学从最抽象的一气开始，自我分化、分叉来说明世界万物的多样性存在。在这里我们也看到了"气"概念由抽象而具体的过程，这是一个思维与道的自然生成统一的过

① 左传·昭公元. 刘利等译注. 北京：中华书局，2007.

程。二气是一气的自我分化，而六气可以看成是二气的分化复合。

六气说还不仅仅是二气说的一种延伸。因为六气说不仅与阴阳观念相关，也与五行观念相关。"天六地五，数之常也。经之以天，纬之以地。经纬不爽，文之象也"①。这里的"天六地五"，按韦昭注："天有六气，谓阴、阳、风、雨、晦、明也。地有五行，金、木、水、火、土也。"在此，六气与五行之间有着密切和重要的关系。六气五行，乃"数之常也"。其中六气经之以天，五行纬之以地。六气实际上是阴阳五行学说的一个组成部分或特殊体现。"则天之明，因地之性，生其六气，用其五行"。六气常与五行是相提并论的，六气、物行都是阴阳二气所化，只是在天、地的不同状态。在现代科学的知识背景中，气的自我分化所表达就是分形思想。

生成论的自然观必然是分形的，现代分形理论与道家哲学都表达了这种思想。分形理论试图根据因果关系，揭示系统自我生成的方式，实质就是在探寻现实世界万物生成、生长的过程，更注重揭示系统生长的方式。而道家哲学则以"道生一，一生二，二生三，三生万物"来表述存在方式和万物的创生过程，无论是五行，还是六气，共同点在于气都是分化的，一元气是一个自身不断分化、分叉的。道家的宇宙观是要穷究一切存在生成的序列，揭示世界万物的生成分化的路径。

从生成的来源来看，两者都不约而同归结为"空"、"无"。从分形理论的概念来看，"空隙"与实体都是不可分割的整体，事物与空隙只是显在存在与潜在存在的关系。空隙也不是什么都没有，而是充满着生成、生长的信息。任何事物生成、生长都是来自于"空隙"。道家哲学以"夫唯不盈，故能蔽而新成"，"天下万物生于有，有生于无"来表述新事物的生成，这里的"不盈"、"无"表达了存在万物的生成所在、生成所来。并且，"有无相生，难易相成……恒也"②。"无"与"有"是相对的存在，是相互联系相互比照的存在，道本就含有精、物、象。从"无"到"有"表达了从潜在到显在的过程，是精、物、象的显露、呈现。"无"与"有"的相对转化是世界生成变化的普遍方式。

从分形理论"空"与道家哲学的"无"概念的内涵来看两者是一致的。分形系统是一种具有自相似性和无限嵌套的几何结构。老子的一、二、三及万物都是起始于道，所有生成的东西都已经包含在道中，所以，道本就是一个自相似与无限嵌套的结构，道中有象、有物、有精，并且是类似于信息的存在"有信"③。因此从分形的演化内涵来看，两者又是内在一致的。由此看来，芒德勃罗集图与

①　国语·周语下.夏德靠，尚学锋译.北京：中华书局，2008.
②　老子（十五、十四、二章）.饶尚宽译注.北京：中华书局，2006.
③　现代学者提出过老子似乎也有宇宙开端的全息的思想。

"化身五五图"的相似，并非完全是一种偶然的巧合，如果我们把分形栅栏图形与中国传统的八卦图相比较，它们是非常相似的。这足以使人相信，世界万物生成具有本身的法则，两者反映世界生成演化方式观点的契合，内涵的完全一致，所能说明的是都真实地表达了存在生成的特征、路径和模式，区别只是前者以抽象的线条、图形，后者则以概念、观念的符号。

当然，道家哲学的分叉与分形理论的相似并不能就说两者是完全一致的，二千多年前的哲学不能等同于现代科学，这只是说明在反映生成的思想和观念层面上，在思维演进的方式上两者存在着许多契合。但道家哲学的思想却比分形理论具有更普遍、更深刻的涵义。芒德勃罗德整体观仍然是现实存在"物"的对象性的整体观，分形只是空间结构的分化，而老子及道家哲学则是全部存在的生成论，物的分形只是其分支的分叉。

### 2. 分类思维

道是关于存在的规定，道从元气的分化就是事物的分类，道的分化方式也就成为事物的分类方式。在古代经验知识中，只能是对物体进行分类，也就是说只是在空间维度中，对实体的规定。在现代科学中，分类扩展到了作用维度。分类的标准是根据物体的功能作用，而不是物体的形体。实物只是给出类别的实在的事物。"类"是对具有相同属性的规定，存在的三个维度即是最广泛的分类。随着道的分化、分叉，三个维度就不能满足对事物细致、精确的规定，就要在各个维度上继续分维。原始思维的发展就是在经验知识的特定维度不断分类进行的。生成就是不断地分叉，反映在思维中就是分类。

原始人关于分类的认识是建立在多样性认识的基础上的，分类问题与原始人的经验知识活动密切结合在一起的，具体来说，就是与采集活动密切相关的；既然由于分类主要是以采集活动或者知识作为基础，这就不仅仅决定原始思维中的分类类别，也影响了与此密切相关的对差异性加以识别的思维方式，而多样性观念又反映在其对动植物的认识上。多样性观念之与动植物密切相关，这既是由于动植物作为人类直接亲近之物最能体现或"表达"的，同时也是由于处于采集阶段的原始人最能通过动植物感受或体会的世界的丰富多样性。而这种丰富多样性由于采集活动中识别的需要又会转换成思维中的差异性认识。对现象观察的进一步展开在意识层面实际会导致两种结果：差异与类分思维及观念的形成。

在人类最初的活动中形成了原始思维分类的逻辑性或合理性。分类观所隐含的意识和思维是对存在的一种规则和秩序的要求。规则和秩序是人类思维最初的动机。"我们称作原始的那种思维，就是以这种对于秩序的要求为基础的，不过，这种对于秩序的要求也是一切思维活动的基础"。人类意识深处要求事物的存在要有秩序，这是从对自身存在的理解转向对自然环境的要求。"任何一种分类都比混乱优越，甚至在感官属性水平上的分类也是通向理性秩序的第一步"。"即使是一种不规则的和任意性的分类，也能使人类掌握丰富而又多样的事项品目"①。从思维发展的连贯性来认识原始思维和思维与思想的发展都有着重要的意义，这也是道生成所要求的。

皮亚杰研究了儿童思维的发生，儿童最初是从具体的对象开始进行分类的，"如果我们考察儿童的早期智力行为，就会看到大多是在具体的感知水平上对物体进行分类、排列顺序和点数"。在感知运动水平阶段发展以后，儿童就会逐渐出现了主体之间协调的能力，这种能力表现为"把主体的某些活动或这些活动的格局联合起来或分解开来；对它们进行归类、排列顺序，使它们发生相互关系"②。主体活动的规则会延伸到活动对象也具有同样的规则和秩序的特征。但这样一种分类还是位于分类的低级阶段。而到了前运演思维阶段的第一水平时期，"主体很快就变得能完成初步推理、把空间的图形分类、建立对应关系等"。这时思维会以观念符号方式对对象世界进行分类，从而建立起更全面的分类系统。

分类与分辨具有密切的联系，它们都是以对象的差异性为基础，所以分辨也已经从属于分类的思维原则了。在一定意义上，它甚至也可以说是"同异"问题也即逻辑知识认识的一个组成部分。并且，分类活动在思维由具体到抽象、感性到理性的过程中扮演着重要的作用。

原始人类的活动和社会造成东西方分类观的差异，同时也造成了对世界总体观念的差别：生成与构成。西方从采集社会前进是向以交换商品的工商业，古希腊社会的繁荣是因为处于商品交换的中心。分类观的发展是试图以某种或几种特定质的东西作为多样化的世界本原和确定物品的质地：形式或本质，并且，物品更多的是如何构建或组合。而中国社会的主体从采集发展为农业社会，农业社会一个强烈的直觉就是：虽然有各种各样的植物、果实，但都同样依赖于土地、水份，还有阳光，所以，都是由天气、地气、水气生长成的，还有就是生长需要一个变化、转化、生化的过程。

分类是区分差异，第一差异出现是"一生二"。二分是最常见的现象，二分分类也是最简单的分类，因为它仅仅分为两个部分。几乎每样事物都被分归到了与两个相应的对立的范畴中。这也是人类从自身的胞族为框架，推及于对事物的划分。但人类的胞族是分化的，例如胞族与姻族、胞族与氏族。这时"我们触及了一个比前者更复杂、更广泛的体系"，分类体系就会变得复杂起来。这样一类"分类体系更完整，也可能更有特色"。并且，"这种逻辑秩序极其严格，这些范畴对澳洲人的心灵有很强的约束力，以致在某种情况下，可以见到一整套按照这

① 列维－斯特劳斯.野性的思维.李幼蒸译.北京：商务印书馆，1987：2、5.
② 皮亚杰.发生认识论原理.王宪钿译.北京：商务印书馆，1981：5、26.

些原则加以安排的行动、记号和事物"①。

哲学的目标都是寻求世界存在的统一性。寻求统一，也就意味着认知到了世界万物存在不同的种类，没有分类也就不会有统一性的问题。当以不同形态的存在作为本原时，分类也就隐含在其中了。也正是由于存在着不同种类的事物，才出现了本原的问题，本原就是不同种类的事物的共同的东西。虽然不同的人种、民族、文化的分类例证看上去似乎是孤立的，但我们有理由在其之间架起一座相互联系的桥梁，因为人们面对的环境、现象会有些不同，但毕竟面对的是同一个星球，存在本就内在同一的，它们在某种思维或认识中的反映应当也具有共同性。道家哲学开始是基于对全部的存在，包括我们人类自身在内的进行分类，古希腊哲学则是从自然界存在的现象分类开始的。并且，我们还可以进一步看出，类的观念还存在着一定的思维发展的逻辑顺序。它们最初还是具体的、驳杂的；但是愈往后，类概念的水平也就愈高。类概念的水平也就愈高，类分也就越是接近，比如在中西方哲学诞生的早期都具有把土、气、火、水、木、金等作为最基本的类的思想。这些在古希腊哲学已经是存在的终极的、最普遍的类了，而在道家哲学只是过渡的类。从存在"类"的角度来看，全部西方哲学2500多年都是在对世界万物分类，分析不同类之间的关系，确定最基本的那个"类"，而这一漫长的探索都已被包涵在老子"道生一,一生二,二生三,三生万物"的箴言之中。

### 3. 分维

道的分化反映在在思维方面就是分维（分形）的方法和过程。维度是在认识中规定对象的尺度。尺度是已经确定的东西，作为衡量规定和规定的基准，具有相对恒定的性质。尺度用来规定一类对象的共同性质。因为对象存在的特性不是等同的，同一对象也有不同的属性，所以用来规定存在的维度——观念，也不是唯一不变的。要使我们的认识能够准确反映对象存在的状态，维度也会发生分裂、分叉和转换。维度分裂是指同一维度分裂为更细微的部分，例如，我们用1米长的尺子衡量一个比1米短的东西时，就要把1米分为若干等份，比如10等份，再以其中的1等份作为尺度，依次有厘米、毫米，……关于这一方法，人类在很早的古代就已经发明并使用了。分维是现代数学和科学复杂性研究的重要方法。哲学思维、推理方法其实都隐含了分维过程。科学中的分维是哲学思维的形式化和标准化，只是哲学并没有意识到这一点。

分裂只是维度单位量的划分，维度的另一性质是指向性、方向性，当衡量的方位指向改变时，这时维度也会发生变化。这种维度变化在数学中称为分维。分维或分形理论是现代数学发现和研究的一个重要的学科，但其思想却早已经被提

---

① 爱弥尔·涂尔干.原始分类.汲喆译.上海：上海人民出版社，2000：16、18、15.

出了。毕达哥拉斯的从点产生线、从线产生面、从面产生体的数学思想可以说就是思辨中的分维。对于直线，我们用 1 维就可以测量，对于面积，我们必须把空间维分为 2 个，而对于体积，则要分为 3 个维度。在现代集合论数学中，维数属于测度的函数，而测度是与某一实数集对应的，本质上是对几何形体的测量。测量可以采取不同方法，在不同的测量方法中，会产生不同的测度观和维数。所以维数是因测度对象而异的，对象越是复杂，维数也就越多、越复杂。

传统的测度观，是以笛卡儿坐标系中的各个坐标分量，所以它的维数就是传统的整数维数。在直观经验中，维数是确定几何对象中某个点的位置所需要的独立坐标数、尺度，在函数中就是独立变量的数目，而且完全有理由认为维数只能是整数。然而，经验维数的这种认识却是一种简化，而这又是传统构成观体系立论的依据。在本体论中，古希腊哲学确立了两种观念：实体性的本原和理念性的本质。实体与观念在古希腊哲学中已经出现了对立，但是哲学并不明白这种对立意味着什么，只是哲学本体论终极目标的本身要求。传统哲学在近代哲学发生了认识论的转向是从被认识的世界——实体物质与认识中的世界——观念的明确区分，以及两者哪一个更根本的问题开始的。近代认识论将两者明确区分开来，并从人类认识世界的角度，阐明它们的性质，这无疑是哲学的一大进步。近代认识论虽然并没有解决这种对立（至今在西方哲学中也没有解决），并且事实上使之更加尖锐，但却至少是知道了对立的原因。既然是认识，那就是主客体双方的相互作用，相互作用必然要求相互对立的一方存在，但在认识论中却解决不了这一问题。西方近代认识论问题的意义在于，区分了认识的两个维度：实体与观念（意识）是两种不同的"不可调和"的存在方式。并且，似乎也没有思考过如何能使它们"调和"起来，为它们并列地存在确定理由。哲学认识论产生的意义是在分维和分辨最基本、最根本的维度。

中国传统文化并不缺少分形观念，道家哲学的思维方式是分形的。因为从简单到复杂的生成必然要求分叉，也就是生长和思维的分形。从道教的《性命圭旨》中的"化身五五图"（图 2-1），我们可以直观地感受到这道家哲学的分形思想。如果我们把芒德勃罗集的局部图（图 2-2）与五五分形过程对比，就会发现它们的一致性。它们都表达了自相似性或者"理一分殊"的思想，生成都是从起点的分形、分维、分叉（图 6-2）。道家哲学的"天下万物生于有，即有生于无"，无——有——物，这是宇宙万物生成的三个阶段。也就是说，万物生成是从无到有的，而且"有"还是一个从隐到显的过程，从隐到显正是"有"的显现，而"无"正是一种"隐存在"或"隐过程"。

道家生成哲学体系的展开，就是认识中的思维分维、分形过程。道家哲学的分形思想与西方传统哲学认识论的分维是完全不同的。西方哲学认识论的分维只是不自觉的分化，并且把分维看成对立的，这种观点一直影响到现代哲学都没有摆脱这种思维方式。而道家哲学的分维则是生成的自然，虽也有阴阳对立，然而这只是作为自我分化运动的因素，最终则是要达到"中""和"。道家哲学的分形也比现代科学的分形理论更为广泛、更为普遍，科学分形理论只是基于空间形态的几何分形，而道家哲学则是全部世界万物的存在方式，包括各种属性、实体和过程的分维。

作为普遍的的存在方式作用、空间和时间各维度也是分形的。空间维可以根据需要分为一维、二维和三维，这是经验中最为常用，在科学理论中，则会分为 3 个以上的维数，甚至还会用到分数维。作用维度在科学中是分维的，我们常常会要求"合力"，就是先分维的结果。我们的认知思维就可以分为感觉、知觉和理性。经验中的时间因为光速的不可逾越，所以是单维的，但在观念符号中，时间会被分维。其实对于事物的某个阶段的变化过程，时间也是分维的。我们总是以某种恒定的过程作为时间的衡量，这种参照的过程似乎是没完没了的指向未来，但对于一个正在衰退或消亡的事物自身的"时间"箭头则已经改变了方向——回指出发点。

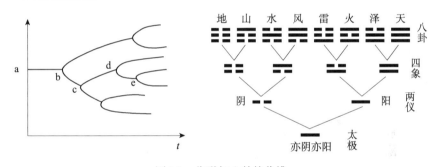

图6-2　分形与八卦的分维

# 三、分叉之向

"万物生于有，有生于无。"

"道生一，一生二，二生三，三生万物。"　　　　　　　　　　——老子

道是行进、前进，作为生成之道是从起点开始的指向，具有方向性。从具体、局部的存在来看，分化、分形使得事物越来越复杂，似乎越来越"杂乱"，但在更广泛的范围中，这种"杂乱"中隐含了指向、方向，复杂化正是分化所向。道生成的指向是从无到有，从简单到复杂，从低级到高级。道是从原点之无开始，指向最高的层次——人类。（图 5-2）

### 1. 从无到有

生成的逻辑起始必然是没有任何规定的点，即无。我们不能对起点作任何规定，因为如果我们规定了起始的任何性质，就必然要说明这些性质是如何产生的，所以生成的起始必然是没有任何规定的点。

在生成的直观和思辨中，存在的逻辑起始必定是无，这在中国古代的老子哲学和黑格尔的理念哲学中都已经阐述了。老子是从直观的"悟"中直达起始的境域，而黑格尔是从生成的逻辑中推演开端。① 作为宇宙的起点，存在生成从无开始。老子说："道生于有，有生于无"。在生成观中，我们不能对起点作任何规定，因为如果我们规定了起始的任何性质，就必然要说明这些性质是如何产生的。黑格尔哲学是从绝对观念开始的，虽然黑格尔是从精神、观念逻辑展开哲学的开端，绝对理念开端于无的思想对构成观而言无疑是惊异的。开端是无或纯有，所以对于开端我们是无从规定、难以言说的。观念的开端与宇宙的起点一致，存在就是从这点——无开始的。

开端之无虽然不能被证明，但却是一个生成并逐渐增强的信念。"因为开端若是思维的开端，便应该是全然抽象的、全然一般的、全然没有内容的形式；这样一来，我们除了一个单纯开端本身的观念外，便什么也没有。于是所要看，只是在这个观念中，我们有什么。这个什么还是无，而且它应该变成某物。开端并不是纯无，而是某物要从它那里出来的一个无；所以有便已经包含在开端之中了。所以开端包含着有与无两者，是有与无的统一；或者说开端是（同时是有的）非有和（同时是非有的）有"②。一切都源于起始，生成的起始是无规定的一切规定。道生"一、二、三"的分形就是从无到有。

构成观的世界基元则不能是"无"，因为无不能成为有的基础。亚里士多德认为，在流变的存在物中一定"存在着某种不运动的本性"，而这种存在于变化着的存在物之中的不变的"本性"，也就是万物存在的"形式"，这是万物存在的基础；而"形式，或不论把感性事物的形状叫作什么，反正很显然它是不能生成，生成不属于它"③。如果一切从无开始，那么哲学寻找存在的"始基"——构成的最原初的要素，和"共相"——构成的不变的形式的一切努力都毫无意义。

对于中国古代哲学的生成论思想，许多研究者喜欢在前面加上"宇宙"或"自然"一词，称为"宇宙生成论"或"自然生成论"，似乎并不包括人类社会。中国古代哲学并没有像西方哲学那样将自然与人类，及其意识观念割裂与对立起

---

① 有学者认为黑格尔对老子有过研究，他的许多思想都与老子相似，只不过是用西方哲学的方式表达的。

② 黑格尔．逻辑学（上卷）．杨一之译．北京：商务印书馆，1966：59.

③ 亚里士多德．亚里士多德全集（第七卷）．苗力田等编．北京：中国人民大学出版社，1996：100.

来。这种说法是受西方哲学构成观的影响，不能将生成的观点贯彻到底，其实自然或宇宙是生成的，生命、人类、社会，我们的思维、意识、思想、观念，以及表达的符号都是生成的。一个从没有学习过哲学的人可以说出"实体"或"物质"，但是对他来说只是符号，并不理解其表示的信息，要理解实体一词所传递的信息，必须从亚里士多德开始，依次了解后来哲学家们对此的解释、规定、发展，才能生成出完整的信息。老子把"有生于无"的思想贯彻到了社会生活和人类目的性的实践活动的各个领域。

### 2. 从简单到复杂

西方哲学构成观哲学是从复杂的世界还原出最简单的东西开始的。在构成的世界图式中的本体论构建思路是还原。还原论是从现存的世界出发，将形形色色的事物还原到最初的本原、始基或本质上去的思路。还原论以构成论为其基础，相信高一层次的东西是由下一层次的东西构成。存在的东西是由要素构成的，要素的东西又是由更细微的东西构成的……依此类推，直至最原初的东西——"本原"，而这种本原自然就成为哲学追踪的目标。哲学思维就是从当下存在着的具体事物开始，逐级追索最终动因、最内在的本质、最基本的构成成分。哲学家们以为只要找到世界万物共同的"本原"、"本质"，就可以确定存在的最终根据。简单性原则后来一直是西方科学和哲学建立理论体系的原则。

但是，当我们的认识走向深入，特别是试图把不同层次的对象综合起来的时候，却发现简单性是缺失了许多东西的结果。马赫认为科学理论的简单性是以牺牲了自然现象的完整性而得到的。这样，科学理论虽然能够以最经济的、最简单的形式表述出来，但而同时也存在放弃了事实完整性的不足。如约翰·洛西所指出的："他（马赫——引者注）承认，关于原子的理论也许对描述某些现象是有用的，不过他承认，这个理论并没有为自然界中存在原子提供任何证据。"[1] 构成观哲学似乎并没有意识到这一点，总试图以一种本原、本质来说明、规定一切事物的具体存在，这也就是追踪本原、本质的目的。

受经典科学的成功的影响，简单性成为近代哲学的探索方向，简单构成观世界图式的极致形式就是机械论。世界在极端的机械论中，一切都可被肢解，一切都变成了机器，宇宙就是一个超级大机器。一切都在符合简单性和数学确定性规律中运行。而现实世界是变化的与复杂的，而这种复杂性是生成演变所造就的，这使得存在的事物呈现出从简单到复杂的层次阶梯。现代科学认识了存在的复杂性，从而转向了对它的研究。复杂性科学的诞生的意义在于标志着科学或许还有哲学正在将被分解的有机性、整体性还给自然。复杂性科学以整体的、生成的、

---

① 约翰·洛西.科学哲学历史导论.邱仁宗，金吾伦，林夏水等译.武汉：华中工学院出版社，1982：169.

连续的观点看世界，世界是一个从简单到复杂，从低级到高级的进程。

与西方哲学不同，道家哲学是从最简单的——道开始的，目标是要解释复杂的世界是如何生成出来的。生成是从无到有的，每行进一步也增添了新"有"，这样就呈现了生成存在越来越复杂，存在生成是一个复杂化的进程。道家哲学世界从一到三生成，再有五行、六气化万物都贯彻了一个思想就是存在是从简单的开始，生成出越来越复杂的世界。这从道家的八卦图可以看到，世界从最初的太极生成，随着分化、分叉的进行，世界从中心到外围的生成，变得越来越复杂。（图6-3）

图6-3　太极图从简单到复杂的世界

现代系统理论揭示了系统演化表现为无序态或低序态与有序态或高序态之间的更替演变。进化系统由无序态或低序态到有序态或高序态的过程，即是其复杂性增长的过程。在系统复杂性增加的进化过程中，系统内部子系统之间的结构关联性增加，系统与外部环境之间的关联性也随之增长，与环境的相互作用增强。而相应地确定性随之降低，系统因此而增加了向多个方向演化的可能性。同样，系统运动过程的不可逆性随之增长而可逆性相应地随之降低。现代科学揭示了存在的许多方面的复杂性：结构复杂性、边界复杂性、运动复杂性，等等。存在的复杂性表现为多连通性、不可分解性、不稳定性、涌现性、混沌性等各种与传统简单构成极为不同的性质。所以，这些复杂现象及其性质似乎都促使我们的观念方式转变：把简单的整合为复杂的，正如普利高津所指出的："科学的兴趣正从简单性向着复杂性转变，对于微观世界简单性的信念已经被打破了，这个转变引导我们把重点放到新概念和新方法上。"[①]

### 3. 从低级到高级

全部存在都是呈现从低级到高级的序列，在每一层次也是如此。凡系统都有整体涌现性，不同系统具有不同的整体涌现性。系统的整体特性在组分、部分、要素的层次上是无法理解和说明的，也不可能被发现。例如，对热力学系统单个分子无温度和压强可言，一旦聚集起来形成热力学系统，便涌现出温度和压强等整体特征量，也就是20世纪下半叶发展起来的完全不同于近现代经典科学的复杂性科学。

道家哲学的生成是一个不断递进的过程，是一个生长的序列。每进入一个新的序列，就会出现原先所没有的新的功能作用。"水火有气而无生；草木有生而无知；禽兽有知而无义；人有气、有生、有知，亦且有义，故最为天下贵也。"[②]这里不仅明确指出，水火、植物、动物以及人是气的发展的不同阶段，而且指出它们在质上的差别（这从图5-2我们可看到）。

从生成的序列来看，演绎的前提处于结论的前序列，后一序列出现了前序列所不具有的性质，这种新性质不是按照（形式）逻辑演绎出来的，而是涌现、突现的。在生成的序列中前序列总是后序列的基础，后一序列必然包含前一列生成的结果。现在物与过去物关联，将要生成的东西必与当下的事件关联。处于最后层次的系统必将最初层次系统（性质和规律）包含在其中，这是我们从最高层次系统还原最初层次系统的根据。但是高层次系统必然包含低层次系统所没有的东西，所以我们不能以低层次系统的性质来说明高层次系统，从低层次系统到高层次系统必然会增加新的性质，因而是一种"进"。

自然界就是一个演化上升的过程，从最简单的粒子开始，到复杂的地球、人类。世界是从低级向高级行进的，而我们人类处于最后的序列，最高的层次。到之生成有一条从起点指向人类的"世界之线"。自然演化的过程，就天体而言，是从星云到星系，从星系到银河系，在银河系中诞生了太阳系，太阳系中生成了地球，地球上开始了更为高级复杂的分子、生命生成演变历程，如图6-4。

---

① 参见米歇尔·沃尔德罗普.复杂：诞生于秩序与混沌边缘的科学.陈玲译.北京：生活·读书·新知三联书店，1997.

② 荀子·王制.方勇译注.北京：中华书，2011.

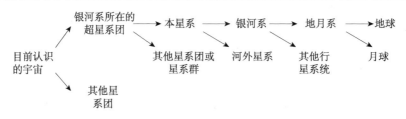

图6-4　宇宙天体的演化

　　生物界的历史发展也表明，这也是一个不同层次的进步发展过程。生物进化是从水生到陆生、从两栖类到爬行类、从爬行类到哺乳类的过程，呈现了进步性、上升性的发展趋势，是一个从简单到复杂、从低等到高等的过程。生物界的前进运动，是不同层次的形态结构的逐步复杂化和完善化；与此相应的是生命机体的生理功能也愈益专门化，自我调节和应变能力日益增强，效能亦逐步增高。随着结构的复杂化，机体的遗传信息量也逐步增加。调控能力的不断完善提高了对环境分析能力，加强了机体适应外界环境变化的能力，提高了改变创造环境的自主性，活动范围也不断扩大（图6-5）。

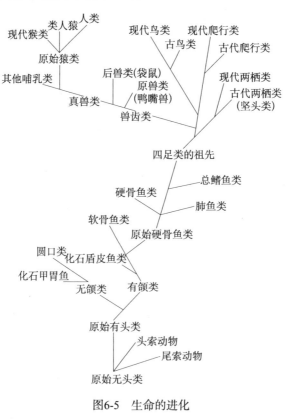

图6-5　生命的进化

　　按照库恩的科学发展的历史主义模式，科学发展是以范式的更替的形式发展的，每一次范式的转换都是"世界观的改变"的一次科学革命。"在革命之后，科学家们所面对的是一个不同的世界"①。我们正面对后现代科学转向的一个不同的世界，就是复杂性的生成世界，复杂性科学包括分形理论正在形成新的科学范式。这样的变革和转向是需要经历一个历史的发展过程。中国已经具有生成观的传统形而上的文化精神基础，这种中国先哲的观念和智慧基础对我们在这一发展过程中，把握社会的发展趋势具有很大的启示。有学者认为"整个人类科学或许会遵循以下辩证的规律而发展：中国古典生成论——西方近现代构成论——世界后现代生成论"②。如果我们能深入地研究、继承，并发展传统生成哲学中的智慧及文化精神，深入发掘中国道家哲学生成思想和观念，同时也理性地吸收西方构成论的哲学观念及其科学精神，在生成论世界观方面，一定会做出应有的贡献。中国的生成哲学必将是与后现代文化最为契合的哲学观念和文化精神。

---

① 参见托马斯·库恩.科学革命的结构.金吾伦，胡新和译.北京：北京大学出版社，2012.
② 李曙华.系统科学——从构成论走向生成论.系统辩证学学报，2004，12（2）.

# 第七章 道之序列——层次与基础

"生有先后，所以为天序；小大高下相并而相形焉，是为天秩。天之生物也有序，物之既形也有秩，知序然后经正，知秩然后礼行。" ——张载

道生成是一个从简单到复杂，从低级到高级的分化过程，所以，事物存在呈现了一系列的阶段，是道展开、上升的序列。这序列呈现了层次的分布，低层次是作为高层次存在的基础。在生成的序列中显示了秩序、规则、规律。

## 一、存在的层次

"故道大，天大、地大，人亦大。域中有四大，而人居其一焉。" ——老子

世界万物的存在是具有层次性的，西方哲学的目标是终极的基础，故而，并不关注存在的层次性，更没有研究层次性在认识中的作用。构成的世界图式是不能揭示层次的真正意义的，因为层次是增生的。只有在生成过程中，才能理解层次性。道家哲学把世界的存在分为天、地、人（三才）三个层次。

### 1. 层次性

哲学理论是对感觉经验以及科学知识中认识的世界总体的说明和解释，哲学体系是试图以一致、连贯的概念说明存在。西方传统构成观哲学体系执著于用唯一的东西解释世界的构成，虽然在一定程度上保证了体系的一致性，但却限制了解释的层次。传统构成观体系终极的基础的目标决定了不能解释存在的层次性，或者拒绝层次性，因为哲学相信这个基础可以通贯全部的各个层次的存在。

存在具有层次结构，存在的每一个领域、每一个种类和每一个系统都有层次。在系统科学中，"层次性指的是，组成系统的诸要素的种种差异包括结合方式上的差异，从而使得系统组织在地位与作用、结构与功能上表现出等级秩序性，形成了具有质的差异的系统等级，即形成了统一系统中的等级差异性"[①]。世界万物是一个多层次的存在，科学的层次概念反映的是有质的差异的不同的系统等级存在。科学的差异性的定义并不能得出层次性，也难以区分层次的高低，这

---

① 魏宏森，曾国屏. 试论系统的层次性原理. 系统辩证学学报，1995，（3）：10.

种层次概念不能完全反映出层次的意义。只有在存在的生成序列中，才能揭示层次性的更完全的含义。从全部存在的系统来看，系统的层次是从系统复杂性程度区分的。一个系统包含了另一个系统的所有的作用方式，并且还有另一个系统所没有的作用方式，这一系统比另一个系统就处于高的层次。不同领域、不同种类和不同系统的事物，它们的层次结构并不相同。但在各个不同的层次结构之间，又有某些一般的规律性以及整体的规律性。全部存在及存在的所有系统层次的构造和层次的变化方面都是连续与间断的统一。

由于层次的存在，高层次系统以低层次系统存在为基础，所以，低层次个体间局域的相互作用的简单规则，也是高层次系统能够存在的规则，从而可以"把对涌现的繁杂的观测还原为简单机制的相互作用"[①]。虽然系统新的性质和复杂现象与导致它们的在这些简单规则之间没有直接因果联系，人们还是可能以某种方式找到这些简单规则，对系统进行部分还原[②]。但这种还原只能说明的是在不同层次之间具有某种连贯的性质，而不能解释高一级层次系统的新的特质。由于传统哲学构成观不区分存在的层次性，把关于对宏观世界的经验知识抽象的性质、规律没有限制地推广到还未认知的微观和宇观领域就出现了问题。科学的发展，特别是 20 世纪以来的科学发展，不仅发现了自然界的许多不同质的层次，而且使人们认识到，所有规律都只是在一定的应用范围内和层次中才是正确的，进入新的层次，就有新的规律出现。

科学对自然进行分门别类的研究，即确定存在的不同层次。科学参照不同的空间尺度的大小、不同的规律、不同的性质和活动能演进对物质实体的存在进行了分类和划分，其中最新也最有意义的要算按性质和活动能演进的划分。V.F. 韦斯科夫将量子论应用于物质层次结构论，提出了根据集合能的能力大小对物质层次进行分类。这与中国道家哲学按气、生、知、义等功能作用划分层次的思想一致。

在存在的序列中，同一层次的物质系统有各种不同的种类，在同一层次上物质系统会呈现出多样性。并且，物质层次越高，核层次系统的多样性越大。这是因为高层次系统由低层次系统组成，它的多样性不但取决于低层次系统的多样性而且取决于低层次系统结合方式的多样性。所以系统结构功能多样性的可能性随层次的增加而增加。高层次的生成以低层次为基础，但并非所有的低层次都能够上升为高层次的，相反只有很少的能够形成高层次系统。这样正好与多样性问题相反，系统层次越高，该层次的系统在宇宙中的丰度越少，而其结构功能的多样

---

① 约翰·霍兰. 涌现——从混沌到有序. 陈禹等译，上海：上海科学技术出版社，2001：204.

② 陈一壮. 论贝塔朗菲的"一般系统论"与圣菲研究所的"复杂适应系统理论"的区别. 山东科技大学学报（社会科学版）.2007,（6）：15.

化越大。在宇宙中，最为稀少的是像地球人类这样的具有智能的生命系统。这种状况在科学中被概述为物质形态的多样性和丰度反比关系定律。这样低级层次系统与高级层次系统的比例就形成了一个塔式的分布，其中低级系统形态是高级系统形态的基础，高级、系统形态是低级系统形态的上层建筑。高层次与低层次、高级形态与低级形态的这种塔形分布，决定了自然界演化是一个螺旋式的发展过程。

### 2. 层次增生

从静态构成来看，存在呈现了不同层次的分类。存在的层次是不断生成出来的，而不是从来如此的。如果从动态过程来看，层次是一个不断增生的过程，是一个从简单到复杂、从低级到高级的行进。在图 5-2 中，我看到宇宙万物的存在呈现了一个分明的从低级到高级的层次序列。

生成观必然导致层次的存在，道家哲学"三生万物"，又有"两仪生四象"、"二气生五行"、"六气"……，形成一个复杂性不断增加的阶梯。例如，道家的卦象图（见图 6-2）就是一个从简单到复杂的层次。从现代科学来看，八卦图中层次不一定准确，并含有很浓厚的"神秘性"（注意到这是中国先民在比西方哲学诞生还早千年就已经绘出的），撇开具体的形态，其所表现的则是把存在作为一个不同层次分布的万物来认识的思想。

道家哲学的这种层次划分与现代系统科学所揭示系统层次具有内在的一致性。现代系统理论揭示了系统的层次性原理，生成就是新的层次的涌现。系统新层次的产生是指系统产生了新的"质"，新的质是指出现了一种新的整体关系或关联，从而使原质组成的系统与环境出现了明显的边界，使得它从环境中分化出来，与环境区别开来，具有了区别外界环境的整体性，能够以自主的方式进一步生长。例如原始生命形成过程就是一部分有机分子从环境分离出来形成的一种"界"，诞生了细胞。这种新界的整体又是不断分化、分叉的，因此系统的演化呈现出不同的阶段和不同的层次，在演化中不断增加复杂性，显示出不断增生的层次性。层次与进化是密切相关，只有在演化的全部图景中，才能显示层次的本质及其意义。

逻辑斯蒂曲线描述了事物生长过程，如果考虑不同层次的指数生长，我们把不同阶段的生长曲线合并在一起，就显示了生长过程的层次。[①] 从逻辑斯蒂生长曲线（图 7-1）在不同的层次之间，出现了不连续的差异，从现象来看，这种差异是实体的突变和过程。

---

① 逻辑斯蒂曲线被应用于动植物、人口、经济、企业等领域生长描述。

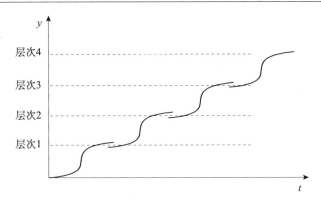

图7-1　逻辑斯蒂生长曲线

　　高层次虽然是从低层次中产生的，产生后仍然以低层次为其基础与载体，但高层次一旦产生，就与低层次有本质的区别。这是因为从高层次看，虽然是以低层次为组成要素，但却产生了新的相互作用和结构，因而形成了新的系统整体，新的系统具有新的规律和新的属性。这就是说，高层次系统有自己特殊的结构、规律、属性和功能；这是不能用低层次系统的结构、规律、属性等加以说明的。就是作为高层次系统组成要素的低层次系统也与它们单独存在时的性质也有所不同，它们已经是被整体"改造过"的形态了。但高层次系统也要受低层次系统的规律的制约、影响。[①]

　　从科学发展的历史看，认识从一个层次推移到另一个层次的顺序，并不是偶然的，是人类认识能力的逻辑发展。人类对存在的世界万物的认识，既不是从我们现在所知道的最广的空间——总星系或宇宙开始，也不是从最小空间，如基本粒子、夸克开始，而是以人类自然、天赋机体的观察能力为基础，从人类生活于其中的，与人类个体尺度差不多的物体尺度开始，然后再扩展到太阳系和细胞、分子等。[②] 现代科学的发展把我们的视野带入了宇观和微观的领域，在这里我们发现了许多不同但与我们生活相关的宏观环境所没有的新特征，所以才有了层次的划分。层次性的认识必然要求重新审视我们认识的目标和限度，特别是哲学应根据当今人类的智能，修正本体的信念，调整认识的构架和改变方法的路径。

　　认识生成序列的意义在于：存在是一个从简单到复杂的生成序列，所谓进步、前进、发展是以复杂程度衡量的。进步意味着复杂性增加。复杂性是生成的指向，标志了前进的方向，因而在时空的同一个层次中，复杂系统比简单系统更具有生命力，比如在生命层次上，人类比其他动物更为复杂，是最为复杂的存在

①　顾文涛，王以华，吴金希 . 复杂系统层次的内涵及相互关系原理研究 . 系统科学学报，2008，（4）：1.
②　张华夏 . 系统概念对科学方法论的启示 . 中山大学学报（哲学社会科学版），1983，（6）：30.

物，所以成为地球的主宰。

### 3. 天、地、人三才

道家哲学把全部存在总的划分为天、地、人三个层次。

第一是天的层次，天一开始从宗教崇拜中抽象出来，并结合经验知识赋予了自然之天的含义。农业生产是"靠天吃饭"，所以，中国古代人特别关注天的现象。随着农业的发展而对物候、气象、天象等观察的经验知识的积累，同时因历法的需要而对季节变化和天象变化的把握，对于天的理解也在不断加深。在此基础上，由于政治、生活及人们心理的需要，而逐渐发展了占星术，这又归结于由专业的人——巫师对天象的观察而积累和丰富了的天文学知识。

由于农业生产和占卜的原因，中国古代对天文观察非常重视，中国占星术在远古时期就有了很大的发展，是世界上记录月食最早的国家。在世界古代天文观测中，中国与巴比伦是在天文观测与记录上最早取得重要成就的两个国度。在古代文献中我们可以看到许多相关的占星或天文知识记载的内容，例如，"乃命羲和，钦若昊天，历象日月星辰，敬授民时"，"期三百有六旬有六日，以闰月定四时，成岁"，还有"协时月正日；同律度量衡"，"食哉惟时！"[①]。随着天文知识的积累和思维的发展，与占星无关的自然含义的"天"也就出现了，"夫子而弃常法，以从其私欲，用巧变以崇天灾，勤百姓以为己名，其殃大矣"[②]。这里直接是从天灾的角度来理解天，把天归结为一种自然属性，无疑是农业活动发展和思维进步的结果。

除了天象之"天"这一含义外，自然之"天"还包括了其他方面的含义，例如天灾之"天"，"天灾流行，国家代有。救灾、恤邻，道也。行道，有福"[③]。"寡人其君是恶，其民何罪？天殃流行，国家代有。补乏荐饥，道也，不可以废道于天下"[④]。天地之"天"，如"彼其上将薄其德，民将尽其力，又使之望而不得食，乃可以致天地之殛"[⑤]。自然之"天"还有更为一般意义，例如"天有六气，降生五味，发为五色，徵为五声"[⑥]。以及"天之三辰，民所以瞻仰也；及地之五行，所以生殖也"[⑦]。这些思想的出现使得道家哲学的天与宗教中的神定、命定之天的观念分道扬镳了。

---

① 尚书·尧典. 李民，王健译注. 上海：上海古籍出版社，2010.
② 国语·周语下. 夏德靠，尚学锋译. 北京：中华书局，2008.
③ 左传·僖公十三. 刘利等译注. 北京：中华书局，2007.
④ 国语·晋语三. 夏德靠，尚学锋译. 北京：中华书局，2008.
⑤ 国语·越语下. 夏德靠，尚学锋译. 北京：中华书局，2008.
⑥ 左传·昭公元. 刘利等译注. 北京：中华书局，2007.
⑦ 国语·鲁语上. 夏德靠，尚学锋译. 北京：中华书局，2008.

在古代自然观中的"天"是泛指天、地以及人类活动的其他相关自然环境。这与宗教天人观不同，但如同宗教天人观一样，自然天人观也是在原始社会时期农耕生产活动中就已经缓慢地、逐渐地开始萌芽了。与其他活动相比较，在原始以及古代社会农耕活动是最为根本的，因为它直接关系到人的食物来源，关系到自身的生存。因此，基于一个简单而又现实的农业收成目的，人们就得认真考虑影响农业收成的各种自然环境因素。所以，自然天人观从一开始就主要与农耕活动有关，从农耕生产中产生。

作为道生成的自然，天是一无形之气。天是气分化的阳气的上升，"天地未形，冯冯翼翼，洞洞属属，故曰太始。太始生虚，虚翼生宇宙，宇宙生气。气有涯垠，清阳者薄靡而为天，重浊者凝滞而为地。清妙之合专易，重浊之凝竭难，故天先成而地后定"①。所以，气是天地之原是气的自我分化，清阳之气上浮为天。道家哲学把宗教中的天的观念进一步抽象、上升。结合地及生产活动中思考的天的观念，在中国道家哲学，乃至在中国古代文化中都具有至高无上的地位。这时因为天是道的第一生成，阳气是一种活跃、冲动的能力。天在存在中的地位是直接推进或制约生成、生长的力量。天的状态是"虚空"，但虚空只是对实物的一种存在状态，其地位、作用却是首要的，"知虚空即气，则有无、隐显、神化、性命通一无二，顾聚散、出入，形不形，能推本所从来，则深于《易》者也"②。

道家哲学中对于自然之气的论述有一个先地气后天气的过程。这应当是符合农耕活动的发展规律的，即先是土地本身；而后逐渐关注气候、气象直至天象。但"天气"语词的使用又可能远远超出农耕活动的范围。在道家哲学诞生前期，天气已经与地气一同构成了一个更为完整的天地之气的观念。"夫天地之气，不失其序。若过其序，民乱之也"③。这里我们看到：天地之气的观念并不是地气观念和简单地加上天气观念。因为单一的地气或天气观念实际上都是具体的，而天地之气的观念在很大程度上已经由具体上升到抽象的层面。在天地之气中，形上、普遍的内涵增加了，"气"而非地气或天气的含义得到了强调。而正是这样一种提升，使得绝对或独立的"气"概念成为可能，导致了"气"本原思想的出现。"声亦如味，一气，二体，三类，四物，五声，六律，七音，八风，九歌，以相成也"④。这里把"气"排在了诸事物或者因素的首位，气已经上升到与天同列的地位。这样一种排列并不是随意的或偶然的，表明人们已经对于"气"的初始性质或地位认识的必然性体现，也应当是这时的人们在世界本原性问题上经过

①　淮南子·天文训.陈广忠译注.北京：中华书局，2016.
②　张载.正蒙·太和.北京：中华书局，2006.
③　国语·周语上.夏德靠，尚学锋译.北京：中华书局，2008.
④　左传·昭公二十.刘利等译注.北京：中华书局，2007.

对各种事物和因素比较研究之后所作出的一种更为合理的选择。

地作为有形之物的总称，承载万物，养育生灵之母。地在道家哲学中通常是有形的实物的统称。地是阴阳二气的阴气下降、沉积，形成了实物的状态。地承载、孕育了世界万物，所以地有"万物之母"之称。"地"从土，原本的含义是"元气初分，轻清阳为天，重浊阴为地，万物所称列也"。《易传》中象曰："地势坤。""地者，所以载生成之形类也。"①"坤，地也，故称乎母。"②把大地比喻为母亲是最至高也是最质朴的赞誉。

地秉天道运行，养育万物生灵。土地是国家民生的根本基础，合理利用土地能使国富民强。"地者政之本也，辨于土而民可富"。人类应顺应地的运行规则和合理利用自然资源。"为人君而不能谨守其山林菹莱，不可以立为天下王"③。天之生化，地之运行，自然之道，演绎了万物生成、成长的过程。

人与地共生，生命与环境一体。"天地与我共生，万物与我为一"。道体现的乾坤天地，在天成象，在地成形的万千气象，并以万物平等、无穷的能量生化万物。大地是气凝聚厚土，承载了万事万物，创生了一切山峦河海、千化万象，蕴育并滋养了花草树木、飞禽走兽及我们人类等万类万物。万物生长于大地的怀抱，秉承了大地所传递的善性，博爱和一视同仁。水行于地，利万物而不争，海纳百川成其深广，厚德载物利益四方。在大地的怀抱中，化育了世代子民，演绎了灿烂的人类文明。

农业生产要因地制宜，只有"顺天时，量地利，则用力少而成功多，任情返道，劳而无获"④。其他的产品生产难道不也必须与当地的土壤、气候等条件相适宜吗？"斩伐养长，不失其时，故山林不童，而百姓有余材也"⑤。对于农业国，土地是国与民生的基础，但土地作为农业生产第一资源，总归有限，如果人口急剧增加，会超出土地的承载能力。社会就会陷入穷困。"今人有五子不为多，子又有五子，大父未死而有二十五子。是以人民众而货财寡，事力劳而供养薄"⑥。大地宽厚仁慈，谦恭无争。自古以来先祖们都存有畏天敬地的情感，每年都有虔诚祭天祀地的活动，在敬重和感恩的仪式中，让人们永远牢记我们是生存在大地的怀抱中。

利用违背天、地之道的方式从自然中豪取强夺是对"地"的伤害，最终危害的还是人类自身。"竭泽而渔，岂不获得，而明年无鱼；焚薮而田，岂不获得，

① 黄帝内经·五运行大论.姚春鹏译注.北京：中华书局，2009.
② 朱熹.朱子全书·本义·说卦传.上海：上海古籍出版社，2010.
③ 管子·地员、轻重甲.北京：中华书局，2016.
④ 贾思勰.齐民要术·种谷三.北京：中华书局，2015.
⑤ 荀子·王制.方勇译注.北京：中华书局，2011.
⑥ 荀子·王制.方勇译注.北京：中华书局，2011.

而明年无兽"①。"竭泽而渔"是不可取的方式。如今工业化的大生产是建立在对土地及自然资源的肆意攫取的基础上，商品生产放纵了人们对物质财富的无尽的贪婪欲望，而忘记了人自己的生存必须依赖土地和自然环境。植被退化、风沙四起、泥石横流、雾霾遮天，这些都是大地向人类发出的警示。大地是坤、是母，厚德载物，大地母亲对万物给予无私的大爱。

人——天地万物之灵，是生成的最高层次。"道大，天大，地大，人亦大。域中有四大而人居其一焉"②。"吾身非吾有也，孰有之哉？曰：是天地之委形也。生非汝有，是天地之委和也；性命非汝有，是天地之委顺也；孙子非汝有，是天地之委蜕也"③。西方哲学开始把人作为世界以外存在，世界并不包括人在内，直到近代认识论才明确人在认识世界。而对人自身的认识也只是当作机器，只有到了现代存在主义哲学中人的本体问题才被提了出来。道家哲学一开始就把人类自身作为自然生成的，是自然生成的最高层次。这在哲学的入口就比西方哲学更为合理，避免了在古希腊就隐含的，后来一直纠缠西方哲学的二元对立矛盾。

"无极之真，二五之精，好合而凝"，"得其秀者则为人"④。"水火有气而无生；草木有生而无知；禽兽有知而无义；人有气、有生、有知，亦且有义，故最为天下贵也"⑤。人作为生成的最高层次，又是天、地、万物交互的中介。作为天地万物之灵，人乃是具有神性的"神人"。人的作用在于悟道，安排自身的顺道运行。人是道的集中、凝聚，道在人体现于"德"或"义"。

因为人在生成的最高层次，所以，人以天地为基础，人遵从"天道"、"天命"。"天命"、"命运"等作为起源于宗教的观念，在各种哲学的初期都有类似的论述。但道家哲学的这一形而上观念与古希腊哲学的观念并不相同。在中国古代，天命是无形的，是难以描述的；天命虽无形，但天与人又是相感相通的，人类是通过天的各种赐予或者惩戒感受到天命的存在。天命无所不在，它还是无限的，并且似乎还支配着其他各种方式的作用。不过，有关天命的理论并不因其存在而否定其他知识的可能。在天命这一形上理论中有类似那种作为终极实在并具有永恒性质的观念，但它也并非是与物、与人无关的，它是在万物及人类的活动中表现出来的，是一种规范和制约的力量。同时，天的观念虽然作为以不可抗拒的客观实在对人类社会的影响，但也不否定人的主观作用，否定作为主体的人的责任，天并不扼杀人性，否定人的行为的种种意义。只是人类的活动不能超出天命的规定，违天、逆天而行，否则，必然要受到天命的惩罚。天并不是一个独立

---

① 吕氏春秋·首时.陆玖注.北京：中华书局，2011.
② 老子（二十五章）.饶尚宽译注.北京：中华书局，2006.
③ 庄子·知北游.孙海通译注.北京：中华书局，2010.
④ 周敦颐.周敦颐集·太极图说.北京：中华书局，1986.
⑤ 荀子·王制.方勇译注.北京：中华书局，2011.

于世界万物的高高在上的作为终极主宰的存在，相反，它是与认识的主体人相互感应、互相应照的。在这种相互应照的关系中，一方面，天神干预着人的生活，人必须遵循天道，但另一方面，天命也非绝对严格地一成不变的，天也倾听着人的心声，满足人的期望。天命是作为人与对象的认识中关系而存在的，与其他事物不同的是，天命具有不可抗拒性，因此，天命也是客体与主体的统一。

# 二、层次之基础

> "地者，所以载生成之形类也；虚者，所以列应天之精气也。形精之动，犹根本之与枝叶也。"
>
> ——《黄帝内经》

寻找绝对的基础一直是西方传统哲学的终结目标，现代哲学放弃了这一目标。按照亚里士多德的看法，构成世界的基础必然是一种实在的东西，但是柏拉图则证明了就算找到这种基础对我们认识世界也没有多大的意义。生成的世界必须是有基础的，没有一个事物是无缘无故的生成的，不同在于作为终极基础的东西不是任何有形的实在的的东西，而是无形之气。

## 1. 层次相通

道家哲学不仅把世界万物看成不同的层次，把世界分为"天"、"地"、"人"，更重要的是还认为不同层次之间的不是孤立、隔绝、彼此不相关的。存在的各个层次都是相通连的。

在天、地（物）的关系方面，因为五行是由阴阳二气生成的，所以也可以推演出"天有五行"，即天也是由五行元素构成。五行本为阴阳二气所化，但是天五行、地五行分别构成的天地之存在形式。即天五行生成之天成为轻质、流动的气态，地五行则是原本的气态凝结为固态有形的地及万物实体。"夫变化之用，天垂象，地成形。七曜纬虚，五行而地。地者，所以载生成之形类也；虚者，所以列应天之精气也。形精之动，犹根本之与枝叶也"[①]。所以，天地皆由五行之气生成，但天"列应天之精气"，地"载生成之形类"。这里存在"精气"与"形类"之区别，即天五行与地五行在各自化生天地过程中产生了不同形态的差异结果。天五行与地五行所推出的天地形体差异，在古代文献中为普遍的表述。"下，土也而谓之地；上，气也，而谓之天"[②]。重浊之气下凝为地。天五行与地五行及分别由二者构成的无形天与有形地之说，既然气之清轻者上浮为天与气之重浊者下凝为地之，两者之间必然是彼此影响的。这样中国古代信奉的天、地、人合一也就有了理论根据。

---

① 黄帝内经·五运行大论．姚春鹏译注．北京：中华书局，2009.
② 参见李零．郭店楚简校读记·太一生水．北京：中国人民大学出版社，2007.

"五行"概念是一种典型的分类，并且，更重要的是它在气生万物中起着重要的中介作用。因为"五行"既有气的禀赋，是气之生形，又有物的性质，是作为气的形质载体存在的。与"道"、"元气"、"阴阳"等概念不同，五行学说一开始就是试图表现实物的不同形态和属性的，即作为构成物质的基本元素的类型，实现"气"的运行。五行即为物质，作为承载"气"的形质，使得气能以物质的形式运行。如："道也者，物之动莫不由道也。是故发于一，成于二，备于三，周于四，行于五。……天之五星，运气于五行"①。由此，五行的重要功能就是给"气"以实现自身、呈现自身，并以多样化形式相互转化。

作为气分化的基本类别的"阴阳"、"清浊"、"五行"思想在中国哲学中产生了深刻影响。在道家哲学发展中，阴阳五行观最终被纳入到气范畴体系中，成为道生万物的中介，成为气与阴阳结合的具体形式。从而，"气"与阴阳五行的联系更加密切了，出现了"水气"、"火气"、"木气"、"金气"、"土气"等五气概念，这样五行就不完全是各不相同、互不相关的物质元素了，而共同以"气"为依托，是作为气分化的不同存在形式。因为性质各异的五种元素既是阴阳二气的分化，它们之间也就一定具有相生、相化和相克的关系。在"类固相召，气同则合，声比则应"中，概述了五行各元素间的关系。因为气的作用，所以，在不同类别、不同的层次之间就都有相互通连的关系。

道家哲学把"阴阳五行"看做是"天地之气"的分化、组合和具体展开。从而有："天地之气，合而为一，分为阴阳，判为四时，列为五行"②。既然阴阳五行的共同依托是"阴阳二气"或"天地之气"，又由于"天地之气"的分合不完全相同，所以形成了各不相同的事物的性质和作用。五行各所主，而阴阳则分而辅之，以助各行，从而又能够形成万物不同的属性。尽管五行各异，各有其特质，但共同的来源则是"气"，是"气"的化生。因为"气"分阴阳，阴阳化无形，所以，气是整合"阴阳"和"五行"共通性的主链，在气连接整合中，天、地、物，还有人都相通联。

通天或通神是中国古代许多仪式、宗教思想和行为的主要目的，也就是如何实现在天人之间进行沟通。能够进行沟通的人物就是中国古代的"神人"——巫、觋。③ 这也是在世界各民族社会意识发展到一定阶段都会出现的普遍现象，也是早期的所谓思维互渗状况发展而出现的。能够通神的人——觋成为通神者出现，也是社会的资源、权力、智力分化的表现，古代的巫者都是首领或者是首领的亲属、追随着。所以说"巫是智者圣者，巫便应当是有通天通地本事的统治者

① 刘向. 说苑校正·辨物. 向宗鲁校注. 北京：中华书局，2011.
② 董仲舒. 春秋繁露·五行相生. 张世亮，钟肇鹏，周桂钿等校注. 北京：中华书局，2012.
③ 张光直. 考古学专题六讲. 北京：文物出版社，1986：4.

的通称"。把世界分成天地人神等层次，这是中国古代文明重要的成分。天、地、人虽在不同的层次，但又是相同的。祭天器物的实物形象常是兼含圆和方的图案的，而琼的形状特征，所表示的作用是把方和圆相贯串起来，因为中国古人认为天是圆的，地是方的，所以，琼也就是把地和天相贯通起来。这样，作为贯通天地的一项手段或法器，琼也就成为贯通天地的一种象征。当然，天地间贯通的发生最终还是要通过人（巫师）来实现。"巫的本身首先能掌握方圆，更进一步也更重要的是能贯通天地"①。并且，神人沟通还是少数人的"能力"或"权力"。

　　道家哲学中天人关系思想的一个重要的来源就是巫术中的人神沟通的活动与观念。神人观念不久为天人观念提供了"沟通"这一观念元素，还为天人提供了互感的方式，这影响了道家哲学的认识方法。后来的道家把宗教之天和自然之天融合在一起，形成了更加丰富和完整的天人观念。在观念和认识方式方面的继承和发展；人神沟通对全部中国古代哲学都产生了影响，道家哲学的天人观就经常是用人神关系表达的方式，也不时地回到原初的含义上去，至于神学目的论就更是处处闪现了神人关系的影子。

### 2. 本原、本质

　　凡成为系统的存在各要素都具有共有的基础因素。只要这种基础存在，系统就会保持、延续，一旦基础瓦解，系统就会崩溃。基础可以说是与系统整体相对应的概念。哲学在具体中探索一般就是寻找、确定不同的事物的共同的东西——基础。基础即是哲学体系的"本体"。

　　西方哲学的开始是以"本原"、"始基"的形式出现的，这是世界万物的一种基质，共同的质料。古代哲学从原始宗教和神话观念中脱胎而来，标志了人类意识开始摆脱神创说，提出了寻求万物自身的"本原"的问题。古希腊第一个哲学家古希腊的第一个哲学命题是泰勒斯提出的"水是万物的本原"，这意味着万物生于水，又复归于水。泰勒斯的功绩在于他不关涉神话中的传说，人开始自觉意识提出了开创世界万物存在的哲学探索的问题。在泰勒斯之后又有的哲学家先后提出"火"、"气"、"种子"、"数"等万物的本原的观点。这种种的说法都是企图寻找一个共同来源和归宿，作为自然万物的存在基础。寻找本原也就是意味着要在各种不同的具体存在形态中确定它们共同的、原始的存在，而这个基础的存在就是后来被亚里士多德称为"本体"的存在。从"本原"到"本体"表明了人们理解和把握万物的方式从感觉经验和宗教信仰上升到了理性思维。

　　到了毕达哥拉斯、巴门尼德、柏拉图则试图抽象出万物的共同本质，也就是万物共享，共同分有的东西、实质：数、存在、理念。在现象世界的背后还隐藏

---

① 张光直. 中国青铜时代（二集）. 北京：生活·读书·新知三联书店，1990：44、71、72.

了一个不能被感知的、唯一的和永恒的本体——"第一实体"的世界，它才是真正的"存在"，是世界的终极存在。这个终极存在包罗万象，存在于一切事物之中的"本原"、"本真"、"普遍本质"。巴门尼德的存在论算是哲学发展史上本体论的诞生，是西方哲学构建本体论的根基。

亚里士多德对本体进行了总结：本体既是本原，又是本质，本体既是"第一实体"，又是形式——"共相"。亚里士多德队先前的哲学进行综合，提出了"第一哲学"的概念，也即是关于本体的学说，第一哲学的目的是研究万物根本的或初始的原因——第一因的哲学，也就是我们所称的形而上学。形而上学的任务就是要探讨"本体和本体的原理与原因"。

寻根意识本就是对世界探索的一个重要方面，也是人类心理、情感的一种需求。在变化无常的世界中，人们坚持着一个信念：人类及世界万物都具有一个永恒不变的根作为基础。在意识发展的各个阶段和各种方式中，都表现出了寻求这种根基的倾向。西方哲学自诞生以来，其努力的主要目标就是为构成的世界建立一个绝对的不容怀疑的基础，也就是为一切经验知识和科学陈述找到一个汇聚的焦点。构成的世界确实也需要一个基础的支撑。从原子、实体、理念到单子、原子经验、逻辑原子、自明性、原始体验，等等。西方近、现代哲学延续了古代哲学的传统，尝试为整个科学和哲学寻求一个最根本的基础，只是对这个唯一的基础是什么却没有达到一致。"这种努力在今天还广泛地进行着，只不过现在是有多少种哲学的基本观点，就有多少个寻求知识最根本基础的方向"①。但西方哲学却从未实现过这一目标，在现代科学发展中，哲学失去了绝对的基础，现代哲学已没有能力再维持它的基础，所以干脆就放弃了它。这是明智之举，因为道家哲学和现代科学都已经说明了任何一种实在的东西或观念都不能成为基础。

### 3. 生成之气

从存在的形态来看，气贯穿于各个层次，如一气、阴阳二气、天气、地气、六气、无形之气等。在道家哲学中，如果我们非得为存在确定一个共同的基础，那就是最先生成的序列，这就是气。道家哲学以"一"与"万"这一对范畴来阐述宇宙万物的统一性和形式的多样性以及二者的关系。"二气五行，化生万物。五殊二实，二本则一。是万为一，一实万分。万一名正，小大有定"②。这里的"万"是世界万物多种多样的表现形式，"一"表示宇宙万物的统一，"是万为一"，就是"一"分化生成为"万"，即"一实万分"。"一"与"万"是存在的普

---

① 施太格缪勒.当代哲学主流（上卷）.王炳文，燕宏远，张金言等译.北京：商务印书馆，1986：36-37.

② 熊宗立.鳌头通书·理性命.海口：海南出版社，2008.

遍性和特殊性,万物都是"一"与"万"的统一。"万"是由"一"而生,"万"包含着"一";"一"存在于"万"之中,是在"万"中表现出来,没有"万"的呈现,就没有"一"的内容。在这"一"与"万"的关系中,道家哲学更加注重"万"依赖于"一",所以,将"一"从"万"中抽取出来,这就是"气",并使气成为独立地存在于宇宙万物生成的起先河基础。这种思想影响了后来各种哲学的本体论的思想,基本都是沿着"一"与"万"关系的哲学思辨方向展开的,从"无极"、"太极"、"一"的生成、分化"阴阳"、"五行"等范畴说明世界的存在。

　　所以,气存在于宇宙万物的任何一个层次,是各个层次生成、生长的因素,也是万物运动的根本原因,也就是存在生成的终极的本原、本质,是存在的绝对基础。任何一个层次的事物,在气之作用下生,也是在气的转化中衰退、消亡。

　　传统哲学寻找存在的基础,这并不是没有意义的,问题并不在于有无基础,而在于试图以某种绝对的、终极的基础来解释一切存在。在因果的链条中,原则上我们的认识只能就已经发生的前后事件之间寻找某些关联,在生成的序列中,越是相距较远的层次,在性质上的因果关联也就越弱。并且,就是在相邻的层次中,也不能从前一序列解释后一序列出现的新的性质。也许我们更要注重的不是寻找结果的原因,而是要认识世界在后来的序列中,相比前一个序列,凸现、涌现了哪些新的东西,而这些东西却在先前的序列中找不到它的原因。虽然不存在直接的(单一)原因,但这并不代表不需要基础,处于生成序列的高层次的存在都以先前的序列存在为基础。

　　存在的构成与生成都要求基础,不同于构成观终极、唯一的绝对基础,存在是生成的序列,后序列都是从先前的序列生成的,都以先前的序列为基础。"所以哲学的开端,在一切后续的发展中,都是当前现在的、自己保持的基础,是完全长留在以后规定的内部的东西"[①]。从道家的八卦图(图7-2),我们可以看到这种层次与基础的观念。

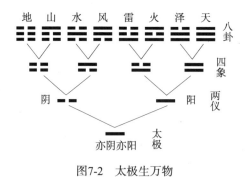

图7-2　太极生万物

　　① 黑格尔.逻辑学(上卷).杨一之译.北京:商务印书馆,1966:56.

气、元气——能量是全部存在的终结基础、原因、本原、本质。

# 三、序列之法则

"水火有气而无生；草木有生而无知；禽兽有知而无义；人有气、有生、有知，亦且有义，故最为天下贵也。"

——荀子

在静态的构成图式中，事物的存在呈现了层次结构，并且，存在的每一个领域、每一个种类和每一个系统都有层次结构的，不同领域、不同种类和不同系统的事物，层次结构并不相同。从动态过程，存在是一个生成的序列，在生成的序列中，先前序列规定、制约了其后的序列。各个不同的序列，又有某些一般的规律性以及整体的规律性。生成的序列规定了存在的生成法则、运行规则和万物秩序。

### 1. 天法道：生成法则

老子从道生出"一"、"二"、"三"，展开了全部自然万物及过程，又云："道法自然"，即是说这些都是道的自然过程，所以道即自然。"道"的生成展开为气化，首先呈现"生"之性，气化过程就是"生生"，"生则有息。息则有生。天地所以成化也"[1]。"道"就是物质生成变化过程。道家哲学宇宙观不仅认为宇宙是由气所构成，而且认为这气构成的宇宙包括其中的各种事物都是大化流行，生生不已的过程。这就是阴阳二气和五行之气的自然生成、变化过程。道家哲学把"生"作为宇宙的根本，"天地之大德曰生"。宇宙是"一气"的生成、生长的"生生"宇宙。生成论最终目标是要从道生成全部宇宙万物，包括我们人类。

道家哲学在占星术的基础上，形成了"天道"或"天之道"的概念。天法道是天道的最先生成，所以天道是最本初的、最高的道。本初、最高的意思是所有的存在——从最低到最高的层次都必须遵循的。"晋侯问于士弱曰吾闻之，宋灾，于是乎知有天道，何故？"对此的解释是，"古之火正，或食于心，或食于咮，以出内火。是故咮为鹑火，心为大火。陶唐氏之火正阏伯居商丘，祀大火，而火纪时焉。相土因之，故商主大火。商人阅其祸败之衅，必始于火，是以日知其有天道也"[2]。

各种天体的运行、出现都是出于天道，"齐有彗星，齐侯使禳之。晏子曰无益也，只取诬焉。天道不谄，不贰其命，若之何禳之？且天之有彗也，以除秽也。君无秽德，又何禳焉？若德之秽，禳之何损？……君无违德，方国将至，何

---

① 戴震. 戴震全书. 合肥：黄山书社，2008.
② 左传·襄公九. 刘利等译注. 北京：中华书局，2007.

患于彗？……若德回乱，民将流亡，祝史之为，无能补也"①。这是因为人世间失德，彗星的出现，是天道对人世间失德的一种警告。虽然彗星与人的道德并无关系，但人必须时时注意天道，不要违背、偏离天道的思想无疑是正确的。

既然是人行于道中为道，道是杂乱中的路径，那也就包含了一定的规律、规则之意。在《易》中，其他多处使用了作为规律的含义道字，"复自道，何其咎"，"有孚在，道以明，何咎"②。按照道回复，就无咎；有诚信，道就清楚。从自然规律的角度来看待或理解"天"，也即将"天"的运行变化。天体运行、运动具有确定的轨道，所以天体运行轨道预示了地、万物生成的法则，天是按照道生成的法则。天道、天命代表一种法则、规律，并且是现实中的最高法则。"盈而荡，天之道也。""在《易》卦，雷乘《乾》曰《大壮》昌，天之道也。""盈必毁，天之道也"③。"凡陈之道，设右以为牝，益左以为牡，蚤晏无失，必顺天道，周旋无究"④。

在自然之天的观念和概念的基础上，产出了自然天道观。"天"这一观念中自然含义在古代就已经滋生了。天体运行的轨道为天道，人行事遵循的法则为人道。"天道远，人道迩，非所及也，何以知之！"⑤这里的意思是天体行星运行的轨道与地下的事物的变化法则一远一近，是互不相干的，天道并无干预人事的神意从天道，这种自然无为的思想是自然天人观形成的一个重要内容。范蠡论述道："天道盈而不溢，盛而不骄，劳而不矜其功。夫圣人随时以行，是谓守时。天时不作，弗为人客；人事不起，弗为之始"。这些论述都包含了无为的思想和观点，并且，在这些论述中，我们还可以看到其中所包含的无神论色彩。

"天道"概念以及自然天道观的关系是受占星术的天文知识影响的，"二至二分，日有食之，不为灾。日月之行也，分，同道也；至，相过也。其他月则为灾，阳不克也，故常为水"⑥。天道自然观突出和强调了宇宙自然的法则或规律，这强调与西方哲学大不相同，古希腊哲学的人是神所创，天是神的居所，人不能干预神，在宗教的经院哲学中，人只能揣摩神的创世智慧，自然的法则是神定的，神似乎还可以按照自己的意愿改变它。所以，天道自然是中国哲学具有标识性的观念。

"天道"概念的大量出现与占星术或天文学的发展密切相关，中国古代占星术或天文学高度的发展，例如回归年长度、哈雷彗星的纪录（欧洲人的数据和纪

① 左传·昭公二十六．刘利等译注．北京：中华书局，2007.
② 周易·小畜 初九、随九四．郭彧译注．北京：中华书局，2006.
③ 左传·庄公四、昭公三十二、展公十．刘利等译注．北京：中华书局，2007.
④ 国语·越语下．夏德鞏，尚学锋译．北京：中华书局，2008.
⑤ 左传·昭公十八．刘利等译注．北京：中华书局，2007.
⑥ 左传·昭公二十一．刘利等译注．北京：中华书局，2007.

录在此5、6百年后）。中国与巴比伦的占星术是人类早期文明最杰出的代表。但在以后的发展中，巴比伦人对天的理解始终停留于"神"或"命"的阶段，由于底格里斯河和幼发拉底河不像尼罗河定期泛滥，所以确定时间就必须靠观测天象，天文观测是由于历法的需要，并没有将此上升为哲学高度的思考。而中国在占星术中形成了自然之天的思想，这就与哲学之间形成了通道，建立了联系，占星术的观念自然也就成为哲学问题的开始。所以，道家哲学一开始就确立了自然运行法则或规律的核心地位，并且始终贯穿在以后的哲学问题和发展之中，没有离开过这一核心。而在西方哲学和其他诸文明的哲学体系中，则从来没有得到过这样的地位，更没有象在道家哲学中的这样的重要的意义。哲学作为存在的一般的、普遍性的探索，其起始离不开对"天"这种最广阔的存在之性的推测和思考，并且，这种推测也规定了哲学以后发展的方式和路径。

道的唯一性就是生，所以，天法道，就是应呈现道的生成性。天，或气、阳气都是表现生成的，是自生的本能作用。天法道在其自身的生成表达就是自我分化，分化表现为阴阳两种因素，在阴阳中，分天地、虚实、清浊、动静等。具体表现为阴阳及五行的运行规则。

### 2. 地法天：运行规则

在地上的古代人观天看到的是天体的运行，在古代，地下万物都是按照"天道"的规则运行的。地下万物的及人的农业生产活动应遵循天道。因为在先秦出现了把万物归结于金、木、水、火、土的五元素的"五行说"，这样阴阳说自然就与五行说结合起来，解释世界万物的生成而所谓生就是运动变化。这生生不已的气化过程不是紊乱的，而是有一定的"条理"的，这条理"秩然有序"，"截然不可乱"，乃自然也。在地（包含了人）与天的关系方面，地要按照天道的规则运行。

首先，是应顺天道，不能违背天道运行。宗教的天命观大约从西周末年开始转变为自然之天的意义，顺天命、不违天命此时更多地简化为应、顺天、不违天。如《国语》所言："其余以均分公侯伯子男，使各有宁宇，以顺及天地，无逢其灾害，先王岂有赖焉"[①]。顺天首先表现在人类的活动中，生活与生产活动应顺从天道，才能避免人为的灾祸，如违背天道，则会引发灾难。"天将兴之，谁能废之？违天，必有大咎"。"礼以顺天，天之道也"。还有其他一些具有相同意义的表述，如"且晋人戚忧以重我，天地以要我。不图晋忧，重其怒也；我食吾言，背天地也。重怒，难任，背天，不祥，必归晋君"。"晋、楚唯天所相，不

---

① 国语·周语中.夏德靠，尚学锋译.北京：中华书局，2008.

可与争"①。语词变化反映了观念的变化以及知识的原因。在这一时期，当以知性或理性思考存在时，神性就会淡化，被削弱，所以，"天道"就会逐渐替代"天命"。这也是与农业、占星或天文知识的发展背景相关的，是宗教天人观发展过程中出现的突破，反映了由宗教天人观向自然天人观的悄然转变和人的思维能力的提高。

在农业生产活动中，顺天具体表现就是顺天时。"时"的概念及天时观念首先是反映在农事活动和田猎活动中的。如"天有时以生，有时以杀。草木有时以生，有时以死"②。地下万物都是顺应天时而生，也以天时运行而死。所以，人类的生产应顺应天时而活动。在农耕活动中，"古者，太史顺时覗土，阳瘅愤盈，土气震发，农祥晨正，日月底于天庙，土乃脉发"。"廪于籍东南，钟而藏之，而时布之于农"。"民用莫不震动，恪恭于农，修其疆畔，日服其镈，不解于时，财用不乏，民用和同"。而田猎活动，则有"王治农于籍，蒐于农隙，耨获亦于籍，称于既蒸，狩于毕时，是皆习民数者也"③。这些都强调了人事活动应与天时的时间相相适宜的观念，也就是说人事活动与时间、时令即天的应该是对应相称的。

在农耕生产的发展中，形成了"顺时"的观念。例如："度于天地而顺于时动，和于民神而仪于物则"。"上不象天，而下不仪地，中不和民，而方不顺时，不共神祇，而蔑弃五则"④。这里有着明确的"顺时"思想。另外，"不夺民时，不蔑民功"。"上非天刑，下非地德，中非民则，方非时动而作者，必不节矣"⑤。等论述。这里虽未直接使用"顺时"语词，但"顺时"的含义却是十分明显清楚的。

顺应天道应该知天。在西周时期新出现的天命观到天道观的发展。天命观是决定论的、不可抗拒的，天道观则有了自然而然的，虽不可违背，但却是可以认识的思想。"子皙复命，王曰：'是知天咫，安知民则？是言诞也。'右尹子革侍，曰：'民，天之生也。知天，必知民矣。是其言可以惧哉！'"⑥。"知天"或者"知命"或"知天命"，例如"左右曰：'命可长也，君何弗为？'郏子曰：'命在养民。死之短长，时也。民苟利矣，迁也，吉莫如之'遂迁于绎。五月，郏文公卒。君子曰：'知命'"⑦。这里的"知命"也就是"知天命"。当然，这里也带有命运的含义。但"知天"具有了由"知天命"向知"天道"过渡的色彩，这是

①　左传·僖公二十三、自文公十五、定公元、僖公十五、昭公四.刘利等译注.北京：中华书局，2007.

②　十三经注疏·冬官考工记.北京：中华书局，2009.

③　国语·周语上.夏德靠，尚学锋译.北京：中华书局，2008.

④　国语·周语下.夏德靠，尚学锋译.北京：中华书局，2008.

⑤　国语·周语中，周语下.夏德靠，尚学锋译.北京：中华书局，2008.

⑥　国语·楚语上.夏德靠，尚学锋译.北京：中华书局，2008.

⑦　左传·文公十三.刘利等译注.北京：中华书局，2007.

因为这一时期占星术或天文学有了高度发展，表现了人们开始试图摆脱命运的束缚，例如"日臣尝卜于天，今吴民既罢，而大荒荐饥，市无赤米，而囷鹿空虚，其民必移就蒲赢于东海之滨。天占既兆，人事又见，我蔑卜筮矣。王若今起师以会，夺之利，无使夫悛"①。这里通过占星活动判断吴、越两国国运的变化，这就隐含了人要认识"天道"的思想。

地及万物是有实与形的，相对稳定的存在。地法天的运行规则，在自身就表现为形体物存在的次序、秩序，这也是人所要遵循的地道。

### 3. 人法地：万物秩序

地是具有形体的、实实在在的，所以地是母，是人及万物载体。人法地，指地之万物应有组合、排列的次序、秩序。人与万物相互作用，必须按照万物的秩序行事。万物的的秩序首先指结构的有序性。不同组分（元素、子系统）之间的联系方式是规则的、确定的。

人法地是人必须遵循地、万物的秩序。这主要表现为古代的地宜观念之中。原始地宜观自然是在离不开土地的原始农耕活动中发生和发展起来的。人类即使在十分原始的农耕活动阶段也已经有了初步的地宜观念。地宜观首先表现为不同的气候、地势、土壤适宜种植不同种类的植物。生长的树木不同所以种植的作物也就有所不同，所以，人们非常注意种植作物的林地的状况。在长期的生产实践中，人们积累了丰富的"地宜"的种植经验。

同样，地宜观念也反映在农业以及居住活动中的地理学知识中。在后稷记载中说"诞后稷之穑，有相之道。茀厥丰草，种之黄茂"。这里"有相之道"的一种解释就是根据地形采取耕稼的方式。还有"笃公刘，既溥既长，既景乃冈，相其阴阳，观其流泉"②。这里的"相其阴阳，观其流泉"也是指要根据阴阳之势，泉水的流向选择适宜居住、耕作的地方，这些都包含了地宜观念。③同时，地宜观念还具有地为物的总称的含义，万物都是由五行构成的，地作为有形物应为五行构成，并且又五行相生相克的次序。"物生有两，有三，有五，有陪贰。故天有三辰，地有五行"④。作为五行之物当有秩序，并"行"应是"行列"之意，引申为次序。水、火、木、金、土有其固有的序列，不可紊乱，水为首行，土列在五行，以土堵水，乱了序列；所以说"汩陈其五行"。地五行具有相生相克的次序，"天地之气，合而为一，分为阴阳，判为四时，列为五行。行者行也，其行不同，故谓之五行。五行者，五官也，比相生而间相胜也，故为治，逆之则乱，

---

① 国语·吴语.夏德靠，尚学锋译.北京：中华书局，2008.
② 诗经·大雅·生民、公刘.王秀梅译注.北京：中华书局，2015.
③ 将周人祖先的材料放在这里使用主要是考虑其与殷商的同期性。
④ 左传·昭公三十二.刘利等译注.北京：中华书局，2007.

顺之则治"①。也明确地以"列糟"以"行"。水火木金土五种物质乃自然界所固有。相传黄帝赐禹洪范九畴之前，鲧已在那里以土鄄水，因此，黄帝所赐五行，并不是五种物质，而是关于使用这五种物质的法则。五行作为九畴之一是按照五种物质固有的行列、次序使用它们的。

秩序问题是现代系统论研究的一个重要问题，系统的状态与系统状态的演变都与序有关，或者是以序为标志的。没有相互联系的事物群体即非系统，不存在秩序性问题。秩序性、有序和无序是刻画系统形态特征的重要方面。无论是人工制造和组建系统，还是组织管理和社会系统，有序性是关注的中心问题。从价值判断看，通常认为系统有序优于无序，高序优于低序。但这些概念都带有很大的模糊性，远比人们的直观把握要复杂得多，关于序、有序与无序还无法给出哲学或科学的精确而普适的定义。

中国道家哲学的一个重要观念就是序列，或者秩序。序列是"道"本应有的涵义。李约瑟在论述中国科学思想史时反复使用了"模式"、"秩序"、"有机主义"、"整体"、"协调"这样一些语词及表述，"在协调的思维中，各种概念不是在相互之间进行归类，而是并列在一种模式之中"，"它们是有赖于整个世界有机体而存在的一部分"，等等。"五行"观念正具有这样的"模式"性，这些关系都具有先在的或前定的性质，犹如康德的"先验形式"，但又是相互连接的，并形成为一个整体。"当人们在这里谈论起高等文化中包含一切的秩序观念兴起的时候，对于某些由'秩序'或'结构'之类的术语所激发的西方概念，必须持极端小心的态度。'秩序'直接意味着'合理性'，而合理性又直接意味着一种将诸神和鬼神从自然中驱逐出去、只留抽象的'理性实体'"②。因此，序列是包含在"整体"、"协调"以及由此而构成的"模式"等观念中的。

在天人关系方面，道家哲学遵循天道，但天只是按自身的法则运作，并不会干涉人事，"十六年春，陨石于宋五，陨星也。六鹢退飞，过宋都，风也。周内史叔兴聘于宋，宋襄公问焉，曰：'是何祥也？吉凶焉在？'……退而告人曰：'君失问。是阴阳之事，非吉凶所生也。吉凶由人'"③。这里否认了天及自然现象与人事吉凶之间的联系，指出陨石坠宋、六鹢退飞完全是一种自然现象，它只是阴阳之事或"气"的结果。

从生成序列来看，人处于最高的层次，是万物之灵，自然生成赐予人最优越的地位，但人又是制约最多的，生存、发展的条件又最为苛刻。作为万物之灵，人类又负有最高的使命。道家哲学对人的规范集中在一个"德"，这也是中国古

---

① 董仲舒.春秋繁露·五行相生.张世亮，钟肇鹏，周桂钿等校注.北京：中华书局，2012.
② 史华兹.古代中国的思想世界.程钢译.南京：江苏人民出版社，2013.
③ 左传·僖公十六.刘利等译注.北京：中华书局，2007.

代哲学最丰富的内容，老子一书即是《道德经》。

　　道作为普遍绝对的存在，也就是无限的存在，而无限的存在也就是永恒的存在。整个现实世界也就是在道这普遍绝对与无限永恒的存在的创造活动中诞生。普遍绝对与无限永恒的道以自身为本原创造了整个现实世界，其自身也在包含宇宙、地球、人类在内的整个现实世界之中，不仅道是普遍绝对与永恒无限的存在，而且，凡是能分有道、遵循道的存在——宇宙、万物、人都是普遍绝对与永恒无限的存在。人类的活动以地球为法则，而地球的活动则以宇宙为法则，宇宙太空的运行以道为法则，道则以自满自足、独立自在的自身为法则，也就是自然法则。

# 第八章　道之整体——运化与统一

"天得一以清，地得一以宁，神得一以灵，谷得一以盈，万物得一以生，侯王得一以为天下贞"。

——老子

道本是作为法则、规律的意义，规定了事物运行的方式，老子把它抽象为万物本体之道、本原之道，也就是把道的控制支配功能提升为化生万物的功能和规定本体性质。道具有多种含义：一种普遍的本能能，能够自生自长；形而上的本体，存在的本原、本质；生成序列的法则、规则；运行的次序、规律；宇宙万物的归终。总之，道既是一切存在生成的根源，又是整合存在的整体，还是整体生成的规则。

## 一、气通天地万物

"太虚不能无气，气不能不聚两为万物，万物不能不散面强太虚。循是出入，是皆不得已而然也"。

——张载

任何一种哲学的目的都是要对世界万物的存在根源、原因、基础等，即对一切事物和现象进行统一的说明，不过，这种说明不是象宗教的信仰方式，而是通过思辨的、抽象的方法论证世界万物的统一性。道家哲学把气作为世界万物的终极本原。在生成哲学中，元气具有一元性、自然性和本原性。

### 1. 气之作用的统一

古代随着农耕技术的发展进步，原始先民注意和掌握了农业生产的各个环节，积累了大量的经验知识。农业生产大致包括了选择耕地、开垦荒地、播种谷物、田间管理、收割谷物、加工和储藏谷物等若干个重要环节，这些不同的环节、阶段需要总体的考虑安排。在此基础上就有了将这些环节结合成为一个整体来加以思考。这样一种整体观念首先反映在对于自然之气的认识上。中国古人认为，"气"作为一种物质存在，它决不是凝固的，而是流动的。"灵王二十二年，谷、洛斗，将毁王宫。王欲壅之，太子晋谏曰不可。晋闻古之长民者，不堕山，不崇数，不防川，不窦泽。夫山，土之聚也；薮，物之归也；川，气之导也；泽，水之钟也。夫天地成而聚于高，归物于下。疏为川谷，以导其气；陂塘汗庫，以钟其美。是故聚不陁崩，而物有所归；气不沉滞，而亦不散越"①。这里的"导"即疏导畅通意。这样一种认识的获得很可能包括了对"气"的感性直观。气，氤氲变化，周流于六虚之间，运行于万物之中。

天地阴阳之气如果不通畅，便会发生自然灾害。"夫天下也者，万物之所一也"②。因事物之间相互关联而形成的整体性。从无形之道化生出有形之物，以气来沟通无形之道与有形之物。气自我分化，分为阴阳二气，阳为天之无形气，阴为地之有形之气。天之气指的是气分阴阳，阳气上升为天，天为无形无状之"虚"，至于天空的星体当也属物，因为天上五星与地下五行是对应的，五星只是一种纯净的五行之一构成。"天之与地，皆体也。地无下，则天无上矣"③。地（包括万物）之气指的是阴气的沉积下降，是有形之物体。所有外在于人体的气统称为自然之气。关于自然之气，春秋时期文献中描述得最多的似是土气或地气。大地万物之气的形成农耕活动观察的反映，是在长期的观察中人们形成了有关土气或地气的认识。

道家哲学把人也视为气的生成体，人之气指生命机体之气，"夫物，始于元气。元气恍惚自然，其凝成天，名为一也；分而生阴而成地，名为二也；因为上天下地，阴阳相合，施生人，名为三也。三统其生，长养万物"④。这里指出了自然万物始于元气，人为天地所所生，自然也被归结为是秉天地之气而生，是为天地二气相合生，这样，天、地、人也就由气统一起来。

早期思维并不仅仅注意到现象之间的相似性，而且也注意到了事物之间的相关性。这样一种思维的存在也可以得到人类学、考古学以及科学技术史等方面研究的证明。原始人的思维是有一种整体格局的，他们认为"一切神圣事物都应有其位置。"这也就是"人们甚至可以这样说，使得它们成为神圣的东西就是各有其位，因为如果废除其位，哪怕只是在思想中，宇宙的整个秩序就会被摧毁。因此神圣事物由于占据着分配给它们的位置而有助于维持世界的秩序"。关于巫术，"就像在人前移动的身影一样，巫术在某种意义上本身是完整的，而且它那种非物质的完整性和连贯性与它后面的那个物质存在的完整性和连贯性完全一样"⑤。根据皮亚杰的研究，"约7岁到8岁的儿童在具体运演中已经具备了某种在控制论中有时称之为'完整的'调节的那种东西"。具体来说这首先是体现在协调，"这种协调是朝向系统整体的，因而是倾向于通过把这些分散的顺序或局部的联合等等联结起来以产生出系统的闭合"。其次"是这种协调过程中所特有的自我

① 国语·周语下.夏德靠，尚学锋译.北京：中华书局，2008.
② 庄子·田子方.孙海通译注.北京：中华书局，2010.
③ 王充.论衡·道虚.张宗祥校注.上海：上海古籍出版社，2010.
④ 太平经合校.王明编.北京：中华书局，1960.
⑤ 列维－斯特劳斯.野性的思维.李幼蒸译.北京：商务印书馆，1987：14、18.

调节。它使系统的联结就正反两方面而言达到平衡"①。这就是说，早期或原始思维中对相关性或整体性问题的把握是可能的。

在早期的占卜和巫术思维中就形成了对于相关性问题的关注，并且正是在这样一种关注的基础上，形成了所谓"有机的"或"联系的"道家哲学的整体观。李约瑟对中国古代的知识活动的判断和评价是："中国思想史中的关键词是'秩序'，尤其是'模式'以及'有机主义'。象征的相互联系或对应都组成了一个巨大模式的一部分。事物以特定的方式而运行，并不必然是由于其他事物的居先作用或者推动，而是因为它们在永恒运动着的循环的宇宙之中的地位使得它们被赋予了内在的本性，这就使那种运行对于它们成为不可避免的。如果事物不以那些特定的方式而运行，它们就会丧失它们在整体之中相对关系的地位（这种地位使得它们成其为它们），而变成为与自己不同的某种东西。因此，它们是有赖于整个世界有机体而存在的一部分"②。"中国古代的这种世界观有人称为'联系性的宇宙观'显然不是中国独有的。基本上它代表在原始社会中广泛出现的人类世界观的基层"③。因此，相关性或整体性的思维，也叫有机性或联系性的思维在人类的原始期就已经形成了。在中国，道家哲学把这些初始的、朦胧的思想总结、提升为整体的系统观。

生成的本能——气是先验的，因为实体（空间）和过程（时间）都是它的生成、呈现。道家哲学以"太虚"作为宇宙本原，提出了"太虚即气"和"形聚为物，形溃反原"的观点，也就是说"气"是宇宙的本原，宇宙运动就是"气"的聚散。他提出了"一物两体，气也。一故神，两故化"的观点，冯友兰解释说："当其为'一'之时，则'清通而不可象为神'，所谓'一故神'也。因其中有阴阳二性，故"烟煴相荡，即二性之表现也。气有二性，故烟煴相荡，聚而为万物。所谓'两故化'也"④。也就是说，"气"的内在矛盾是"气化"的根据，其观点有一定程度的辩证性。"一"包含了动之能：自组织和涨落作用。"一"具有一种不停运行的动力，这动力使它自身成了一个浑然不分的整体。"精"——精细、细密、精要，是弥散均匀的能量场。⑤

### 2. 虚与实：连续与间断

连续性物质和不连续性物质的相互关系，以及它们的可分性的问题。

从事物的内在因素来说明自然界的运动和变化是道家哲学的一个重要思想。

---

① 皮亚杰. 发生认识论原理. 王宪钿译. 北京：商务印书馆，1981：39、42.
② 李约瑟. 中国科学技术史（第二卷）. 北京：科学出版社，1990：305.
③ 张光直. 中国青铜时代（二集）. 北京：生活·读书·新知三联书店，1990：134.
④ 参见冯友兰. 中国哲学简史. 天津：天津社会科学院出版社，2008.
⑤ 参见袁媛. 道家元气生成思想探微. 南京农业大学硕士论文，2011，（6）.

道家哲学认为不连续形态的物质——"形"，是一分为二的；而且，连续形态的物质——"气"，也是一分为二的。"元气"自我分化分为阴阳二气，阴阳二气生化五行。而二气的屈伸、激荡则形成了物质的运动。这样，"绸之中又有用焉，而万物之变透至于无穷"①。也就是说，气贯串在物质的各个层次之中，既生万物，又促使万物运动变化。以"无"为静，以"有"为动。道家哲学认为"一"即"无"，因为没有第二种东西与它比较，规定它。这时空间和时间都未分化出来，也就无从变化，自然是"静"。作为本体世界的"无"则是静止不动的，运动之有是由虚静之"无"决定的。"凡苟起于虚，动起于静。故万物虽并动作，卒复归于虚静，是物之汲鸾也"。"一"作为整体，虽然是"静"，但整体的"静"中却隐含了生成、变化的动之能力。这种能力即是自身运行，运动是"有"的状态，是以空间和时间的方式存在的。

元气学说否认了自然界绝对真空的存在，这符合现代科学发展的思想。按照量子理论，一个原子核衰变事件在这一时刻发生而不在别的时刻发生，这并没有什么更深层的理由，这里没有什么原因来解释。因而，我们不可能预先知道某一个原子核在何时衰变，它只是以几率方式碰巧的。显然，对于"真空"结构的研究，已是近代量子场论研究中的一个重要问题。从现代科学来理解元气，"一气"是指没有分化，没有差异，弥散的、完全均匀的能量场，处于基态的能量场，即真空。真空基态场不能通过状态变化释放能量、输出信号，从而不显示直接的物理效应，这表现为察觉不到存在粒子，因而是空无一物，但存在涨落。涨落的存在，可"无"中生"有"。相互作用使真空的均匀性遭到破坏，产生聚集，"物"才会从其中凸现出来，出现时空。

构成观以本原、始基统一存在，统一本意就是相互连接在一起。西方古典哲学构成观的原子等要素与提供要素运动的虚空是分离的，两者是不能统一的。并且，要素也是各自独立分离的，相互之间也没有什么关联。直到近代科学诞生以后，发现了天上、地下的所有具有质量的物体都是由万有引力相互作用的。万有引力使物体与物体之间建立了联系，但却不知是什么传递作用的，只好借助于"以太"假设。并且，近代科学的物质运动是受到外力的推动，而不是物质自身的自我运动，空间是平直无限的空无一物。所以，就有要求一个"第一推动"。

柏格森在他们创造进化论中区分了"空间时间"和"心理时间"两种时间观，"空间时间"是我们习惯上用钟表度量的时间，也可说是的经验时间；"心理时间"是通过直觉体验到的时间，他称之为"绵延"。柏格森认为传统的"空间时间"观念只不过是用固定的时间，依赖于空间观念的概念来说明时间，只是各个时刻依次延伸而至无限的一根同质的空间长链。反之，"绵延"既不是同质的，

---

① 尚书·洪范.李民，王健译注.上海：上海古籍出版社，2010.

不同质即是发生了变化，又是不可分割的。绵延作为真正的时间，是一个浑然不可分割的整体，其真正的、本质的含义在于不断地流动和变化。柏格森还认为唯有在记忆中才可能有"心理时间"存在，因为只有在记忆中过去的时刻才会有积累，积累也就意味着连续的流动和变化。

作为一种连续形态"元气"聚合产生有形体的物质，元气的聚散已经涉及了连续和不连续的问题。元气学说提出的"动非自外"、"一物两体"等观点与古希腊哲学在现象中寻找世界存在的根源不同，而把根源归结为时空现象之外的混沌之气，时空则是从这种混沌之气生成的。这种观点远离经验知识，为以现象为基础的西方哲学匪夷所思，但却是超前的。在中国生成、分化的文化背景中的，生成则是自然合理的。其实，柏拉图以"共相"作为万物存在的形式（原因），就已经带有超越时空的意蕴。元气论与现代科学的能量学说思想有着内在的一致性。"'气'，与其说接近于'以太'，不如说更接近于现代科学所说的场。"[1] "这样，在现代粒子物理的研究中所表现出的思想在向道家哲学观点靠近：物质是连续的场——气和不连续的实物——形的辩证的统一。不仅仅实物是可分的，"凡物之有形者，易截也，易割也"。场也是可分、一分为二的，并且"用之中又有用，而万物之变遂至于无穷"[2]。

现代科学的场的发现改变了传统科学观，场的意义在于空间不是经验和经典科学中的"空无"，只是相对于实物的虚，但本身是充满能量的，又是实物传递相互作用的中介。场在一定程度上涉及了关于物质结构是连续性质和不连续性质的一个基本观点。在物质结构的研究中，只看到物质的不连续的性质，或只看到物质的连续的性质，终究是片面的真理。现代科学认识了世界上已知各种形态的物质都是由基本粒子所组成的。目前发现了100多种基本粒子，探讨基本粒子的相互作用的统一本质，是当前自然科学研究的重要课题之一。在自然科学的发展中，开始是认识宏观物体在"虚空"中的运动，所以，物质是"间断"性的存在，后来发现了场的形态，场是连续的，这样，间断性的物质就淹没在连续性的场中。但科学又发现了场具有振动以及波动，这样场也是有"结构"的了。量子理论又在波动性质中发现了粒子的特性，即波动和粒子的统一。从现代科学来看，一切存在的东西都是场和粒子的统一，也就是连续性和间断性的统一。

受经典科学的物质实体论传统的影响，直至现代，都有人全面否定量子场论，否定量场子所具有的物质的连续的性质。而在中国古代的元气论中就具有了连续和不连续的对立统一的思想，这种超前的智慧当是十分可贵的。如果说德谟克利特的原子论直接影响到18～19世纪的原子学说的发展，那么在元气论中涉

---

① 参见李存山. 中国气论控源与发微. 北京：中国社会科学出版社，1990：319.

② 韩非子·解老. 张松辉译注. 上海：上海三联书店，2014.

及的、连续和不连续的对立统一、不连续生自于连续，就将在更大程度上对今后的物理学的研究，启发现代科学关于起源演化问题研究的思路将发生重要的启迪作用。事实上量子理论的一些开创者就在中国古老的气、太极、阴阳等学说中找到了共鸣。

在科学中的所谓"统一"、"本源"，只是相对的，只是表现人对认识对象的认识的深化。随着科学的发展，这种"统一"、"本源"会不断被突破，从而去发现新的"统一"，发掘更深层次的"本源"。这种最终的统一就是中国道家哲学的元气，无形之气对应的是现代科学的能量。虚与实、连续与间断只能在能量场中得到统一。实体世界的本原、本质只能源出于气——能量。

### 3. 能量作用

17世纪初，针对当时科学中的"活力"的观点，T. 杨曾提出了用"能量"一词表述"力"，并把能量与物体所作的功相联系，但未引起人们重视。后来科里奥利又引进了力做功的概念，力做功转变为物体的动能，并通过积分给出了功与动能的联系。后来又出现了"势能"概念。力、做功、动能、势能这些概念的确立，及其他们量的转换关系，最后确立了能量转换与守恒定律。人们才认识到能量概念的重要意义和实用价值。

能量是一个通过某一个物理系统对其他的物理系统做功的能力间接观察的物理量。现代物理学的能量是用以衡量所有物质运动规模的统一量度。每一个物体都含有能量，其所含的总能量等于其总质量，能量同质量一样都是既不会凭空产生，也不会无故消失的。任何形式的能量都是可以相互之间转换的。在能量转换的过程中，系统总能量是保持不变的，只是能量在各系统间的转换，某个系统的损失能量，必定会有另一个系统得到损失的同等能量，所以总能量不改变。这就是能量转化与守恒定律，这是物理定律不会随时间而改变所得到的自然结果，是自然界的普适定律。把能量定律与道家的气的学说相比将较，我们就可以发现它们之间的一致性：任何事物都含有能量或气，并能在各种事物之间，在能量（气）与实物（质量）之间相互转化，且总量保持不变，能量或气是事物变化、运动的起因，这是普遍"通天下"的。所以，与其说"气"接近于"以太"，不如说更接近于现代科学场的概念。"如果说古希腊的原子论曾经预示着道尔顿原子学说的出现的话，那么元气学说就是现代量子场论的滥觞"[1]。场的"聚"形成实物，亦即激发生成各种各样的粒子，"散"则是粒子的衰变、释放出能量。当然，对于"气"也不能完全看成是现代科学的场。场是在科学实验和理论基础上总结出来的科学概念，"元气"只是对哲学宇宙生成、运动的整体性质思考而提

---

① 何祚庥. 场也是一分为二的. 自然辨证法通讯. 创刊号，1979，（1）：92.

出的一种抽象的范畴。但这一范畴凝聚了中国古代的经验知识和智慧，加上哲学家的领悟，在思想层面上与当代科学的各种演化的思想却是极其一致的。

　　气不仅提供相互连接的作用，又是整体构成背景和基质，还是整体生化的过程。既然规定了元气是从道或太易生成的，那么按照"道生一"，"道"派生出原始混沌之气——一元之气，元气应具有一元性。"一"是整体的，"气"是无限的，不生不灭的，所以天地也是没有限度的，不生不灭的。"气"是看不见、听不到、摸不着的，它是无形、无声、无体的不能感觉到的存在。换句话说，它不是一个有具体形象的东西。并且它是不分上下、不辨明暗、不见前后的无分别状态，它是无形、无状、无象的"惚恍"，最终归于"无物"。

　　构成观哲学难以理解生成之本能——能量是世界的终极之源，现代物理学的发展，尤其是爱因斯坦质能关系式（$E=mc^2$）、量子场论以及真空理论的提出，似乎显露出有利于奥斯特瓦尔德的能量学——被传统哲学斥为"唯能论"的趋势。在物理宇宙学中，暗能量是一种充溢宇宙的、维持和增加宇宙膨胀速度的存在形式。在现代宇宙学中，暗能量只是一种假说，但却是当今对宇宙加速膨胀的观测结果的解释中最为流行的一种假设。压强为负的"暗能量"维持了宇宙在加速膨胀的能量。在宇宙标准模型中，科学家们估算暗能量占据了宇宙96%以上的质能，暗能量和暗物质是推动宇宙运动的能源。

　　海森堡认为，现代物理学在某些方面非常接近古希腊赫拉克利特的"世界是永远地燃烧着又在熄灭着的火"的学说。指出如果我们用"能量"一词代替"火"，我们几乎就能一字不差地用现代的观点来重述赫拉克利特的命题。海森堡指出能量实际上是构成所有基本粒子、所有原子，因为能的总量不变，从而也是万物的源泉，这可以在许多产生基本粒子的实验中观测到，基本粒子实际上能够用能量制成。能量能够转变成运动、热、光和张力，也许能量可以称为世界上一切变化的原因。海森堡如果了解了中国的元气学说也许会认为能量更接近于"气"，而不是"火"了。现代物理学的真空理论指出了真空是量子场的基态（能量最低的状态），粒子是量子场的涨落而形成的。因此，粒子和真空统一于能量，而不是统一于实物，能量场是最基本的。这就是说，物理实在性客体（场、粒子）都统一于能量，而不是统一于实体物质。现代物理学的这些思想和观点几乎可以看成元气论的现代版本。

# 二、气之运化

　　"气者造化之本。有浑浑者，有生生者，皆道之体也。生则有灭，故有始有终。浑然者充塞宇宙，无迹无执。不见其始，安知其终。世儒止知气化，而不知气本，皆于遭远。"

　　　　　　　　　　　　　　　　　　　　　　　　　　　　——王廷相

整体是气的自我运化。气在自身内含阴阳，阴阳互藏互交是自我生成的本能、能力，这种本能在相互之间就是相互作用，事物的相互作用在时空中表现为运动、变化过程，并在相互作用中联结为整体。

### 1. 阴阳——对立统一

二分或对立思维与观念是原始思维和意识中普遍具有的，中国"阴阳"观念有个发生、发展的完整历程。"阴阳"观念从一开始就是来自于经验，带有明显的经验性质。在此基础上，一些概括化的形式逐渐出现了，这包括早期的图形形式和后期的符号形式，这些都会使"阴阳"观念概括或抽象化。它最早出现于对转化问题的思考。逐渐地，二分对立现象已经被作为一种普遍的自然法则，这样一种认识在春秋时期已经十分明确地固定下来。随后概念及符号的阴阳观也就出现了。总之，在先秦时代"阴阳"观念及其思想在春秋时期已经被推到了一个相当的高度，老子对此进行了概括总结，最终作为生成哲学的主要概念确定了其地位。

"阴阳"对立是道家哲学的普遍法则。随着"阴阳"观念的概念化，也随着"阴阳"转化思想的展开，"阴阳"对立与转化已越来越被理解为普遍的法则。与此相关的最早的认识一般认为是用阴阳二气来解释地震的原因。尽管这里的"阴阳"主要是我们今天所说"自然"的意思，但"阴阳"概念在天、地、人语境中的使用本身就意味着它作为普遍法则的意义。

"物生有两，有三，有五，有陪贰。故天有三辰，地有五行，体有左右，各有妃耦。王有公，诸侯有卿，皆有贰也"①。这里明确提出了万事万物都会内蕴着某种对立的关系，所谓"物生有两"、"皆有贰也"，这就赋予对立关系以更为一般性的意义。应当说，这之中包含了一种对规律或法则的深刻认识，或者说包含了一种更高的归纳和提升。

道家哲学对立双方相济关系有许多表述，如清浊、大小、短长、刚柔、迟速、高下、周疏，以相济也。这里明确提出了相辅相成、相依相济的思想。道家哲学并不把对立看作是绝对的，或对立双方处于一种孤立、隔绝的状态，而是看作具有依赖和互补的关系。这些表述的思想是：事物对立存在中的任何一方不可能以自己作为存在的前提，而是以对立着的另一方作为自己存在的前提。对立是自身存在的一种要求，并不是一方克服另一方，更不是一方消灭另一方。消灭对方就是消灭自身，消灭自身生长发展的条件。阴阳是各自向对方转化的，阴阳分化本就是一种排斥的因素，但同时也趋同对方，又是吸引、统一。

阴阳观包含了"物极必反"，也即是转化思想。"泰。小往大来，吉亨。

---

① 左传·昭公三十二. 刘利等译注. 北京: 中华书局, 2007.

九三，无平不陂，无往不复"。"否之匪人，不利君子贞，大往小来。上九，倾否，先否后喜"①。泰与否不仅对立，而且可以相互转化。泰可以转化为否，否也可以转化为泰。用的话说即是"小往大来"、"大往小来"、"无平不陂，无往不复"。这即是说，任何事物发展到尽头就必然会向相反的方向转化。阴阳对立之间的转化具有普遍性，"乱生于治，怯生于勇，弱生于强"②。这是说，在战争环境下，对立的双方并不是一成不变的。乱与治、怯与勇、弱与强都是可以转化的。一方走到尽头便是其反面的开始。

人的机体也是阴阳二气的运行。"阴阳"作为普遍法则也见之于医疗活动的运用，"天有六气，降为五味，发为五色，征为五声，淫生六疾。六气曰阴、阳、风、雨、晦、明也，分为四时，序为五节，过则为灾：阴淫寒疾，阳淫热疾，风淫末疾，雨淫腹疾，晦淫惑疾，明淫心疾"③。在这里，阴阳不仅作为一对对立的范畴，而且与"气"和"疾"结合了起来，由此来论述病因生成。事实上，医和有关"阴淫寒疾，阳淫热疾"以及"分为四时，序为五节"的论述完全可以理解为是中国古代医学阴阳五行理论的肇始。

在老子之前，关于"阴阳"普遍法则问题的思考，在《孙子兵法》里达到理论思维的极高层次。如《孙子兵法》开首就说到："兵者，国之大事，死生之地，存亡之道，不可不察也。"④我们可以看到孙子在论述中一开始就将军事问题上升到生死存亡这样一个对立之"道"的高度来认识。《孙子兵法》中有一系列对立范畴天者，阴阳、寒暑、时制也。地者，远近、险易、广狭、死生也。"兵者，诡道也。故能而示之不能，用而示之不用，近而示之远，远而示之近……"⑤这里包含了对"阴阳"作为普遍法则的深刻认识。

所以，"阴阳"作为普遍法则的观念或思想，在中国古代哲学中可以说是通用的，被广泛用于解释自然现象、生命现象，还用于应对或解决社会、政治、军事问题，并且它已经被加以高度概括为典型的哲学表达形式。同时，它不仅仅被理解为是一种客观规律，还被自觉地作为一种主观方法。

### 2. 分化——结构与整体

整体还具有自我生成的能力，是自生自长的。阴阳对立促使系统自我分化，这种分化是系统自身结构的改变，要素的重新结合，同时也是新结构、新模式的生成、涌现，是整体的生长。所以，生成是整体的自我分化、自我组织，这就如

---

① 周易·泰、否.郭彧译注.北京：中华书局，2006.
② 孙子兵法·兵势.郭化若注.上海：上海古籍出版社，2012.
③ 左传·昭公元.刘利等译注.北京：中华书局，2007.
④ 孙子兵法·始计.郭化若注.上海：上海古籍出版社，2012.
⑤ 孙子兵法·兵势.郭化若注.上海：上海古籍出版社，2012.

同一颗树丛种子开始发芽、生长（图8-1）。

图8-1　系统整体的分化生长

古希腊哲学就有关于结构的思想，原子论把事物的构成结构看作最原初原子运动、聚集，不同的排列、组合形成不同结构，从而具有不同属性的物质。但这种结构是以虚空——无物，也即无结构为前提的。虚空是一种无物、无结构，从而也就与物无关的，这样，原子论的结构模式是以牺牲整体性为代价的。宇宙万物在每一层次都呈现了结构模式，然而，结构所表达恰是各个层次与全部的整体。现代科学的存在是基于一种无形无体的气、以太、能量、场、暗能量……。

笛卡儿和莱布尼茨都提出了对虚空的不同看法，在现代科学中，虚空则有了新的意义。爱因斯坦的广义相对论受到笛卡儿的以太学说的影响，他说："当笛卡儿相信他必须排除空虚空间的存在时，他离开真理并不怎么远。如果认为物理实在唯一地只是有重物体，那么这种见解确实显得是很荒唐的；为了揭示笛卡儿观念的真正内核，就要求把场的观念作为实在的代表，并且同广义相对性原理结合在一起；'没有场'的空间是不存在的。"[①]"'没有场'的空间是不存在的"，这就是"笛卡儿观念的真正内核。"究其更早一些的来源，就是张载所说的"太虚即气"。如果说，笛卡儿的"以太旋涡说"和张载的"太虚即气"的观念之间的继承关系，还只是"不能轻易排除"的"假说"，只是"很合情理"的"猜测"的话，那么以太学说的另一位继承者和发展者莱布尼茨，则明显受到道家哲学的影响。

莱布尼茨的"以太学说"的核心，就是认为以太具有活动力，具有流动性。如果把以太具有活动力的观念和张载所说的"动非自外"、"动必有机"的观念作一番比较，那么就不能不认为这简直是张载观念的移植。莱布尼茨指出："气，在我们这里可以称之为'以太'，因为物质最初完全是流动的，毫无硬度，无间断，无终止，不能分为部分，它是人们所想像的最稀薄的物体"。这里所强调的所谓"完全是流动的"、"无终止"，就只能认为是来自张载了。莱布尼茨赞同"元

①　爱因斯坦.爱因斯坦文集（第1卷）.许良英，范岱年译.北京：商务印书馆，1976：558.

气本源论"的观点，"至上的神或宇宙，不过是原始物质或者物质的气，绝对不是别的什么东西"①。

莱布尼茨不仅赞同笛卡儿的以太学说，还吸收了道家哲学里"动非自外"的一些思想，进一步发展了以太学说。但是莱布尼茨也是一位唯心论者，他把"活动力"注入了笛卡儿的具有广延性的以太，也就用"活动力"取代了物质的实体地位。莱布尼茨认为："由于凡物质必具有广延，凡广延物都是复合的，无限可分的，所以在物质中不可能有真正的'单元'，真正'不可分的点'；换言之，只有在人的头脑中把物质、广延扬弃掉，才能够找到真正没有部分的'单元'、'不可分的点'。"②这样，莱布尼茨就只能到精神领域去寻找，而他所找到也就是精神性的实体——"单子"。"莱布尼茨说，唯有单子'是行动的源泉……它们具有生命的本性的某些东西，它们具有一种知觉……'"③莱布尼茨的思想与张载所主张的"流动的，毫无硬度，无间断，无终止"的"气"的概念是非常接近的。所以，20世纪的著名哲学家罗素说，在哲学史有关空间争论的问题上，"爱因斯坦的理论把胜利决定性地给予了莱布尼茨"④。

每一存在的系统，其存在方式都是自主独特的。我们之所以能把存在归结为三种普遍的方式，是因为它们是最先生成的性质，后续的序列保留并以此为基础生成了现在的复杂的存在。如果我们再追究这三种方式的序列，那就是从本能作用生成了实体空间，从实体空间生成了过程时间。⑤存在的生成本能表现为各种相互作用方式，从中分化出了存在的空间和时间方式。生成是存在的呈现、分化、展开，也即以某种方式表现的存在。存在生成的是一个系统整体，分化使得自身增加差异，变得复杂。从均匀产生出个体和部分，生成本能赋予个体和部分以各种不同的方式相互作用、相互影响，相互作用使得个体连接为整体，个体在整体中成为部分。对于生成观来说，除了生成本能，不承认任何"先验"的东西，包括存在的空间和时间方式。如果我们把意识及其观念是作为生成的最高层次，那就必须承认先于观念（空间、时间）的东西。空间和时间的观念是从具体、个别的大小、形状、位置、过程中概括、抽象出来的，是可变的，也是相对的。

整体观是关于世界存在的某种图式，就是将整个世界归结为几种物质的形态或者现象，甚至是某个数字，并以此为"本原"来解释其他的一切事物和现象，以此来统摄整个宇宙万物。宇宙图式在原始思维中具有普遍性，或者说，它是原

---

① 莱布尼茨.致德雷诺先生的信 论中国哲学.见：中国哲学史研究.1981,（4）：95、102.

② 参见李存山.中国气论探源与发微.北京：中国社会科学出版社,1990：359.

③ 莱布尼茨.莱布尼茨自然哲学著作选.祖庆年译.北京：中国社会科学出版社,1985：71.

④ 罗素.西方哲学史（上卷）.何兆武，李约瑟译.北京：商务出版社,2008：103.

⑤ 关于三种方式可以完备描述系统的存在，现代非线性科学中已经揭示了其所具有更深刻的意义.

始思维或意识中普遍具有的观念。整体图式是人类意识中最为原始的几个观念之一，甚至带有"先验"的性质，因为人类自身就是从整体开始的。当原始人对现象的观察积累到一定程度的时候，他们就会注意到不同事物和现象之间所存在的相似性和关联性，这就启发或影响他们进一步去思考现象之间的关系或者内在联系。不同的民族的哲学对存在方式的认识有不同的开始，但对世界的基本认知或理解确也有相似性，毕竟都是人类思维提升，所以，这样一种整体图式的理解却是普遍存在的。

### 3. 协同——气的运行

道家哲学以阴阳为世界万物变化、运动的原因，但阴阳的相冲相荡只是起因，而不是目的和终了。阴阳相互冲荡最终是要达到"中"、"和"状态，即阴阳平衡。阴阳平衡的思想的源头也是在史前时期的种种知识活动中产生的，这种思想是后来为道家哲学所继承，并发展为中国哲学最有特点的思想，也是最为重要的思想。有关阴阳平衡的思想首先是在农业生产活动的经验知识中产生和形成的。道家哲学思想所特有的那种特征在先前的中国原始农业已经产生了，例如，关于对农业生产活动各环节的具体特点、各个环节之间的关系，以及与外界环境的关系等知识，而阴阳平衡一直是贯穿于其中的重要观念。"阴阳"观念与思想的源头可能比这些要丰富得多，例如人体的生理运行、建筑与居住活动等方面，同样会滋生阴阳观念与思想。所以，阴阳思想是一个久长的生产活动和广泛的知识积累并观念化的结果。

"中"这一观念与思想的另一个内容即是平衡问题在春秋时期也得到了充分的展开。平衡问题则更多地有日用或实用的性质，因此，平衡观念及思想更多地是与知识活动相关，它是包括农业、工业以及医疗甚至军事等许多活动所要考虑的问题。道家哲学二元的观点是"阴阳相交"，而不是"二元对立"，这是西方哲学所难以理解的，水火本来就是对立的"水火不相容"，怎么可能是相交的。构成观的世界只能看到一方克服、代替、消灭另一方，不理解生成：火过盛不生万物、水过盛也不生万物。生成观的阴阳双方如果能平等和谐相交，则生物，成物，有物。阴阳失衡或断交，则无物可生，无物之延续，最终死寂无疑。

道家哲学以阴阳二气说明万物变化的原因，阴阳二气冲荡的结果是要达到一种"中"、"和"的状态，在"中和"状态，新的事物会突现、涌现、生成。用自然感应观点来说明万物在相互作用中的生成。万物按其性质可以区分为不同的"类"，同类的东西之间存在着"气同则合，声比则应"[1]。这种自然感应不是"既

---

① 吕氏春秋·应同.陆玖注.北京：中华书局，2011.

定"的。而是无意识、无目的、"自然无为的"。"物类相致，非有为也"①。因而，自然感应并没有什么神秘意义，"浮而上者阳之清，降而下者阴之浊。其感遇类聚，为风雨，为霜雪，万品之流形，山川之融结，糟粕煨烬，无非教也"②。天即太虚，太虚是阴阳二气的对立统一。有对立，故有感应，有统一，故能相合。万品流形，莫不是阴阳二气感应与之理的显示。

气能自我感应、与物相感应，还是有形物远距离相互感应的中介。"二气感应以相与"是气的自相感应。鹤唳夜半、鸡鸣将旦是因为"天气感物"，即气与物的相互感应。至于有形物的远距离作用，也是以气为中介，"气有潜通"、"气以虚通"、"一气牵系"，气的"吸"与"摄"、气的"往来施受"。自然感应以"同类通气，性相感动"，解释了"月毁予天，螺消于渊"等生物钟现象。③还解释了许多现象，如乐器共振、共鸣现象，阳燧召火现象，磁石吸铁、琥珀拾芥现象，日月吸地海为潮汐，天体相互吸引现象，生物钟现象。

现代系统科学的协同论对系统整体的协同运行机制有着细致的描述。协同论认为，不同的系统，尽管其属性千差万别，但各个系统间却存在着相互影响、相互合作的关系。协同论指出，由大量子系统组成的系统，由于子系统存在的相互作用，在一定条件下，就会形成相互关联、相互协调的模式。这是从自然界到人类社会各种系统的发展演变，所遵守的普遍的、共同的机制。

协同的系统的内在机制是：在系统内部各子系统之间存在各种关系，而每种关系都必须使各各子系统保持协调消长和动态平衡，只有这样的状态才能更适应环境，利于系统的生存和生长。协同论揭示了这种物态变化的普遍程式："旧结构——不稳定性——新结构"，即随机"力"和决定论性"力"之间的相互作用把系统从它们的旧状态驱动到新组态，并且确定应实现的那个新组态。而这种"力"对应于不同层次的系统似乎是不一样的，但在各个不同层次的系统中，又可以用一个一般的概念就是类似于一种遍布系统的能触发系统协同一致的能源"场"（各种力都是场），这又与道家的气一致。协同论强调不同系统之间的类似，它试图以远离热动平衡的物理系统或化学系统来类比和处理各种系统，包括了生物系统和社会系统，具有广泛的普遍性。协同论把它的研究领域扩展到物理学、化学、生物学、天文学、经济学、社会学以及管理科学等许多学科，并且试图通过共同的机制和模式使得对似乎完全不同的学科之间增进"相互了解"和"相互促进"。

①　王充.论衡·感虚.张宗祥校注.上海：上海古籍出版社，2010.
②　张载.正蒙·太和.北京：中华书局，2006.
③　王充.论衡·变动、偶会.张宗祥校注.上海：上海古籍出版社，2010.

## 三、复归于气

“有生者必有死，有始者必有终。自然之道也。” ——杨雄

“天地不生，故不死；阴阳不生，故不死。死者生之效，生者死之验也。夫有始者必有终，有终者必有始。唯无始无终者，乃长生不死。”——王充

宇宙万物生成于气，最终又归复于气。万物在生成的运转流化中，展现了道的内容，实现了自身存在的价值。这价值就是体现了气所产生的作用，所以是归复于气。

### 1. 万物皆由气生

道创生出宇宙万物、又成就了宇宙万物之后，道也就在万物之中，成为万物的本质，成为万物的活力。“为天下谷，常德乃足，复归于朴，朴散则为器”[①]。老子有时用朴表示道，道散寓于万有器物之中。寓于万有器物之中的道称为德，“常德乃足”是活力充沛的意思。万物皆有道，道在万物中。东郭问于庄子日：“所谓道，恶乎在？”庄子日：“无所不在”。东郭子曰：“期而后可”。庄子曰：“在缕蚁”。曰：“何其下邪？”曰：“在稗梯”。曰：“何其愈下邪？”曰：“在瓦臂”。曰：“何其愈甚邪？”曰：“在屎溺”。东郭子不应。这段话是说，不论动物、植物、无生命的器物，也不论贵贱，莫不有道寓于其中。[②]

王夫之曾言：“虚者，气之本，故虚空即气”[③]。“太虚即气，细缀之本体，阴阳合于太禨口”[④]。《庄子》更以气的聚散离合对世界万物的生灭变化做了比较具体的原理性的说明。外篇《知北游》中有“万物一也，是奇所美者为神奇，其所恶者为臭腐，臭腐复化为神奇，神奇复化为臭腐，故曰，通天下一起耳，故圣人贵一”[⑤]这段话说明了千变万化，千差万别的世界的根源是一体性的，是“一气”，即“元气”。

如果说《老子》理论中的“道”“气”有关联却因为“道可道非常道”的缘故并未用理论明确规定。那么在《管子》中则是明确肯定了“道”就是“气”，“气”就是宇宙万物的根源和本体，“本始之茫，诞者传焉。鸿灵幽纷，曷可盲

① 老子（二十八章）. 饶尚宽译注 . 北京：中华书局，2006.
② 庄子·知北游 . 孙海通译注 . 北京：中华书局，2010.
③ 王廷相 . 慎言·五行 . 冒怀辛译注 . 成都：巴蜀书社，2009.
④ 王夫之 . 张子正蒙注·太和 . 北京：中华书局，1975.
⑤ 庄子·知北游 . 孙海通译注 . 北京：中华书局，2010.

焉！窅黑晰眇。往来屯屯，庞昧革化，惟元气存。而何为焉！"① 管子还用精气说解释了人的精神现象，认为人是由"气"生成的，人的精神也就是气："人之生也，天出其精，地出其形，合此以为人。和乃生，不和不生"。"精"是"气"，"形"也是"气"（形气）。人是由"精"和"形"这两种"气"和合而生成的。有了"气"才有了生命体，而后才有了思想和智慧。②《淮南子》则从元气自然论的立场阐述了"形"、"神"关系的。认为人的"形"、"神"都是由"气"构成的："夫精神者所受于天也，而形体者所禀于地也。……烦气为虫，精气为人。"人的精神是由精气生成的，或就是一种精气。

在西方哲学史上"首创"包罗万象、无限统摄的辩证体系的黑格尔，正是基于老子的"道"——"绝对精神"，包含"无"和"有"；再是矛盾展开，经过"正反合"（阴阳和），从"道的异化"到"道的复归"，即回到道的本身或绝对精神本体。精神总是要通过自力以返回它原来的统一。绝对精神先于自然界和人类社会而存在。绝对精神不是消极被动或僵死不动的东西，而是一个具有创造性的、处于运动发展过程中的主体。黑格尔的绝对精神的发展经历了逻辑阶段、自然阶段和精神阶段三个阶段。逻辑阶段是作为纯粹抽象的逻辑概念，绝对精神以超时空、超自然、超社会地自我发展着；自然阶段阶段是绝对精神转化为自然界，表现为感性的、现象的事物的形成；在精神阶段，绝对精神又否定了自身，表现为主观精神的个人意识、客观精神的法、道德、伦理等社会意识，最后返回绝对精神，又返回到自身，但此时的绝对精神则是充满内容的存在。

天地万物，包括生命、人类，都是元气自我生成的，是生成的不同层次、不同阶段、不同序列。气以什么方式通天地万物，在科学诞生前的思辨中，只能是自生自长的能力，万物是气自生的一种沉淀的、凝聚的状态。古代人没有现代科学的能量概念，但这种思想却与现代科学的科学的能量说十分的吻合。

奥斯特瓦尔德认为"能"是唯一的存在，世界上的一切事物，包括自然界、社会、思维的一切现象都是"能"的运动，主张用"能"代替物质。他从物理学的普遍过程得出一切物理的或热力学的方程式，定律必定是能量定律，能量在一切领域中是共同的东西的结论。奥斯特瓦尔德说："我们所谓的物质，仅仅是我们在同一地点同时发现的能量的复合。如果我们乐意地话，我们还可充分自由地设想，以能最或以周期方式、或以颗粒方式均匀地充满空间；后一种假定可以是原子假没的替代物。在这些一可能性之间裁决纯粹是实验问题"③。他以丰富的想象、生动的事例、优美的文字论述了在一切现实的、具体的事物中，能量是绝对

---

① 柳宗元.柳宗元集·天对.北京：中华书局，2006.

② 管子·内业.李山译注.北京：中华书局，2016.

③ 李醒民.奥斯特瓦尔德的能量学和唯能论.自然辩证法研究，1989，（6）：30.

不可缺少的、最本质的成分。我们甚至可以说，正是能量才能体现未来的实在。能量在两种意义上是现实的：首先在作功这一点上是现实的，其次在可能解释事实和现象的内容这一点上也是现实的。[①]他写道："能量在现象的疾速流动中形成静止的极，同时构成使现象世界绕这个极周围旋转的冲动力"[②]。

### 2. 气之聚散转化

奥斯特瓦尔德提出能量学说时，马上遭到了哲学界，特别是唯物主义哲学家们的激烈的批驳。这是因为构成观哲学的世界图式不能容忍世界是由一种虚无缥缈的东西构成。这也说明科学具有开创性，因为科学的概念、原理必须与科学事实相符合。而一种哲学发展到后期为了坚守、维持某种信念假设，常常会难以容忍新的发现，也生成不了新的思想。事实上，现代人的许多重要的思想首先是在科学中生成的，科学的本质就是生成、创新，当代西方哲学已经完全脱离了科学的发展，进入了语言的符号分析。

依据元气聚散转化的思想，道家从哲学上指出了物质既不能创造也不能消灭的科学原理。张载认为："游气纷扰，合而成质者，生人物之万殊。阴阳两端，循环不已者，立天地之大义"[③]。能形成宇宙万物的元气，虽有聚散变化，但他断言，作为宇宙万物的本体的元气"不为之损益"。这可以说是从哲学思辩中提出的朴素的物质守恒原理。"车薪之火，一烈已尽。而为焰，为烟，为烬，木者仍归木，水者仍归水，土者仍归土，特希微而不见尔。一既之炊，湿热之气，蓬蓬勃勃，必有所归；若宣盖严密，则郁而不散。汞见火则飞，不知何往，而究归于地。有形者且然，况其绍组不可象者乎"[④]？所以，一切有"形"的实物"且然"守恒，而作为其本体的元气也是不生不灭的。道家哲学有关守恒思想的论述中总是包含了转化的观念，并且，它不是化为可见的实形，就是化为不可见的希微之气。

气化万物是通过五行中介转换的。从宇宙的演化来看，五行是在阴阳的基础上产生出来的。"夫四时阴阳者，万物之根本也"[⑤]。"天地之气，合而为一，分为阴阳，判为四时，列为五行"[⑥]。从结构功能上看，五行之所以能有"相生相胜"的具体运转和胜复制化的功能，是由于阴阳作为两种彼此依存、互补而又消长转化的功能或势力在不断推动。阴阳并非是五行之外的独立力量，而是弥化在五行

①　李醒民. 现代科学革命的认识论和方法论启示. 湖南社会科学，2005，（3）：30.
②　李醒民. 奥斯特瓦尔德的能量学和唯能论. 自然辩证法研究，1989，（6）：30.
③　张载. 正蒙·太和. 北京：中华书局，2006.
④　王夫之. 张子正蒙注·太和. 北京：中华书局，1975.
⑤　黄帝内经·四气调神大论. 姚春鹏译注. 北京：中华书局，2009.
⑥　董仲舒. 春秋繁露·五行相生. 张世亮，钟肇鹏，周桂钿等校注. 北京：中华书局，2012.

之中，作为五行相生克的动因与五行"相与一力而并功"。因而，五行被一一与气相匹配地加以解说，组成万物的单纯物质或五种元素的五行，通过与阴阳思想的相交，成为使人事和自然发生变动的原因。总之，宇宙的生成变化、人的形成及社会人事的变动都可以通过阴阳五行之气而被认识和解释。

张载和王夫之都提出"大虚即气"的学说。"太虚"本来是指虚无缥渺的宇宙空间。他们认为"太虚"不能是没有物质的"真空"，而是充满着极为细微的连续形态的"气"。张载说："太虚不能无气"、"气之聚散于太虚，犹冰凝释于水，知太虚即气，则无'无'"。元气并不是静寂滞留的，还要转化为"形"，形又能转化为气。张载说："气不能不聚而为万物，万物不能不散而为太虚"[①]。王夫之也说："聚而成形，散而归于太虚"。所以，"阴阳二气充满大虚，此外更无他物，亦无间隙，天之象，地之形，皆其所范围也"[②]。这样，气和形又体现了物质不同形态的相互转化。这就是说宇宙万物是不可创造和不可消灭的，不仅仅有形体的实物是不生不灭的，而且无形之气以及气和形的总和都是不生不灭的。"有形者且然，况其细组不可象者乎"[③]。

气作为能量，物与气只是聚成形、散无形的关系，也就是总量是不变的。这可以说是能量转换和守恒、质能守恒定律的哲学表述。质量和能量在经典力学中是相互独立的，但在相对论力学中，能量和质量是物体力学性质，是两个方面的同一表征，只是形式的区别而已。在此，质量被扩展为质量－能量，质能公式描述了质量与能量对应关系。能量守恒定律表明能量不会凭空产生，也不会凭空消失，实物的时空方式会消亡，但生成之能却转化为其他的形式，并且，能的总量保持不变。

凡是一切产生出来的物质系统都必然要走向消亡。而消亡并不是意味着绝对的消灭，而是意味着转化，不是向更高形态、更高层次转化，就是向着更低形态、更低层次转化，即回复到演化的出发点。由于自然界物质高低形态和层次的塔形分布，因此，自然界物质系统的转化发展只有小部分是向着高层次、高形态演化的，而大部分的系统在演化中回复到出发点，表现为发展中的循环，于是在宇宙演化的全体上就呈现出螺旋式的运动。凡是生成出来的东西都是合乎道的，凡是合乎道的东西都能够进一步生成。

绝大多数科学家追求的"终极理论"都是指"终极的起点"。因为宇宙之大，未知无尽，不可能有"完成的理论"。牛顿曾经说过："自然哲学的任务，是从现象中求论证，从结果中求原因，直到我们求得最初的原因为止。"温伯格认为：

① 张载. 正蒙·太和. 北京：中华书局，2006.
② 王夫之. 张子正蒙注·太和. 北京：中华书局，1975.
③ 王夫之. 张子正蒙注·太和. 北京：中华书局，1975.

"终极理论只能在一个意义上说是终极——它把某一种科学探索引向终点：那是一种古老的探索，探索那些不可能有更深层原理来解释的原理。"这个"不可能有更深层原理来解释的原理"就是"起点"。这里的思路是：道由极静生动，动而分阴阳，阴阳交错化生万物。这就是道化生万物，也是由于阴阳的原因。万物终将又会复归于道，老子说道"曰逝"、"曰远"、"曰反"①，即道——物——道。就是万物从道中化生出来之后，各按其自身的方式和规律运动、变化、发展，其中有的会偏离道越来越远，那些远离道的事物就不能再有上升和前进了，并且，它们终究要灭亡，都还要返回到它们的起点——"道"。

### 3. 作用本能永恒

道生天地，天地生万物是一个周行不始的永不息灭的过程："夫物芸芸，各复归其根。归根曰静，静曰复命。复命曰常，知常曰明"。在万物生灭相续中，"道冲而用之或不盈"，道具有无穷尽的生命力，"绵绵若存，用之不勤"②。万物不断地生长而又复归于道，然后又开始新的生成、生长、衰亡，整个宇宙是无尽的生成过程。"故生物者不生，化物者不化。自生自化，自形自色，自智自力，自消自息"③。"其分也，成也；其成也，毁也。凡无无成与毁，复通为一"④。

在后来的道家哲学中，曾有把"元气"作为宇宙万物的本原和终极的存在的看法。这是由于一方面老子的道过于"玄乎"，不能言说，另一方面一些不完全赞同道家学说的其他学派试图避开、摆脱老子的"道"，开辟自身的宇宙万物生成的本体论道路。这在无论是以万物的本质的"理"为本的儒家学说，还是象持有物质实体本原观点的"五行"学说都具有这种倾向。然而，从生成的思辨来看，这些学说都是不彻底的。这类似于古希腊早期的自然哲学，把水、气、火等东西作为世界万物的本原。"元"的含义是"万物之本"。"元者，始也，言本正也……王者。人之始也。王正则元气和顺……"，将"元气"理解为始气、原气和宇宙的本原。但气尽管无形，终究还是一种能够被感应的存在，加上"元"，还是要说明如何从"元"到气的。"气"分阴阳，"物莫不合，而合各有阴阳"，任何事物都是阴、阳的统一体，并且，"独阴不生，独阳不生，阴阳与天地参然后生"，把万物看作阴、阳交感的产物，还"贵阳而贱阴"固，持有阳尊阴卑的观点。由此看来，"天地之气，合二为一；分阴分阳；判为四时；列为五行"，即"四时"和"五行"都是阴、阳交感化生的结果，而"金胜木，水胜火，木胜土，

---

① 老子（四十章、二十五章）.饶尚宽译注 . 北京：中华书局，2006.
② 老子（十六章、六章）.饶尚宽译注 . 北京：中华书局，2006.
③ 列子·天瑞.张湛校注 . 上海：上海古籍出版社，2014.
④ 庄子·齐物论.北京：中华书局，2010.

火胜金，土胜水"①，其间存在"间相胜"的关系。

道家的元气论宇宙生成思想，试图建构一个由元气——阴阳之气——五行之气——五常之气等范畴构成的"元气一元论"哲学体系，把"元气"看作宇宙的本原，并提出了"阴阳之气"和"天地之气"的概念，认为"天地合气，万物自生，犹夫妇合气，子自生也"②，即阴阳二气相结合构成了人和自然界万物。在这里，阴阳已经被物化，变为构成物质的元素，成为实体存在。

16、17 世纪科学曾试图以机械作用力来说明机械系统以外的，包括生命和人类各种系统，至今我们在各个学科中还经常会看到这种说明的痕迹——各种各样的"力"。但科学的"力"、"能量"的说明在构成观图式中终究是不能延续的，只有在生成观中，"能量"和"力"的作用是必须的，并且还是"第一性"的。既然存在是自我生成的，那么必然具有从无到有的可能性，具有生成能力和作用。

生成是存在的本质。存在是从无到有，从简单到复杂的生成，自身具有生成、生长的能力，生成是存在的本能。有了生成的能力，才有无数新事物的产生。所以生成性才是标志终极事实之特征的各种本质之本质，生成刻画了存在的终极本质，是一切原理中的终极原理，唯有以此原理，宇宙才能从单一成为繁多——即分离的宇宙，也只有以此原理，存在的繁多始能成为单一。从纯粹的单一到繁多，再从繁多进而为复合的统一体，系万物之本性使然——存在的生成本能。③

按照宇宙学"超弦模型"的设想，宇宙类似一种"弦"的震荡，当宇宙膨胀到最大尺度时，所剩的普朗克粒子就会衰变殆尽，宇宙则会停止膨胀，并开始收缩，直至所有引力子都增变成反普朗克粒子，反普朗克粒子会以反速度由"反宇宙空间"通过奇点向宇宙空间运动，宇宙会再次从奇点处大爆炸，如此循环无端。这样，我们的宇宙同样是一个创生和消灭的过程，在当代宇宙学中，它也不是永恒的，似乎还不是唯一的，而是无限演化着的宇宙的一个链条和环节。

按照现代系统论的观点，系统的某种形态或模式必定经历了从孕育、产生、成长到成熟的演化，在越过成熟顶峰阶段后，开始衰落直至消亡。道家哲学认为一切事物"有生必有死"，生成的东西必然会走向消亡。系统在越过它的顶峰时就开始孕育了取代原有形态或模式的新形态或新模式，而且这是内在的、先定的启动新形态新模式的演化。所以，从系统外部来看，总是新的事物诞生、生长，最终消亡……在道家哲学元气论中，这是二气相合到二气相分，相分又以新的相

---

① 陈立．白虎通疏证．张谷若译．北京：中华书局，2010．
② 王充．论衡·自然．张宗祥校注．上海：上海古籍出版社，2010．
③ 怀特海．过程与实在——宇宙论研究 杨富斌译．北京：中国城市出版社，2003：36．

合生成，就是具有新性质的事物的生成，这样就呈现了一代又一代的进步。旧的系统的消亡，留下作用信息，使新的系统在更为复杂的基础上进入更高级的层次，形成由低级到高级的转型演化序列。

在生成观中，能是原初的存在，是真正"纯粹的存在"，是单一，是不能规定的。只能从其生成的后续序列中表现，就是能够、可能，具有生成的能力。生成系统的意义不在于空间的存在方式，而在于它产生的作用，因为空间方式终究会消失，而作用却是永恒的。空间是相对的，是作用的量的积累，作用的大小衡量。彻底的生成观也不承认事物时间的永恒，因为存在本身就是生成，就是在不断地突破，存在总是一种"时过境迁"，这是存在的本能所使然。时间也是相对的，时间的长短是在生成变化中衡量的。由此可见，生成是宇宙最本质的特征，是存在的第一方式。

唯有了生成的能力，才有各种各样的物体的产生，才有千变万化的过程的呈现。正如怀特海所说："创造性"是那些标志终极事实之特征的各种共相之共相。正是这种终极原理使得那种作为分离的宇宙之"多"成为一种作为联结的宇宙而存在的实际场合。它存在于事物的"多"可进入复合统一性这种本性之中。具体、个别的存在是创造、生成物，以时空形式显现，终究是相对的存在，并最终会解体和消失，而本能作用则是所有形式背后的终极原因，它是这些形式所无法说明的，然而却以其创造物为条件。创造性永远存在于各种条件之中，并被描述为是以条件为转移的。就那种包罗万象、不受任何约束的评价来说，其非时间性的活动同时既是创造性的某种创造物，也是创造性的条件。①

---

① 怀特海.过程与实在——宇宙论研究.杨富斌译.北京：中国城市出版社，2003：58.

# 第九章　道之自然——自然、人与社会

"人法地，地法天，天法道，道法自然。"

——老子

道家哲学及中国古代哲学具有丰富的人类社会的思想，但都是从社会整体的角度规范，并不特别研究人的生成、生长问题。所有关于人的问题，都以"人道"表述，人道都集中于一个"德"字。德是道在人类的体现，所以是道德。道家哲学把人看成自然整体的一个部分，作为自然生成的最高层次，人类必须遵循自然之道。自然之道包括了和贯穿于人道、地道和天道之中，是最基本，从而也是最全整的道。今天如果我们把生成之道用于对人类社会自身的认识，也许会给我们带来新的启示。

## 一、自然生成

"道则自本自根，未有天地，自古以固存。……混成之道，先天地生，其体则卓然独立，其用则周流六虚。……无所因而自然也。"　——王安石

道家哲学以道为根，以道为本，老子在"人法地，地法天，天法道"后，又加上一个"道法自然"。这就给后人留下遐思，既然道已经是根源了，何又法自然？这里自然的涵义是，道初是空无，自我生成、自我生长，这种自我生成是没有外加、强迫的作用，万物、人类和社会都是自然，自然而然的。道本自然，自然即道。

### 1. 自生自成

元气是道的自然性的突现。生成论的目标就是要说明世界万物是如何生成的，考察生成的序列和过程。宇宙万物的存在首先是"自然"的存在，即一种呈现方式。道、太初因为是一种"无"，没有规定性，不可言说，所以必然要求从中生成的元气应具有万物的最为普遍的性质——自然性。从本原的角度，也要求作为本原的元气具有一切存在的物和现象都共有的性质，即自然。

关于宇宙起源或世界本原的一些在自然界中更为根本或本质的问题的思考和探索是伴随着智力的进步出现的。这种思考和探索最初主要是诉诸神话的形式。中国古代关于宇宙开始的神话传说盘古开天辟地："混沌如鸡子，盘古生其中，万八千年。天地开辟，阳清为天，阴浊为地。盘古在其中，一日九变，神于

天，圣于地。天日高一丈，地日厚一丈，盘古日长一丈。如此万八千岁，天数极高，地数极深，盘古极长。后乃有三皇"①。从自然观的角度来看，这则神话中最有意义的思想在于宇宙是有开端的，开端之初的混沌之状，及从开端的生成、生长。宇宙在一种自我作用中发生，而不是西方神话中的那样实物的构造。这里以男性刚强、勇力来象征和解释宇宙的发生，这包含了宇宙的生成是勇气、开辟的思想，也规定了日后中国哲学产生的的思维倾向。②这样一种猜测事实上已无意之中接触到了现代宇宙学的思想，并且涉及了哲学诞生的问题：世界的本原、本质、开端。③

生成是从无到有。"有物混成，先天地生，寂兮寥兮，独立不改，周行而不殆，可以为天下母"。"道"开始于一个不可区分的浑然一体，它是无分别的整体，纯然一体，在整个宇宙诞生之前就存在着。这不可区分的浑然一体既无别的声音与之相应，也无别的形体与之相伴，它无声无息、无形无状，它独立自足、永恒不变、不需要依靠任何东西而存在，因而也是自满自足的。它循环往复、永不停息，周流不息、无始无终。永恒的道就像永不停顿地奔淌着的水流。我们可以认定它就是世界万物的本初。"吾不知其名，字之曰道。强为之名曰大"。"大曰'逝'，逝曰'远'，远曰'反'"④。

在浑然一体的道中，万物载其中生长，这完全是自然的，没有任何作用加于其上，它自因自果、自满自足、自本自根，顺乎自然。因为"道常无为而无不为"，虽然是"道生之，德畜之，物形之，势成之"，但却是"莫之命而常自然"⑤。这就是"道法自然"。道并不有目的地抚育万物，道之生是自然而然地生，也是自然而然地养。正因为如此，道创生万物而并不视为己有之物，道作用于万物生长而不居功自恃，道作为万物之原而并不主宰、控制它们。道并不强行规定、制约万物生长衰亡，只是"辅万物之自然"。自然乃自因自果，自满自足，独立自在之自身、之本体。道法自然：道的活动以自满自足、独立自在之自身为法则。道以自身为原因，道自我生成、生长的自然而然。

道是万物运动的规律，万物涌现存在，其生长并作，都是由道所支配。"气化流行，生生不息，是故谓之道"⑥。作为万物的化生发展的原因和万物运动的规律，道存在于全部过程中，但并不是一种有目的的主宰，这就是"道恒无为而无

① 欧阳询.艺文类聚（卷一引）.上海：上海古籍出版社，2011.
② 见杜石然等.中国科学技术史稿（上册）.以为原始神在"创造万物时仍离不开具体的物质".北京：科学出版社，1982：24-27.
③ 吾淳.古代中国科学范型.北京：中华书局，2001：107.
④ 老子（二十五章）.饶尚宽译注.北京：中华书局，2006.
⑤ 老子（三十七、五十一章）.饶尚宽译注.北京：中华书局，2006.
⑥ 戴震.孟子字义疏证·卷中.何文光整理.北京：中华书局，1982.

不为"。万物遵道而生而动，这是生成、存在与发展的自身所要求，完全是一种自然而然，并非受到什么命令或强迫："夫莫之命而常自然"①。道作为生成之源和法则固然是无目的的，但它却是万物运作的必然性，违背道是不能生成的，生成的事物违背道则是不能进一步生长、发展的。

道家哲学把生成原因归结为是道的自生自长，道本就具有这种生长的本能。道家哲学确立的这种本能作用就是无形、无踪、混沌的一元之气。因为生成，道首先呈现的就是生成的本能作用。在生成观的哲学中，一切存在都是表现本能的，是本能的展开、呈现。存在是本能的化生、呈现。本能作用既是一切存在的本原、根源，是一切存在的终极基础，又是世界万物存在的本质。道之体即是元气，就是阴阳之气，无动；道之用就是冲气，运行不息。元气自本自根，卓然独立，自古以固存，为天地万物的究极本原。我们无须在自然之外寻找其生成的原因，也无须"第一推动"。

生成就是从无到有分叉、涌现。是自我创生、自我生长、自我组织。老子曰："欲观大道，须先游心于物之初。天地之内，环宇之外。天地人物，日月山河，形性不同。所同者，皆顺自然而生灭也，皆随自然而行止也。知其不同，是见其表也；知其皆同，是知其本也。舍不同而观其同，则可游心于物之初也。物之初，混而为一，无形无性，无异也。""道深沉矣似海，高大矣似山，遍布环宇矣而无处不在，周流不息矣而无物不至，求之而不可得，论之而不可及也！道者，生育天地而不衰败、资助万物而不匮乏者也；天得之而高，地得之而厚，日月得之而行，四时得之而序，万物得之而形"②。从无到有是涌现、分叉。

一切存在的事物，山河大地、日月星辰等，包括我们人类都是道之自然的显化。所谓自然界不是别的，无非是道生化、显化的所确立的东西，是道自身的呈现。因此，万事万物都是道冲动的外化或客观化。空间的形态、大小，时间过程的长短都是表现本能的，也只有能够表达本能作用才具有意义。空间维将实体、个体区别、区分开来，所以空间是标志事物存在的区分、差异性。没有实体的东西产生和存在，就没有空间。实体空间是能量的转化，是作用的积累、留存。积累、留存出现了聚集，聚集产生实（体），在实体的生成中，空间不断伸展开来。空间本就是存在生成的差异性，所以空间维用来衡量存在物的差异性。存在的空间实物的数与量是以本能衡量的，即转化为进一步生成的多少能力。生成以空间方式显现了差异，生成又促使差异的变化，从无数量到有数量，从少数量到多数量。变化是差异量的比较，所以时间是从空间分化、衍生出来的维度。空间差异的这种改变表现了持续的过程，时间是规定、衡量这一过程的方式。时间是事物

---

① 老子（三十七、五十一章）．饶尚宽译注．北京：中华书局，2006.
② 庄子·在宥．孙海通译注．北京：中华书局，2010.

在与其他的事物的过程比较中变化的程度。空间与时间表现的性质最终还要要归复于本能作用。

### 2. 序列增生

道家哲学的世界是从生成的序列一、二、三——精、物、象分化、展开本体的，但认识、言说这个世界则是反向、反序的三、二、一——象、物、精。中国古代哲学的诞生一开始是从象——过程、时间开始的，所以，生成过程也就成了道家哲学认识世界的方式、入口。既然是生成，就包含了生长、成长。生长是一个过程，在这一过程中，存在的序列不断增生。

从一到多，从简单到复杂，从低级到高级。世界万物是从无到有生成出的，所有的存在：实体、过程和本能都是产生出来的，各种规定、性质从无到有的涌现、突现。生成的世界存在一个序列。从全部过程来看任何生成都是突现、生长和消亡。我们这个宇宙也就是生成和消亡的过程，具体存在物只是宇宙过程的缩影。就现阶段，宇宙、世界还在生长着，因而现实的存在，是处于从低级到高级，从无序到有序，从简单到复杂的进程中。

从低级到高级是间断性与连续性的统一。间断是在生成涌现中的空间方式，变化过程又是连续的，连续性把前后两个序列连接起来。就整体的状态，从功能作用来看，存在表现为层次，层次是过渡的，没有绝对分明的时空界限。变化分为渐变和突变，连续表现在生成的过程中其后的生成是以前序列为基础，是前一序列的延续过程。

每一高的层次都以低级层次为基础，所以最高层次以最低层次为基础。凡成为系统的存在各要素都具有共有的基础因素。只要这种基础存在，系统就会保持、延续，一旦基础瓦解，系统就会崩溃。高层次的生成以低层次为基础，但并非所有的低层次都能够上升为高层次的，相反只有很少的能够形成高层次系统。

基础可以说是与系统整体相对应的概念。哲学在具体中探索一般就是寻找、确定不同的事物的共同的东西——基础。基础即是哲学体系的"本体"。传统哲学寻找存在的基础，这并不是没有意义的，问题并不在于有无基础，而在于试图以某种绝对的、终极的基础来解释一切存在。在因果的链条中，原则上我们的认识只能就已经发生的前后事件之间寻找某些关联，在生成的序列中，越是相距较远的层次，在性质上的因果关联也就越弱。并且就是在相邻的层次中，也不能从前一序列解释后一序列出现的新的性质。也许我们更要注重的不是寻找结果的原因，而是要认识世界在后来的序列中，相比前一个序列，凸现、涌现了哪些新的东西，而这些东西却在先前的序列中找不到它的原因。虽然不存在直接的（单一）原因，但这并不代表不需要基础，处于生成序列的高层次的存在都以先前的序列存在为基础。

　　在经验知识中，道家哲学不能对范畴进行严格、准确的定义，并且，许多概念都是从原始宗教演变而来，具有很大的模糊性，甚至"神秘性"，但结合西方哲学的成果，我们可以梳理清一些概念，阐明它们意义。"我在这里所暗示的是一种整体性的、包容一切的秩序观念，它被包容并结合进了人类经验的每一个方面，包括超自然的和巫术的方面在内，而不是根据现代西方理性主义的还原主义标准排斥并清除它们。看来，在古代中国兴起的秩序观念能够包容甚至还能保存鬼神、诸神以及各种各样的'超自然'（在我们的意义上）现象"①。道家哲学的这样一种"秩序"观念并不是西方哲学那种只与"理性"有关，或只是"理性"的产物，相反，它不是观念的规定，而与"超自然"或"巫术"的目的密切相关。

　　从道生成的完整的序列中，我们可以发现法则、规律的东西。从存在生成的全部序列中，我们考察生成的 A-B 两个序列。生成的序列 A-B 投影到作用维度 $A_1$-$B_1$，因为 A-B 是在生成的连续序列中，所以其投影 $A_1$-$B_1$ 是作为整体的，在 $A_1$ 和 $B_1$ 规定了多种作用方式，并且，$A_1$ 和 $B_1$ 必然具有某种相关的作用方式。通过这种相关的作用，A 与 B 联结为一个整体。$A_1$ 与 $B_1$ 具有不同质的作用，因而使整体带有排斥、对立、斗争因素。这种对立的作用就是道家哲学的阴阳两种因素，本能作用是阴阳两种即西方哲学的对立统一规律。

　　肯定、否定。把序列 A-B 投影到空间维得到的是实体 $A_2$-$B_2$。A 在空间维的投影表征了生成的实体性的存在。$A_2$ 是 A 作为实体性存在的自我肯定，而 $B_2$ 是 $A_1$ 生成的自我否定，即是对 $A_2$ 是否定，但在自身却是肯定，是自我的规定的肯定，"规定就是肯定地建立起来的否定，这就是斯宾诺莎所说：一切规定都是否定"②。$A_2$ 自身包含否定——自我否定的因素，$B_2$ 是否定了 $A_2$ 的自我否定。实物是阴气的凝聚，因为阴阳对比力量的差异，生成不同质的金、木、水、火、土五行实物，五行实物又是相生相克，相互之间会转化的。这是哲学的肯定-否定规律。

　　质变、量变哲学是从个体整体认识变的，时间与空间规定了存在的量变。量变是事物量的变化现象，即事物空间的数量增减和场所的变动。量变通常是一种渐变，表现为微小的、不显著的变化，是量的延续和渐进。时间与作用规定了存在的质变。用量变、质变描述事物发展变化形式上具有的特点，把事物看成是从量变开始，而质变是量变的一种过程的终结。阴阳两种因素的转变为质变，阴气沉淀累积的改变和转化为量变。渐变与突变，连续性表现的是渐变，存在在空间与时间衡量中表现为突变，作用与时间衡量了渐变。在完整的序列中，突变只是局部的、"反常"的，离道的，最终仍然要回归于道。

---

　　① 史华兹. 古代中国的思想世界. 程钢译. 南京：江苏人民出版社，2013.
　　② 黑格尔. 逻辑学（上卷）. 杨一之译. 北京：商务印书馆，1966：105-106.

辩证法（联系、发展）把序列 A-B 投影到空间 - 时间平面，这就是唯物主义哲学的物质观，在时空平面，物质就是运动，运动就是物质，物质运动是以空间和时间方式存在的。把序列 A-B 投影到空间 - 作用平面，这就是辩证法的联系的观点。事物形态多种多样，但都由一气贯通，气把不同的事物连接在一起。联系是事物之间的相互作用。把序列 A-B 投影到作用 - 时间平面，这就是辩证法的发展观，发展是事物的上升、进步，是事物内在的根本性质的变化。气是存在的本能作用，呈现为分化生成，任何存在的事物都在生生息息，不会是永恒不不变的。发展是事物的质变。

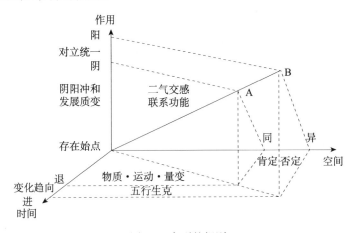

图9-1　序列的规则

哲学理论是对感觉经验以及科学知识中认识的世界总体的说明和解释，哲学体系是试图以一致、连贯的概念说明存在。西方传统构成观哲学体系执着于用唯一的东西解释世界的构成，虽然在一定程度上保证了体系的一致性，但却限制了解释的范围，始终不能消除观念与实体、"自为"与"自在"两个世界的鸿沟。这种局面延续的导致了"体系的终结"。

### 3. 整体存在

全部宇宙及宇宙中存在的各个层次都是系统整体。按照系统理论最基本观点，任何事物都是以系统方式存在的，事物按照某种方式相互联系而形成整体——系统，就会产生它的要素及要素总和所没有的新性质，新的性质是系统或整体存在的标识。整体并不是由外在因素的强迫实体聚集在一起，而是由不同的作用整合在一起。中国传统哲学一开始就从原因出发，从整体出发，试图演绎出全部结果来。这样做不能达到对事物细部的认识，中国古人认为事物的细部只要凭经验就可以了（经验传统体现在中医、农业生产、技艺等各个领域中）。因为他们相信"天道"是不变的，事物受天道的规定，也不会改变，是在循环中重复的（这也与中国社会的封闭性相关联），因而凭经验感知事物就可以了。所以，中国古代哲学并不十分重视事物的空间、时间的定量变化，甚至都不怎么重视空间和时间的观念本身。例如，在中国传统哲学中，较少有关于空间和时间的专门的探讨，空间和时间只是作为具体事物的一种属性，也不具有西方哲学的运动概念。中国古代人从整体出发，强调"生"，生成、展开、生生灭灭的循环，整体的过程，没有具体的运动形式。

现代系统科学研究了整合作用贯穿于系统生存发展的全过程。在系统的形成组建阶段，是的问题，在耗散结构中，通过非线性的协同作用，系统从无序到有序，形成新的结构整体。在系统演化过程，不同组分之间、系统与环境之间的互相排斥、互相渗透，会产生干扰系统有序性的因素和趋势，必须通过系统生存发展过程中自我组织运行，创造新的组织结构方式，也就是系统自我改进有序性。在这种不断的进程中，使从低序到高序、从不完善到相对完善的演化。从哲学的层面，这是偶然的随机"力"和目的性的决定性"力"之间的相互作用驱动使得系统从旧状态转变到新组态。在社会文化领域，要素相互策应，协同效应要求社会成员形成"合力"，合力的形成来自核心的观念，需要社会成员的共同的信念支撑。

各个层次的系统本原、基质都是从本能作用（元气、能量）生成的。个体、部分、全体都是由气贯通的。万法归一，道以"一"为本，是以一"气"相通连，也就是以系统整体为存在方式，个体、部分不是，也不能独立游离于整体之外而存在，因而世界万物便绵绵不绝，浑然一体。从组成要素的质料来看，都是由气（能量）凝聚而成的，这与古希腊的实体要素相区别。系统的整体存在不只是质料的相同，更重要的是阴阳的相互转化作用连接在一起的，只是对不同的层次的系统，阴阳作用的方式有所不同。系统要素是由不同方式的本能作用联结成为整体。强调功能谐和、会退流转，不注意定域构造、要素取析。所谓"无极"而"太极"是不拘于"有"，由"显"入"潜"，返"实"入"虚"，返本归根。道家哲学以气贯通的整体，不仅提供了质料，还具有作用本能的禀赋。

中国古代哲学和思想都不约而同地强化存在的的共性和整体性。千变万化的万事万物皆出自于抽象独一无二的无形浑沌之"道"或者"气"，差别与对立皆从无差别、无对立的"一"所分化，个体只是"匆匆过客"，要以整体、共性为根、为源，并要为维护整体各自安守其位。抽象、绝对的存在被作为世界万物的共同本原，一切从在物都必须无条件以此为前提，这在哲学本体论的层面肯定了共性、整体的价值与地位。这体现了中国古代哲学推崇共性，同时也贬低个性的价值取向。

整体具有严格的层次等级。每一层次系统的要素都是在整体中存在，受整体的规定、约束。越是高层次的系统，这种约束越是强烈和细致。个体、部分只有在整体中才有意义。重视整体中各组元、各子系统的特定地位和特殊功能。低层次（要素）在结合成高层次系统时，高层次系统突现了新性质（功能）强调整体的突现性，从系统内在要素的整合功能去探索整体新质的发生机制。

整体论哲学自身在整合之中，各个文化领域都在出现召唤整体性观念的引人注目的动向，这是一种文化演替和思想更迭的表征。在这种历史性的转换中，在西方思想界出现了认同古代中国传统思维方式的某种迹象，而这种认同的一个着眼点恰恰是中国传统文化思想中的整体论思维方式。普里高津的话很有代表性，他指出："中国传统的学术思想是着重于研究整体性和自发性，研究协调和协和。现代新科学的发展，近10年物理和数学的研究，如托姆的夹变理论、重整化群、分支点理论等，都更符合中国的哲学思想。"[1]

道家哲学和中国传统思维方式确有整体论的特征，而且应当说，这种整体论不完全等同于西方哲学和科学的整体论思想的。西方哲学也涉及整体问题，但只是把整体作为一个哲学问题，甚至只算是哲学体系中的一个问题，只是整个组成部分或环节，并且，他们在对整体问题的解决和对整体观念的阐述，还受哲学构成观的导向。反之，整体论却是中国传统哲学的灵魂，是贯穿其整个哲学思考的一条主线，是其哲学思想的本质特征和精髓。整体论是中国传统文化的性格表征。着眼于整体的动态生成、周期循回，不关心瞬时定格、过程。探求整体的演化进程，把握整体的双向变化（发生、发展衰退、解体）的轨迹，理出整体存在和发展的条件。道家哲学的整体还呈现于动态过程之中，过程整体的思想就是在现代整体论研究中，也是新颖和前卫的。

与中国传统整体论产生的社会文明背景比较一下，可以发现两者实有很大的差别。应当这样说，西方的整体论诉求发生在社会与思维两个向度上，在个体化、分析化的探索方面至臻极限之后，才产生的。西方现代整体论思潮的兴起，是有一个合乎规律的前史的，它的出现是整个西方文明和西方思想正常发育的必然结果。反观当今世界，西方文明在极度原子化以后，出现了反弹，才有着迥然不同的历史文明背景。一方面，大工业、大科学、大都市、大文化在全球范围内兴起，人类活动方式的群体化、社会化、全球化已经成为带有强制性的时代要求。另一方面，新技术革命又不可遏止地使全球性的信息网络化，使人类的信息交往活动整合为一个统一的系统。新文明的伟大浪潮正在迅猛地跨过时空定位，冲破各种历史界线。与此同时，正如我们已经看到的，自然科学从微观（首先是量子力学）宏观起始于远平衡态热力学宇宙观（宇宙论各个领域），全面地向经典科学观念提出挑战，那种"划整为零"的思维方式再他不能原封不动地维持下

---

①　普利高津.从存在到演化.曾庆宏，严士健，马本堃，沈小峰译.北京：北京大学出版社，2007.

去了。

我们不能否认中国传统整体论思想的巨大启发价值。正如历史上一切哲学体系一样，它一直是启迪智慧和提高理论思维能力的最佳途径。但是，直接复活某种以往的哲学理论却从来不会成功。不能忘记，哲学是时代精神的精华。古代的和以往的哲学只是一种参照系，而不是推论的前提，因为原则不是研究的出发点。只有立足于当代文明的演变趋势，以实证科学的发展为基础，去汲取以往整体论哲学的合理成分，才能发展出符合时代精神的新整体论哲学。当代世界在自然环境、经济文化、人类社会等各个方面比以往任何时候都更需要整体观念。

# 二、人 类 成 长

> "夫天地合气，人偶自生也。犹夫妇合气，子则自生也。""夫天不能故生人，则其生万物，亦不能故也。天地合气，物偶自生矣。"　　　——王充

任何一种哲学只要进入人类社会领域，立即就会迷惑起来，那些在自然中似乎完美的原理，一旦用于人类社会就会漏洞百出。西方哲学关于人的问题是开始于巴门尼德、柏拉图的"善"，但很快就在哲学中销声匿迹了，只是在后柏拉图主义中演变为基督教教义的思想。所以，西方的人类社会领域主要还是由宗教起着核心的作用。科学在取得了辉煌成就以后，也曾试图从宗教和哲学那里把本源问题攫来作为己任，试图雄心勃勃地解答"人是什么？世界是什么？在这世界中的人又是什么？"等问题，但科学最终发现自身并不能提供衡量价值的心理的、情感的判断标准。所以，今天科学又颇有自知之明地把这一问题还给了它认为始终沉迷于思辨的哲学和擅长制造幻象的宗教。西方哲学关于人的问题局限在于把人与对立起来认识，在人之外都是自然，到了人就都不"自然"。在世界所有的哲学中，没有一个哲学能够象道家哲学把自然、人类和社会的理论贯通一致。道家哲学不仅以气把天、地、人统一为整体，还指出道生成的规则在各自层次和序列的区分。道家哲学才是真正的宇宙观、世界观、人生观和社会观的统一体系。

## 1. 人之初：性本和

在道家来看，天是自然，人是自然的一部分，人的"形"、"神"都是由"气"构成的："夫精神者所受于天也，而形体者所禀于地也。……烦气为虫，精气为人"。人的精神是由精气生成的。天地万物都是由"元气"生成的，"元气"是原始的物质元素。现实世界是气生成演变而成的，是经过若干复杂的变化，造就的复杂性，生命是典型复杂现象，而人类则处于复杂的顶端。所以，"有人，天也；有天，亦天也。"天人本是合一的。

　　关于人性的问题一直是哲学、社会学、心理学等学科所探讨的问题之一，但似乎并无定论。通常把人性区分为自然属性和社会属性，多数人认为自然属性是天赋的，而社会属性则是后天形成的。人的本性也就是人之初——还没有受到社会约束、规范的属性。"生之所以然者谓之性"。就是说人的本性与生俱来的原始质朴的自然属性，不是后天学习而成的，是先天的秉赋自然本能。人性即为人的自然属性："饥而欲食，寒而欲暖，劳而欲息，好利而恶害，是人之所生而有也，是无待而然者也，是禹、桀之所同也"①。人性，是人类天然具备的精神的基本属性，即天赋的本性，或者本能，问题是这种与生俱来的精神属性是一种什么样属性。

　　人的本性有"善"、"恶"之说，善恶是价值判断，这已经是社会性的了，所以善恶不能规定人的本性。人性无善无不善，"生之谓性"，"食色，性也"。或者说，"人之性也，善恶混。修其善则为善人，修其恶则为恶人"②。与"性"相对的是"伪"。"伪"是人为、后天加工的意思。比如，仁义礼智信就是"伪"，是人为教化的结果。"性者，本始材朴也；伪者，文理隆盛也。无性则伪之无所加，无伪则性不能自美。性伪合，然后成圣人之名，一天下之功于是就也"③。而仁义礼智信则为"伪"，是人的社会属性。人的自然、天赋的本性是在人的婴儿期或在人原始阶段所呈现的。婴儿不能与社会脱离，不接受社会的教育，对原始人的状况我们只能做一些猜测。所以，对人的本性认识既不能从婴儿获取，也不能从原始人得到。最可行的是通过对与人类最近的种类——猿的观察来认识人类的本性。

　　人之初，性本"和"。人的本性之初是既不是生来贪婪、凶狠、恶毒的"恶"，也不是只为他物、他人服务的"善"。按照道生成的观点，人之初性本"和"，是从猿类所延续的均衡、和谐的特质。也是道家哲学的大"善"，因为人具有"善根"。人类是从猿类进化而来，猿人之所以能够从各种不同的动物中脱颖而出，进入更高的层次，这是因为他们具有道生成的"中""和"性质。从机体特征来看，猿没有猛兽的坚牙利爪和体力，也没有蛇虫的毒液和寄生于其他机体中的能力，属于"平衡"型，但没有一种动物像猿类那样灵巧"全面"，所以，猿类更能适应环境的改变。动物生存的首要条件是食物，猛兽蛇虫的功能作用使得它依靠次级食物链而生，猿类没有特出的能力，这使得他无法获取和确定固定的食物，只能随环境而变，所以猿类具有最广泛的食物源和能够最长时间，不分季节地获得食物。自然赐予了猿类全面、"中和"的能力，这使得他们只能，也

　　①　荀子·荣辱. 方勇译注. 上海：上海古籍出版社，2014.
　　②　孟子·告子. 方勇译注. 北京：中华书局，2015.
　　③　荀子·礼论. 方勇译注. 上海：上海古籍出版社，2014.

能够在"偶然"中生存，这又提供了他们更多改变、提升自身的机遇，使得他们在空间和时间方面领先了其他动物，最终能够进化为人类。所以说人之初是性本"和"。

人类从猿类发展而来最主要的精神、心理品质是表现为欲望的自我意识。欲望是从猿人，也是自然发展的人根本属性。欲望具体表现为占有欲和表现欲，占有欲表现在对食物和配偶方面，表现欲表现在总是展现自身的存在和作用。事实上，占有和表现也是一切高级生命的根本属性。欲望既把人从动物提升开来，又是社会化了人的最原始的因素，是人的本能，即本性，它是支配人行为最强大、最根本的原动力。社会化在规定人满足欲望的方式和转移、增加欲望的内容。心理学研究表明了驱动人类行为的所有心理动机，最初都源于自我意识满足自身的欲望，只是在追求利益的方式上，会有善恶之别，从而形成可相互转化的善人与恶人。所以有"人性本私，善恶并存"。

每个人都具有的人都有以自我为中心的自我意识，深知自我是不同于他人、它物的一种独立存在，并能准确地感知自我与非我的边界，有明确的主体我与客体他人、它物的区分和界定。自我意识自然都以自我为中心，对事物价值的判定是根据对自我主体的利害关系确定的，事物的价值和意义是由主体赋予的，是视其能否服务于自我肯定的需求，是否具有作为主体自我肯定的功能。自我意识的本能、本性就是生存。每个人首先是为自我的生存而活着、而行动的。

人类社会的一切现象，都是基本人性的映射。在社会属性中，人性会因环境的变化、时间的推移而发生改变，而在不同的情境下，善恶表现也会有所不同。从社会层面观察人的行为，任何人都有善恶两面，相互制约。"上善若水。水善，利万物而有静，居众人之所恶，故几于道矣。居善地，心善渊，予善天，言善信，正善治，事善能，动善时"。在社会中，人之善在行为方式表现为德。

道家哲学认为由于人制定了各种典章制度、道德规范，这些规定都限定了人自由，使人丧失了自然本性，带上了更多的不是人所自觉愿意的社会特性，变得与自然不协调。"有天道，有人道，无为而尊者，天道也；有为而累者，人道也"①。因此，人类符合道的行为目的应是"绝圣弃智"，摆脱这些强加于人身的枷锁，将人性从各种繁琐的规范中放出来，重新复归于自然，最终进入一种"万物与我为一"的精神境界。

**2. 成长过程：阶段与基础**

人类成长是从低级到高级的过程，这首先表现于机体生长：道家认为："由宇宙本始观之，万物皆气化而成、气化而灭也。人之生也，气之聚也；人之死

---

① 庄子·在宥.孙海通译注.北京：中华书局，2010.

也，气之散也。人生于天地间，如白驹过隙，忽然而已矣。万物之生，蓬蓬勃勃，未有不由无而至于有者；众类繁衍，变化万千，未始不由有而归于无者也。物之生，由无化而为有也；物之死，由有又化而为无也"。有，气聚而可见；无，气散而不可见。有亦是气。无亦是气，有无皆是气，故生死一气也人体是由阴阳两个方面因素作用运行的。在正常情况下，人体的阴阳二气是相互平衡的。但是，人体是一个生命机体，是在与环境的相互作用中生长运行的，由于外部因素的作用和内部不平衡因素的影响，阴阳二气是此消彼长的，即处于变化的动态运行之中的，机体本身具有消化、吸收这些作用的功能，但是，如果这些作用超出了人体自我调节的能力，原有的平衡便有可能会被打破，不能回复平衡，此时人体也就会生病。"神有余有不足，气有余有不足，血有余有不足，形有余有不足，志有余有不足。凡此十者，其气不等也。""夫心藏神，肺藏气，肝藏血，脾藏肉，肾藏志。而此成形；志意通，内连骨髓，而成身形五脏。五脏之道，皆出于经遂，以行血气，血气不和，百病乃变化而生，是故守经隧焉。"① 总之，必须尽可能地使阴阳两个方面保持平衡，才能够欲使人体处于一种健康状态，使机体正常地运行。

任何事物的生成是道的自生，是以某个中心为起始的个体的聚集，没有"自我"的中心，也就没有事物的生成。无生命物是以引力、电磁的作用形成和维持自身的存在；生命是在信息作用中，加上引力、电磁作用生长、维持自身；人类则在先前的所有作用方式中，生成了意识作用。气在机体是生成、生长的因素，在行为方式是意识、观念的引领。在机体生长的同时，观念、意识也在生成，意识是人类与其他东西本质区别。意识、观念、"义"是人类具有的作用方式。所以，人的成长主要还在于意识、思想、思维、观念、认知等能力的培养、提高。人的意识生成是从自我开始的，意识首先是对自我的确认，生成的自然是自我意识，所以说生成具有"自私的基因"。但人又是群体的、社会的，作为社会的人就需要在人的意识中具有不同于其他事物的观念。"水火有气而无生，草木有生而无知，禽兽有知而无义，人有气、有生、有知，亦且有义，故最为天下贵也"②。人是道生成和自然界发展的最高产物，且人的意识（义）也只有在有了人之后才产生的。这里既指出了水火、植物、动物以及人是气的发展的不同阶段，又指出它们在质上的差别。

人贵在有"义"，义是中国古代一种含义极广的道德范畴，人与其他事物的区别在于有"义"，义是人的本质。义谓天下合宜之理，道谓天下通行之路。本指公正、合理而应当做的。"信"和"果"都必须以"义"为先。"大人者，言不

---

① 黄帝内经·调经论.姚春鹏译注.北京：中华书局，2009.

② 荀子·王制.方勇译注.北京：中华书局，2011.

必信，行不必果，惟义所在。"又如"君子喻于义，小人喻于利。""君子之于天下也，无适也，无莫也，义之与比。""生，亦我所欲也，义，亦我所欲也，二者不可得兼，舍生而取义者也"[1]。义作为义气、信义、情义、正义、道义，作为人应有的品质，具有义不容辞、义无反顾。人如果无情无义，多行不义，必自毙。整个现实世界中的一切存在，一切道德、仁爱、正义与善良都是以道为本原的，都是道的意志的自我实现。中国哲学所有关于人的一些重要观念：义、善、德都以道为核心，都是从不同的侧面表现、反映道的。在社会个体成员的观念中，就是要认识自身之所以能够存在，是因为社会群体的存在，没有社会的存在，就没有个人的存在。

　　意识是从核心观念起始，核心观念开始就是一种信念。核心观念是思维及行动的背景，规定了意识流的指向和方式。信念对一个人的一生行为方式会产生极为重要的影响。人的意识开始首先是确定自我，以自我为中心。随着意识的发展，人意识到父母、家庭、朋友、同事，……等对自我的作用，"自我"的意义也就不断扩展。人类意识中最早的信念来自父母，父母是他们最早信赖的对象，父母也提供了信念向更一般的东西转移的观念。从社会角度，社会应及早进入对个人的信念形成的影响，使得儿童的信念从家庭的、局部的向社会的转移，使得他们感到除了父母，社会的其他人也可以值得信赖。如果一个人在童年的成长中，只感觉到家庭的付出，而没有感觉到社会的作用，那么其信念中就缺乏社会的因素，也就很难在以后的行为方式中表现出对他人、对社会负责，为社会服务的观念。在动物中狼是群体性最强动物种群，它们狩猎时既有明确的分工，又有密切的协作，这是一种群体的力量。每个狼在面对强敌时，奋勇拼杀，丝毫不因自身的安全而退却。这种群体性是从幼仔就开始培养的。在群体中成长的小狼，非但父母呵护备至，而且，族群的其他份子也会爱护有加。

　　生成是间断与连续的过程，间断表现不同阶段，连续要求阶段不可逾越，并把不同的阶段连接为一个完整的过程。人的成长是一个过程，其中要经历若干个阶段。生长的每一个阶段都以前一个阶段为基础，同时也是后一个阶段的基础，这是道生成的规定。物、人、社会都遵从道的自然。高层次总以前个低层次为基础，"衣食足，知荣辱"。马斯洛将人类需求像阶梯一样从低到高分为生理、安全、社交、尊重和自我实现五个层次。这五种需求是从低到高，按层次逐级递升的阶梯。需求层次理论包含了两个基本观点：一是每个人都有不同的需求，不同的需求可以按从低到高的层次划分；二是在多种需求未获满足前，首先满足低层次的需求，只有低层次需求获得满足后，高层需求才出现；并且，低层次需求满足后，后面的需求会成为激励作用，追求更高一层次的需求就成为驱使行为的动

---

[1] 孟子·离娄下、告子上.方勇译注.北京：中华书局，2015.

力。生存需求和安全需求是最基本的需求，人在这需求欲望得到一定程度的满足时，开始转向社交和被尊重的需求，在此基础上，再向自我价值实现、自我价值判断实现的追求发展。

全部存在及存在的所有系统层次的构造和层次的变化方面都是连续与间断的统一。因为生成的每一个阶段都是分叉，都是复杂性的增加，如果缺失某个阶段，即是没有达到应有的复杂程度，只是数量、形式的增长，而不是生成能力的增强。"多"、"大"、"富"并不是"强"。人为的要求跨越层次、阶段的方式必然是缺失的不完整的意识。人意识、观念是不能跨越的，阶段对不同的人可以有相对的长短，但却不能跨越，任何"飞跃"都是违背自然的，终究还要回到原点。不可逆的跨越将影响事物所能达到的层次高度，揠苗助长的方式无论是对植物、对动物，还是对人类、人的意识极社会经济的生长都有害无益的。

道教把人生分为三境界：天界、人界、地界。活在天界的人好善，无欲，有智慧，无病，即神仙境界。活在人界的人有七情六欲，有生老病死，有欲而求不得的烦恼；活在地界的人，也即妖魔鬼怪的境界。道家这种精神境界的分类具有十分浓厚的宗教色彩，但如果撇开宗教的内容，对人生也有所启示。天界是人的意识超越了自我，将自我、他人与自然放在同等的、都是道生成的地位。自我与他人、自然融为一体，这是人类意识发展的方向，努力的目标。人界是人的意识没有摆脱现实世界，还在维持生存的状态，这类似于存在主义哲学的"烦"的状态。地界是人以下的状态，这些人还停留在人的生物属性的层次，缺乏群体的、社会的整体意识，没有作为人的道义和责任。

道是最公允的，对万物都是一致的，万物、人类进入高层次的机会均等，但只能是少数人类能达到，多数人只能是这个世界的"匆匆过客"。高层次注定只是"少数人的事业"。少数人对生成路径多方面的探索，因为生成本就是多元分化的，吸引更多人加入这一行列。在社会的层面，是要营造吸引更多的这些向高层次追求人的环境。大多数人只能知其然，而不知其所以然。层次的上升不是在知，而是在思，只有通过思，把知的东西联系起来，连接为整体，才能达到生成之道。生命之道给与每个人以生长、提升的机会，但能不能进入更高的层次，则决定于个人的追求和机遇。人类生长成为真正意义上的人，关键是观念从个体向群体的迈进，这是人区别于动物的分界线。道家哲学认为没有对全部世界万物的关注和理解，也就不会有对于自身、他人及整个社会的命运与前途的真正关切。因为一个真正关切自身、他人及人类社会的命运与前途的人，就必然会从关切自身、他人与整个人类社会中转向领悟、理解那个使自身、他人与整个人类社会之成为存在、之能够继续行进的"道"。道家哲学的这种思想的伟大之处就在于他达到了当今科学所达到的系统认识，并认识到任何个别具体的存在的存在都只能系统的存在、世界的存在、普遍无限的存在，而系统的存在、世界的存在、普遍无限的存在是个别具体的存在的根据和条件。

### 3. 人生价值：永恒的作用

构成观的存在有一种永恒的信念，哲学存在概念的开辟者巴门尼德就说过："存在物是存在的，是不能不存在的，这是确信的途径，因为它通向真理"①。从变动之中寻找不变，无论是本原、实体，还是理念、本性、本质等都隐含了一个前提，就是存在具有不变、永恒的东西。传统哲学和科学的构成观把存在作为现成、既成的，所以并不重视存在的本能作用，对于生成哲学，本能作用是存在的第一方式，时空方式只有从作用方式得到说明。现代哲学虽然认识了存在的过程性，把事物看成发展的，但是在观念的否定、异化、分化中存在"绝对观念"，在物质的运动、发展、变化中存在"根本规律"，在变动中存在不变的永恒。

复杂性是生成的指向，标志了前进的方向，因而在时空的同一个层次中，复杂系统比简单系统更具有生命力，比如在生命层次上，人类比其他动物更为复杂，所以成为地球的主宰。生成系统的价值不在于空间的存在方式，而在于它产生的作用，因为空间方式终究会消失，而作用却是永恒的。16、17世纪科学曾试图以机械作用力来说明机械系统以外的，包括生命和人类各种系统，至今我们在各个学科中还经常会看到这种说明的痕迹——各种各样的"力"。但科学的"力"、"能量"的说明在构成观图式中终究是不能延续的，构成观不能理解生成本能的完全意义，也不需要这种能力，因为存在是已经存在了的东西，无需生成出来。只有在生成观中，"能量"和"力"的作用是必需的，并且还是"第一性"的。既然存在是自我生成的，那么必然具有从无到有的可能性，具有生成能力和作用。道创生万物，并将作用本能融入每一创造物，所以，每一存在物对它物产生作用，同时也受到它物的作用。对其他物产生什么作用是一物存在的本质，一切存在事物的意义在于其对其他物的存在产生作用，作用是一切事物存在的终极价值。产生什么样的作用，多大的作用是对事物存在的价值的衡量。不同层次的事物，作用方式是不同的，太阳是以引力对地球的作用，及电磁波对地球表面的作用，其意义和价值就是造成了地球及孕育了地球上的生命。自然赋予了人类最为强大的作用方式——意识作用，人的意识在于能够运用道生成的的全部的作用方式。在人类机体，意识调控机体的行为方式，人的行为方式表现了人观念，是观念的外化。意识在人脑中就是人的思维及各种心理活动，主要是思维活动，这是人大脑组织的复杂运动，这种复杂运动的结果就是脑细胞形成一定的相互作用的结构，这种结构对应了宏观表象的经验、知识、概念、观念等。所谓核心观念

---

① 北京大学哲学系.古希腊罗马哲学.北京：商务印书馆，1961：51.

是这种结构的中心，也是结构的背景，规定了意识流的指向和约束方式。①

　　我们不能从道家的无为思想得出道家就是一种不进取的，不积极的的社会哲学，误解为社会只是天道的过程，没有人的努力和目的余地。道家哲学是直接从占卜文化中生成的，无为思想旨在克服占卜中的"天神"、"天命"的目的性和强制性，是把人从天命中解放出来。有为、目的很容易又重新陷入"天"、"神"宿命论，犹如在西方哲学中，终极原因、终极动因、终极理念的终极都免不了通向上帝。道家哲学的"无为"比"有为"更能保持理论的自洽性。道家并不否定儒家的社会伦理的正当性，但认为并不是必须的，也就是说并不需要提出一套决定性的社会目标，因为天道变化，本身并没有绝对的是非善恶之性能，人只要顺应道的发展。

　　老子有言：人生天地之间，乃与天地一体也。天地，自然之物也；人生，亦自然之物；人有幼、少、壮、老之变化，犹如天地有春、夏、秋、冬之交替，有何悲乎？生于自然，死于自然，任其自然，则本性不乱；不任自然，奔忙于仁义之间，则本性羁绊。功名存于心，则焦虑之情生；利欲留于心，则烦恼之情增。道家是探寻一种在社会中的生存智慧，而且这种智慧还是能在任何社会的历史情境之中都行之有效的生存之道。道家的无为并非要人们无所作为，作为是道赐予人独特性，只是人不能违背道肆意作为。偏离了道的规定、规矩，毫无顾忌地作为，必将反为道所制约。

　　西方意志主义哲学强调强力意志不能容忍自我保存的逆来顺受方式，要不停地改善、增长、超越和创造自身。人正是在超越和创造自身的活动中，给了事物和世界存在的意义，同时，人生的意义和价值也在这种创造中展现。世界正是在这种创造之中，不断地进化和进步。这种思想代表了工业社会的思潮，具有进步性。但是意志主义过分强调外无处不在的增长、扩张和创造的强力意志的作用。世界的进化和进步是强力意志推动的。反对外在的环境因素的作用，把强烈意志作为无所制约的力量，则又背离了自然生成的法则。

　　道生成了人类最高层次，人类意识作用的目的性、主动性、创造性等是道所创造，是道所赐予，当然也符合道自然的本性。意识作用是人的本能，所以，发挥人的作用这是自然的，人类不发生自身的作用才是不自然的。没有在道生成中发挥人应有的作用，才是枉负了道给予人的能力。但人的意识作用如果背离了道生成的路径、规则，没有节制地发挥作用就成为不自然。当天地成就万物时，它所成就的并不是万物，而仅仅是成就了道创造世界的全部必然性的目的和要求。

　　物（财富）是生存的需求，是动物存在基本条件。财富应是作用的结果，不是最终的目标，又成为向高层次生长的条件。人在作出何种选择时是自由的，对

———————
① 参见刘国平，余林媛．相互作用的世界．南京农业大学学报（社会科学版），2008，（9）：96.

人的任何事先的规定都是对生成、成长的自由度的限制，也就是失去选择的机会，被剥夺了自由。每个人的作用产生一个社会的"合力"，这种合力是社会进入高层次的背景和基础。人会死亡，个体机体会消失，但其向高层次生成的作用将在其后来者延续。道家哲学的最高境界：修得"天仙"与"天地同寿"，机体总会消失，但"神"会永存。人类只有在生成、发生的作用精神中获得永恒。

　　社会的人是为了个人和社会的福祉去进行富有成效的生活。一个人的成就来自于工作，通过努力的工作，从而对他人，对社会贡献自己的作用而实现的。不付出就没有所得，这是作为一个社会人的基本道义。人生的真谛在于在社会群体中，产生了什么作用。大多数中国人生活目的就是抬高自己从而获得别人的认知，而社会其他成员的认知就是中国人的"面子"。而所有的"面子"都最定位在比别人更富有，这是中国人心理最基本的组成部分，是商品社会中人的无情和自私的特征。法制社会是限制权力的，法的规定就是针对特权而设，保障社会成员的平等的。在专制的国家，国家、法律却成为"一个阶级压迫另一个阶级的工具"。中国从来就没有成为一个真正法制社会，所有的法律条文都可以在权力的干涉、"解释"下变形、消解或强化。中国人的观念与守法行为格格不入，不仅当权者善于玩"法"，平民百姓也都乐于钻"法"之空，以赌徒的心理与法博弈。

　　作为群体整体的存在，个体的意义在于对整体贡献了什么作用，作为社会个体应该对国家和社会所承担的责任和义务。所以人之"义"在于诚信和社会责任感。中国数千年的以家庭为单位的农业生产方式所形成的文化是以家族血缘关系为单位，而不是以社会全部成员利益为依托的。所以，中国人只在乎他们自己或直系亲属的福祉，家族只是放大了个体，这导致了对与自己毫不相关的人所遭受的不平等则视而不见。中国人的社会观只是一种狭隘的"关系观"，而所有关系的终点都通向各种形式的"权力"。道之自然规定了只能有少数人"入道"，就象人类起初只有少数的猿能够进化为人一样。但这并不限制每个人对道的追求，在此机会都是均等的，每个人都可以发挥自己的作用。道为人类生成了一个广阔、丰富的资源，但随着人类自身能力的提高，占有欲也急剧膨胀，思想被贪婪所占据，这就背离了道。人的生命有限，每个人都可以思考、领悟"道"理，生成符合道的观念，并在行为方式中以身践行，发挥作为"人"的作用，从而为推进人类社会的进步做出贡献，这样就在道中获得永恒。

　　在生成观中，能是原初的存在，是真正"纯粹的存在"，是单一，是不能规定的。只能从其生成的后续序列中表现，就是能够、可能，具有生成的能力。生成系统的意义不在于空间的存在方式，而在于它产生的作用，因为空间方式终究会消失，而作用却是永恒的。空间是相对的，是作用的量的积累，作用的大小衡量。彻底的生成观不承认永恒，因为存在本身就是生成，就是在不断地突破，存在总是一种"时过境迁"，这是存在的本能所使然。时间也是相对的，时间的长短是在生成变化中衡量的。由此可见，生成是宇宙最本质的特征，是存在的第一方式。唯有了生成的能力，才有各种各样的物体的产生，才有千变万化的过程的呈现。

# 三、社 会 进 步

"人之所以生、所以无、所以荣、所以辱，皆有自然之理、自然之道也。顺自然之理而趋，遵自然之道而行，国则自治，人则自正，……" ——老子

中国古代基本是一个对其他国家封闭的国家，长期处于封建的帝王统治集权制社会，所以最关注的社会结构稳定，对于社会改革、社会进步则很少提及。即使有社会进步的理想，由于不能与社会现实相结合，所以也只能是"世外桃源"。但道家哲学的核心是"生"，是行进，如果我们把道生成的观点运用到人类社会的问题，也许会给我们带来一些启示。存在是一个从简单到复杂的生成序列，所谓进步、前进、发展是以复杂程度衡量的。进步意味着复杂性增加。

## 1. 和谐共存

传统西方哲学对人与社会的认识是建立在从希腊的思想家们继承过来的两分法之上的。这种两分法把人与自然一分为二，也是基督教传统的一部分。在中国道家哲学，人是自然的一部分，同时，人因为"有为"，又是自然进化的动因，因此，必须更关注自然和人之间的和谐，而不是两者之间的对立[1]。在更广泛的系统中，人与人、人与自然的关系，是从二气到"和气"，而不是"你死我活"的对立冲突。道给人类生成了极为多样丰厚的生存基础——广阔的地理、多样的气候、丰富的矿藏和生物资源，这些足够人类在地球生存千万年。但人类在自我意识生成中，激发了对财富的无限占有欲，这导致了人类无以计数的相互之间的杀戮和对自然肆意的掠夺，引发了人类自身及自然系统的涨落波动，随着人类能力的提高，这种波动越来越大。这不能不引起人类自身的担心：如果不加抑制，终将有一天道之自然已不能自我平衡这种涨落，而引起系统的突变，要知道在系统的临界状态，一个很小的因素就会导致系统的巨变。

对于一个系统而言，首先是能够延续，即能够生存，这对于社会系统尤为重要。能够维持、持续的是"中"、"和"。阳的性质是上升、升华、无形、突破，是生成的推动；而阴的性质则是下降、沉淀、有形、保持，是静止的性质。生成必须在阴阳之间保持平衡，阴阳二气互冲互荡，达到"中"、"和"。"中"这一

---

① 约翰·默逊. 中国的文化和科学. 杭州：浙江人民出版社，1988：8.

观念、概念的基本思想内容是适度和平衡。适度，或者说适中，说就是无逾、无过，这可以说是"中"这一思想的原始之义，其主要是注重行为的适度性，认为凡保持适度的行为就是合理的，而超出适度的行为则是不合理的。这也就是说，合理或正确的行为应当是无所偏颇的阴阳平衡的"中和"、"中正"，而不合理的行为则被视作为偏颇或偏激，是阴阳失调、错位。"阴平阳秘"可以说是系统的非平衡有序稳态，"平"与"秘"分别强调是阴与阳的的运化能力和机制这种质态的最佳，而不是它们各自数或量的多少。阴平阳秘就是阴阳和合，阴阳之间的相对的动态平衡，称之为"阴平阳秘"。

　　老子言道："天地无人推而自行，日月无人燃而自明，星辰无人列而自序，禽兽无人造而自生，此乃自然为之也，何劳人为乎？人之所以生、所以无、所以荣、所以辱，皆有自然之理、自然之道也。顺自然之理而趋，遵自然之道而行，国则自治，人则自正，……。何须津津于礼乐而倡仁义哉？津津于礼乐而倡仁义，则违人之本性远矣！犹如人击鼓寻求逃跑之人，击之愈响，则人逃跑得愈远矣"①！老子关于社会的这种思想是从道的中和状态得出的，似乎按照道行进的社会应是具有一种自我平衡的能力。平衡这一思想在一定意义上说是由适度义引申发展而来的。通常与"均"、"平"等语词相联系。这是着重于整体地思考问题，讲均匀、平和、相等、守衡。这一思想认为：凡事物或倾向都含有两个相互背离、对立的方面，只有当这两种因素保持平衡时，事物或倾向才处于一种合理的状态。反之，如果这种平衡的状态被打破而偏向于任何一方，那么，这个事物或倾向必然就是不合理的。自然界（亦即天地）有其固有的秩序，这是因为自然界中的阴阳之气保持着秩序或平衡，在这种秩序或平衡得到保持的情况下，自然界就处于正常状态。如果这种秩序或平衡被打破，或者说即是阴阳二气发生冲突，则自然的正常状态也就会失去。阴阳之气之间保持固定的秩序或平衡是自然界处于正常状态的前提。

　　中和思想在社会生产领域要素分布合理、结构合理、状态平衡、增长均衡。在社会系统中，最重要的平衡是社会财富的分配。财富分配的平衡并不是社会"平均"，而是"按劳分配"，按照每个人在社会生产中贡献、智能和体能的付出、按照劳动的危险程度等因素的分配。中国社会革命的口号历来都是"均财富"。中国社会动乱的直接根源是"不均"，中国传统社会的情形是社会经过一段时期的和平，有了一定的财富积累，这些财富在不同的社会阶层之间分配，而直接从事生产的阶层从来所得最少，生活基本是维持生存的原状。和平时期延续，统治阶层的财富消耗加大，这时如果遇到自然因素的波动，生产的财富减少，统治阶层为了维持财源，层层加压，社会矛盾加剧。这时在一些因素的触发下，社会革

———————————

① 参见司马迁.史记·老子韩非列传.北京：中华书局，2016.

命（农民起义）就会发生。

和不是绝对平均。道家的"和"观念及概念中是包含了一个十分重要的新义，这就是"杂"。"杂"概念的基本或主要含义是：并存、兼陈各类客观事物与主观认识，使不同的事物或认识得以互补。和实生物，同则不继。均衡、和谐也不是同一。以他平他谓之和，故能生长而物归之。若以同裨同，尽乃弃矣。所谓和是主张多样化，否定同一。即"同则不继"、"以同裨同，尽乃弃矣"、"王将弃是类也而与剞同。天夺之明，欲无弊，得乎？"唯有差异性"能丰长而物归之"。差异性之所以"能丰长而物归之"，就在于不同的事物具有互生、互补、相辅、相成的作用。正因如此，对事物的存在和发展来说需有"一气，二体，三类，四物"；需有"清浊，小大，短长，疾徐"。总之，事物可异而不可同，唯此方能"济其不及"，方能"以成百物"。这样一种哲学思想与政治实践和社会治理结合起来加以思考，即将哲学思维转换为政治思维："君所谓可而有否焉，臣献其否以成其可。君所谓否而有可焉，臣献其可以去其否。是以政平而不干，民无争心"①。

道生成是最为"经济"的，不会创生两个完全相同的事物，即使光子、电子也不会有完全等同的。存在的事物都是有差别的存在。所以，在一个组织系统中，要素越是多元化，系统结构也就越复杂，自组织要求就越高，其适应环境的能力就越强，即差异的系统更能象高一级的层次生长。衰退是从差异性减少开始的，以差异减少为标志的。系统生成是一种整合差异的过程，这包含了创新制新要素或层次，或重新分化组分，建立新的相互联系、相互作用，以便形成一个更能和环境互动、适应环境的统一体。系统的有序性是在其生成过程中通过对组分的创制和整合而建立起来的，系统内部组分的多样性和差异性，环境成分的多样性和差异性，既是滋生混乱无序的土壤，也是建立秩序的基础。差异整合需要被整合者相互协同，这是重要前提；但不限于彼此协同，整合还包括对组分的限制、约束甚至强制，舍此不能形成有序结构。总之，仅仅讲差异的协同是片面的，差异的整合才是系统生成论的基本原理。

道家哲学的"中"、"和"在理想社会体现是"小国寡民"政治体制。"使有什佰之器而不用；使民重死而不远徙。虽有舟舆，无所乘之；虽有甲兵，无所陈之，使民复结绳而用之。甘其食，美其服，安其居，乐其俗。邻国相望，鸡犬之声相闻，民至老死，不相往来"②。这里老子描述了理想中的"小国寡民"的社会图景。让百姓恢复天真善良的纯朴本性。国富民强到了鼎盛时代。人人恬淡寡欲，使人民有甘甜美味的饮食、华丽的衣服、安适的住所、欢乐的风俗，即使两

---

① 左传·昭公二十.刘利等译注.北京：中华书局，2007.

② 老子（八十章）.饶尚宽译注.北京：中华书局，2006.

国人民相处得很近，交往密切到连鸡狗的叫声都混在一起，却从来不相互干涉对方的生活方式，生活安定，不强制改变对方的文化习俗，平等自由，不动干戈，不发生摩擦与战争，风淳太平之世。小国寡民虽然只是一种社会理想化的状态，犹如西方的空想社会主义，表达了对一种美好的向往，是对人类社会的理想的设计，但要比空想社会主义更有依据，也更具有思想性、全面性和前瞻性。

老子所说的"国"与今天国家的意义有着较大的区别，这是指的分封邦国的模式，有人认为老子的"小国寡民"思想是保守的、复古的。这只能算是一种没有入"道"的，现实功利的看法而已。老子当时正处于周王朝末期，要说复古，应象孔子所追求的，复辟周王朝统治，而不是"小国"了，至于"寡民"则更表现了老子整体性的前瞻性的思想与智慧。老子的"小国寡民"的政治理想，是针对当时诸侯各国都力图"国富民强"，目的是吞并其他国家，扩大自身控制的土地和臣民。厌恶和反对用一种强权加于社会成员，以一部分人去统治另一部分人，在各种政治制度、规章中使人失去本性的自由。所追求的是社会的长治久安，是要"为万世开太平"。对于"鸡犬之声相闻，老死不相往来"也不是说相互之间不发生交往，各自封闭，而是互补干涉，都能够保持各自独立。小国寡民更能够保持文化的多元化，避免权力高度集中的"同一"。小国也不需要过多、过复杂的行政部门维持和干涉社会。

老子从他的道本自然的法则出发，引申出无为而治的政治思想，"小国寡民"的理想正是自然、无为思想在社会组织方式的体现。老子相信天下万物循道而行，万物都有其自行之道，人类社会也是如此，因此不必制定过多的"礼"和"制"强行干预。所以有："为无为，则无不治"，"治大国若烹小鲜"，即他不主张通过加强各种控制来治理社会。相反，他认为制度是人们在自然而然的生活中所形成的社会俗成约定，要从根本上达到天下大安，必须尽量减少扰民，还社会成员自在的生存自由。设立各种机构、制定各种规章的"有为"，会使智巧的人有机可乘，从中造事，这会引起社会成员之间的猜忌、倾轧，又是祸乱的根源。而且过多和反复不定的政令只会使人民疲于应付，不断地改变生活的节奏，使生活和社会陷入一种混乱无规则，也会造成社会的不安定。因此，老子反对权力的集中和层次过多的"有为"，主张"小国寡民"。

老子"小国寡民"思想的另一个重要方面是使人们乐于所有，衣食住行，皆能适意，各安其所，知足常乐。"甘其食，美其服，乐其俗，安其居"。"使民重死而不远徙"。因为民风能保持一种淳朴的状态，人们在自足的生活条件和人物一体的自然环境中，不会滋生过多的追求，放纵自身的物质财富欲望。这样社会自然安定，易于治理。因为没有过多的私有财富积累时，人们也就不会热心于为谋私利的机巧与智谋，也少有人与人之间的争斗与国家之间的战争，于是"有舟舆无所乘之，有甲兵无所陈之"。

"小国寡民"是作为一种地方自治的主张,这有利于社会文化和制度的多元化,能够使社会向更高的层次发展。回顾人类社会发展的历史,中国先秦时期,诸侯林立,相对的小国寡民。这一时期文化和思想的繁荣。秦朝统一以后,"焚书坑儒"统一文化、衡制等,到汉代又"罢黜百家,独尊儒术",及废除诸侯分封自治,实行了统一的大国。两千多年来中国社会一直是这样一种政治方式,所以思想、观念在经过先秦时期的繁荣以后,就再也没有明显的突破、创新。西方社会古希腊本就是各个城邦自立的多元小国,罗马帝国统一了欧洲,不久覆灭了。后来虽然又恢复了小国自治,但由于基督教在政治、文化、思想上一统天下,所以可以说是统一的"大国",这就是欧洲一千多年的长期冬眠状态。近代以后,欧洲摆脱了宗教的一统天下,各国在哲学、科学、艺术、文学等各个不同的领域既竞相争先,又相互补充,从而使得西方社会进入了现代文明。

历史不能倒退重演,但我们可以从历史之道中学习、领悟一些东西。假设中国先秦时期能够一直保持一种多国并存的社会格局,而没有后来的秦王朝中央集权的大一统,那么也许中国会领先西方千年进入现代文明。因为中国那时就已经具有了所有引导西方社会发展的那些经验知识的、宗教的、哲学观念的和生产技能、工艺等各种因素。但由于中央集权的王朝统治最注重的如何保证自身的权力,维护社会的稳定。这要求社会成员各安其位、各守本分,目的无非是保障社会财富在社会各阶层之间的分配,社会理论的主题是论证这种分配的合理性。而封建社会的财富分配实质无非是以一种既定的规则保障一部分人可以不劳而获地从另一部分人那里得到劳动成果。这种大一统政治体制还限制了人对自然作用能力的提高,直接从事生产的人没有精力、时间、财力和文化知识的素质思考、研究和改进生产的过程,中级阶层则迷恋于如何"入仕",进入官场,高级阶层则只顾"劳心"于如何"治人",无暇顾及生产过程的改进,最多在出现自然灾害时提出一些"治理"而已。

多元化、分散化也是当今世界政治体制发展的趋势,权力高度集中的国家往往难以发展,这在现在的所有落后国家都能作为验证。开放、发达的国家都建立了各级拥有自身的权利和义务,或者在向这种方向发展。如美国的联邦制度,其50个州有着相当大的独立性,可谓是国中之国。而今日的欧洲,似乎也正朝着这一趋势改革发展。

这种历史是对当代工业化人口高度集中的大都市社会的一些启示。资本主义大工业社会发展趋势是"大国众民",这是对道的偏离。从生成哲学我们对工业文明进行反思。不要强行推行一种文化、观念,保持文化的多元生态。特别是发展中国家具有更重要的意义(发达国家已经开始反思并实施)。在工业化进程中,城市越来越大,越来越多。资源的利用率低下,环境破坏越来越严重,而人口增加越来越快,这种状况能够维持多久? 靠权力集中控制的大都市,自然与社会一且发生大的波动，后果将是灾难性的。

"小国寡民"虽然只是一种在现实社会中不可能原样地实现的理想化的社会模式，但当我们体会其思路和思想时，就会发现其中许多合理性和前瞻性。这对我们今天思考和处理社会问题，制定社会发展战略，具有重要的启发意义。现今的社会发展，人口急剧增长，而环境、能源、生态等等问题开始凸现，社会两极分化加大，为了维持社会的稳定，设立越来越多规章和机构，权力高度集中，且无监督、无制约的滥用，等等。这种状况使得我们对自身的可持续发展、向何方发展、以什么方式发展，以致什么才是真正的发展等问题进行重新的思考，此时回思老子的"小国寡民"思想，不可简单地视为只是古人的空想。"小国寡民"是在农业生产方式的社会产生的，这种哲学思想只是在哲学认识基础上的一种对社会的推论，是一种对世界的直观体认，没有严密的逻辑分析论证过程。但这种对社会的直观的认识与在对世界万物存在一样具有着不可低估的合理性，这种理想中的社会模式实在有他的道理可言，这可以说是哲人的一种大智慧。

### 2. 开放共生

系统总是开放的，封闭系统最终会停滞。猿猴、原始部落因为没有开放，所以最终发展停滞了。道生成必然是开放，气的作用与一切事物相连通。所以，任何一个群体都是开放的，只是开放的程度的有差距。开放社会为文化多元和政治多级的社会。文化多元既是开放社会的特征，也是社会不断改善、进化的活力源泉。而集权的"封闭社会"的特点则是文化单一、政治单极，这种社会的权力转移、更替往往只能通过巨大代价的暴力革命的方式实现。

开放是以正义为基础的，或者开放必须坚持正义。因为世界以道为正、以道为本，所以正义、本义就是道义，也就是自然。正义作为人类对于自然即对于世界本质的认识，也就是世界的绝对真理。当人类将这绝对的真理转化或自己对于整个人生、整个世界的绝对意义与绝对价值的信念时，就通向了绝对的真理。在老子看来，道是威力无边的，万事万物都在他的掌握之中，谁有能力将它废弃呢？人们所能做的最多只是把自己从道和它所创造的世界中孤立出来，并在主观上置道于整个世界之外，其结果只是使自己和它所创造的整个世界疏远了，也与自己的天生本性疏远了，与自己的家园疏远了，与人类之间的天然的关系疏远了。因此当人类与道疏远之后，人类也就疏远了自己天赋的本性、自己天赋的家园、自己天赋的与人相亲相爱的关系，从而疏远了自己天赋的自由、和谐、幸福与完美，陷入孤独、无助、悲凉、失根的状态。这会促使人们再次回到道的怀抱之中，回到自然母亲的怀抱，从而重建人与自然、人类之间天然的平等、自由、和谐的关系。

开放社会包括了人类与自然环境的关系及不同地域、民族的关系两个方面。

工业文明的人与自然的关系，是以人类中心主义为基础的。在技术与工具的快速发展中，人为了自身利益的需要，而不是为了生存，对自然，包括生命，都进行了无情地掠夺。人类总是从自然不断地攫取，在不断地改变自然、创造大量的人工物，使得环境变得对人类更为便利来实现获得财富的欲望，但同时又离人自然本性的生活方式越来越远。人类已经更多地依赖自己创造的环境，依赖于人工物，而不是自然物，才能够生存。自然则趋向无序，趋向单调、简单化。这样，无疑是人类把自身圈入一个越来越简单的环境之中；在人工环境中，人类的意识与观念也越来越符号、简单化，从而也使自身简单化。这究竟是进步还是倒退，人类已经被物质财富所迷惑，失去了自身的本真。

中国特别的地理环境造成了保守与固步自封，往东与南面临大海，往西绵绵的青藏高原成为与南亚次大陆天然屏障，西北则是茫茫大戈壁，西边的文明也极难跨过那片死亡大沙漠而与中国形成融合，往北，列代王朝不断加固万里长城，拒敌人于围墙之外。这种独特而自封的地域把中国牢牢地困在了这片黄土地上，造就了传统自封的民族特质。中国古代社会只是对自然开放，社会开放只是对多民族、不同的地域，中国是一个封建集权的多民族国家，但仍给边远的地域民族以充分的自主权，中央王朝基本不干涉这些区域的"内政"，更不强行规定他们的民俗等文化。这种内部子系统的开放促使了不同子系统的生长，但社会总系统的开放有限，所以中国古代社会呈现了缓慢生长的格局。

现代社会开放是工业生产推动的。工业生产不同于农业对土地和特定气候环境的依赖，没有特别的地域性要求，分工合作需要劳动力的集中，这就有了大城市的发展。社会开放是要吸收利于自身生长的因素，这并不是现成的产品、资源、技术等，更重要的是在开放中提高自身的能力。生成之能是最根本的，动物都知道训练幼仔的生存本领。开放是提高自身生长的能力，不是功利性的技术。人类最根本的作用是意识，关键是提高自身能力的文化、科学的理念、观念。

在中国古代文化中，开放是"交"，德政讲的是内政问题，而"德"与"交"讲的则是国与国之间的交往问题。这一问题在春秋时期非常突出。事实上，外交与内政也是相关的。"无德以及远方，莫如惠恤其民，而善用之"[1]。如没有德行远播诸侯，不如从体恤国民做起。又有"夫王者成其德，而远人以其方赂归之，故无忧。今我寡德而求王者之功，故多忧"[2]。有德者近悦远来，无德则外患内忧。诸侯交往，他们的德行都会一一记载于史册，因此行为不能不慎重，一切都必须考虑满足道德上的要求。这就是说，会盟中"德"是最重要的，而不在于谁先歃。而这实际又涉及盟主问题。"大国制义，以为盟主，是以诸侯怀德畏讨，无

① 左传·成公二.刘利等译注.北京：中华书局，2007.
② 国语·晋语六.夏德靠，尚学锋译.北京：中华书局，2008.

有贰心"①。"晋君宣其明德于诸侯，恤其患而补其阙，正其违而治其烦，所以为盟主也。② 这就是说为盟主者必须具有德行，换言之，唯有德者方能成为盟主。在当代社会国家的交往中，西方发达国家应承担帮助贫穷国家摆脱贫困，解决粮食和医疗等生存、安全的基本问题。而不是把西方的文化强加给发展中国家。最需要关注的是对人的生命和自由，解决生存和安全问题，而不是强行改变和推行一种政治、政权的组织结构，破坏、消灭一种文化，那怕是一种在西方文明参照中被视为落后的文化。

"大道废，安有仁义？大智默，安有大伪？六亲不和，安有孝慈？国家昏乱，安有贞臣？"这里指伟大的道为整个世界、整个人类所确立的表现其仁爱与正义本质的美好的自然关系与自然秩序，道创造了整个宇宙，整个人类，道是我们人类的共同母亲，而整个宇宙、整个大自然则是我们人类的共同母亲为我们创造的家园。

### 3. 改革共进

开放必会打破自身的平衡，社会系统在开放中适应新的环境，就必须调整、改变原先的结构，要求社会的改革。开放社会的改革是必然的。改革需要改变传统的观念，需要社会各个阶层的观念的提升，特别是既得利益的阶层是否能够领悟生成之道。保守、抵抗是没有出路的，消亡只是时间的问题。而时间是以变动衡量的，在多变、多元的世界中，机遇稍纵即逝。

阴阳对立只是动因，目标是中和。中和是变动过程，是动态的平衡。动态过程是持续生长。生长指的什么，这涉及关于社会进步的衡量标准。人类社会进步表现为物质文明和精神文明。关于物质文明并不完全是以数量的多少衡量的，物质文明的核心是"经济"，是生产物质产品的品质、效率，特别是效率，即能在一定的时间内以最小的消耗生产出社会需要的商品。

社会系统的生长就是社会进步。社会进步涉及对人类及社会的本质认识，社会本质是人类群体的本质，作为核心标志的只能是一个，没有一定的物质文明就不能达到一定层次的精神文明。但物质文明并不保证会有高层次的精神文明，并不必然促进精神文明，较低的物质文明也会产生较高的精神文明（甚至物质文明的提法也存有疑问）。人类对自身群体发展的认识的社会进步观常常是不全面的，对社会进步认识在不同时期是不同的，并且总是带有人为的或者有目的的，而且，往往是根据自身的某种利益来确定这种目标。社会如果能够按照道生成的法则行进自然就是进步。

① 左传·成公八. 刘利等译注. 北京：中华书局，2007.
② 左传·襄公二十六. 刘利等译注. 北京：中华书局，2007.

改革系统的结构。开放必然要求系统的结构改变，这对发展中国家尤为重要。因为一般而言，西方发达国家一直是开放的，在文化、观念、体制方面度具有相似性。而发展中国家往往会有很大差异，所以开放对发展中国家是进入一个新的环境，要融入一个新的环境，必然要求系统调整自身的结构。社会进步是以意识、观念为标志的，创造工具、机器、武器等物质形态的能力必须与观念取得平衡。发展中国家在开放中，会遭受着资本主义社会两大邪恶的折磨，即环境的破坏与人性的丧失。由于人天生的贪婪的本性，在巨大的物质财富的诱惑下，很容易毫无保留的接受资本积累初期的阴暗面——无止境的追求利润，而忽视人的尊严。这通常表现为对西方的技术与产品狂热地追求，却把西方管理文化的理念——效率，强调坦率、直接、诚信这些品质漠不关心丢弃在一旁。

关于社会进步的动力也是哲学和社会学家们关注的重要问题。从道家哲学来看，任何层次的生成都是"气"的功能作用。但对于不同的层次，"气"的呈现方式是不同的。社会进步，无论是标志，还是动力都不是物质实体，而是精神的——意识和观念，这是从道家哲学所推得的必然结论。对物质财富的追求也是人类的欲望，这是意识观念的，并且，停留于物质的贪欲也不能推动人类社会的进步。唯物主义把生产方式作为社会进步的动因，而生产力则是社会进步的根本动力。生产力只是人类作用的一种，并且是"智力"的表现。按照道家哲学的社会观，社会进步不存在所谓动力，社会行进只是人类意识、观念按照生成法则，引领自身走向创造、生长和完善。中国开放的阴阳失调，吸收、强调了更多的有形的、实体的、物质的"阴"的因素，当然，这符合中国原本贫穷状态的需求，但忽视了理念、观念、制度、规则等无形的"阳"的方面。

在人类历史的进程中，宗教、哲学、科学标志了我们意识发展的进程，意识的生成和发展就是从以信念方式向某一点汇聚开始，其后建立逻辑路径形成了轨迹，再后就是以实证的方法把信念、观念、概念与时空中的存在物连接起来，从而形成认识的完整系统。我们看到连最封闭的观念系统——宗教也是在发展的，文明社会的宗教不仅吸收哲学思辨方法，还试图吸收科学成果，在"科学"化。一些哲学也还担负着类似于宗教的任务，试图为失去了信仰的人们提供一种宗教代替物。它像经院哲学一样，也在为宗教信仰寻求一种附加的理性基础。

在一体化的当今世界，充满了各种社会的、经济的、主权的对立和冲突，其根本还是来自宗教信仰。当今世界主要有三大宗教：基督教、佛教和伊斯兰教。宗教的共同特征是相信一个世界的主宰：上帝、佛、真主，主张众生平等，劝人向善，能够以某种方式获得永恒。在这些基本教义之下，三教的分歧是：

基督教更注重人今生今世的功能作用，人如果想要脱离造物主而获得自己的智慧，从此就会与上帝的生命源头相脱离，导致罪恶与魔鬼缠身。人所以有病痛与死亡，是因为生来就带有原罪。人只有相信上帝，上帝会与你同在，上帝会赐给你力量，使你胜过魔鬼与死亡，并得到永远生命。所以，基督教的核心价值在于功能作用，上帝是全能、万能的，宇宙万物，包括人类的始祖都是上帝创造的，这是一种功能作用维度的世界观，是道家哲学所坚信的道创生万物的本能作用。

佛教是从现实人生中出现的生、老、病、死等种种愁烦，领悟到世事的无常和人生的变幻莫测。主张通过修行，摆脱世俗的物、色的诱惑，达到一种"空"、"明"的境界。佛教认为物界现象都是空幻的，人们修习的目的即在于从所悟到的佛法中，看透生命和宇宙的真相，最终达到一种能够超越生死和苦、断尽一切烦恼的境界，从而得到究竟解脱。但佛教自身似乎也没有摆脱空间之物，我们常常会见到佛教的菩提树、菩提子、舍利子、莲花座、镀金身之类的事物。所以，佛教的核心是在空间之物的维度看世界的存在，目的是使人们看穿世间物的表象，达到本真。

伊斯兰教是一种前定与后世宗教：相信宇宙间一切事物的发生都是由安拉事先安排、确定的，但是安拉也赋予了人类理智自己选择善恶行为的自由，所以个人必须对自己的行为负责；人在死后，到了世界末日来临时，此时会接受安拉的公正审判；所以，凡在今世能够归信安拉并行善积德者，将得到天堂乐园的报赏；而不信安拉又多行不义者，将受到火狱等酷刑的刑罚；人的今世短暂的，而（信安拉）后世会是永恒的。人今生的诞生，是前世的死亡，而今生的死亡，又是后世来生的开始。所以，有"至圣先知先觉"的穆罕默德。可以认为伊斯兰教的核心观念是关于人的生命变化过程，这是道分化的时间维度的人与世界。

我们看到三大宗教其实都没有超脱世界万物存在方式，只是企图以其中的一种方式作为主宰整合包括人类在内的全部的存在。基督教通过上帝具有万能的本能作用创造世界，佛教要人们不要迷于物的形、色，进入无限的虚无空间，伊斯兰教以轮回的过程获得时间的永恒。在此，中国道家哲学比三教都"高明"，直接从"无"起源，再分化出三种存在方式——本能作用、实物空间和过程时间，而这分别正是三教的核心观念。道家有"一炁化三清"说法，是不是"一炁（道）"化生基督、佛和穆罕默德？

人类的理性、正义、目的和理想不应理解为某个国家或民族的，甚至也不应理解为人类自身的，而应理解为道或世界的理性、正义、目的和理想。当人类为自己的存在和活动确立目的、理想或意义、价值的时候，人类不应该只看到自我，而应该展望整个壮丽辉煌的宇宙，并把它作为自己的目的、理想或意义、价值的最终背靠。黑格尔把事物的本质、普遍性作为存在的理性或绝对理念，他说："理性是世界的灵魂，理性居住在世界中，理性构成世界内在的、固有的、深遮的本性，或者说，理性是世界的共性。"①道赐予人类以精神，这也是世界万物的精神，是宇宙的灵魂，人类不能辜负、违背道之所托，把人类社会引领到更高层次。

　　道家生成哲学的宇宙论、存在的方式、人类问题的探讨等世界观、价值观的内容，存在着极为丰富的思想，这些思想表现了中华民族悠久的文明和中国先人非常了不起的智慧。这些思想与后现代科学思想及文化趋向存在着某些契合。"人类正在创造一个新的自然，正朝着一种新的综合前进，最终能够把西方的传统（带着它对实验和定量表述的强调）与中国的传统（带着它自发的、自组织的世界观）结合起来"②。《老子》是中国上下五千年文化中源远流长的瑰宝。"或许除了《道德经》外，我们将要焚毁所有的书籍，而在《道德经》中寻得智慧的摘要"。"老子是孔子前最伟大的思想家。《道德经》……在思想史中，它的确可以称得上是最迷人的一部奇书"③。美国学者蒲克明说过：当人类隔阂泯除，四海成为一家时，《老子》将是一本家传户诵的书。

　　① 黑格尔.小逻辑.贺麟译.北京：商务印书馆，1980：80.

　　② 普利高津.从存在到演化.曾庆宏，严士健，马本堃，沈小峰译.北京：北京大学出版社，2007.

　　③ 威尔·杜兰.世界文明史.北京：东方出版社，1998.

# 结语：道之体系——21世纪哲学体系的重生

西方哲学构成观的世界图式探索已经终结，因为越是深入到构成的细部，就离传统哲学的目标越远，就越转化为科学的问题。完全进入语言符号的分析，而这不是哲学的目标，脱离经验和科学最终会把哲学引向只开花不结果实的纯符号集合。如果不打算放弃哲学，只有象20世纪初在科学中就已经发生的那样，进行观念的彻底转变：从世界的构成图式转向存在的生成体系。这里，中国道家哲学已经为我们提供了一个符合当代人的旨趣和智能的，与世界的存在更为契合的生成路径。

## 一、本体的转变：存在生成

西方哲学的本体论始终纠结于世界构成图式的终极本原、本质，绝对的基础问题，但从未给出让人信服的答案，与其如此，倒不如干脆放弃这一目标，让宇宙万物就是从无开始，本质、本原都是生成出来的，而不是作为世界万物的基础从来就已经存在的。

### 1. 构成的生成：无中生有

构成观的世界图式逻辑路径是必然需要构成的元素，哲学探索就是寻找这种元素作为存在的基础，再以这个基础来解释全部的世界存在。既然宇宙本体的原意就是万物之根、源、本、由，既然万物都是来自于宇宙本体，那么，万物都必然是宇宙本体的一种形态；它的产生、存在、性质、功能及价值应当是宇宙本体的应有之意，而不会超出本体之外。与西方哲学构成观不同，道家哲学认为具体事物的"有"，有形之物不具有担任宇宙本体的秉赋，因为有所规定则会有所限制，有限制必为其他所限。本体论作为本原的东西越抽象，越"玄虚"，也就越有自由度、超越性，越是具有灵动性，从而越能包容各种各样的事物。道"无状无象，无声无响，故能无所不通，无所不往"，也只有此种本原可以遍布流行、随物而变、大通而大同，才具有担当生成统一存在之源的秉赋。这种本体抽象方式基于的理由是，如果认定是具有某种性质有形的东西，便解释不了不具有这种性质和不同性质的存在。例如假定本体是一种空间性的原子、实体等，就解释不了非空间性的量子、场、能量等。所以，作为本体的东西只能是没有任何规定性存在的无。无并非什么都不是；无是无限、无任何规定性。但一切都是从无生成，从无涌现的。从这个意义上说，无又是无所不有、无处不在，可以什么都是、什么都有，是"大有"。"无"造就了一切的"有"，它创造而不拘于具体存在。在道家哲学中，"有生于无"包含了哲学的本原与派生物、本体与现象、无与本体、本体与作用等思想。

"有生于无"是中国古代哲学的基本逻辑前提，也是中国古代哲学的思维的共同话语。有无本体和本体谓何的问题都在"有生于无"的命题中，从这个意义上说，它对世界的探究更为根本。与西方哲学本体论目的一样，"有生于无"的基本含义和最终目的是寻找世界的统一性，让世间万殊同于宇宙本体。"有生于无"除了具有个性生于共性的内涵之外，还有聚散（动）源于无聚散（静）的意思。一方面，古代思想家强调宇宙本体为无动的恒常之物，道之虚静、无序无动、识之不生不灭、理之无造作、气（太虚）之寂静无感、心之寂然无感无不如此。另一方面，推崇抽象宇宙本体的中国古代哲学必然要把宇宙本体的静寂恒常视为最高价值。于是，静不仅成为变动之根，而且成了万善之源，成为至善醇美的化身。基于"有生于无"的思维方式和价值取向，应"以无为用"、"以无为心"，即虚与静。追求静、虚与恒常，在行动上守常、致虚、体静也就成为最高的行为原则和价值标准。

生成论避免了西方构成观哲学的本体论对立，将实体的本原和观念的本质统一为"道"。因为宇宙万物起始于"道"。而"道"是不可言说的，是一种没有任何规定的"无"，这在构成观的逻辑中是不可能的，在静态的构成图式中，对事物的存在进行规定，无非是将某事物与其他事物联系起来，所以只能必须是以"有"说"有"，而在生成的世界中，则只能是"无"中生"有"，如果"有"生"有"，必然要追踪前一个"有"的起始和来源，这种无穷追踪序列的极限就是"无"。在生成的世界观中，西方哲学的唯物主义和唯心主义的根本对立是构成世界的两种不同的存在方式差异，这里并不存在所谓根本的"对立"，只是这两种存在方式作为规定事物存在的参照维度不具有"通约"性，就好像空间与时间不可通约一样。

所有的"有"——空间和时间方式的存在都是从非时空方式生成的，并都由非时空方式的作用所规定，所统一。在此，无为本体、本质，有为现象、表象，现象受制于本质——无为本、为体。有来源于无、依赖无、受制于无，有的功能作用决定于无。有以表现无为最高使命和价值，离开了无，有便成了无用之有，便失去了存在的根基。"有生于无"所要强调的是，在有与无的关系中，无在各个方面永远都是第一性的，有在各个方面永远都是第二性的；无论何时何地，何种情形，无都是在有之前、之上的存在。

生成就是均匀的、混沌的生成之能自我生成分化出差别。作为万物本原的气无所不在，充满整个宇宙空间，或本就是全部的宇宙。天、地、万物以及人一切存在都被在气的统辖之中。在道家哲学中，既然宇宙万物皆从道本体而来，那么，宇宙间的一切都不能超出道本体的范围。"有生于无"，即先无后有、无中生有——"有"规定性生于"无"规定性，"有"差别生于"无"差别。这表明，规定性、差异性都源于、产生于"无"。在道视野中，一切都是无，一切差异、对立都不存在。

在道家哲学中，宇宙本体是"一"，世界万物是"多"。为了说明从一生多，作为宇宙本体的存在必须至大无边、包容一切，还得至小无内、精细至极。至大保证了数量多至无限，至小造就性状多至无穷。这就是中国古代哲学的基本逻辑。在道家哲学中，气的无所不在，且变化多端更使其得天独厚，自然成为万物之本体。作为宇宙本体的存在必须本性具足、无所不包、无际无限，万物才能从中衍生出来；既然万物从本体而来，万物就已经先天地存在于本体或被本体所决定了的。气能够成为宇宙万物的本原和始基，"阴阳二气，充满太虚，此外更无它物亦无间隙。天之象，地之形，皆其所范围也"。宇宙本体的唯一性是道家哲学的下意识的或合乎逻辑的推演。宇宙万物是道所派生的、万物都由于道而存在。因为万物是因得道而获得存在，道又是整体的，世界万物的存在都是整体的。[①]

生成观是将我们面前的世界看成是从无到有，从简单到复杂地生成、生长出来的。从生成的序列来看，演绎的前提处于结论的前序列，后一序列出现了前序列所不具有的性质，这种新性质不是按照（形式）逻辑演绎出来的，而是涌现、突现的。在生成的序列中前序列总是后序列的基础，后一序列必然包含前一列生成的结果。现在物与过去物关联，将要生成的东西必与当下的事件关联。处于最后层次的系统必将最初层次系统（性质和规律）包含在其中，这是我们从最高层次系统还原最初层次系统的根据。但是高层次系统必然包含低层次系统所没有的东西，所以我们不能以低层次系统的性质来说明高层次系统，从低层次系统到高层次系统必然会增加新的性质，因而是一种"进"。哲学本体论的构建应从还原转向演进，在对不断生成、演进的整合中，也许会发现一些新的规则，对存在有一个更为准确的理解和把握。"按照它对认识的最初级阶段的分析，发生认识论已能证明，认识的原初形式与高级形式的差别比我们过去所认为的要大得多，因此，高级形式的建构不得不经过一段比人们所想像的更长得多、更困难、更不可预料的过程。因此，发生学方法就对建构主义的想念提供了支持；正是为了这个缘故，无论我们的结果是多么地不完全，尽管还有广大的领域尚持探索，我们对发生学方法的前途还是抱有信心的"[②]。

---

① 魏义霞. "有生于无"与中国古代哲学的宇宙本体——兼论中国古代哲学的思维方式和价值取向. 理论与现代化, 2003, (9): 10.

② 皮亚杰. 发生认识论原理. 王宪钿译. 北京：商务印书馆, 1981: 106.

### 2. 生成的存在：本能作用

存在的本原和本质。构成观的一个自然的首要问题就是要寻找组成万物的最原初的那块"砖石"，即空间尺度的最小的那个单位。作为空间尺度的基本单位必然具有的性质：一是必然是已经在空间存在的东西，所以古希腊自然哲学所确定的本原——水、气、火、种子等无一不是已经存在的事物的形态；二是存在一个不能再进行分割实在，作为构成本原的东西，组成万物的质料必须是"实"的，以区别于"虚"和"空"，无论是德谟克利特的"原子"，还是亚里士多德的"实体"都不能摆脱本原的这种限定。而这是一切以构成本原论为目标的所谓唯物主义哲学所具有的性质，在哲学以后的2500多年的发展中，一切唯物主义哲学都沿着"实"在的思路理解和说明世界万物，现代唯物主义的物质也没有突破这种"实"在观。这种实在的物质本原观注定不会成为哲学的主流，人的思维发展就是以突破时空为目标，因为认识以时空存在的现象只要感知就可以，并不必然要求思维。思维本就不是时空方式，其内容当也要求超越时空，达到决定、规定时空的本质。

柏拉图则不满意对世界万物这种组成质料解释，因为质料并不能说明事物的结构构成关系，某事物之所以为该事物，并不是因为组成它的质料，而是因某种本质——形式或"共相"，例如桌子，质料可以是石头的、木头的，或由其他什么材料做成的，不同的质料都可以成为桌子。所以事物是由其本质——一种功能作用、构成关系规定，而不是已经在空间中存在的组成质料决定的。他把这种本质称为在空间中存在，但不是由空间约束、规定的理念。而西方哲学本体论的目标就是以一种根本的东西来统一、同一世界万物的存在，逻辑上要求这个东西必须是终极的、唯一的。

作为存在的世界万物，哲学的本质论与"有生于无"思想一致。决定时空之物的是事物内在的本质，哲学是要在事物的现象、表象中寻求其本质。只是哲学把本质规定为精神性的：人的意识、观念或者一种客观的、先天存在的，并且，这种精神似乎还是游离于事物之外的。这种本质观终究要导致哲学与经验和科学彻底分离。

道家哲学用气不仅解释了存在的生成本原，还解释了存在的本质。世界万物是气自身的分化，是气自我生成的产物。气在万物之中，因为万物是气的一种状态，气又在万物之外，具体存在物只是气的一部分。气在本原是万物生成的基础，是万物之源，气在本质是万物存在的作用，是物具有的功能属性。本原的起点只能是无，生成的存在，首先呈现的是独一无二的生成之能。

就生成开端、起始，道是绝对的无，所有的存在都从此生成。生成观哲学不同于构成观中学宇宙万物的存在寻求根据与基础，试图回答的是世界如何而来的问题，在阐述这一问题中，揭示存在的生成过程。这种方式规定了只能以无为本原——无为根、为源，而一切有都为派生物，有从无而生。一切事物的生成都从无开始，都是从无的突现、涌现。并且，第一呈现的是自我生成的能力，表现为对其后生成的作用。实在的形体及呈现的过程都是由生成的能力及其作用规定的。这里，无又是本体和主宰，有是呈现、表象，体现了本原的功能作用，作用功能出于本体——无又是体、是本。任何事物存在的意义在于其发生的作用，作用是其生成、展现的过程。世界万物都是生成的，是以时空方式存在的，生成的存在终将消亡，终会归复到生它的那个东西上去。存在的只是曾产生的作用，作用永恒。

### 3. 存在的基础：层次与序列

哲学起始于人们对经验知识的概括和总结，经验中的世界是现实的直观的世界，即我们面前现存在着的世界。全部哲学本体论都是在探讨我们面前存在的世界。人们在思考面前的世界万物时，有一个基本的认识、看法和理解。哲学在西方诞生的本体论对世界万物的基本理解就是由一种本原的东西构成的。现存的世界构成是复杂多种多样的，但通过现存的世界万物的还原，终能寻找出构成的它们始基，始基、基质是简单的。构成论把世界看成由各种各样事物构成，而各种事物又由共同的基质构成的。"一个东西，如果一切存在都是由它构成，最初都是从其中产生，最后又复归于它（实体常住不变而只是变换它的性状），在他们看来，那就是存在的原素和始基"①。一切存在的东西部是由一些早已存在的东西造成的。

在存在的层次层面：先前的序列是后一个序列的基础，后一个序列是先前的序列涌现了新的性质。对于这种新的性质，前序列对后序列是无，后序列对前序列是有。道家哲学力图解释世界的现实构成和不同层次，回答的是世界的存在状态问题。生成哲学的任务是从最简单的东西开始，由简单到复杂不断生成出来，世界不断的有新的东西出现。要理解新的世界，我们不仅又要将先前丢弃的东西重新寻找回来，也许还会发现一些新的东西。当我们重新拾起先前作为多余的而丢弃的东西的时候，却会发现这些东西的意义：这正是我们理解、说明新的事物所不可缺少的。

这里有基础和层次的问题，以基础构建高的（观念）层次，概念构造需要基础：自然的和观念的。宇宙是生成着的，因而宇宙里的所有东西都是生成着的。生成观是将我们面前的世界看成是从无到有，从简单到复杂地生成、生长出来的，包括空间和时间，还有我们人类的意识，哲学的观念、概念体系，都是生成

---

① 北京大学哲学系．古希腊罗马哲学．北京：商务印书馆，1961：4.

出来的。在生成观中，哲学的目标不再是试图向本原的极限一次又一次地逼近，而是整合存在的方式和梳理出生成的序列层次。

构成的本体论观念对推动科学认识的发展起到了重要的作用，在一定程度上解释了世界的统一性、整体性。但传统哲学是基于经验和近代科学的知识的宏观世界，当我们从宏观的世界还原世界的本初时，最终要在现代科学的微观世界遇到困难，不能解释宇观世界的存在方式。还原构成世界的要素确立一种方法，使得描述宏观世界的经典科学得以诞生和发展。而在这条路径的两端（微观和宇观）则由现代科学继续前行，哲学构成观世界图式也算是大功告成，则应转换世界图式，开辟其他可能的路径和方向，这就是从构成到生成。构成观哲学已经到达了终点，而这个终点却又是我们另一开始的起点，现在是我们开始沿着世界生成的路径顺行认识过程世界的时候了。西方哲学在构成还原路径的尽头，就是从转变方向开始——从构成到生成，即从最简单的"无"开始，沿着存在生成、生长的路线，将世界演进、生成出来。这里需要综合现代科学的思想，吸收东方哲学生成哲学的思想，现今这一时机已经到来。

## 二、认识的统一：心物合一

抽象、绝对的宇宙本体和"有生于无"的思路决定了道家哲学由抽象到具体、由整体到个体、由全体到部分的思维方式。这种思维方式的特征是：假设一个无所不包的宇宙本体，万物都是由其派生和统辖，因而万物与宇宙本体保持高度的一致。存在任何事物都是先前的事物为基础，都是从先前的事物生成的，所以也就与先期的事物相通连。人类处于生成的最高序列，所以人能够与天地万物相通连，也就是"天人合一"。对于既相差别又相统一的世间万物，道家哲学更注重其统一。认识就是在心中呈现存在的"道"，所以自然有"心物合一"——观念与事物存在之道相符合。

### 1. 唯一到三分：三生万物

构成观的体系致力于对确定唯一维度的追求，这是要将体系保持始终如一，既然本体是唯一的，认识的维度也必须是唯一的。哲学本体论的目标在原子、理念、实体的观念中几乎已经实现了。然而近代哲学却发现了古希腊哲学本体论的唯一性存在着问题。在本体论中，观念符号与其所表示的对象是不加区分的，所以可以达到"唯一"，只是不同的体系所建立的唯一是不同的。并且这唯一是不能被彻底确证的，仅仅作为唯一的信念。一旦进入认识论，观念符号与表征的对象就区分开来了，世界一分为二。在认识论中，世界不可能是唯一的，只能是一种模糊的"对立统一"。这样本体论的唯一性就成了哲学体系的陷阱。

认识就是认识存在的方式。认识是人在认知包括自身及其意识和认识过程的全部存在。既然是我们人在认识，所以，首先能确定的是人自身及其认识能力。人的意识是人所具有的功能作用，这是自然生成的本能作用的最高层次。本能作用是存在的方式，任何事物都具有它的本能作用，所以，意识只是作用最为存在的普遍的作用方式之一。认识世界万物是如何呈现其存在的，即我们要确定所以东西的存在方式。

空间，这是实体主义哲学的世界万物共同的存在方式，这种方式是基于经验知识的抽象，并在关于宏观世界认识的近代经典科学中完成的。时间，虽然在古希腊的赫拉克利特哲学中已经提出，但只有到了19世纪科学揭示出世界万物种种的过程性以后，才被真正认识，成为存在的另一种方式。然而，在构成的世界图式中，是不能揭示时间的更为深刻的意义的，20世纪以前的时间都是没有指向、没有箭头的时间。在生物进化论中，时间虽然已经有了指向，但在宇宙万物存在的标度中，却仍然是一个标量。

黑格尔辩证法和辩证唯物主义的发展观似乎是时间维度中的过程观，然而，以新事物的产生和旧事物灭亡的发展观是一种简单的过程观，并且保留着明显的空间构成观的痕迹；仍是空间实体的替代，发展也只是没有结构的新个体代替旧个体，没有从整体，从事物的内在要求解释过程。发展观只是用发展之尺度量两个事物，这两个事物处于正好处于尺度的两端。

对于解说存在的方式，经验中直接感知的实体和过程，这分别被称为空间和时间。所以，空间和时间是存在的方式。时空只是宏观世界的存在方式，但人们在认识空间和时间存在的现象时，却没有把我们认识本身也作为存在方式。这是古希腊哲学一开始就把人类作为自然万物的对立面的来看世界的存在的结果。

道家哲学是把人放在其中的是认识的世界，认识的世界存在是以三种方式存在的世界。但是我们面对的世界却不是单维的存在，而是一个三维的世界，所以哲学世界的终结的唯一维度的努力只能是无功而返了。在生成的观点中，我们追寻世界的本原、原初就只能是一个点。点是一种没有规定的无，即"有生于无"。"三生万物"就是说世界的存在方式又必定是"三"，是三种方式的存在。三中任缺其一都不能真正解释、规定全部的存在。任一存在方式从其他的存在方式的否定来规定，离开其他的存在方式的单一的存在方式是不可理解、不能解释、无法表达的。

### 2. 个体到整体：观象体悟

构成观认识事物的方法必然是将事物看成是组成世界的独立的部件，所以是把事物当作个体来认识的。古希腊本体论寻求世界的本原，思维很自然地必然指向、定位在空间中存在的实体——区别于虚空的、独立的、实在的个体上。

　　从个体到整体的转移也是 20 世纪系统观的一个根本改变，在现代科学中，部分和整体的传统还原的关系被摈弃。部分不仅不能说明整体，并且只有通过关于整体的动力学才能得到它自身性质的解释，即部分是被整体规定的。事实上，在整体的终极意义上根本就不存在部分，这正如黑格尔的"割下来的手就不再是人手"所要表达的思想。自然界被看作是一个相互关联的、动态的关系网，被我们称为部分的东西只是在一个相互作用的关系网上的一个节点，其中所谓"客体"只是认识的特定方式，它取决于人类观察者和知识过程。

　　近代的科学世界是各自自我封闭、孤立自存的原子组成的实体世界。而现代科学则认识到，任何事物都不是孤立的，都处于与其他存在物的关系之中的；人与自己的生活世界也是内在统一的，人在世界中，而非世界在人外；语言也是关系，单个词并不具有意义，只有在一定的语境中，语词在与其他语词的关系中获得意义。在当代人的知识背景和智能水平上，哲学的整体性不仅是相对于"分散"意义相互联结，还包括了各种流派，各种观念——无论是那些互补的，还是对立的，思维的各种方式——无论是理性的，还是非理性的，还有情感、心理的，意识生成的方法——信念、思辨和实证，各种要素、不同的层次相互支持、相互补充。不同的要素和方式在不同的层次上可能比其他更为有效，但这不能成为我们可以偏重一部分，而轻视、甚至丢弃另一部分的理由。整体是事物生成的性质，生成是复杂性增生的"进化"，任何观念、方法的偏废都是整体性的残缺和退化。

　　生成论与整体论的方向是一致的，但整体论内含的实体主义成分是生成论所要克服的。中国传统哲学一开始就从原因出发，从整体出发，试图演绎出全部结果来。这样做不能达到对事物细部的认识，中国古人认为事物的细部只要凭经验就可以了（经验传统体现在中医、农业生产、技艺等各个领域中）。因为他们相信"天道"是不变的，事物受天道的规定，也不会改变，是在循环中重复的（这也与中国社会的封闭性相关联），因而凭经验感知事物就可以了。所以，中国古代哲学并不十分重视事物的空间、时间的定量变化，甚至都不怎么重视空间和时间的观念本身。例如，在中国传统哲学中，较少有关于空间和时间的专门的探讨，空间和时间只是作为具体事物的一种属性，也不具有西方哲学的运动概念。中国古代人从整体出发，强调"生"，生成、展开、生生灭灭的循环，整体的过程，没有具体的运动形式。

　　"惚兮恍兮，其中有象；恍兮惚兮，其中有物；窈兮冥兮，其中有精"①。老子以象、物、精的次序排列，这与生成的一、二、三，次序相反，隐含了认识（言说）路径（方法）是从象开始的。"象"这一思维与观念在中国早期哲学发展

---

① 老子（二十一章）.饶尚宽译注.北京：中华书局，2006.

中具有重要的地位。它提供给中国人以一种重要的思维形式或思维方法，同时也成为中国人的一种重要观念。而无论是方法，还是观念，它又对某些以"象"为基础而发展起来的思想产生深刻的影响。

观象方法是从观测天象开始的。"观象云物，察应寒温"①。"故知天常安而不动，地极深而不测，可以作观象之准绳，可以作谭天之楷式"②。观察卦爻之象。古人用以测吉凶。"圣人设卦观象，系辞焉而明吉凶，刚柔相推而生变化"③。"讲观象之妙理，得应时之成能"④。

对应于生成观的思维方式是"观象体悟"，从现实生活出发是生成性思维的本质，这一思维特征鲜明地体现在"立象以尽意"的思维理路中。《周易》用来推测吉凶的依据是卦爻象。"易者，象也"，"象者，言乎象者也"，《周易》以"象"为宗。象有形象、象征的意义。象主要指卦象和爻象，又可分为物象、人象和事象三大类：物象是通过观自然之物而立象，八经卦最基本的卦象，乾为天，坤为地，震为雷，巽为风，坎为水，离为火，艮为山，兑为泽，即是最早的取象意义；人象是从人体取象的方法，如初六"咸其拇"，六二"咸其腓"，九三"咸其股"，九五"咸其脢"，上六"咸其辅颊舌"；事象是从记载的古人占事活动中的一些典型事例中，指导人们举一反三、触类旁通。《周易》六十四卦几乎囊括了整个生活世界，因为每个主体在日常生活世界中的意志、情感、体验、心理需求和社会背景不一样，因而对卦象的解释，对爻变与其象征意义变化之关系的理解，往往体现出很强的个体色彩，从而具有很强的个人意向性思维特征。但这一意向性思维是以主体的日常活动为基础的，"观乎天文以察时变，观乎人文以化成天下"⑤。"象"是主体之"象"，离开了作为主体的人，"象"的意义即成了无源之水，无本之木。观象只是认识的初始，在此基础上，还要通过体悟才能达到"意"。"意"是与事物发展变化的趋势相符合。"意"依赖于主体之人对"象"的直观与领悟，这种直观与领悟既是主体内心的一种心理的、思维的活动，也是主体自身在历史生活经历中的自觉反省。其理论根据就是：一切经历的事件都是气的运行，而主体内外之气是相互感应的，通过现象领悟这种感应就可以把握事物发展的趋向和态势。⑥

在长期的观察活动中，中国思维逐渐培育起一种十分独特的方法：观"象"方法。在长期的观察活动中，中国古代人注意到许多事物或性质通常有固定的

① 陈寿.三国志·吴志 虞翻传.北京：中华书局，2006.
② 杨炯.杨盈川集 浑天赋.上海商务印书馆，1922.
③ 周易·系辞上.郭彧译注.北京：中华书局，2006.
④ 陈亮.龙川集·祭吕东莱文.长春：吉林出版社，2005.
⑤ 周易·彖上.郭彧译注.北京：中华书局，2006.
⑥ 参见张春香.论《周易》的生成性思维结构.哲学研究，2010，（2）：25.

"象"相伴随，即事物的性质和发展趋向会表现出征兆。这样，"象"具有对事物的某种存在、某种性质、将会发生什么等各种提示作用功能，而人们可以从象的启示中，认识事物和采取合适的行为方式。也即是说，既可以通过表面之"象"来把握某种潜藏的东西，也可以通过已有之"象"来推知某种未来的东西。这便使得对现象的把握成为知识获得过程中一个不可缺少的部分。前面所考察的农耕活动中所使用的物候观察就是一种观"象"方法。

道家哲学把世界万物作为道的分化、生成，这自然就包含了整体性。人的认识过程也是道的分化、衍生，所以，概念、观念当也是一个系统整体。道包含了天、地、人、万物都是整体的"天人相通"和"心身合一"这里的身体既是自身，也包含万物。因为"心身合一"，所以，认识就是"观象体悟"，准确地说，应是"观象心悟"。象是现象，是与人的感官的相互作用，相互作用触发了人脑（心）的活动，就是"悟"，天、地、人、物都是相干的，人类在这一整体中，能够以"悟"的方式表现、反映出感应的属性。"观象体悟"不仅丰富了哲学的内容，提高了哲学的思维水平，而且还把淹没在注入式的经验世界之中的哲学主体、自我、人的主观能动性解放出来。

### 3. 对立到统一：理气相通

哲学本体论终极唯一的追求目标导致了认识论的体系对立，这在现代唯物主义哲学中尤为明确。唯物主义弃绝一切对世界起源和本质的非时空物质解释，把不依赖于人和人类的意识而客观存在着的世界看作最初的东西，从世界本身解释世界。唯心主义站在相反的立场上，认为决定世界发展的是精神本原。认识本就是实体之间的相互作用，相互作用本就没有绝对的第一、第二的问题。相互作用的双方必然会引起反应，这种反应在人类实体（大脑）中被称为反映，其产物就是观念。客体是同主体处在相互作用、相互联系中的实体、现象、环境等，作为认识对象的客体是具有多种属性和规定的，从认识的发生来看是知识的唯一来源，包括人类自身的机体和认识的能力也都是环境的产物。

主客二分是西方哲学本质主义思维的总体特征，这是在认识的人自身的世界之外又设置了另外一个认识对象的世界，从那个独立自存的世界存在的价值和意义来说明自然世界和人的世界的产生，并作为人生活的理想和生命的价值意义之源，作为判明真假信念的判定标准的参照。这种二分法具体表现为科学的世界与人的世界的分离的"异世思维方式"，或者神的世界与人的世界分离的"超世思维方式"。这种思维反映是人自身想摆脱时间和历史而进入永恒的企图。在此，人自身总是短暂有限的，只能在不属于自己的另一个世界获得无限和永恒。"这是一种把真实的实在世界同由感觉，或质料，或原罪，或人的理解结构创造的现象世界相对立的思维方式"。"就是解构主义者通常宣称为'传统二元对立'

的东西：真的与假的，原始的与派生的，统一的与多样的，客观的与主观的，等等"①。

现代哲学一定程度上认识了二元对立的问题。提出了在人的现实生活之外并不存在一个独立自存的、而又作为生活世界之本源、本质和归宿的理念世界或科学世界的疑问。所以，现代哲学试图解构二元对立，主张人与世界的统一。人只有一个"现世"即自己生活的世界，所以，认识的标准、人之活动的价值和意义就只能从这个现世即人的生活出发，在现世中或经由现世的历史来说明。当当胡塞尔把世界奠基于生活的现象之上时，当维特根斯坦提出一种生活形式时，当罗蒂的"必须以现实境况为起点"，当德里达对"在场形而上学"的解构时，等都表达了这样的思维倾向。但是，撇开世界的本原、本质，以人自身为中心规定世界的存在及其意义，这与中国哲学的主体思维方式不能等同。西方现代哲学并没有从根本上解决二元对立的问题。②

道之生成是从最简单的物体和其对应的最单纯的作用开始，最终生成了最高层次——人类及其意识作用。意识的功能作用在于能够以符号概念把先前的所有操作物及其作用方式呈现、反映出来。认识中的世界是以三种方式存在的，这要求消除认识论中的对立。人与万物都是道生成的产物，在认识论中，人的观念与认识的对象处于相互作用的两端。从存在生成的序列，先有对象事物的出现，后有人及意识；从认识的发生来看，则又是先有认识的人，才有认识发生，所以，存在首先是人的"出场"。

黑格尔在回顾哲学的发展时，曾经这样写道："这种最高的分裂，就是思维与存在的对立，一种最抽象的对立；要掌握的就是思维与存在的和解。从这时起，一切哲学都对这个统一发生兴趣。"③哲学从一开始就出现了对立，到了近代认识论中，这种对立就明确化了，一直延续到现代。中国道家哲学也有二元的分化，如，道器："形而上者谓之道，形而下者谓之器"④。道是抽象的法则，器是具体的事物。道器是一古代思维的方式表达了事物与法则、现象与规律、特殊与一般的关系。在认识中，还有心——物的关系，或者"理"——物的关系。孟子开始以心物对举，"耳目之官不思而蔽于物，物交物则引之而已矣；心之官则思，思则得之，不思则不得也"⑤。形神："形具而神生"⑥，明确地以形神对举。神亦称为精神，形即形体。以理作为先于天地万物的本原，这是从道分化出的概念，从

①　罗蒂.后哲学文化.上海：译文出版社，1992：98-99.
②　参见李文阁.生成性思维：现代哲学的思维方式.中国社会科学，2000，(11)：10.
③　黑格尔.哲学史讲演录（四卷）.王太庆译.北京：商务印书馆，1981：6.
④　周易·系辞.郭彧译注.北京：中华书局，2006.
⑤　孟子·告子上.方勇译注.北京：中华书局，2015.
⑥　荀子·天论.方勇译注.北京：中华书局，2011.

道器的关系必然得到理物的关系是："理在物先"、"理在事先"。道器、心物、理物都是思维与存在、本质与现象的对立，在认识中反映为理性与感性的分裂和对立。构成观哲学不能彻底消除这种对立，但在生成哲学中，这些只是生成的不同方式或不同阶段。

老子的道作为其哲学本体，它和东西方所有古代哲学家的哲学本体一样，它既是一个诉诸思维逻辑的对象，是世界的真的本体（绝对的真），又是一个诉诸心灵观照的对象，是世界的美的本体（绝对的美）。在此，思维逻辑与心灵观照两者是互通的。这是一个普遍的事实：哲学本体同时又是美学的本体，并且这个本体都是通过思维逻辑和心灵观照这两种方式而得到阐发的。

道家哲学思维基本上是以人为中心的主体思维，是在转换、变化中求得和谐、平衡的思维方式。道家哲学的中、和包括了人与自身、人与自然及人与社会的天、地、人三者关系的和谐。而各种和谐最终还要归结到、决定于人与自身的和谐。只有主体内在的超越和提升，才能达到与道的符合。这体现于"穷神知化"的命题中。"穷神知化，德之盛也。"张载解释"神"为天德，为本体，把"化"解释为天道，为用。人能够通过内心的自我内省，对自身生成经历反思，达到与宇宙间的道相通，以能够掌握万事万物生生变化的法则。人如果能效法天地生生之德，顺应阴阳二气的变易法则，就可以"德盛自致"，达到"穷神知化，与天为一"①的最高境界。"穷神知化"又是以"尽性知命"为前提的。周代人作《易》，每一卦都遵循天、地、人三才之道："立天之道曰阴与阳，立地之道曰柔与刚，立人之道曰仁与义。兼三才而两之，故《易》六画而成卦。分阴分阳，迭用柔刚，故《易》六位而成章"②。卦的形成就是以天地人三合为格局的，其中每卦都体现出天道与人道的和谐。"《易》与天地准，故能弥纶天地之道"③。因此，人只有顺应天地之道，无为而为，这样才算"尽性知命"；也只有做到"尽性知命"，才能达到天人合一的境界。

《周易》的天地变化之道是指"乾道变化，各正性命，保合太和，乃利贞"④。"太和"即万物相吸、相荡、胜负、屈伸过程中的最和谐状态。在这种天人合一的思维格局中，人的生命价值和意义体现于人自身内在的超越和提升。中国传统哲学凸显人生存的超越性，人自身生成的人的这种超越是建立在世俗生活基础上的生存境界的提升。这里不需要通过外在于人的神灵信仰，而是人性的内在超越。徐复观曾论证："中国文化发展的性格，是从上向下落，从外向内收的性格。由下落以后而再向上升起以言天命，此天命实乃道德所达到之境界，实

---

① 张载.正蒙·神化.北京：中华书局，2006.
② 周易·系辞下.郭彧译注.北京：中华书局，2006.
③ 周易·系辞上.郭彧译注.北京：中华书局，2006.
④ 周易·象上.郭彧译注.北京：中华书局，2006.

即道德自身之无限性。由内收以后而再向外扩充以言天下国家，此天下国家实乃道德实践之对象，实即道德自身之客观性、构造性。从人格神的天命到法则性的天命，由法则性的天命向人身上凝聚而为人之性，由人之性而落实于人之心，由人心之善，以言性善。这是中国古代文化经过长期曲折、发展，所得出的总结论。"①

构成观哲学就像哲学家们根据经验知识设计了一个迷宫，哲学家在其中思考迷宫的出口，有这么一个时候，他们觉得终于找到了出口，但当准备走出的时候，又发现了不对，这迷宫变得与原来的不一样了，于是再一次寻找，如此重复，终无结果。因为迷宫始终在变化，并且，更为糟糕的是变得越来越复杂，现代哲学家终于不得不放弃了走出迷宫的打算，转为研究迷宫设计图的线条和图形了。道家哲学把世界万物看成是道的生成，人在其中无须为出路而烦恼，只要沿着道的路径行进就可以了。相对于道之无限，人的知识、观念总是有限的，所以"道可道，非常道；名可名，非常名。"人言说、理解的道离本真的道甚远矣。

# 三、方法的综合：道行路径

从认识的路径来看，人首先是从自身及与自身直接相关的事物开始的。人类最初积累的是经验知识，经验知识是关于我们称之为宏观世界现象的知识。古希腊是以工商为主体的社会，关心事物的组成：成分、要素、形式等。这样，哲学把认识向前推进的路径是从宏观世界向构成的要素或形式行进。中国古代是以农业为主体的社会，农业生产离不开土地、气候等环境因素。所以，哲学是从事物和人开始，寻踪决定影响和他们生长的环境因素。最广阔的环境莫过于"天"，这样万物及人都是在"天"中生成、生长的。道家哲学也就把世界万物抽象为道的生成。在哲学体系中，方法无非是概念、观念之间及其达到与对象一致的路径。

## 1. 理性与直觉：天人相感

理性指能够识别、判断实际理由以及使人的行为符合特定目的等认识方面的智能。理性主义认为人的理性高于并独立于感官感知，人的理性可作为知识来源。理性主义通常归结为笛卡儿的贡献。传统西方哲学和科学都把理性作为方法，理性是以可靠的论据为前提，经过严密的逻辑推理，论证某一种观点，发现真理。因为法则、规律等真理性的东西是隐藏于现象或表象之中的，所以唯有通过理性方法才能发现它们。古希腊哲学发轫于理性，但希腊人未把理性视为一种

---

① 徐复观文集（3卷）. 李维武编. 武汉：湖北人民出版社，2002：153-154.

纯粹有用的工具，是因为他们相信人的灵魂是宇宙灵魂的一部分，而"灵魂是不死的"。

近代以来，由于科学技术的巨大成功，理性能力获得了权威的、独断的无尚地位，被当作了绝对真理的保证。从笛卡儿开始，都认为经验知识只具有相对的性质，而理性真理才是普遍有效的绝对真理。康德首先对这种独断论的理性进行了反思，他认为人们在运用理性之前，有必要先对理性能力的性质、适用范围和界限进行考察，以免超出理性的能力而发生错误，但是康德还是把知性范畴当作为静态的和普遍真理的根源。波普尔把理性作为一种怀疑和批判的能力，成为当代"批判理性主义"的代表。他认为，理性是一种探索和猜测的工具，推动了人们不断地探索真理。波普尔的批判理性主义一定程度上克服了近代哲学的绝对理性的概念。

在中国哲学，荀子指出了人所特有的性质是"义"，"义"就是指能以统率生命和感知，这里的"义"相当于理性，但主要是一种能以协调人们之间的关系，能以判断善恶意义的理性。当然，这并不排除人对世界的感知、判断、认识的能力之义，只是中国哲人更注意知与义，即工具理性与价值理性的统一。中国哲学家认为理智能力应该是为人的，只有符合人的实际需要才是具有价值的。他们关注的是人伦需要，这就避免了西方那种对理性的纯工具性的理解，表现为一种入世的人文精神。这种倾向在儒家学说中表现尤为明显。

理性在中国哲学是用"理"表述的，其涵义是指事物所具有的形式以及物体运动的规律，规律亦称为法则。一般地讲"合理"或"不合理"，所谓合理有时指合乎自然规律，有时指合乎当然之理。"阴阳五行错综不失条绪，便是理"。"理只是气之理，当于气之转折处观之"；气之动静、往来、阖辟、升降，产生了自然界和社会的一切现象，"千条万绪，纷纭胶轕，而卒不可乱，有莫知其所以然而然，是即所谓理也"。天下之"理"是人所共由而不能违抗的，所以，"心即理"，"心外无理"。主观精神和客观精神完全合一的。道家哲学的道德理念是对人伦生活的秩序规范，但是为了强调理性的道德价值，儒家把理性与道德联系在一起，甚至把二者等同。在后来的发展中，理性的内涵中逐渐褪去了为人们的日常生活而服务的认识理性或工具理性的含义。

中国道家哲学客观的气与主观的理是统一的，所以，"理气相通"、"天人合一"，这在认识论中就是天人相感，具体表现为天人相应和天人感应。

天人相应或对应思想。例如，"天有十日，人有十等"，"地有高下，天有晦明，民有君臣，国有都鄙，古之制也。天事武，地事文，民事忠信"[①]。这里，我们可以看到天人之间的相应性或对应性呈现和贯穿于天人或天地人的关系之中。

---

① 国语·楚语上、下.夏德靠，尚学锋译.北京：中华书局，2008.

"夫礼,天之经也,地之义也,民之行也。天地之经,而民实则之"。"礼,上下之纪、天地之经纬也,民之所以生也"。"礼之可以为国也久矣,与天地并"①。这里以"礼"为核心表达的思想是:人事活动应与天势协调,以天作为参照。将天与人(包括社会)作对应思考,已经具有了比较明显的自然色彩,这也表现了原始思维的各种因素相互互渗的复杂性质。

　　天人感应思想。天人相应主要是指天人之间的形状的同构性或相似性,而天人感应则主要是指与天人之间的相互作用。天人感应也可以说是天人相应的一种具体方式,天人相应是天人感应能够发生的基础。天人感应观念更关注的可能是天人双方对对方行为的反应。当然,这里天是主导的,天的行为主要是以对人的行为的反馈方式表现的。这种观念也是在天命与道德相关的观念的发展中而产生的。在进一步发展中,原本道德的内容被突破,会涉及制度、规范以及更为丰富的社会、政治含义。"惟彼陶唐,帅彼天常,有此冀方。今失其行,乱其纪纲,乃灭而亡"②。这里的"能文则得天地"、"今失其行,乱其纪纲"都已经具有天人感应思想的初步形态。

　　警示、训诫以及所包含的谴告内容。这应当是作为天人感应思想的一个重要部分。"天其或者正训楚也"③。"警"、"训"都有警示、训诫之意。这一思想以后无论是在中国宗教中还是在中国哲学中都有重要的影响,天人感应学说中谴告一类思想的雏形。④

　　道家直觉在表述方面迫不得已而采用"玄"、"妙"等表达方式。老子认为:"此两者同出而异名,同谓之玄。"⑤这是因为"不可得而名,故不可言。同名曰玄,而言谓之玄者,取于不可得而谓之然也"。这是因为"道""不可得而名,故不可言"⑥。所以"谓之玄",因为它无形无声无色不可感。所以,"道体"是不可名,不可言。就连"道"这个名称本身也是借用的。老子用了"强为之名"这种带有差强人意的表达方式,这是因为他所要表达的对象"道体"本身的特性,在宇宙万物生成之先,没有任何参照、比较,也就没有规定、言说的内容。从思维方式的角度来看,这种最原初的东西,而理性的概念的逻辑思辨失效,就连语言无法解释"道体",只能求诸于直觉思维。老子的这一表达方式再一次启发我们:欲领悟"道体",不能执着于、局限于语言、概念,而要打开直觉的通,只能以"悟"——直觉的方式通达于"道"。

---

①　左传·昭公二十五、昭公二十六.刘利等译注.北京:中华书局,2007.
②　左传·哀公六.刘利等译注.北京:中华书局,2007.
③　左传·哀公元.刘利等译注.北京:中华书局,2007.
④　吾淳.春秋末年以前宗教天人观的形成.南通大学学报(社会科学版),2009,(9):15.
⑤　老子(一章).饶尚宽译注.北京:中华书局,2006.
⑥　王弼.老子道德经注.楼宇烈校.北京:中华书局,2011.

　　李约瑟在研究中国科学思想时也提示我们："葛兰言已经把我们在这里所讨论的那种思维（注：指巫术思维）命名为'协调的思想，或'联想的思维'。这种直觉一联想的体系有其自身的因果性及其自身的逻辑。它既不是迷信，也不是原始的迷信，而是它自身特有的一种思想方式……在协调的思维中，各种概念不是在相互之间进行归类，而是并列在一种模式之中。而且，事物的相互影响不是由于机械原因的作用，而是由于一种'感应'。"① 列维－斯特劳斯对于原始巫术活动中所体现出的因果律与决定论就给予过肯定和辩护，认为："巫术思想，即如胡伯特和毛斯所说的那种'关于因果律主题的辉煌的变奏曲'，之所以与科学有区别，并不完全是由于对决定论的无知或藐视，而是由于它更执拗、更坚决地要求运用决定论，只不过这种要求按科学观点看来是不可行的和过于草率的"②。应当说，这样一种决定论就是相关性思维的重要体现或组成部分。

　　西方哲学对直觉是这样定义的："直觉——一种非推理的或直接的知识形式，该名词在哲学上可分为两种主要用法：第一，关于一个命题的真的非推理知识；第二，关于一个非命题对象的直接知识。在后种含义上，有四种非命题被断定为可直觉的：①共相；②概念，如正确地运用一个概念，而不能说明其运用规则的情况；③可感对象，如在康德对我们与可感对象间直接非概念关系的说明中；④不可言喻的对象，如在柏格森关于绵延的不可表达的意识的说明中，或在我们对于上帝的感知的某些宗教说明中。"③

　　道家哲学"悟"的思维方式和西方哲学的直觉的含义是非常相似的。道家以"悟"或"直觉"作为捕捉"道体"的思维方法。但这种原始思维是以"现实中的人的具体感性为中心的感性领悟方式。它的特征是注重超越世界与现实界的合一，注重以人为中心的万物融通"④ 的思维方式。原始思维是不区分主客体的，主客体相互渗透、浑然一体。这种主客体的无区的思维又表现出无（形式）逻辑的、整体性的、神秘性的等特点。老子是在这种原始的整体性直觉思维中捕捉了"道体"。揭示"道体"是一种"混成"，把各种特性融入了"道体"，使之带上神秘的色彩，而其中整体性直觉思维的特色又有些模糊的逻辑联系。

　　老子的整体性直觉思维还是一种排除感性经验、摈弃逻辑推理方式的认识方法。因为他认为一切现象都是道呈现的表象，所以，"不出户，知天下；不窥牖，见天道。其出弥远，其知弥少。是以圣人不行而知，不见而名，不为而成"⑤。当然，老子在此并非意图建立一种抛弃感性经验和理性推理的认识论，而是试图说

① 李约瑟．中国科学技术史（第二卷）．北京：科学出版社，1990：304.
② 列维－斯特劳斯．野性的思维．李幼蒸译．北京：商务印书馆，1987：15.
③ 新哲学词典．转引自周春生．直觉与东西文化．上海：上海人民出版社，2001：53.
④ 转引自周春生．直觉与东西文化．上海：上海人民出版社，2001：54.
⑤ 老子（四十七章）．饶尚宽译注．北京：中华书局，2006.

明是不能从对事物的现象的感觉达到对道的认识的。因为现象只是生成的呈现，生成的本质不在现象（时空）之中。

"道体"是超越感觉经验的，对于生成的原初，因为一切都还未出现，在思维中只能是以否定的方式规定，否定了全部的"有"，所剩的也自然是"无"。所以，只能从否定的方面对它表述，也即是否定性思维方式。如"道冲，而用之或不盈"，"绵绵若存，用之不勤"，"其上不徼，其下不昧，绳绳不可名，复归于无物。是谓无状之状，无物之象。"[①]这些都是用否定的方式，指出它"不是什么"，其作用"不如何"。启发人们对于原初的、本质的把握应尽量摆脱语言、逻辑的束缚，运用直觉的方式，才能领悟"道体"的内涵。

西方近代科学的成功，使得以逻辑分析为标志的理性主义得到了极大的张扬，有了一切都必须经过"理性的天平"衡量和判定。但是进入现代以来，人们逐渐认识到这种无论是作为工具的，还是作为价值衡量的理性都是极其有限的，于是非理性的思潮悄然兴起，并开始蔓延。如果我们采取这样一种观点：思维的观念与产生它的方法是应当对应的。那么，理性对应的是经典物理学的概念体系的方法，这是相对成熟的、高级的思维方法。而对于新的、原初的观念、思想的涌现对应的则是原始思维方法——直觉。理论体系的理性的、逻辑梳理掩盖了一个基本的事实是：原初概念并不是通过逻辑整理出现的，对于本原、存在、理念、实体，还有力、场、量子、混沌等这些观念的出现，我们根本就不能给出一条逻辑的通道，反之，它们都是非逻辑的、非理性的直觉，或者"悟"中生成的。一般的结论是：所有的法则都是在概念体系中建立的，而那些最初的观念（概念）出现于体系之先，所以，也就是没有法则可循的，它们只能是"自然无为"的，或者说以自然为法则。

### 2.分析到领悟：忘象得意

在 20 世纪以前，西方科学基本是按照笛卡儿的方法论进行的，从机械力学、物种分类到人体解剖研究的近代科学的发展，这对西方起了相当大的促进作用，但只是构成观图式中的分析、解构、还原等简单、线性的方法。但进入 20 世纪以后，在量子力学、分子生物学以及现代系统论、复杂性科学中，人们认识了系统的关联性、偶然性和不可逆性等复杂性世界的存在。这样奠基于经典科学的单纯、简单性的世界图景被进一步放大、细化，世界日益复杂起来。诸如曼哈顿计划、阿波罗号登月等工程的出现以后，人们才发现，有的复杂问题是无法分解简化，必须运用复杂的方法，综合性的方法第一次取代分析方法运用。

康德把分析与综合都作为认识的重要组成部分，但对解释分析与综合的问

---

① 老子（四章、六章、十四章、六十七章）.饶尚宽译注.北京：中华书局，2006.

题与过去哲学家不同，他更强调综合在认识中的作用，认为任何知识只有作为综合才是可能的。并且把综合作为发现新知识的可靠手段，"分析判断固然很重要，……，并且也确是必需的，但分析判断的重要和必需，只是为了用它获得在进行一种可靠而广泛综合时所必需的概念的明晰，而这种综合是将为所有以前知识带来真正增益的"。康德把综合判断称为"扩充的判断"，指出如果综合地使用概念，就能"扩充我的知识"。康德还进一步具体阐明了综合在认识中的作用。康德认为综合属于知性的范畴，它总是在某种基础（范畴、观念）上进行，其任务就是用单一来思考杂多，即根据范畴把直观材料结合起来。康德说："我认为综合的最一般意义是把不同的观念放到一起，并且把它们之中的杂多在一个知识里加以把握的活动"①。通过综合的结合，就能把所有的表象归结为一个观念。

全面地肯定分析与综合在认识中的作用，并且辩证地解决分析与综合的相互关系问题，是在黑格尔哲学中完成的。黑格尔在其唯心主义哲学体系中全面地辩证地论述了分析与综合的关系及其在认识真理中的作用。黑格尔反对把分析规定为由已知到未知的活动，把综合规定为由未知到已知的过渡。他认为，"认识总是以未知的东西开始，因为人们并不要学习去知道某种已经知道的东西"。"认识一经开始，它总是从已知到未知"②。因此，在人们的认识过程中，总是把分析与综合结合在一起的，不能有时只有分析而无综合，也不能有时又只有综合而无分析。按照黑格尔的意见，虽然分析与综合在认识过程中是紧密联系在一起的，但是它们的作用却各有不同。分析的认识是"概念，对客体直接的关系"③，是"分解那当前给予的具体内容，孤立其中的区别，而赋予以抽象共相的形式"，因而分析是"去异留有"；而综合的认识是是"以规定的统一性去把握规定的多样性"的"从事于有什么之概念的理解"。黑格尔还直接地指出，"综合方法的运用恰好与分析方法相反。分析方法从个体出发以进展至普遍。反之综合方法以普遍性为出发点，经过特殊化（分类）而达到个体（定理）。于是综合方法便表示其自身为概念各'时段'在对象内的发展"。"认识过程开始是分析的"，综合"从普遍到特殊这个属于概念的进程，是一个综合科学，一个体系和有体系的认识之基础和可能性"④。

现代哲学的主流是分析哲学，但西方哲学已经意识到分析要以综合为前提。现代西方哲学家也在力图通过"综合"而呈现"合流"的势头，逻辑实用主义产生于实用主义与逻辑经验主义的结合；现象学与分析哲学也出现了谋求汇合的趋势，此外，各种打着"新"字牌号的那些"主义"也都想借着哲学的"老字号"，

① 北京大学哲学系.十八世纪末——十九世纪初德国哲学.北京：商务印书馆，1975：37、7-8、34.
② 黑格尔.逻辑学（下卷）.杨一之译.北京：商务印书馆，1976：487、495.
③ 黑格尔.小逻辑.贺麟译.北京：商务印书馆，1980：412.
④ 黑格尔.逻辑学（下卷）.杨一之译.北京：商务印书馆，1976：495、503.

通过"综合"一些分散于不同学派中的思想和观点，给哲学注入"新"的内容。可见哲学也在为寻求自身新的出路作出努力。综合，除了对原有的存在方式进行归纳，还要加入新的方式。21世纪哲学方法迟早也要步入综合，进入"综合的时代"。

认识无非是我们意识的东西与意识之外的东西一致。就思维而言，这也就是所谓"表象"和"意象"。黑格尔在《小逻辑》从哲学的视角对"表象"概念有过深入的分析。"象"语词或概念所包含的意蕴就是象征或征象。可以这样说，作为观念意义的"象"就是由日用之"象"演化、延伸而来的。征象的含义显然与原始的相似的含义有着密切的关联，正是由于不同事物之间存在着相似性，因此使得征象成为可能。所以，征象之"象"导源于相似之"象"。

道家哲学认识是从观象开始的，认为言、象虽具有表达意的作用功能，但言、象只是表述、反映意，其本身却不是意。象是整体的表象，通过"观象体悟"，达到"忘象得意"，即掌握整体的本质。"言者所以明象，得象而忘言。象者所以存意，得意而忘象。犹蹄石所以在兔，得兔而忘蹄；筌者所以得鱼，得鱼而忘筌也。然则，言者，象之蹄也；象者，意之筌也。是故，存言者，非得象者也；存象者，非得意者也"①。具有固定形式的言象都是有限的，而意则是隐含的，本质的东西，是抽象的整体，是整体的功能作用。意是无形无名的整体无限，一旦要用名（语言）称未称谓它，"名必有所分，称必有所由：有分则有不兼，有由则有不尽"。所以，作为部分的言象不可能达到意的无限性、绝对性，只有打破言象的有限性，忘言忘象才能把握意，达到对对象的普遍的、整体的认识。当然，言、象也不是可有可无的，言象是个别的、具体的存在物，这是认识的开始。所以，人的认识必须借助于言、象，才能达意，"尽意莫若象，尽象莫若言"，"意以象尽，象以言著"②。即从借用有限的言象，通过悟——用心的体验达到无限的意。无限是不能表述的，只能用有限表现无限。这种方法类似于古希腊苏格拉底的"助产术"和柏拉图的"回忆说"。言说出的东西只能是整体的部分，但整体的意仍于心中。

道家哲学运用这种"忘言得意"的方法，发展了本体论哲学，进入了方法论问题的领域。"象之所生，生于义也。有斯义，然后明之以物"③。"义苟在健，何必马乎？类苟在顺，何必牛乎？爻苟合顺，何必坤乃为牛？义苟应健，何必乾乃为马？而惑者定马于乾，案文责卦，有马无乾，则伪说滋漫，难可纪矣"④。这里说的是思想内容（义）决定了表达的形式（象）卦象，系辞只是用来表达义理的

① 王弼.周易注校释·乾文言.楼宇烈校注.北京：中华书局，2006.
② 王弼.周易注校释.楼宇烈校注.北京：中华书局，2006.
③ 王弼.周易注校释·乾文言.楼宇烈校注.北京：中华书局，2006.
④ 王弼.周易注校释·明象.楼宇烈校注.北京：中华书局，2006.

形式、工具，能够帮助我们体会、理解义如果掌握了本质、义理，也就不必拘泥于形式的象了。"忘言得意"让人们摆脱局限于追踪自然客体的经验主义方法，所以有"忘象得意"、"忘言得意"。这种方法重视主体的体验创新，具有较广阔的视野和高度的概括性。"忘言得意"的方法不仅影响了以后的整个玄学，而且被广泛应用于文学、艺术、美学等学科，成为这些领域主要的表现手法，产生了深远的影响。[①]

### 3. 溯因到涌现：道体混一

哲学构成观的还原根源于这样一种认识：凡存在的事物都是有其原因的，因此整个世界的存在也必然有它的原因。人类凭借理性，从个别事物出发，就能够推出它的终极原因，反过来又可以从这个终极原因出发，又必然能够解释、说明作为其结果的一切具体事物的存在。还原论在理解构成的最基本元素之间的联系，以单一因果联系作为其理论基点，但是多因果联系中的回溯法并不是必然性推理。这样还原论试图一劳永逸地对未来的准确预测的期望必定落空。并且，就算能我们能找到一套完备的理论，因为我们无法避免不确定性原理对我们的预言能力的限制，也不能表明可以一般性地预言事件的发生。

创生的自然法则不允许先前的序列完全规定后续的序列。因而，"预言"只有在同一层次上作出才能有效，机械的定律只能预言机械的现象，对于高级的现象则无效。高层次事物的整体功能属性不能被还原到低层次事物的性质，以低层次的要素及其性质来说明。高层次事物本身的性质是自主的、突现的，这就决定了我们也就不可能从先前序列事物的性质来预言新的序列。在思维方法中，涌现、综合和非线性都是逻辑——演绎和归纳之外的东西，都是对先前的东西的否定。[②]

突然出现的无法确定和无法简化的模糊现象反映了20世纪科学的危机，但它们同时又是这一科学新发展的不可分离的因素。从解析、定性、简约、压缩的观点来看，似乎是退步的东西（热力学的无序状态，微观物理学的不确定性和遗传突变的随机特征），却正好是某些未知领域进步的不可缺少的东西。现代科学许多非凡的发现都大大地改变着我们观察世界的方式，也使我们的宇宙观发生了根本的变革：构成论将必然被抛弃，而代之以整体生成论。正如普利高津所说："人类正处于一个转折点上，正处于一种新理性的开端。在这种新理性中，科学不再等同于确定性，概率不再等同于无知"[③]。哲学的本体机械从决定论应转向概率决定论。现代哲学反对传统哲学的模糊性和不确定性，在现代科学的新范式

---

① 参见杨义银，赵明. 从宇宙生成论到本体论——王弼哲学再认识. 西南师范大学学报（人文社会科学版），1992，（7）：1.

② 李建会. 还原论、突现论与世界的统一性. 科学技术与辩证法，1995，（10）：5.

③ 普利高津. 确定性的终结. 湛敏译. 上海：上海科技教育出版社，1998：5.

中，科学自身也反思了所有科学概念和理论都是有局限性的和近似的。在现代认识方法中，我们只能起步在无知、不定和模糊之中，不过对无知、不定和模糊却有了新的意识。我们意识到的无知不是一般意义上的无知，而是潜伏和掩藏在被人认为是最确定的科学认识核心内部的无知。从此我们知道自己对这种认识不甚了然，它支离破碎，不知自己所知，也不知自己所不知。"不定性成了一种手段：对怀疑的怀疑赋予怀疑一个新的向度，反作用于自身的向度；主体通过怀疑来询问其思想产生和存在的条件，于是怀疑变成了一个潜在的、相对主义的、关系主义的、自我认知的思想。总之，接受模糊是一个抵抗简化致残的办法。的确，我们起步时没有方法，但我们至少拥有一个反方法，在这个反方法中，无知、不定和模糊成为美德"①。

　　哲学对存在的本质追求并不否定世界的生灭变化过程，只是把万物的流变看作表象，甚至是假象，认为变幻之中一定存在不变的东西。把现象过程的本质作为现象过程之先或之外便已预成或者确定了的，现象是变化无常的，但隐藏于现象背后的本质却是永恒不变的。哲学的目标就是要确定这种永恒的本质，这在黑格尔的绝对理念演化之过程即是如此。既然过程在过程之先便可确定的，那么，过程就只能是一种"流"，而没有"变"，所以，世界是无发展和创造的。这样，"过程"只是流程，而不是生成。因为生成是新东西的涌现，其核心是创新。所以，与过程相应的时间观一直不能成为哲学的维度，即使在黑格尔哲学，虽有分化、发展等思想，但最终还是回到了自身的循环，时间在这里也没有指向性。在现代哲学和科学中，未来已不可能完全预存于现在，未来是偶然的、几率的，因而是不可预知的，而这种不确定性恰恰就意味着过程的创造性，成为新事物创生的空间。罗蒂指出，"对科学、'唯科学论'、'自然主义'、自我客观化、以及对被太多的知识变为物而不再成为人等等的恐惧，就是对一切话语将成为正常话语的恐惧……这种情况令人惊恐，因为它消除了世上还有新事物的可能，消除了诗意的而非仅只是思考人类生活的可能"②。

　　突变、涌现在科学上是不可预见的东西，科学上的不可预见之处也许恰恰是哲学的思考之点，在思辨的演进中，我们可将世界的生成分为若干（序列）层次的系统，思考在高层次系统中涌现出了什么性质，虽然我们不可预见突变、涌现，但我们面前的世界在150亿年的生成进程中，经历了若干的从低层次到高层次的涌现，从这些已经发生的涌现中，我们总能够学习、领悟到一些东西。人类的智力在预见中遇到了阻碍，但我们不能因此连理解也放弃了。虽然我们不能依据线性、单因果预见突现，但这并不意味着我们不能理解它。"不可预见"、"不

① 埃德加·莫兰. 方法：天然之天性. 吴泓缈，冯学俊译，北京：北京大学出版社，2002：10.
② 罗蒂. 哲学和自然之镜. 李幼燕译. 北京：商务印书馆，2003：337.

可重复"本身就是相对于机械决定论的一种新的理解。突现虽不可预见，但也不是完全"离谱"的东西，还是有一定的范围和制约的。从中子、质子和电子涌现出的是原子，而不是地球或细胞，从古猿涌现出的是猿人，而不是亚里士多德、牛顿、黑格尔、爱因斯坦。因此，从存在的若干涌现中，我们还是能够发现它们的一些规定、制约，以更深入地理解和把握涌现。

生成的无中生有，规定了意识的行进和思维的创造也是从无到有。与构成的逻辑方式不同，道家哲学思维的创造是以类比的方式表达的。类比或比类反映的是涌现的思维形式，这因为涌现的东西的产生是不能进行准确描述的，只能从现有的类中呈现其出现。类比是在个别或具体的事物与现象之间的横向运动的思维形式。这与逻辑思维的方式不同，逻辑思维可以看成是纵向运动的思维形式，是在垂直方向的种属之间进行的。类比的横向思维是基于不同事物之间的某种"类"的相似性或共同点，从个别事物的属性类推另一个事物也具有同样的属性。所以，类比是一种表象上的"类"似，是不同事物现象之间的关联，而不是一种本质上的类属关系。换言之，类比思维对象之间的"类"只具有或然性的特征。

类比思维的另一个特征就是联想性。纵向运动的思维是演绎形式或者归纳形式。但无论是演绎或归纳，都是在确定的范围内进行的。所以，思维在展开之前已经把自身的运作范围作了规定和限制。所以，传统思维只能在一条类的长廊穿行。在类比思维中，则没有类和属种的限制，可以跨越各个类及层次，甚至思维在各个端点之间就根本不存在任何限制。这样，一个没有层次约束的联想具有了广阔的空间。总之，联想不受限定的范围限制，可以随心所发的性质，从而能够跨越种类界限和知识空间，在完全不同的物象之间建立联系。只要这两个物象在某一方面具有相似性，思维就可以在其中展开。

类比和联想在庄子的《逍遥游》可以说运用得淋漓至尽："北冥有鱼，其名为鲲。鲲之大，不知其几千里也。化而为鸟，其名为鹏。鹏之背，不知其几千里也，怒而飞，其翼若垂天之云。是鸟也，海运则将徙于南冥。南冥者，天池也。《齐谐》者，志怪者也。《谐》之言曰：'鹏之徙于南冥也，水击三千里，抟扶摇而上者九万里，去以六月息者也。'野马也，尘埃也，生物之以息相吹也。天之苍苍，其正色邪？其远而无所至极邪？其视下也，亦若是则已矣。且夫水之积也不厚，则其负大舟也无力。覆杯水于坳堂之上，则芥为之舟；置杯焉则胶，水浅而舟大也。风之积也不厚，则其负大翼也无力。故九万里，则风斯在下矣，而后乃今培风；背负青天而莫之夭阏者，而后乃今将图南。"①

道家哲学把一切都看成道的生成、涌现，包括我们人类及其意识、观念。所

① 庄子·逍遥游.孙海通译注.北京：中华书局，2010.

以，作为寻道、悟道的哲学也是生成的，本原、本质的本体论问题就是道的生成；道生成了最高层次——我们人类有知、有义，能够认知道，寻道、悟道、论道就是我们的认识过程；方法就是人以"心"（意识），从无起始生成、分化、展开道的过程和路径。道家哲学认识世界万物方式是从人自身开始，将人所具有的本质的、基本的东西外推于认识的对象。道家哲学的那些重要概念，如"气"、"精"、"阴阳"，及关于生成的路径，如从低级到高级的分化、生长的层次及整体性等，莫不与人相关。这与西方思辨哲学或唯心主义哲学相似，只不过唯心主义哲学只是把人的意识、观念的东西赋予认识的对象，而道家哲学则把人所具有的机体以及意识（观念）生成的方式和过程都赋予认识对象。因为，我们既然把世界万物看成生成的，生成是一个生长的序列，高层次的存在物以低层次为基础，并且包含了低层次的存在方式。人类在最高层次，必然包含先前一切层次的存在方式。人类的那些本质的、基础的、原初的、自然的东西必定存在于自然之中。在这里，本体论、认识论、方法论融为一体。

现代西方哲学的主题被称为方法论。哲学方法论的目标是试图以科学的实证方法改造哲学，或者用传统逻辑方法分析哲学的各种命题。实证方法只有在科学的问题中具有效用，逻辑分析只是概念符号构成的方式。把实证方法应用于哲学不能证明哲学终极基础问题，逻辑分析对哲学的全称命题也没有什么用处。"逻辑与历史的一致"只是构成画面的某些简化历史的片断与传统逻辑相似而以，无论是自然演化，还是人类社会进步和概念发生从来就不是按照传统逻辑方式行进的。现代哲学的终结其实是哲学方法的科学实证改造与逻辑分析的失败。实证与逻辑既对解决本体论绝对基础问题无效，又对近代认识论的悬疑无能为力，所以，哲学体系就此终结。

西方哲学按照构成世界的图式，先后发展了本体论、认识论和方法论，其实这只是指出了每个时期的主题。没有一种哲学能够只讨论认识，而不涉及本体论问题。认识论是在确认何种本体，保证本体的自洽和完备性。也没有一种哲学只研究方法而完全撇开认识论和本体论问题。方法只不过是研究以何种方式能够确定我们的认识的真理性。西方近现代科学到后现代科学，在本体论、认识论、方法论和历史观等方面都发生了转变。在本体论方面从有序确定的转变为无序新的混沌、认识论从主客体分离的转变为主客体相互作用、方法论从分析的和运用逻辑思维转变为新的综合以及运用直觉思维。在建立科学的观点、体系方面也从原先的独断、绝对、孤立转变为遵从宽容、理解与协作的原则精神。

这里，后现代科学是在经历了近代与现代的有序后走向了新的混沌，又回归于无形混沌之道。黑格尔认为：世界历史从"东方"到"西方"，亚洲是起点……主观的自由发生以后，而欧洲则绝对地是历史的终点，人类思维从思索外物转而思索他自己的精神，于是就发生了反思的对峙，而且这种对峙本身就包含了"现实的否定"。西方人类反思的精神还只是道之世界"精神"在西方人意识的有限的呈现，按照黑格尔的"否定之否定"，还得回到起点——中国道家哲学。

# 参 考 文 献

［1］老子.饶尚宽译注.北京：中华书局，2006.

［2］庄子.孙海通译注.北京：中华书局，2006.

［3］列子.张震点校.长沙：岳麓书社，2006.

［4］（汉）王充.论衡.上海：上海古籍出版社，1990.

［5］（汉）董仲舒.春秋繁露 王道.上海：上海古籍出版社，1989.

［6］（春秋）左丘明.左传.蒋冀骋点校.长沙：岳麓书社，2006.

［7］管子.李山译注.北京：中华书局，2009.

［8］尚书译注.李民，王健译注.上海：上海古籍出版社，2010.

［9］国语.夏德靠，尚学锋译.北京：中华书局，2008.

［10］楚辞.诸泉注释.昆明：云南大学出版社，2007.

［11］（明）张介宾.类经.北京：学苑出版社，2005.

［12］（汉）許慎撰.说文解字.（宋）徐鉉校定.北京：中华书局，2009.

［13］（明）王守仁撰.王阳明全集.董平，吴光等编校.上海：上海古籍出版社，1992.

［14］（明）张介宾.类经.北京：中医古籍出版社，2016.

［15］（清）王夫之.张子正蒙注.北京：中华书局，1975.

［16］（清）黄宗羲.黄梨洲文集.陈乃乾编.北京：中华书局，2009.

［17］淮南子.顾迁译注.北京：中华书局，2009.

［18］惠勒.宇宙逍遥.田松，南宫梅等译.北京：北京理工大学出版社，2006.

［19］李零.郭店楚简校读记.北京：中国人民大学出版社，2007.

［20］陈鼓应.管子四篇诠释.北京：商务印书馆，2006.

［21］邵毅平.论衡研究.上海：复旦大学出版社，2009.

［22］高令印，乐爱国.王廷相评传.南京：南京大学出版社，1998.

［23］李开.戴震评传.南京：南京大学出版社，1992.

［24］马烈光，张新渝主编.黄帝内经.素问.成都：四川科技出版社，2008.

［25］陈鼓应.易传与道家思想.北京：商务印书馆，2007.

［26］王明.太平经合校.北京：中华书局，1997.

［27］张岱年.中国古典哲学概念范畴要论.北京：中国社会科学出版社，1989.

［28］杨立华.气本与神化——张载哲学论述.北京：北京大学出版社，2008.

［29］刘国民.董仲舒的经学诠释及天的哲学.北京：中国社会科学出版社，2007.

［30］束景南.朱熹研究.北京：人民出版社，2008.

［31］吾淳.中国哲学的起源——前诸子时期观念、概念、思想发生、发展、成型的历史.上海：上海人民出版社，2010.

［32］吾淳.中国思维形态.上海：上海人民出版社，1998.

［33］杨胜良.道家与中国思想史论.厦门：厦门大学出版社，2002.

［34］公木，邵汉明.道家哲学.长春：长春出版社，2007.

［35］朱哲.先秦道家哲学研究.上海：上海人民出版社，2000.

［36］郑开.道家形而上学研究.北京：宗教文化出版社，2003.

［37］曾振宇.中国先秦哲学研究.济南：山东大学出版社，2001.

［38］陈鼓应.老子今译今注.北京：中华书局，2003.

［39］楼宇烈.王弼集校释.上册.北京：中华书局，1980.

［40］李约瑟.中国科学技术史（第二卷）.北京：科学出社，1990.

［41］罗素.西方哲学史.向兆武等译.北京：人民出版社，1988.

［42］金吾伦.科学变革论.北京：科学出版社，1991.

［43］冯友兰.中国哲学简史.天津：天津社会科学院出版社，2008.

［44］弗·卡普拉.转折点.冯禹等译.北京：中国人民大学出版社，1989.

［45］秋月龙珉.“无”的东方性格.载哲学译丛，1987.

［46］汪子嵩等.希腊哲学史.北京：人民出版社，1988.

［47］阎康年.原子论与近现代科学.北京：高等教育出版社，1993.

［48］W.C.丹皮尔.科学史.李珩译.北京：商务印书馆，1979.

［49］D·雷泽尔.创世论.石家庄：河北教育出版社，1992.

［50］阿尔·戈尔.濒临失衡的地球.陈嘉映译.北京：中央编译出版社，1997.

［51］普里高津.从混沌到有序.上海：曾庆宏，沈小峰译.上海译文出版社，1987.

［52］拉兹洛.世界系统面临的分叉和对策.闵家胤等译.北京：社会科学文献出版社，1989.

［53］拉兹洛.系统哲学引论.钱兆华译.北京：商务印书馆，1998.

［54］金吾伦.生成哲学.保定：河北大学出版社，2000.

［55］艾耶尔.二十世纪哲学.李步楼等译.上海：上海译文出版社.1987.

［56］拉兹洛·E.微漪之塘——宇宙中的第五种场.钱兆华译.北京：社会科学文献出版社，2004.

［57］罗蒂.哲学和自然之镜.李幼蒸译.北京：商务印书馆，2003.

［58］小野泽精一等.气的思想.李庆译.上海：上海人民出版社，1980.

［59］皮亚杰.发生认识论原理.王宪钿译.北京：商务印书馆，1981：106

［60］刘梦溪主编.中国现代学术经典·方东美卷.石家庄：河北教育出版社，1996.

［61］王儒年.大家精要——谭嗣同.昆明：云南教育出版社，2009.

［62］杨润根.发现老子.北京：华夏出版社，2007.

［63］文思森.李约瑟.揭开中国神秘面纱的人.姜诚，蔡庆慧译.上海：上海科学技术文献出

版社，2009.

［64］萨顿.科学的历史研究.刘兵，陈恒六，仲维光等译，上海：上海交通大学出版社，
　　　2007.

［65］邓晓芒.思辨的张力.北京：商务印书馆，2008.

［66］冒从虎.欧洲哲学通史（上卷）.天津：南开大学出版社，2012.

［67］颜泽贤，范冬萍，张华夏.系统科学导论——复杂性探索.北京：人民出版社，2006.

［68］苗东升.系统科学精要.北京：中国人民大学出版社，2006.

［69］吾敬东.古代中国思维对对立现象的关注与思考.中国哲学史，1997，（5）.

［70］李曙华.当代科学的规范转换——从还原论到生成整体论.哲学研究，2006，（11）.

［71］A.K.阿斯塔费耶夫等.还原论和科学方法论.哲学研究，1981.

［72］莫晓原.评老子的宇宙生成论.广西师范大学学报（研究生专辑），1990.

［73］袁媛.道家元气生成思想探微.南京农业大学硕士论文，2011，（6）.

［74］E.拉兹洛.双透视论.研究精神—肉体问题的一般系统方法.哲学译丛，1986.

［75］何祚庥.唯物主义的元气说.中国科学，1975，（5）.

［76］徐飞.气论对现代物理学的启示.大自然探索，1999，（2）.

［77］董楚平.中国上古创世神话钩沉.中国社会科学，2002.

［78］李学勤.古代中国文明中的宇宙论与科学发展.烟台大学学报，1998.

［79］逢振镐.论原始八卦的起源.北方文物，1991.

［80］李文阁.生成性思维：现代哲学的思维方式.中国社会科学，2000，（6）.

［81］张春香.论《周易》生成性思维结构.哲学研究，2010，（2）.

# 后　记

　　2000 多年来，有难以数计的文献对老子的道哲学思想进行了注释、解说和挖掘，但大多都是在中国传统哲学的框架中言说，并没有实质的突破。当代许多研究者也试图用现代科学的成果来研究老子，这些研究也只是运用一些科学思想和理论来说明与老子思想的一致性，注解老子的生成、无、气、阴阳等观念，似乎在建立老子的现代科学注解版本。所有研究都没有说明老子道哲学体系的概念的内在的一致性和连续性，特别是缺乏对道家哲学与西方传统哲学进行对比研究。作为世界、宇宙存在的内在的、根本的探索，无论观念如何的差异或方法的不同，都应具有共同之处，因为都是在思考"存在"或领悟"道"。本书的目的是综合对道家哲学的研究成果，结合现代科学理论和西方哲学对存在的探索过程，阐述道家哲学的体系构架和概念的连贯性，发掘道家哲学所蕴含系统整体性。

　　本书的道家哲学主要以老子的哲学为主体，结合了后来的道家及其他学派的生成思想。中国哲学、西方哲学和现代科学基本是三个不同的语境，要把这三类语境的概念连接起来，整合在一起实在困难，所以，书中不免带有许多模糊、不准确，有些解释不够充分，甚至显得勉强。作者只是构建一个整合的研究路径和框架。本书中的一些观点只是从道家生成哲学得出的推论，可能与既有的观点存有很大的差异，作者的推论也不一定正确，仅供进一步研究参考。本书完成后，作者总是觉得还有许多不足，面对中国道家哲学的广博、深邃，实在是心有余而力不足，希望有志于这方面的研究者能够弥补、提高。

　　作者对道家哲学及中国哲学研究和领悟有限，引用和论述难免有错，希望读者指正和原谅。本书是对当代学者对中国哲学及道家哲学研究的综合，书中参考和引用了这些研究成果，由于涉及范围广泛，收集的时间长久，没有一一详细注出，难免可能遗漏，还望这些作者和读者原谅。

　　最后还要感谢科学出版社郭勇斌、樊飞编辑对本书出版的关心和支持，感谢我的同事孟凯博士和马彪博士替我校对了书中的大部分引文并提出了建议，感谢我的同事、朋友对我的关心和支持。

刘国平

2015 年秋于南京紫金山麓